FROM A
TO MODE

CLASSICA CRACOVIENSIA
XI

FROM ANTIQUITY TO MODERN TIMES

CLASSICAL POETRY AND ITS MODERN RECEPTION

ESSAYS IN HONOUR OF STANISŁAW STABRYŁA
EDITED BY JERZY STYKA

KSIĘGARNIA AKADEMICKA 2007

Scholary editors:
Stanisław Stabryła and Jerzy Styka
Editorial Committee:
Michael von Albrecht (Heidelberg), Gerhard Binder (Bochum),
Paavo Castrèn (Helsinki), Joachim Dalfen (Salzburg),
Bernd Effe (Bochum), Daniël den Hengst (Amsterdam),
Józef Korpanty (Kraków), Kazimierz Korus (Kraków),
Hugo Montgomery (Oslo), Oswald Panagl (Salzburg),
Johannes Jacobus Smolenaars (Amsterdam),
Heikki Solin (Helsinki), Wolfgang Speyer (Salzburg)

Cover photo:
Aphrodite with Swan
Lekythos, about 490 BC

The publisher of the „Classica Cracoviensia" express their gratitude to
H.M. Rector of the Jagiellonian University and to the Dean of the Faculty of
Philology for a contribution towards the costs of publication of the volume.

Kraków 2007

KSIĘGARNIA AKADEMICKA
31-008 Kraków, ul. św. Anny 6
tel./fax 012 431 27 43, 012 422 10 33, w. 11-67
e-mail: akademicka@akademicka.pl
www.akademicka.pl

Cover design: Katarzyna Raputa
Typesetting: Pracownia DTP Register

ISBN 978-83-7188-095-7
ISSN 1505-8913

Prof. dr hab. Stanisław Stabryła

CONTENTS

Classica Cracoviensia
XI, 2007

INTRODUCTION

The 11th volume of *Classica Cracoviensia* is entirely dedicated to the celebration of the 70th birthday of Professor Stanisław Stabryła, a distinguished Classical Scholar. To commemorate this occasion, the Institute of Classical Philology organised a conference *From Antiquity to Modern Times. Classical Poetry and Its Modern Reception (Od antyku do współczesności. Poezja klasyczna i jej nowoczesna recepcja)*, which was held in *Collegium Maius* of the Jagiellonian University on 22nd of September, 2007. The conference was held under the auspices of Rector Magnificus of the Jagiellonian University Professor Karol Musioł, and Professor Marcela Świątkowska, Dean of the Philological Faculty.

The first part of the 11th volume of *Classica Cracoviensia* includes the papers read during the conference. Their arrangement correlates with the schedule of the conference, beginning with the laudatory speech made by Professor Jerzy Styka, Head of the Institute of the Classical Philology, entitled *Musarum Cultor: Stanisław Stabryła as a man, a scholar and a humanist*. The paper by Professor Stabryła himself, *The Structure of Poetic Image in Horace's Poetry (Struktura obrazu poetyckiego w liryce Horacego)*, was followed by Professor Jerzy Danielewicz's lecture entitled *Pindar's Love Poetry in Atheneios' 'The Feast of the Wise' (Liryka miłosna Pindara w „Uczcie mędrców" Atenajosa)*. During the afternoon session four papers were read. Professor Lucyna Stankiewicz spoke on *The Roman Theatre of Improvisation - 'fabula Atellana' (Rzymski teatr improwizacji- "fabula Atellana")*, Professor Kazimierz Korus expounded on *The Ethic Construction of Homer's 'Iliad' (Etyczna konstrukcja „Iliady" Homera)*, Professor Henryk Podbielski talked about *The Pathos in Pseudo--Longinus' 'On the Sublime' (Patos w traktacie Ps. Longinosa „O wzniosłości")*, and Professor Robert Chodkowski read a paper on *Audio-description in Sophocles'*

Theatre (Audiodeskrypcja w teatrze Sofoklesa). The presentations were followed by animated scholarly discussions.

The second part of the 11th volume, *Varia*, comprises numerous papers on a wide range of topics. They were sent in by Professor Stabryła's disciples, colleagues and friends to honour his birthday. All the articles are of scholarly status and pertain to areas connected with the theory of ancient literature and culture, as well as theology and neo-Latin studies. The authors were joined in a desire to acknowledge Professor Stabryła's academic achievement as well as to thank him for his work at the Jagiellonian University and for his significant contribution to shaping the Polish academic circles of Classical scholars.

Jerzy Styka
Institute of Classical Philology
Jagiellonian University

BIBLIOGRAFIA PRAC STANISŁAWA STABRYŁY

1964

Giraudoux a dramat grecki, „Kwartalnik Neofilologiczny" 1964, nr 4, s. 329--339.

1965

Funkcja mitu w „Muchach" Sartre'a, „Ruch Literacki" 1965, nr 4, s. 171--170.

Antyk w dramacie historycznym, „Meander" 1965, nr 7-8, s. 289-308.

1966

Antyczne dramaty Ludwika Hieronima Morstina, „Meander" 1966, nr 9, s. 350-361.

Kaligula w dramacie i w historii, „Meander" 1966, nr 11, s. 514-526.

1967

Mit w dramacie XX wieku, „Ruch Literacki" 1967, nr 4, s. 189-200.

1968

Robert Graves: poezja, mit i historia, „Kultura" 1967, nr 221, s. 3-4.

Wergiliusz i dramat rzymski, „Sprawozdania PAN Oddział w Krakowie" 1968, s. 249-250.

Mit grecki w dramatach Romana Brandstaettera, „Meander" 1968, nr 10, s. 408-424.

1969

Aleksander Krawczuk: anatomia dziejów, „Twórczość" 1969, nr 5, s. 82-88.

Z łaciną coraz gorzej, „Polityka" 1969, nr 44, s. 6.

Panorama Wiecznego Miasta, „Kultura" 1969, nr 329, s. 8.

Wyspiański – uczeń Homera, „Współczesność" 1969, nr 2, s. 8.

1970

Latin Tragedy in Virgil's Poetry, Wrocław–Warszawa–Kraków 1970. *Prace Komisji Filologii Klasycznej PAN – Oddział w Krakowie* 1970, nr 10, 142 s.

Problemy literaturoznawstwa porównawczego, „Twórczość" 1970, nr 6, s. 114--117 (rec. *Europejskie związki literatury polskiej,* Warszawa 1969).

Nauki o antyku w Krakowie w 25-leciu PRL, „Meander" 1970, nr 6, s. 274-294.

9

1971

Tropy, „Pamiętnik Literacki" 1971, nr LXII, s. 189-216 (przekład wybranych rozdziałów z książki H. Lausberga, *Handbuch der literarischen Rhetorik*, München 1960).

Powieść starożytna, Kraków 1971, 32 s. *Nauka dla Wszystkich*, nr 130.

Wergiliusz. Człowiek i dzieło, Kraków 1971, 32 s. *Nauka dla Wszystkich*, nr 143.

Tadeusza Zielińskiego scripta minora, „Poezja" 1971, nr 6, s. 88-91 (rec. T. Zieliński, *Po co Homer? Świat antyczny a my*, Kraków 1970).

Studia i szkice Stefanii Skwarczyńskiej, „Twórczość" 1971, nr 10, s. 108-111 (rec. S. Skwarczyńska, *Wokół teatru i literatury*, Warszawa 1970).

Rozmowy z Wiecznym Miastem, „Nowe Książki" 1971, nr 13, s. 885-886 (rec. J. Parandowski, *Mój Rzym*, Wrocław 1970).

Konrada Górskiego opera selecta, „Twórczość" 1971, nr 12, s. 126-128 (rec. K. Górski, *Z historii i teorii literatury*, seria III, Warszawa 1970).

The Influence of Latin Tragedy on Virgil's „Aeneid", „Acta Conventus Eirene" XI 1968 (1971), s. 209-213.

Z badań nad warsztatem komparatystycznym Tadeusza Sinki, „Eos" 1971, nr LIX, s. 147-168.

Sokrates i jego legenda w dramacie polskim w latach 1939-1956, „Eos" 1971, nr LIX, s. 255-270.

Problematyka „greckich" dramatów Jerzego Zwieyskiego, Kraków 1971, s. 75-90. *Zeszyty Naukowe UJ. Prace Historycznoliterackie*, z. 21.

1972

W kręgu Erazma, „Twórczość" 1972, nr 10, s. 130-132 (rec. Z. Szmydtowa, *O Erazmie i Reju*, Warszawa 1972).

Hominem pagina nostra sapit, „Poezja" 1972, nr 7, s. 73-77 (rec. Marcjalis, *Epigramy*, tłum. S. Kołodziejczyk, Warszawa 1971).

Po co Zieliński?, „Poezja" 1972, nr 7, s. 92-95 (rec. T. Zieliński, *Szkice antyczne*, Kraków 1971).

1973

Tadeusz Zieliński po raz trzeci, „Poezja" 1973, nr 4, s. 83-86 (rec. T. Zieliński, *Legenda o złotym runie*, Kraków 1972).

Est modus in rebus, „Poezja" 1973, nr 11, s. 104-108 (rec. Horacy, *Satyry*, tłum. J. Sękowski, Warszawa 1972).

The Functions of the Tale of Cupid and Psyche in the Structure of the Metamorphoses of Apuleius, „Eos" 1973, nr LXI, s. 261-273.

1974

Funkcja noweli w strukturze gatunków literatury rzymskiej, Wrocław–Kraków–Warszawa 1974, 270 s. *Prace Komisji Filologii Klasycznej PAN – Oddział w Krakowie*, nr 14.

Historia Katedry Filologii Klasycznej UJ (1945-1971), s. 262-269. *Zeszyty Naukowe UJ. Prace Historyczne*, z. 47.

1975

Nowele rzymskie, wybór, przekład, wstęp i komentarze oraz przypisy S. Stabryła, Warszawa 1975, 437 s. (II wyd. Wrocław 2005).

Antologia tragedii greckiej. Ajschylos–Sofokles–Eurypides, wybór, wstęp i komentarz S. Stabryła, Kraków 1975, 472 s. (II wyd. Kraków 1989).

1976

Miejsce dramatu w greckich systemach klasyfikacji genologicznej, „Meander" 1976, nr 1-2, s. 26-40.

Inspiracje antyczne w liryce Romana Brandstaettera, „Meander" 1976, nr 5-6, s. 211-225.

Problemy teorii genologicznej Diomedesa, „Meander" 1976, nr 11-12, s. 445-461.

1977

Antyk w poezji Mieczysława Jastruna (1929-1959), „Eos" 1977, nr LXV, s. 285-302.

1978

Wergiliusz, *Eneida*, tłum. I. Wieniewski, objaśnienia S. Stabryła, Kraków 1978.

O antyku w poezji Anny Kamieńskiej, „Meander" 1978, nr 3, s. 119-128.

O antyku w poezji Stanisława Grochowiaka, „Ruch Literacki" 1978, nr 2-3, s. 183-194.

Mit grecki w poezji Konstantego Ildefonsa Gałczyńskiego, „Eos" 1978, nr LXVI, s. 123-138.

Próba rekonstrukcji teorii genologicznej Kwintyliana, „Meander" 1978, nr 6, s. 325-337.

1979

Księga epigramów greckich, „Nowe Książki" 1979, nr 8, s. 6-7 (rec. *Antologia Palatyńska*, wybór, tłum. i oprac. Z. Kubiak, Warszawa 1978).

Urzeczenie antykiem (Szkic o Janie Parandowskim), „Meander" 1979, nr 2, s. 57-69.

1980

Antyk we współczesnej literaturze polskiej, 62 s., Kraków 1980. *Nauka dla Wszystkich*, nr 329.

Wergiliusz, *Eneida*, tłum. T. Karyłowski, wstęp (CI s.) i opracowanie S. Stabryła, Wrocław 1980. *Biblioteka Narodowa*, seria II, nr 29.

Z historii książki, „Nowe Książki" 1980, nr 12, s. 25-26 (rec. M. Nowicka, *Antyczna książka ilustrowana*, Warszawa 1979).

1982

Antyczna teoria literatury, Kraków 1982, 67 s. *Nauka dla Wszystkich*, nr 354.

Problemy genologii antycznej, Warszawa–Kraków 1982, 110 s. *Zeszyty Naukowe UJ. Prace Historycznoliterackie*, z. 46.

1983

Hellada i Roma w Polsce Ludowej. Recepcja antyku w literaturze polskiej w latach 1945-1975, Kraków 1983, 640 s.

Wergiliusz. Świat poetycki, Wrocław 1983, 247 s. (wyd. II popr. Wrocław 1987).

Rzymska krytyka i teoria literatury, tłum. M. Brożek [et al.], wybór, wstęp (s. CXL) i opracowanie S. Stabryła, Wrocław–Kraków–Warszawa 1983. *Biblioteka Narodowa*, seria II, nr 207 (II wyd. Wrocław–Kraków–Warszawa 2005).

1985

Między udręką a ekstazą. Kilka uwag o elegiach miłosnych Prudencjusza, „Meander" 1985, nr 8-9, s. 311-327.

1986

Elementy teorii genologicznej Platona, „Pamiętnik Literacki" 1986, nr 77, s. 19-32.

1987

Lucjusz Anneusz Seneka, *Myśli*, wybór, przekład i opracowanie S. Stabryła, Kraków 1987, 669 s. (wyd. II Kraków 1989 i n.).

Studia komparatystyczne Tadeusza Sinki, „Meander" 1987, nr 7-8, s. 315-327.

1988

Dziedzictwo antyku we współczesnej literaturze polskiej, „Język Polski w Szkole Średniej" 1987/1988, nr 3, s. 291-296.

Śpiewaj mi Muzo. Cztery opowieści o poetach greckich, Katowice 1988, 288 s.

Starożytna Grecja, wstęp (262 s.) i wybór materiałów S. Stabryła, przypisy, bibliografia i indeksy K. Woś, Warszawa 1988. *Biblioteka „Polonistyki"*.

1989

Owidiusz. Świat poetycki, Wrocław 1989, 361 s.

1990

Die komparative Studien von Tadeusz Sinko, Wiss. Beitr. der Friedrich-Schiller Univ.Jena: „Zur Geschichte der klassischen Alterumswissenschaft der Universitäten" Jena–Budapest–Kraków (1990), s. 150-167.

La poésie et la réalité: essai sur les Bucoliques de Virgile, „Eos" 1990, nr LXXVIII, s. 173-181.

1991

Horacy, *Dwadzieścia dwie ody*, tłum. A. Ważyk, wstęp (s. CLXXVI), przypisy i komentarz S. Stabryła, Wrocław 1991. *Biblioteka Narodowa*, seria II, nr 232 (II wyd. Wrocław 2004).

1992

Starożytny Rzym, wstęp (s. 1-117), przypisy, wybór materiałów i bibliografia S. Stabryła, Warszawa 1992. *Biblioteka „Polonistyki"*.

Mit–człowiek–literatura, praca zbiorowa ze wstępem (s. 5-12) i pod red. S. Stabryły, Warszawa 1992.

Orestes i Elektra, [w:] *Mit–człowiek–literatura*, Warszawa 1992, s. 211-244.

Mit–człowiek–literatura, wstęp S. Stabryła (s. 5-12), Warszwa 1992.

1993

O strukturach narracyjnych w liryce Horacego, [w:] *Horacy i polski horacjanizm*, Warszawa 1993, s. 7-187.

1994

Mitologia grecka i rzymska. Słownik szkolny, Warszawa 1994, 219 s. (wyd. II 1996, wyd. III 1997).

Rec. książki: Th. Ziolkowski, *Vergil and the Moderns*, „Germanistik" Vol. 35, 1994, H. 2, s. 476-477.

Zu den Erzählstrukturen in der horazischen Lyrik, „Symbolae Osloenses" 1994, No. LIX, s. 94-107.

In Defence of the Autonomy of the Poetic World (Some Remarks on Ovid's Tristia II), „Hermes" 1994, H. 4, s. 466-478.

Wielka Humanistka (Wspomnienie o śp. Prof. Lidii Winniczuk), „Meander" 1994, nr 9-10, s. 457-460.

1995

Klątwa Pelopidów, Kraków 1995, 546 s. (wyd. II Warszawa 2001).

Mitologia dla dorosłych, Kraków–Warszawa 1995, 735 s. (II wyd. Kraków 2002).

Owidiusz, *Metamorfozy*, tłum. A. Kamieńska, S. Stabryła, wstęp (s. I-CXVI) i przypisy do tekstu oraz przekład ksiąg IX-XV S. Stabryła, Wrocław 1995. *Biblioteka Narodowa*, seria II, nr 76 (II wyd. Wrocław 2004).

Dzieje literatury starochrześcijańskiej, „Nowe Książki" 1995, nr 3, s. 41 (rec. M. Cytowska, H. Szelest, *Literatura rzymska. Okres Cesarstwa: autorzy chrześcijańscy*, Warszawa 1994).

Trzeci polski Lukrecjusz, „Nowe Książki" 1995, nr 1, s. 22-23 (rec. Titus Lucretius Carus, *O naturze rzeczy*, tłum., wstęp i komentarz G. Żurek).

Cyceron, *Katon Starszy o starości*, tłum. W. Klimas, wstęp (s. 1-29) i komentarz (s. 109-129) S. Stabryła, Kraków 1995, seria *Humanitas*.

A Reflection of Everyday Life in Horace, „Classica Cracoviensia" 1995, nr 1, s. 77-89.

1996

Hellada i Roma. Recepcja antyku w literaturze polskiej w latach 1976-1990, Kraków 1996, 239 s.

Stu najsłynniejszych pisarzy starożytnych. Słownik, Kraków 1996, 146 s.

Rec. pracy Krystyny Zarzyckiej-Stańczak: *Iterum digna legi. Przybliżenia Wergiliańskie* (Lublin, 1995), „Ruch Literacki" 1996, nr 3, s. 380-382.

Seneka, *O szczęściu*, tłum. L. Joachimowicz, wstęp (s. 1-28) i komentarz (s. 99-10) S. Stabryła, Kraków 1996, seria *Humanitas*.

Die Funktion literarischer Gattungen bei griechischen und römischen Autoren, [w:] *Kommunikation durch Zeichen und Wort. Stätten und Formen der Kommunikation im Altertum*, hrsg. G. Binder, K. Ehlich, Trier 1996, s. 207-227.

The Influence of Classical Culture on Modern Polish Literature, „Classica Cracoviensia" 1996, nr II, s. 11-23.

1997

Cyceron, *Leliusz o przyjaźni*, tłum. wstęp i opracowanie J. Korpanty, red. S. Stabryła, Kraków 1997, seria *Humanitas*.

Epiktet, *Encheiridion*, tłum. L. Joachimowicz, wstęp i opracowanie J. Gajda--Krynicka, red. S. Stabryła, Kraków 1997, seria *Humanitas*.

Plutarch z Cheronei, *Dialog o miłości*, tłum. Z. Abramowiczówna, wstęp i opracowanie K. Korus, red. S. Stabryła, Kraków 1997, seria *Humanitas*.

Iliada Homera, „Nowy Filomata" 1997, nr 3, s. 172-182.

„Eneida" Wergiliusza, „Nowy Filomata" 1997, nr 2, s. 94-99.

Sofokles, *Antygona*, tłum. K. Morawski, Katowice 1997, wstęp i komentarz S. Stabryła (s. 2-28).

Ovids' Ars amatoria' als Lehrgedicht, „Classica Cracoviensia" 1997, nr III, s. 29-46.

1998

Jan Parandowski (1895-1978) – w dwudziestolecie śmierci, „Nowy Filomata" 1998, nr 4, s. 272-280.

„Odyseja" Homera, „Nowy Filomata" 1998, nr 1, s. 15-27.

Księga legend rzymskich, Warszawa–Kraków 1998, 395 s. (wyd. II Kraków 2003).

Horatius in carminibus lyricis Romam quo modo depinxerit, „Latinitas" III (1998), s. 198-208.

1999

Latynistyka polska w stuleciu 1893-1993, [w:] *Antiquorum non immemores*, red. J. Łanowski, A. Szastyńska-Siemion, Wrocław 1999, s. 272-278.

The Concept of Martyrdom in Prudentius'„Peristephanon", „Analecta Cracoviensia" 1999, nr XXX-XXXI, s. 561-570.

Intertextual Literary Communication in Cicero's „Cato Maior", „Classica Cracoviensia" 1999, nr IV, s. 27-39.

2000

Nowy Hezjod, „Nowe Książki" 2000, nr 3, s. 36-37 (rec. Hezjod, *Narodziny bogów. Prace i dnie. Tarcza*, tłum. J. Łanowski, Warszawa 1999).

Poeta Seduliusz, „Nowy Filomata" 2000, nr 2, s. 119-126.

Liryka Hellenów, „Nowe Książki" 2000, nr 7, s. 52-53 (rec. *Liryka grecka*, wybór tekstów i komentarz K. Bartol, J. Danielewicz, t. 1-2, Warszawa 1999).

Poszukiwanie bogów, „Nowe Książki" 2000, nr 8, s. 22-23 (rec. J. Poethen, *Oddech bogów. Eseje greckie*, Poznań 2000).

Grecki romans, „Nowe Książki" 2000, nr 9, s. 25-26 (Heliodor, *Opowieść etiopska o Theagenesie i Chariklei*, tłum. S. Dworacki, Poznań 2000).

Christiani nominis hostis. Images of the Persecutors of Christians in Prudentius' „Peristephanon", „Analecta Cracoviensia" 2000, nr XXXII, s. 381-390.

The notion of Lyric as a Literary Genre, „Classica Cracoviensia" 2000, nr V, s. 41-52.

Władysław Strzelecki (1905-1967), [w:] *Złota Księga Wydziału Filologicznego UJ*, red. J. Michalik i W. Walecki, Kraków 2000, s. 606-612.

2001

Wpływ kultury antycznej na cywilizację średniowiecznej i nowożytnej Europy, „Nowy Filomata" 2001, nr 3, s. 225-240.

Kultura polska wobec tradycji antycznej, „Nowy Filomata" 2001, nr 4, s. 283-303.

Antyczna literatura grecka i rzymska. Słownik szkolny, Warszawa 2001, 303 s.

Mity i archetypy, „Nowe Książki" 2001, nr 5, s. 38 (rec. K. Kerényi, *Misteria Kabirów. Prometeusz*, Warszawa 2000).

Czy cesarz Julian był apostatą?, „Nowy Filomata" 2001, nr 2, s. 149-153 (rec. L. Bielas, *Apostazja cesarza Juliana w świadectwach antycznych pisarzy i w nowożytnej historiografii*, Kraków 2001).

Death for Christ as Victory in the Light of Prudentius' „Peristephanon", „Analecta Cracoviensia" 2001, nr XXXIII, s. 675-682.

2002

U źródeł kultury wczesnochrześcijańskiej, Materiały sesji naukowej, Kraków 2002 (współredakcja tomu).

Historia literatury starożytnej Grecji i Rzymu. Zarys, Wrocław 2002, 539 s.

Rezeption der antiken Literatur in Polen (4) – 20. Jahrhundert, [w:] *Der Neue Pauly. Enzyklopädie der Antike*, red. H. Cancik, H. Schneider, Bd. 15/2, Stuttgart 2002, s. 397-398.

Wybrane problemy „Peristephanon" Prudencjusza, [w:] *U źródeł kultury wczesnochrześcijańskiej*, red. J.C. Kałużny, S. Stabryła, R. M. Zawadzki, Kraków 2002, s. 47-56.

Criticism of the Pagan Religion in Prudentius' „Peristephanon", „Analecta Cracoviensia" 2002, nr XXXIV, s. 112-121.

2003

Christeria Tito Górski oblata. Studia i rozprawy poświęcone profesorowi Tytusowi Górskiemu, red. S. Stabryła i R. M. Zawadzki, Kraków 2003.

Cezar i inni, „Nowe Książki" 2003, nr 11, s. 56 (rec. *Corpus Caesarianum*, tłum. i oprac. E. Konik, W. Nowosielska, Wrocław 2003).

Facta et miracula. Realizm i cudowność w „Peristephanon" Prudencjusza, [w:] *Charisteria Tito Górski oblata. Studia i rozprawy poświęcone profesorowi Tytusowi Górskiemu*, red. S. Stabryła i R. M. Zawadzki, Kraków 2003, s. 229-241.

2004

Dzieje wojny trojańskiej, Kraków 2004, 440 s.

Liturgia i antyk, „Nowy Filomata" 2004, nr 1, s. 75-79 (rec. J. Janicki, *Kultury antyczne w liturgii chrześcijańskiej*, Kraków 2003).

Strategemata, „Nowe Książki" 2004, nr 8, s. 74-75 (rec. Poliajnos, *Podstępy wojenne*, tłum. M. Borowska, Warszawa 2003).

Księga pamiątkowa dla prof. Tytusa Górskiego, „Vita Academica" 2004, nr 5-6, s. 18.

Humanitas Christiana w poezji Prudencjusza, [w:] *Świadek Chrystusowych cierpień. Prace dedykowane Księdzu Profesorowi Adamowi Kubisiowi*, red. Z. Kijas [et al.], Kraków 2004, s. 839-854.

Kapłan–uczony–człowiek, [w:] *Świadek Chrystusowych cierpień. Prace dedykowane Księdzu Profesorowi Adamowi Kubisiowi*, red. Z. Kijas [et al.], Kraków 2004, s. 134-136.

The Function of Monologue and Dialogue in Prudentius' „Peristephanon", „Classica Cracoviensia" 2004, nr VIII, s. 91-104.

Picta imago martyris: obrazy jako źródło inspiracji „Peristephanon" IX i XI, [w:] *Księga pamiątkowa dla uczczenia o. Profesora Benignusa Wanata*, „Folia Historica Cracoviensia" Vol. X, 2004, s. 339-348.

Pagan and Christian Rome in Prudentius' „Peristephanon", „Analecta Cracoviensia" 2004, nr XXXVI, s. 513-524.

2005

Nad Tacytem, „Nowy Filomata" 2005, nr 2, s. 109-114.

Fides in Prudentius' „Psychomachia", „Classica Cracoviensia" 2005, nr IX, s. 19-28.

The Realistic and Supernatural Order of the World Presented in Prudentius'
*„Peristephanon", „*Arctos. Acta Philologica Fennica" Vol. XXXVIII,
2005, s. 207-218.

Męczennicy jako obrońcy sacrum w „Peristephanon" Prudencjusza, [w:] *Europejczyk wobec sacrum wczoraj i dziś. Materiały sesji naukowej*, red.
J. C. Kałużny, Kraków 2005, s. 19-28.

2006

Terroryści znad Tybru, Kęty 2006, 207 s.

Studia Prudentiana. 12 Essays, Kraków 2006, 124 s. *Studies of the Commission on Classical Philology of Polish Academy of Arts and Sciences*,
Vol. 35.

Mały leksykon mitologii greckiej i rzymskiej, Kraków 2006, 365 s.

Rewokacje klasyczne w poezji K. I. Gałczyńskiego, [w:] *Materiały sesji naukowej pt. „Stulecie urodzin K. I. Gałczyńskiego, Dzieło i życie Konstantego Ildefonsa Gałczyńskiego"*, t. 2, red. A. Kulawik, J. S. Ossowski,
Kraków 2006, s. 455-472.

Clodius Pulcher: A Politician or a Terrorist?, „Classica Cracoviensia" 2006,
nr X, s. 206-216.

Z badań nad poezją Prudencjusza, [w:] *Stromata historica in honorem Romani Mariae Zawadzki*, red. J. Urban, Kraków 2006, s. 677-695.

2007

Złote jabłka Afrodyty. Greckie legendy o miłości, Warszawa 2007, 350 s.

Zarys kultury starożytnej Grecji i Rzymu, Warszawa 2007, 260 s.

The Christian Concept of the Victory of Virtue over Vice in Prudentius' „Psychomachia", Centro internazionale di studi sulla poesia greca e latina
in età tardoantica e medievale. „Quaderni", 2007, nr 3, s. 19-29.

CZĘŚĆ I

OD ANTYKU DO WSPÓŁCZESNOŚCI.
POEZJA KLASYCZNA I JEJ NOWOŻYTNA RECEPCJA

FROM ANTIQUITY TO MODERN TIMES.
CLASSICAL POETRY AND ITS MODERN RECEPTION

JERZY STYKA
KRAKÓW

MUSARUM CULTOR.
STANISŁAW STABRYŁA –
UCZONY, HUMANISTA, CZŁOWIEK

Stabryła Stanisław, urodził się 2 listopada 1936 r. we Lwowie, a od 1945 r. mieszka w Krakowie. W 1954 r. ukończył I Liceum im. B. Nowodworskiego, a następnie studiował filologię klasyczną w latach 1955-1960 w Uniwersytecie Jagiellońskim pod kierunkiem wybitnych uczonych: profesorów Władysława Strzeleckiego, Tadeusza Sinki, Jana Safarewicza, Stanisława Skiminy, Władysława Madydy, Mieczysława Brożka. Po ukończeniu studiów z wyróżnieniem objął w 1961 r. stanowisko asystenta w Katedrze Filologii Klasycznej UJ, uczył także przez kilka lat języka łacińskiego w krakowskich liceach. W 1969 r. uzyskał stopień doktora nauk humanistycznych, w 1974 r. doktora habilitowanego w zakresie filologii klasycznej. W 1970 r. został adiunktem, a w 1976 r. docentem UJ. Tytuł naukowy profesora otrzymał w 1983 r. i objął stanowisko profesora nadzwyczajnego w UJ, a w 1990 r. profesora zwyczajnego. W latach 1985-1993 kierował Katedrą Filologii Klasycznej UJ, a od 1995 r. do chwili obecnej kieruje Katedrą Filologii Łacińskiej w Instytucie Filologii Klasycznej UJ. W latach 1997-2006 był także profesorem Papieskiej Akademii Teologicznej w Krakowie, gdzie pełnił funkcję kierownika Katedry Historii Kościoła w Starożytności. Wielokrotnie przebywał w uniwersytetach zachodnioeuropejskich i amerykańskich jako stypendysta naukowy.

Współpracował stale z wieloma uniwersytetami zagranicznymi (m.in. w Amsterdamie, Heidelbergu, Bochum, Helsinkach, Bazylei, Oslo, Salzburgu), gdzie prowadził wykłady gościnne i seminaria. Był także wieloletnim opiekunem Koła Naukowego Studentów Filologii Klasycznej.

Stanisław Stabryła wykłada literaturę rzymską epoki augustowskiej i cesarskiej oraz literaturę i kulturę wczesnochrześcijańską. Prowadzi badania w dziedzinie starożytnej literatury rzymskiej i chrześcijańskiej, antycznej teorii literatury oraz recepcji antyku w literaturze polskiej. Wielu jego uczniów jest obecnie pracownikami naukowymi Instytutu Filologii Klasycznej UJ oraz nauczycielami języków klasycznych w małopolskich szkołach.

Od początku łączył pracę naukową z działalnością krytycznoliteracką, ogłaszając w renomowanych czasopismach recenzje i omówienia książek, głównie z dziedziny antyku. W latach 1996-2001 był redaktorem naczelnym kwartalnika „Nowy Filomata", poświęconego kulturze starożytnej. Należy do wielu towarzystw literackich i naukowych: jest m.in. członkiem Polskiego PEN Clubu, Polskiego Towarzystwa Filologicznego, w którym pełnił funkcję wiceprezesa Zarządu Głównego Komisji Historycznoliterackiej PAN, członkiem czynnym PAU. Od 2005 r. jest przewodniczącym Komisji Filologii Klasycznej PAU i ważnym animatorem życia naukowego w kręgu starożytników.

Uprawia turystykę górską, narciarstwo i pływanie, chętnie jeździ także na rowerze, jest miłośnikiem przyrody. Sporo podróżuje, głównie na południe (Italia, Grecja). Dużo czasu spędza w swoim wiejskim domu, w wolnych chwilach zajmuje się pracą w ogrodzie. Jest żonaty, ma dwie córki, Annę i Magdalenę, wnuków Michała i Kacpra. Nie lubi telewizji, stara się unikać zebrań i posiedzeń, a w szczególności wszelkich uroczystych akademii.

Dorobek 50-letniej pracy prof. S. Stabryły zamknięty w publikacjach jest ogromny. Obejmuje 31 pozycji książkowych, 65 autorskich artykułów naukowych, zamieszczonych w specjalistycznych czasopismach polskich i zagranicznych, 28 prac przeglądowych i recenzji naukowych, 18 artykułów popularnonaukowych, 6 prac redakcyjnych, trzy własne przekłady – razem 150 pozycji. Niestety niemożliwe jest w ramach jednego krótkiego wystąpienia bliższe omówienie całości tak bogatego i niepowtarzalnego w swym kształcie dorobku, dlatego z konieczności ograniczę się do charakterystyki pozycji książkowych, których liczba czyni z prof. Stabryły jednego z najpłodniejszych uczonych i pisarzy ostatniego 40-lecia.

W dorobku naukowym Jubilata wyróżniliśmy kilka obszarów jego aktywności naukowej i pisarskiej. Otwiera go dział prac naukowych o charakterze historycznoliterackim w liczbie siedmiu pozycji, które zapewniły prof. S. Stabryle czołowe miejsce w polskich i zagranicznych badaniach nad historią obu literatur klasycznych, łacińskiej i greckiej. Profesor już jako młody człowiek po doktoracie wypłynął na szerokie wody. W 1970 r. opublikował w serii Prac Komisji Filologii Klasycznej PAN angielską wersję swojej rozprawy doktorskiej, pt. *Latin Tragedy in Virgil's Poetry*, która spotkała się z dużym zainteresowaniem i uznaniem polskiej oraz zagranicznej krytyki naukowej. Rozpatrywany problem był bowiem bardzo istotny; dotyczył twórczości największego rzymskiego poety, Wergiliusza, a zwłaszcza jego sztandarowego dzieła, *Eneidy*. Prof. Stabryła dowiódł w swej rozprawie istotnego wpływu republikańskiej tragedii rzymskiej na treściowy i kompozycyjny kształt eposu, wyrażającego się nie tylko w werbalnych zapożyczeniach, ale także w naśladowczym podobieństwie wielu motywów i rozwiązań strukturalnych.

Twórczość Wergiliusza stała się dla prof. Stabryły jedną z głównych inspiracji jego naukowego pisarstwa. W 1980 r. wydał w Bibliotece Narodowej przekład *Eneidy* Tadeusza Karyłowskiego z własnym autorskim wstępem, opartym na najnowszych ustaleniach nauki światowej. Wydanie to było zapowiedzią dzieła większego (*opus maius*) – naukowej monografii twórczości wielkiego Marona, która ukazała się w wydawnictwie Ossolineum w 1983 r. pt. *Wergiliusz. Świat poetycki*. To jedna z najważniejszych polskich publikacji historycznoliterackich ostatnich 30 lat. Ten sąd wynika nie tylko z faktu, iż książka dotyczy losów i twórczości największego obok Homera poety zachodniej cywilizacji, ale przede wszystkim z samego sposobu interpretacji dzieł Mantuańczyka. Świat poetycki Wergiliusza jest bardzo złożony i jak pisze prof. Stabryła „niezwykle piękny, pełen zagadek i półcieni, pełen przedziwnego czaru". To świat, w którym niepowtarzalny urok fikcyjnych obrazów przeplata się z realną oceną rzeczywistości historycznej, często brutalnej, jaka kształtowała losy wielu pokoleń Rzymian, w tym także losy samego Wergiliusza.

W książce prof. Stabryły świat ten wyznaczają swoiste słowa-klucze: *Arkadia* – reprezentująca świat bukolicznej twórczości Wergiliusza, *Italia* – symbolizująca dydaktyczną poezję agronomiczną oraz *Troja i Rzym* – poetycka synteza mitycznych losów Homerowej Troi i Wergiliuszowego Rzymu, w której wyobraźnia twórcy idzie w parze z posłannictwem poety-wieszcza, objaśniającego dzieje własnego narodu. Prof. Stabryła określa zarysy konstrukcyjne świata poetyckiego Wergiliusza, odsłania prawa nim rządzące i wreszcie ukazuje piękno i nieprzebrane bogactwo myśli i emocji zawartych w twórczości poety z Mantui. Kolejną pozycją o charakterze historycznoliterackim jest wydany w 1986 r. w Wydawnictwie Śląsk zbiór czterech napisanych z naukową rzetelnością esejów, poświęconych wielkim poetom greckim: Homerowi, Safonie, Sofoklesowi i Arystofanesowi. To opowieści zbudowane z elementów biografii każdego z poetów, z narosłej wokół nich legendy, z opisów tła historycznego i klimatu duchowego epok, w których wypadło im żyć i wreszcie, jak pisze prof. Stabryła, z zasłuchania w ich poezję. Książką tą wkroczył prof. Stabryła na grunt historii literatury greckiej, której jest także świetnym znawcą. Już wcześniej, w 1975 r., Profesor wydał *Antologię tragedii greckiej: Ajschylos–Sofokles–Eurypides*, w tłumaczeniu Stefana Srebrnego, Kazimierza Morawskiego i Jerzego Łanowskiego, z własnym naukowym opracowaniem i świetnie skonstruowanym wstępem, zawierającym syntezę wiedzy o tragedii i tragikach attyckich.

W 1989 r., także w Wydawnictwie Ossolineum, ukazała się druga najpoważniejsza monografia historycznoliteracka prof. Stabryły, pt. *Owidiusz. Świat poetycki.* Owidiusz należy do tych nielicznych poetów świata starożytnego, których twórczość pozostaje w nieprzerwanym obiegu literackim od ponad dwóch tysięcy lat, co stawia go w rzędzie obok Homera, Wergiliusza i Horacego. Ten fakt spowodował, że wokół twórczości poety z Sulmony narosła olbrzymia literatura, a swoisty kult jego poezji szerzy dzisiaj w świecie międzynarodowa *Societas Ovidiana.* Prof. Stabryła nie ulągł się tego swoistego „naukowego obciążenia", ale śmiało wkroczył w świat owidiańskiej poezji z własnym pomysłem, wypróbowanym już w monografii o Wergiliuszu. Ukazał na podstawie analizy twórczości Owidiusza kształtowanie się i ewolucję świata poetyckiego pod wpływem osobistych losów twórcy. Nie ma tutaj niestety miejsca na dokładną charakterystykę kunsztu interpretacyjnego prof. Stabryły, który potrafił wniknąć w samą istotę świata poetyckiego Owidiusza, w jego niezmierzoną wyobraźnię mitologiczną, i potrafił oddzielić to, co w tym świecie zostało przejęte z tradycji literackiej, od tego, co stanowiło niezaprzeczalną własność poety. Wszyscy czytaliśmy z przejęciem tę książkę. Pamiętam scenę, kiedy jako młody adiunkt uczestniczyłem w zebraniu pracowników ówczesnej Katedry Filologii Klasycznej, na którym każdy spowiadał się ze swych ostatnich publikacji. Wówczas to prof. Romuald Turasiewicz, kierownik Katedry i człowiek ogromnej wiedzy, wypowiedział znamienne zdanie, zwracając się do prof. Stabryły: „To pańska najlepsza książka".

Z monografią poświęconą Owidiuszowi wiąże się wzorowe wydanie *Metamorfoz* Owidiusza z 1995 r. (Biblioteka Narodowa). Prof. Stabryła podjął się dokończenia rozpoczętego przez Annę Kamieńską przekładu poematu, opracował liczący 116 stron naukowy wstęp do twórczości augustowskiego poety, jest także autorem komentarza do całości przetłumaczonego utworu. Należy tutaj zwrócić uwagę, iż edycja *Metamorfoz* Owidiusza, przygotowana przez prof. Stabryłę, jest pierwszym kompletnym prozaicznym tłumaczeniem polskim tego dzieła.

W 1992 r. Profesor opublikował z własnym wstępem i artykułem autorskim, poświęconym mitowi Elektry i Orestesa, dzieło zbiorowe pt. *Mit–człowiek–literatura*. To ważna książka, poświęcona funkcjonowaniu 9 mitów greckich wraz z ich twórczą recepcją w kulturze antycznej i nowożytnej, skonstruowana interdyscyplinarnie, napisana przez fiologów klasycznych, polonistów, germanistów, antropologów kultury. Bardzo ważny jest sam wstęp prof. Stabryły, zarysowujący historię badań nad funkcjonowaniem mitów greckich, zarówno z punktu widzenia antropologicznego, religioznawczego, psychologicznego jak i teoretyczno-literackiego.

Rok 2002 przyniósł bardzo ważną pozycję w dorobku historycznoliterackim prof. Stabryły, mianowicie *Historię literatury starożytnej Grecji i Rzymu w zarysie*, opublikowaną w Ossolineum. Książka ta to wyraz najwyższych kompetencji historycznoliterackich, dostarcza najnowszej wiedzy o etapach rozwoju obu wielkich literatur starożytnych i stanowi bardzo cenną pomoc nie tylko dla studentów filologii klasycznej, ale dla wszystkich osób zainteresowanych szeroko pojętą kulturą humanistyczną. Jej wartość polega także na dostarczeniu najnowszej bibliografii historycznoliterackiej i listy polskich przekładów z literatur antycznych.

Zarys historii literatury greckiej i rzymskiej nie stanowi jednak zamknięcia tego działu zainteresowań naukowych prof. Stabryły. Całkiem niedawno, w 2006 r., ukazał się w serii Prac Komisji Filologii Klasycznej PAU zbiór 12 naukowych esejów w języku angielskim zatytułowany *Studia Prudentiana*. Większość wcześniej przedstawionych przeze mnie pozycji odnosiła się do greckiej poezji archaicznej i klasycznej oraz do klasycznej poezji łacińskiej okresu augustowskiego. Od lat 90. prof. Stabryła rozszerzył swoje szczegółowe zainteresowania naukowe na literaturę późnego antyku chrześcijańskiego. Opublikował z tej dziedziny szereg artykułów w specjalistycznych czasopismach. Prace zawarte w opublikowanym zbiorze poświęcone są analizie filozoficzno-teologicznej, poetologicznej i strukturalno-kompozycyjnej utworów Prudencjusza, nazywanego nie bez racji „chrześcijańskim Horacym". Przedstawione pozycje książkowe z dziedziny historii literatur antycznych niewątpliwie dowodzą wybitnego znaczenia prof. Stabryły w tej dziedzinie literaturoznawstwa. Nie tylko opisuje on zachowane dzieła starożytnych autorów, ale przede wszystkim kreuje nową sytuację badawczą, dzięki nowatorstwu myśli oraz umiejętności jasnego przedstawiania przepływu idei literackich w świecie antyku.

Druga bardzo ważna dziedzina prac naukowych Profesora związana jest z antyczną teorią literatury i określana jest terminem g e n o l o g i i a n t y c z n e j, której Profesor, dzięki swoim publikacjom, nadał rangę niezależnego bytu w świecie teoretycznoliterackich pojęć. Śmiało można powiedzieć, że prof. Stabryła jest twórcą krakowskiej szkoły badań nad genologią antyczną, do której, jako jego uczeń, mam także zaszczyt się zaliczać. Dziedzina ta to nie tylko badania nad teorią rozwoju gatunków literackich w starożytności, ale także antyczna estetyka i krytyka literacka.

Już w 1974 r. prof. Stabryła opublikował w serii Prac Komisji Filologii Klasycznej PAN książkę pt. *Funkcja noweli w strukturze gatunków literatury rzymskiej*, która ukazała się po całym szeregu mniejszych rozpraw poświęconych genologii antycznej. Problematyka rozprawy jest bardzo złożona, ponieważ dotyczy zdefiniowania i funkcji gatunku noweli, który formalnie nie występował w sposób niezależny w piśmiennictwie antycznym grecko-rzymskim, ale niewątpliwie odgrywał istotną rolę jako gatunek w strukturze innych gatunków – *genus in genere*. Pan prof. Stabryła, dzięki bardzo sumiennie przeprowadzonej analizie treściowej i strukturalno-kompozycyjnej dzieł Wergiliusza, Owidiusza, Lukana, Siliusa Italikusa, Publiusza Stacjusza, historyków rzymskich, romansu rzymskiego, satyry oraz różnych dziedzin wymowy, niezbicie wykazał funkcjonowanie w ramach szerszych form gatunkowych wyraźnie zarysowanych struktur narracyjnych, których wyznaczniki dość dokładnie odpowiadają definicji nowożytnego pojęcia noweli lub opowiadania. Ten dychotomiczny podział stanowi z kolei podstawę do szczegółowych klasyfikacji strukturalnych i funkcjonalnych. Ogromna jest tutaj rola prof. Stabryły w porządkowaniu, ale także w budowaniu od podstaw polskiej terminologii teoretycznoliterackiej, zgodnej ze sposobem myślenia starożytnych autorów.

Z tą bardzo ważną naukową dysertacją wiążą się dwie kolejne pozycje, mianowicie *Nowele rzymskie* we własnym wyborze, przekładzie i opracowaniu, opublikowane w 1975 r. oraz wydane wspólnie z prof. Romualdem Turasiewiczem w 1992 r. *Nowele antyczne* (Biblioteka Narodowa). Pozycje te stanowią bardzo dobrą ilustrację fabularną rozważań zawartych w naukowej dysertacji o funkcji noweli.

Rok 1982 przyniósł kolejną fundamentalną dla genologii antycznej pracę Profesora – *Problemy genologii antycznej*, opublikowaną w Zeszytach Naukowych UJ, seria Prac Historycznoliterackich. Na tej rozprawie kształcą się do dzisiaj wszyscy, których interesuje nie tylko antyczna, ale także teoria literatury w ogólności. Sam także wiele jej zawdzięczam. Pan Profesor w sposób jasny i kompetentny zdefiniował w niej pojęcie rodzaju i gatunku literackiego w teorii grecko-rzymskiej, przedstawił klasyfikację rodzajową, gatunkową, omówił funkcję rodzaju i gatunku literackiego, genezę gatunków literackich oraz ustosunkował się do ważnego w starożytności problemu czystości gatunków literackich. Tę niezwykle ważną pracę, definiującą podstawy metodologii teoretycznoliterackiej w odniesieniu do piśmiennictwa antycznego, uzupełnia wydana w 1983 r. w Bibliotece Narodowej *Rzymska krytyka i teoria literatury*, ze świetnym naukowym wstępem i w przeważającej części z własnymi przekładami tekstów oryginalnych.

Trzecią dziedzinę zainteresowań naukowych prof. Stabryły stanowi szeroko pojęta recepcja literatury i kultury antycznej w narodowych literaturach nowożytnych, przede wszystkim w literaturze polskiej, ale także w piśmiennictwie zagranicznym. Tej dziedzinie Profesor poświęcił wielką liczbę artykułów w czasopismach naukowych i literackich. Uwieńczenie tego nurtu badań stanowią dwie książki Profesora: *Hellada i Roma w Polsce Ludowej* z 1983 r. (Wydawnictwo Literackie), obejmująca recepcję literatury i kultury antycznej w powojennym trzydziestoleciu 1945-1975 oraz *Hellada i Roma* z 1996 r. (Księgarnia Akademicka), traktująca o recepcji antyku w latach 1976-1990. W intencji autora obydwie pozycje nawiązują do wydanej we Lwowie w 1933 r. *Hellady i Romy w Polsce* Tadeusza Sinki, który zapoczątkował w nauce polskiej nurt badań nad recepcją antyku w naszej narodowej literaturze.

Powyższe pozycje uzupełniają się. Posiadają te same główne działy tematyczne: *Tradycja i czas teraźniejszy, Klasyczna Muza poezji, Starożytność zbeletryzowana, Antyk i dramat, Od literatury do archeologii*. Rozdziały te zarysowują najpierw ogólny obraz kultury antycznej we współczesnej szkole, w naukach humanistycznych, w środkach przekazu, w działalności wydawniczej, aby następnie przejść do szczegółowej analizy sposobu funkcjonowania antyku w polskiej liryce, epice, dramacie, literaturze popularnonaukowej, reportażach i literaturze faktu. Autor stara się odpowiedzieć na pytanie, w jaki sposób treści antyczne, przejęte z różnych dziedzin cywilizacji grecko-rzymskiej, zostały włączone w nowe struktury, w jaki sposób w nich funkcjonują i jaką posiadają wymowę ideowo-artystyczną.

W obszernym materiale badawczym autor dokonuje typologicznego rozróżnienia sposobów przetwarzania wątków i motywów antycznych. Jasno zdefiniowane metody badawcze pozwoliły autorowi na precyzyjne określenie funkcji kultury antycznej w różnych dziedzinach polskiej literatury i kultury współczesnej. Skrzyżowanie perspektywy genologicznej z zasadą funkcjonalną umożliwiło ustalenie sposobu istnienia antyku w różnych formach gatunkowych. Książki te różnią się jednak wnioskami, wynikającymi z przeprowadzonych badań. W pierwszej autor mówi o silnej jeszcze pozycji antyku w polskiej kulturze literackiej, wynikającej z faktu, iż duża liczba twórców posiadała zdobyte jeszcze przed II wojną światową dobre wykształcenie humanistyczne. W drugiej książce Profesor ze smutkiem konstatuje, iż twórcom brakuje już dogłębnej wiedzy o antyku, takiej, która pozwoliłaby im nie tylko na odwoływanie się do pojedynczych motywów mitologicznych, ale także na napisanie powieści lub dramatu, w całości osadzonego w realiach antycznych. Wartość tych dwóch książek trudno przecenić. Ogromne doświadczenie badawcze, rozległa erudycja i wielka kultura słowa sprawiają, że sądy i opinie krytyczne autora nabierają dla odbiorcy charakteru kanonicznego i tworzą w kulturze polskiej nową jakość.

Kolejną dziedzinę w dorobku naukowym prof. Stabryły reprezentują trzy książki z zakresu kultury antyku: *Starożytna Grecja*, wydana w 1988 r. w Bibliotece „Polonistyki", *Starożytny Rzym*, opublikowany w tym samym wydawnictwie w 1992 r. i *Zarys kultury starożytnej Grecji i Rzymu* wydany w Wydawnictwie Naukowym PWN w 2007 r. *Starożytna Grecja* – obszerne, ponad 400-stronicowe dzieło, jest kulturowym zarysem dziejów Grecji w ich rozwoju chronologicznym, z odniesieniem do głównych dziedzin życia publicznego, literatury, sztuki, nauki. W książce przedrukowano także kulturowe szkice wybitnych polskich uczonych: K. Kumanieckiego. T. Sinki, W. Madydy, W. Stefena, Z. Kubiaka, T. Zielińskiego i innych. To bardzo przejrzysta synteza osiągnięć kulturowych i cywilizacyjnych Greków, ilustrująca tzw. „cud grecki", leżący u podstaw cywilizacji Zachodu. *Starożytny Rzym* oparty jest na podobnych założeniach metodologicznych. Autora interesuje szczególnie, jakie miejsce w rzymskim państwie rolników, żołnierzy i urzędników zajmowała sztuka, literatura, nauka, oświata, religia i filozofia. Ujęcie ma charakter diachroniczny, od historycznie uchwytnych początków Rzymu po późny antyk. Książka ukazuje również, w jakim zakresie Rzymianie byli kulturowymi uczniami Grecji i jak należy rozumieć kanoniczną w kulturze rzymskiej zasadę naśladownictwa greckich wzorów. W bieżącym roku ukazał się *Zarys kultury starożytnej Grecji i Rzymu*, który stanowi syntezę dokonań badawczych Profesora w obszarze kultury antycznej.

Przedstawione powyżej dziedziny badawcze prof. Stabryły dopełniają dotychczas niewymienione przekłady i wydawnictwa o charakterze popularnonaukowym i beletrystycznym. W 1987 r. profesor opublikował w Wydawnictwie Literackim *Myśli* Seneki, we własnym wyborze, przekładzie i opracowaniu. Wartościowa przedmowa wprowadza czytelnika w biografię i twórczość Seneki oraz w filozofię stoicką I wieku Cesarstwa. Treść wypełniają najcelniejsze i najbardziej atrakcyjne sentencje Seneki Filozofa.

Podobnie wysoką wartość ma wydanie we własnym naukowym opracowaniu traktatu Seneki *O szczęściu* w tłumaczeniu Leona Joachimowicza, w serii *Humanitas* Wydawnictwa Literackiego w 1996 r. W tej samej serii Profesor wydał rok wcześniej w swoim opracowaniu traktat filozoficzny Cycerona *Katon Starszy o przyjaźni* w tłumaczeniu Wacława Klimasa.

Z kolei serię tomów Biblioteki Narodowej, wydanych przez prof. Stabryłę, dopełnia bilingwiczna edycja *Dwudziestu dwu ód Horacego* z 1991 r. w przekładzie Adama Ważyka i naukowym opracowaniu Profesora. Obszerny, liczący 176 stron wstęp do przekładu, wpisuje się w nurt najnowszych badań nad liryką Horacego i dostarcza odbiorcy rzetelnych informacji o rozwoju liryki w Rzymie oraz o biografii i twórczości Wenuzyjczyka.

Prof. Stabryła będąc świetnym znawcą historii i teorii literatury oraz antycznej mitologii, opracował szereg słowników, pomyślanych jako pomoc edukacyjna dla młodzieży licealnej i studentów humanistyki. W 1994 r. Profesor opublikował w Wydawnictwach Szkolnych i Pedagogicznych *Słownik szkolny mitologii greckiej i rzymskiej*, mający II wydanie w 1997 r. W 1998 r. ukazał się w Universitas słownik *100*

29

najsłynniejszych pisarzy starożytnych, w 2001 r. *Słownik szkolny antycznej literatury greckiej i rzymskiej* (WSiP), a w 2006 r. *Mały leksykon mitologii greckiej i rzymskiej* w Krakowskim Wydawnictwie Edukacyjnym. Publikacje te spotkały się z bardzo dobrym przyjęciem i dzisiaj stanowią obowiązkowy wręcz składnik biblioteki młodego humanisty. Pozostał nam do omówienia dział publikacji Profesora, który w swych początkach budził pewną konsternację wśród tzw. „skostniałych filologów" – twórczość beletrystyczna. Niektórzy zadawali pytanie: „jakże to, wybitny uczony i zajmuje się pisaniem popularnych opowieści?". Szerokie rzesze odbiorców były jednak głuche na tego rodzaju pytania. Popularne, ale piękne w formie i treści oraz oparte na rzetelnych źródłach ujęcia starożytnych mitów i historii, spotkały się z wielkim zainteresowaniem odbiorców, co w znacznym stopniu poszerzyło krąg sympatyków kultury antycznej.

Pierwsza z tych pozycji to *Mitologia dla dorosłych* wydana w PWN w 1995 r. Jest ona świetnym przedstawieniem greckiej mitologii, wolnym od idealizacji i natrętnego moralizatorstwa. Autor nie starał się stworzyć systematycznego wykładu mitologii greckiej, ale dążył do swobodnej renarracji najbardziej interesujących opowieści mitologicznych. Świat bogów, herosów i ludzi z książki prof. Stabryły to obraz bardziej realistyczny niż w przypadku tradycyjnych ujęć mitograficznych, zachowuje jednak w pełni walor baśniowego, czarownego piękna – owych *speciosa miracula* (Horacy), które zawsze przykuwały uwagę odbiorców. II wydanie tej książki miało miejsce w 2002 r. w Wydawnictwie Zielona Sowa.

Kolejna pozycja, *Klątwa Pelopidów* (Oficyna Literacka 1995), to powieściowa adaptacja sławnego mitu Pelopsa, eksploatowanego w wielu utworach antycznych i nowożytnych. Obejmuje ona dzieje tego rodu od Pelopsa do Orestesa, pełne tragicznych, a nawet wstrząsających wydarzeń. Wierność mitowi nie przeszkodziła prof. Stabryle w swobodnym, beletrystycznym rozwijaniu pewnych motywów, zaledwie zaznaczonych w tradycji mitycznej, a także wprowadzania nowych treści. Jest to opowieść fascynująca nie tyko z powodu sensacyjnej wręcz treści, ale także ze względu na piękno narracji oraz głębokie, humanistyczne przesłanie.

W 1998 r. ukazała się w PWN *Księga legend rzymskich*, bardzo interesujący zbiór opowiadań, osnutych na najdawniejszych dziejach Italii i Rzymu, w których mitologiczny świat bogów i herosów miesza się z podaniami o początkach rzymskiej państwowości. Szczególne znaczenie tego zbioru polega na wydobyciu z zapomnienia tych wszystkich legend, które zrodzone w pradziejach rzymskiej historii, ustąpiły później miejsca niejako ustandaryzowanej na wzór grecki mitologii rzymskiej. Książka ta miała swoje II poszerzone wydanie w 2003 r. w Wydawnictwie Zielona Sowa.

W 2004 r. w tym samym wydawnictwie ukazała się książka będąca owocem głębokiego zainteresowania autora światem mitów homeryckich i posthomeryckich, pt. *Dzieje wojny trojańskiej*. Jest to opowieść ukazująca w piękny, artystycznie przetworzony sposób, dzieje konfliktu trojańsko-helleńskiego. Tym razem jednak źródłem opowieści o Parysie i Helenie nie są epopeje Homera, ale dzieło mniej znane, długo uważane za rzymski falsyfikat, a sygnowane przez Dyktysa z Krety. Ujęcie to odbiega od tradycyjnej estetyki homeryckiej, podporządkowanej heroicznemu patosowi i ukazuje świat bardziej ludzki, bardziej realistyczny i przez to, być może, bardziej wiarygodny.

Wydana w Bibliotece Historycznej w 2006 r. książka *Terroryści znad Tybru* istotnie różni się od wcześniejszych pozycji beletrystycznych, mamy tu bowiem do czynienia z opowieściami paradokumentalnymi, napisanymi na podstawie zachowanych rzymskich źródeł. Rzecz dotyczy wydarzeń, sytuacji i zjawisk rzymskiego życia społeczno-politycznego, które posiadają cechy zbliżone bądź identyczne ze współcześnie pojmowanym terroryzmem. To ważna książka, która uświadamia odbiorcom pewną niezmienność ludzkich zachowań w określonych warunkach społeczno-politycznych.

Najnowsza publikacja o charakterze popularnym to opublikowane w bieżącym roku w Wydawnictwie Czytelnik *Złote jabłka Afrodyty*, zbiór 25 opowiadań, których bohaterami są wielcy kochankowie, znani z mitologii greckiej. Umiejętnie przetworzone wątki romansowe ukazują świat mitycznych bóstw i herosów w formie, która dostarcza odbiorcy nie tylko estetycznej i zmysłowej przyjemności, ale także popularyzuje antyczną mitologię.

Przedstawiłem Państwu w wielkim skrócie charakterystykę książkowych publikacji Prof. Stabryły, które stawiają go w rzędzie najwybitniejszych polskich uczonych, humanistów i popularyzatorów kultury antycznej. Należałoby tu jeszcze przedstawić omówienie wielkiej liczby jego mniejszych rozpraw naukowych, popularnonaukowych, krytycznoliterackich, zamieszczanych w najlepszych czasopismach polskich i zagranicznych. Niestety czas na to nie pozwala. Sądzę jednak, że przedstawienie najważniejszych publikacji z dorobku pisarskiego

Pana Profesora ukazały fenomen jego osobowości, która potrafi w mistrzowski sposób łączyć aktywność ściśle naukową z jej lżejszymi odmianami i w każdej formie swej działalności odnajduje stosowną miarę oraz niezwykłe wyczucie chwili. Sprawia to, że Jego książki oraz inne publikacje idealnie wkomponowywały się w aktualne trendy naukowe i kulturowo-literackie.

Publikacje, niezależnie w jakiej formie, nie wyczerpują wszystkich zasług Profesora, który swoje powołanie uczonego-humanisty łączył z funkcją nauczyciela akademickiego, kształtującego, ale także wychowującego młodych ludzi. Zastęp filologów klasycznych, którzy swoją formację w dużym stopniu zawdzięczają prof. Stabryle, jest ogromny. Wielu uczonych-filologów młodszego i średniego pokolenia, wśród nich także ja, zawdzięczają Jemu swoje kariery naukowe. Był zawsze uczonym i nauczycielem wymagającym i surowym w ocenach, ale jego wielka kultura osobista sprawiała, iż nie odczuwaliśmy tej surowości. Przekazywał nam nie tylko profesjonalną wiedzę na najwyższym poziomie, ale także rozbudzał w nas wrażliwość i uczył eleganckich manier. Zawsze posiadał klasę i budził respekt w gremiach, w których zasiadał, a Jego opinie nikogo nie pozostawiały obojętnym. Podkreślić należy niezwykłe wręcz oddanie Profesora Uniwersytetowi Jagiellońskiemu, który zawsze był dla Niego nie tylko miejscem pracy, ale przede wszystkim wielką ideą naukowego i edukacyjnego postępu. Pełni wdzięczności życzymy mu dzisiaj wielu dalszych lat pracy w zdrowiu i pomyślności dla dobra nauki polskiej i polskiej kultury. Nie żegnamy się z Nim – pozostaje wśród nas i będzie dalej służył nam swoim autorytetem, ponieważ jest człowiekiem, który rzetelnie i dla dobra ogółu potrafił wykorzystać swoje uzdolnienia. *Gratias tibi agimus, Professor, propter humanitatem et eruditionem tuam, quibus nos imbuisti. Tu es vere vir doctissimus, humanissimus et litteratissimus.*

SUMMARY
MUSARUM CULTOR- STANISŁAW STABRYŁA AS A MAN, A SCHOLAR AND A HUMANIST

Stanisław Stabryła, one of the most distinguished Classical Scholars in Poland, was born in Lvov, on 2 November 1936, and has lived in Kraków since 1945. He graduated from the B. Nowodworski Secondary School (one of the best and the oldest schools in Kraków) and studied Classical Philology at the Jagiellonian University in 1955-1960, taught by such outstanding professors as: Władysław Strzelecki, Tadeusz Sinko, Jan Safarewicz, Stanisław Skimina, Władysław Madyda, Mieczysław Brożek. After graduating, with distinction, from the University, in 1961 he became Teaching Assistant at the Chair of Classical Philology of the Jagiellonian University. He also taught Latin in a few secondary schools in Kraków for several years. He received his PhD degree from the Philological Faculty of the Jagiellonian University in 1969, and his post-doctoral degree (*D. Habil.* – the highest academic degree) in Classical Philology in 1974. He was promoted to the post of Lecturer at the Jagiellonian University in 1970, and to the position of Associate Professor in 1974. The academic title of Professor was conferred on him in 1983. This was followed by his promotion to the position of Professor at the University in 1990. He presided over the Chair of Classical Philology at the Jagiellonian University in 1985-1993, and since 1995 has presided over the Chair of Latin Philology at the Institute of Classical Philology. He also held a position of Professor at the Pontifical Academy of Theology in Kraków in 1997-2006, where he presided over the Chair of the History of the Church in Antiquity. He has been granted a number of academic scholarships at Western European and American universities. His academic specialization and interests focus on Roman literature of the Augustan and Imperial Period, as well as on early Christian literature and culture. He carries out research on ancient Roman and Christian literature, ancient theory of literature and the reception of Antiquity in Polish literature. Many of his disciples have become prominent scholars and work at the Institute of Classical Philology. Professor Stabryła has also regularly cooperated with numerous universities abroad (e.g. in Amsterdam, Heidelberg, Bochum,

Helsinki, Basel, Oslo, Salzburg), conducting guest lectures and seminars there.

Professor Stanisław Stabryła is a prolific writer. In the past 50 years he has published 33 books, 65 scholarly articles in Polish and foreign academic journals, 28 scholarly surveys and reviews, 18 articles popularizing his academic discipline, 6 editorial works and 3 translations: altogether over 150 publications.

Professor Stabryła's oevre includes several monographs on Roman literature (e.g. *Latin Tragedy in Virgil's Poetry*, 1970, *Wergiliusz. Świat poetycki*, 1983, 1987, *Owidiusz. Świat poetycki*, 1989, *Problemy genealogii antycznej*, 1983, *Studia Prudentiana. 12 Essays*, 2006) as well as essays on ancient history and literature (e.g. *Śpiewaj mi Muzo*, 1988, *Starożytna Grecja*, 1988, *Starożytny Rzym*, 1992). In 2002 he published a comprehensive coursebook of Ancient Literature, *Literatura starożytnej Grecji i Rzymu. Zarys* (Ossolineum Publishing House). Professor Stabryła's studies on the links between modern European and Polish literature and the classical tradition were presented in two books: *Hellada i Roma w Polsce Ludowej*, 1983, and *Hellada i Roma w Polsce*, 1996. He has edited and published several translations of works by ancient authors (e.g. Virgil's *Eneida*, Horace's *Pieśni*, *Antologia tragedii greckiej*, 1989, *Rzymska krytyka i teoria literatury*, 1983, and Sophocles' *Antygona*, 1998), as well as his own translations of several works of Roman literature (e.g. *Nowele rzymskie*, 1975, Seneca's *Myśli*, 1987, Ovid's *Metamorfozy*, the latter translated together with Anna Kamieńska). Professor Stabryła is the author of numerous scholarly articles which appeared in the leading academic journals, both in Poland and abroad. He has also published books popularizing Greek and Roman civilization (e.g. *Słownik mitologii greckiej i rzymskiej*, 1994; *Mitologia dla dorosłych*, 1995; *Klątwa Pelopidów*, 1995; *Księga legend rzymskich*, 1998; *Dzieje wojny trojańskiej*, Kraków, 2004; *Terroryści znad Tybru*, Kęty 2006), which have been widely read and issued in large numbers. His latest book of this kind is *Złote jabłka Afrodyty. Greckie legendy o miłości* (Warszawa 2007: Czytelnik Publishing House). 2007 also saw the publication of Professor Stabryła's coursebook *Zarys kultury starożytnej Grecji i Rzymu* (Wydawnictwo Naukowe PWN).

He has always combined his research with teaching and activities as a literary critic, publishing book reviews and commentaries, mainly in the field of Antiquity, in renowned periodicals. In 1996-2001 he was the chief editor of the *Nowy filomata* quarterly, devoted to Ancient

Culture. He is a member of numerous literary and academic societies, e.g. The Polish PEN Club, Polish Society of Classical Philology (Polskie Towarzystwo Filologiczne), Committee of Literary History of the Polish Academy of Sciences (Komisja Historycznoliteracka Polskiej Akademii Nauk – PAN), and Polish Academy of Arts and Sciences (Polska Akademia Umiejętności – PAU). Since 2005 he has been the President of Classical Philology Committee of the Polish Academy of Arts and Sciences (Komisja Filologii Klasycznej PAU). As an outstanding scholar, Professor Stabryła has inspired much academic activity among Polish specialists in the field of Antiquity.

Outside scholarly work, Professor Stabryła's activities include mountain trekking, skiing, swimming, cycling; he is a lover of nature, enjoys traveling, especially to Italy and Greece. He spends quite a lot of time in his country cottage, gardening being one of his favourite pastimes.

He is married, with two daughters Anna and Magdalena, and two grandsons, Michał and Kacper. He does not like television, tries to avoid official meetings and non-scholarly sessions; solemn ceremonies of all kinds are, in particular, not to his liking.

Classica Cracoviensia
XI, 2007

STANISŁAW STABRYŁA
KRAKÓW

STRUKTURA OBRAZU POETYCKIEGO
W LIRYCE HORACEGO

Pojęcie obrazu poetyckiego czy literackiego *sensu largo* należy do kategorii terminów stosunkowo trudnych do precyzyjnego zdefiniowania ze względu na swoją wieloznaczność. Najczęściej jednak przez obraz literacki rozumie się określony wycinek świata przedstawionego, stanowiący zamkniętą i autonomiczną całość strukturalną, zorganizowaną na swoistych zasadach, związanych z założeniami ideowo-artystycznymi utworu.

Poniższy szkic będzie próbą przeglądu wybranych liryków Horacego, z punktu widzenia zastosowanej przez poetę struktury obrazu literackiego. Ogólnie rzecz biorąc, struktura ód Horacego jest równie swobodna i oryginalna jak kompozycja werbalna jego wiersza[1]. Gwałtowne zmiany tematu, tonu i nastroju wydają się niekiedy nawet burzyć jedność strukturalną jego utworów. Z drugiej strony trudno także wyróżnić w zbiorze jego poezji określone i często powtarzające się typy struktury: zasadą wydaje się *variatio* – różnorodność i indywidualizacja, nie zaś sztywny schemat[2]. Klasyczna harmonia i równowaga pieśni Hora-

---

[1] G. Williams, *The Third Book of Horace's Odes*, Oxford 1969, s. 22. Autor twierdzi, że uprzywilejowane miejsce w odach Horacego zajmuje kompozycja pierścieniowa (*ring-composition*), która polega na powtórzeniu w zakończeniu utworu motywu wstępnego w formie zmodyfikowanej. Najczęstszą metodą kompozycyjną ód Horacego jest linearne grupowanie strof w pewne całości tematyczne, oparte na zasadzie podobieństwa lub kontrastu. W niektórych odach Horacego znajdziemy kompozycję dwudzielną na zasadzie opozycji dwóch większych grup zwrotek, z pojedynczą strofą łączącą obydwa bloki. Zagadnieniem struktury pieśni Horacego zajął się szczegółowo N. E. Collinge. Por. N. E. Collinge, *The Structure of Horace's Odes*, Oxford 1962, *passim*.

[2] Por. S. Stabryła, *Wstęp*, [w:] Quintus Horatius Flaccus, *Dwadzieścia dwie ody*, tłum. A. Ważyk, oprac. S. Stabryła, Kraków–Warszawa–Wrocław 1991, s. CX i n..

cego polega nie tylko na symetrii poszczególnych elementów strukturalnych i na jedności kompozycyjnej[3], ale może przede wszystkim na
zintelektualizowaniu treści emocjonalnych tej poezji, na swoistym poddaniu uczuć kontroli rozumu.

Od uwag ogólnych przejdźmy jednak do dokładniejszej analizy wybranych pieśni. Zacznijmy od jednego z najbardziej kontrowersyjnych
liryków Horacego, ody I 7 (*Laudabunt alii claram Rhodon aut Mitylenen...*) do konsula Plankusa, ze względu na powszechnie zauważa-
ną niespójność strukturalną, która wynika z braku związku logicznego
między pierwszą częścią utworu (w. 1-14) a trzecią (w. 21-32). Istotnie,
uchwycenie powiązań tematycznych czy myślowych między tymi seg-
mentami liryku nie jest ani proste, ani łatwe. W pierwszym członie tej
ody (w. 1-14) znajduje się wyliczenie sławnych miast greckich zakoń-
czone wyznaniem podmiotu, że jemu samemu jest bliższa grota Albunei (*domus Albuneae*), wodospad rzeki Anio (*praeceps Anio*), święty
gaj Tyburna (*Tiburni lucus*) i wilgotne sady, nawodnione przez bystre
potoki. Bez wątpienia mowa tutaj o okolicach Tyburu, w pobliżu którego wznosiła się willa Horacego w Sabinum. Środkowa część utworu (w. 15-21) zawiera wezwanie skierowane do Plankusa, aby czy to
w obozie wojskowym (*seu te fulgentia signis / castra tenent*) czy to
w cienistym Tyburze (*seu densa tenebit / Tiburis umbra tui*) w mądry
sposób (*sapiens*) szukał zapomnienia (*finire memento*) w winie (*molli... mero*) o smutku (*tristitiam*) i trudach życia (*vitae...labores*). Wreszcie trzeci, zamykający segment utworu przywołuje mit o Teukrze wraz
z konsolacyjnym przemówieniem bohatera do druhów, zasmuconych
wygnaniem z ojczystej Salaminy i koniecznością szukania dla siebie
nowej ojczyzny[4].

Pierwsza część liryku jest w istocie katalogiem najsławniejszych
miejsc w Grecji: Rodos, Mytilena, Efez, Korynt, Teby, Delfy, Dolina
Tempe, Argos, Mykeny, Lakedaimon, Laryssa, które poeci opiewają
w swoich utworach (*laudabunt; carmine perpetuo celebrare*). Temu
katalogowi miast greckich podmiot mówiący przeciwstawił pochwa-
łę Tyburu, a w istocie jego okolic. Trudno byłoby tu mówić o katalo-

---

³ Por. K. Zarzycka-Stańczak, *Z badań nad pierwszym zbiorem pieśni Horacego*, Wrocław 1969, s. 111 i n.

⁴ Mało przekonująca jest interpretacja *Ody do Plankusa* oparta na założeniu, że
mamy tutaj do czynienia ze świadomym i zamierzonym przez Horacego naśladowa-
niem luźnej struktury Pindaryckiego *enkomion*. Por. R. G. M. Nisbet, M. Hubbard, *A Commentary on Horace: Odes Book I*, Oxford 1970, s. 93.

gu – to raczej wyliczenie miejsc, które budzą zachwyt podmiotu: grota Albunei, rzeka Anio, gaj Tyburna, nawodnione sady. Znaczenie tych dwóch przeciwstawionych sobie segmentów katalogowych jest zupełnie oczywiste: niech sobie inni z tego czy innego powodu wychwalają takie czy inne miasto greckie – mówi podmiot – ja zachwycam się tylko okolicami Tyburu.

Kim był adresat tej ody? Plankus, którego imię pojawia się dopiero w wierszu 19, pod koniec drugiej części utworu? Lucjusz Munacjusz Plankus, po Mecenasie, Oktawianie, Sestiuszu i Agryppie piąty z kolei adresat pieśni z pierwszej księgi liryki Horacego, był także ważną osobistością polityczną i wojskową. Pochodził z Tyburu, w latach 44-43 przed Chr. jako namiestnik Galii Zaalpejskiej założył miasto Lugdunum (dzisiejszy Lyon) oraz Augusta Raurica w pobliżu Bazylei. W grudniu tego samego roku odniósł w Rzymie triumf za zwycięstwa nad Gallami. W 42 roku sprawował urząd konsula, a w następnym roku opuścił Italię, aby przyłączyć się do Marka Antoniusza. Przez blisko dziesięć lat dowodził jego legionami w Azji Mniejszej i Syrii, miał spowodować zamordowanie Sekstusa Pompejusza, a w 32 r. przeszedł na stronę Oktawiana, okazując się, według określenia późniejszego historyka, Wellejusza Paterkulusa, „chorobliwym zdrajcą". Dzięki łupom wojennym postawił w Rzymie świątynię Saturna. Wreszcie w 27 r. przed Chr. wystąpił w senacie, prawdopodobnie jako najstarszy z byłych konsulów, z propozycją nadania Oktawianowi tytułu „Augustus".

Wróćmy jednak do zagadnienia struktury obrazu poetyckiego w tej dość zagadkowej pieśni Horacego i zapytajmy, jaką funkcje pełni w niej postać adresata, Munacjusza Plankusa[5]. Drugą część utworu otwiera porównanie Notusa, wilgotnego wiatru południowego, który często rozwiewa na niebie deszczowe chmury, do Plankusa, który kierując się mądrością (*sapiens*), powinien smutek i znużenie trudami życia rozpraszać za pomocą wina. Podmiot odnosi tę radę-pouczenie (*parainesis*), jak można przypuszczać, do dwóch powtarzających się w życiu adresata sytuacji: jego długich pobytów w obozie wojskowym i powrotów do cienistego Tyburu. Wino jest jedynym lekarstwem na smutek i wszelkie dolegliwości życia.

---

[5] K. Kumaniecki, *De Horatii carmine ad Plancum*, „Eos" 1947, nr 42, s. 5-23. Interesująca jest teza autora, który twierdził, że mit o Teukrze został wprowadzony przez Horacego po to, aby wykazać, że oskarżenia wobec Plankusa, jak niegdyś wobec Teukra, były fałszywe i niesłuszne. Por. także: *Horace. Odes I. Carpe diem*, transl. D. West, Oxford 1995, s. 35.

Mit o Teukrze, wprowadzony w ostatniej części utworu, stanowi w istocie ilustrację (*exemplum*) owej konsolacyjnej mocy wina[6]. Wygnany przez ojca z rodzinnej Salaminy bohater, opasawszy skronie wieńcem, przemawia tutaj, upojony winem, do zasmuconych przyjaciół, którzy razem z nim wiele wycierpieli. Wygnaniec wyraża tu nadzieję, że los (*fortuna*) okaże się dla nich przychylniejszy niż ojciec; przypomina nieomylną wyrocznię Apollona, który przyrzekł Teukrowi, że pod jego wodzą założą inną, nową Salaminę. Zapowiedź dalekiej wyprawy na morze poprzedza Teucer wezwaniem do druhów, by troski rozpędzili winem (*nunc vino pellite curas*). Ale w tym przemówieniu do przyjaciół, a szczególnie w zapowiedzi przyszłej tułaczki po bezkresnym morzu, pobrzmiewa nuta melancholii i smutku: życie ludzkie jest nieustanną wędrówką, w której człowiek nigdzie nie znajduje dla siebie stałego miejsca[7].

Podsumowując uwagi na temat struktury obrazu poetyckiego w odzie I 7, warto zwrócić uwagę na kilka faktów. Część katalogowa utworu kończy się pochwałą Tyburu, skąd pochodził Plankus, wymieniony w drugim segmencie adresat tej ody, który według rady lirycznego „ja" powinien szukać ukojenia w winie[8]. Przykładem dla niego może być mityczny Teucer, który opuszczając z woli ojca rodzinną Salaminę, zachęcał towarzyszy, by utopili swe troski w winie. Stosunkowo prosty schemat strukturalny tego liryku zwiera następujące elementy: katalog topograficzny, skierowaną do Plankusa *paraínesis* na temat konsolacyjnej mocy wina oraz mit o wygnaniu Teukra z Salaminy[9]. Wydaje się, że taka interpretacja struktury tej ody pozwala uchwycić kwestionowany przez wielu badaczy związek między pierwszym i trzecim segmentem tego utworu[10].

---

[6] J. Moles, *Reconstructing Plancus (Horace, C. I 7)*, „Journal of Roman Studies", vol. 92, 2002, s. 86-109. Autor dostrzegł związek mitu o Teukrze w odzie I 7 ze śmiercią brata Plankusa w proskrypcjach w 43 r. przed Chr.

[7] Por. K. H. Eller, *Horaz – der unbekannte Dichter*, Frankfurt am Main 1989, s. 11.

[8] S. Harrison, *Lyric and Iambic*, [w:] *A Companion to Latin Literature*, ed. S. Harrison, New York 2006, s. 196. W pracy tej zalicza się na tej podstawie wyżej wymienioną odę do pieśni sympotycznych.

[9] M. Ascione, *Analysi dell' Ode I 7 di Orazio*, „Atti della Accademia Nazionale dei Lincei. Classe di scienze morali, storiche e filologiche" 2001, Seria 9a, 12, s. 115-137. Ascione znajduje w tym utworze dwa główne motywy: *recusatio* i filozoficzne *protreptikón*.

[10] Na brak tego związku zwracają uwagę tacy badacze, jak K. Kumaniecki (K. Kumaniecki, *op. cit.*, s. 5 i n.), J. P. Elder (J. P. Elder, *Horace, Carmen I 7*, „Cla-

Przyglądnijmy się z kolei jednemu z najpiękniejszych liryków Horacego, odzie do Taliarcha I 9 (*Vides ut alta stet nive candidum...*) zwanej często „odą do Sorakte"[11]. Krytyka nowożytna dopatrzyła się w tej pieśni pewnych niespójności w obrazowaniu[12], ale czytelnicy zawsze poddawali się niezwykle urokliwemu nastrojowi tego utworu. Już pierwsza strofa w sposób sugestywny ewokuje zimowy krajobraz górski z punktem centralnym – górą Sorakte. Widzimy jej ośnieżony wierzchołek, poniżej lasy pokryte grubą warstwą śniegu, ścięte lodem potoki. Ten zimowy krajobraz jest tylko kontrastowym tłem dla sceny, która rozgrywa się w ciepłym wnętrzu. W drugiej strofie podmiot liryczny, który całą swoją wypowiedź zaczął od wskazania (*vides*) ośnieżonego szczytu Sorakte, chce adresatowi tej pieśni, noszącemu greckie imię Taliarchus, niejako uzmysłowić, jak surowa zima panuje na zewnątrz i skłonić go, aby szczodrzej dorzucił drew do kominka i wydobył dzban sabińskiego wina. Warto tu dodać, że dwie początkowe strofy tej pieśni są bez wątpienia modelowane na utworze Alkajosa, zachowanym jedynie fragmentarycznie[13]. Pomimo powtarzania przez Horacego motywów zaczerpniętych z tej pieśni, takich jak zimowa zawierucha, zamarznięte strumienie, dorzucanie drew do ognia w kominku, mieszanie wina, w całości mamy tu do czynienia z wyraźnie italskim kolorytem. Świadczy o tym sama nazwa góry – Sorakte, sabiński dzban, zimowy pejzaż ze śniegiem i lodem, obcy wyobraźni Alkajosa.

Obraz wiatru szalejącego na wzburzonym morzu i jednocześnie uciszonego przez bogów kontrastuje wyraźnie w trzeciej strofie ze spokojnym, jakby zamarłym, skutym lodem krajobrazem zimowym w pierwszej zwrotce. Tę niejednorodność obrazów, uważaną niekiedy za błąd sztuki poetyckiej, usiłowano interpretować jako rezultat zależności Horacego od wspomnianej pieśni Alkajosa, gdzie mowa jest o deszczu i lodzie[14]. Ale obraz rozszalałego wiatru nie jest motywem autonomicznym i nie należy do głównej linii dyskursu w utworze rzym-

sasical Philology", vol. 48, 1953, No. 1, s. 1 i n.), W. Steffen (W. Steffen, *„Laudabunt alii claram Rhodon aut Mitylenen"*, „Meander" 1978, nr 38, s. 309-314).

[11] Szczegółowa analiza tego utworu: V. Pöschl, *Horazische Lyrik*, Heidelberg 1991, s. 30-51.

[12] Por. U. Wilamowitz-Moellendorff, *Sappho und Simonides*, Berlin 1913, s. 311; E. Fraenkel, *Horace*, Oxford 1957, s. 177. Jedności tej ody broni z dużą słusznością H. P. Syndikus, *Die Lyrik des Horaz*, Bd. I, Darmstadt 1972, s. 110.

[13] Por. fr. 338, [w:] *Liryka starożytnej Grecji*, oprac. J. Danielewicz, Warszawa 1996, s. 216 i n.

[14] Por. R. G. M. Nisbet, M. Hubbard, *op. cit.*, s. 117.

skiego poety. Krytycy nie biorą tu, jak się wydaje, pod uwagę faktu, że jeśli Taliarch, adresat tej ody, ma we wszystkim zawierzyć bogom (*permitte divis cetera*), do czego wzywa go podmiot mówiący, to musi otrzymać dowód ich niezwykłej potęgi. Motyw ten ma więc ilustrować ową wszechmoc bogów, którzy potrafią uspokoić nawet potężne wichry morskie i przywrócić ciszę. Trudno tutaj oczywiście rozstrzygnąć, dlaczego Horacy wybrał taki właśnie przykład cudownej mocy bogów. Dość trafne wydaje się jednak przypuszczenie, że był to rezultat wpływu tradycji liryki sympotycznej, w której zakorzenił się konwencjonalny obraz burzy i wichrów szalejących na dworze – jako kontrast do zacisznego wnętrza[15].

Trzecia strofa tworzy rodzaj przejścia do drugiej, parenetycznej części tej ody (w. 13-24). Sympotyczny nastrój i motywy dwóch pierwszych zwrotek ustępują teraz miejsca poważnej refleksji, wysnutej w całości z nauki Epikura. Punktem wyjścia jest skierowane do Taliarcha pouczenie, że nie można poznać przyszłości, nie należy się więc nad nią zastanawiać ani o nią pytać, lecz wszystko, co daruje Los, przyjmować za zysk (w. 13-14). „Musisz więc pamiętać, Taliarchu – jakby ciągnie swoją parenezę podmiot liryczny – że młodość jest krótka, że niedługo na twoich skroniach pojawi się siwizna; jeśli więc nie chcesz zmarnować młodych lat, musisz ulec urokowi miłości, dać się wciągnąć w wieczorny flirt z zalotną dziewczyną”. Zamiast z góry skazanej na niepowodzenie próby odgadnięcia przyszłości, trzeba wykorzystać niepowtarzalną szansę, jaką jest młodość i największy z jej powabów – miłość.

Bez wątpienia oda do Taliarcha wykazuje różne niekonsekwencje i sprzeczności wewnętrzne, jak choćby ową niespójność między zimowym pejzażem w dwóch pierwszych strofach, burzą na morzu w trzeciej i nastrojem letniego wieczoru na wsi w piątej i szóstej. Ten niejednorodny, niespójny obraz poetycki, jaki wyłania się z w pieśni I 9 znajduje do pewnego stopnia swój odpowiednik w wewnętrznej sprzeczności filozoficznej czy raczej światopoglądowej. O ile trzecia strofa wyraża stoicką ufność poety we wszechmoc bogów, o tyle w końcowej części utworu zdecydowanie dominuje wysnuty z ducha epikureizmu pogląd, że należy korzystać z uroków życia i młodości. Te wyraźne pęknięcia w strukturze artystycznej i filozoficznej ody do Taliarcha nie niweczą jej niezwykłego czaru, nie pomniejszają jej przedziwnego piękna.

---

[15] Por. *ibidem*, s. 121.

Jedną z najsławniejszych pieśni Horacego jest oda do Deliusza II 3 (*Aequam memento rebus in arduis...*), która swoje niezwykłe miejsce w liryce rzymskiego poety zawdzięcza sugestywności zawartych tu refleksji na temat życia, śmierci i kondycji człowieka[16]. Wspaniałe tło dla tych medytacji tworzy tutaj obraz uczty na łonie przyrody, w cieniu drzew, nad brzegiem strumienia. Kończący tę odę obraz duszy w świecie podziemnym jest swojego rodzaju wizualnym odpowiednikiem zawartych w tym utworze medytacji o śmierci, jako wspólnym losie wszystkich ludzi.

Otwiera tę odę wezwanie do Deliusza, by zachował obojętność (*aequam mentem*) wobec losu, zarówno w szczęściu, jak i w nieszczęściu, gdyż przeznaczeniem człowieka jest śmierć, niezależnie od tego, czy będzie żył pogrążony w wiecznym smutku, czy też będzie korzystał z przyjemności, jakie ofiaruje mu życie (w. 1-8). Trzeba więc umieć cieszyć się pięknem natury, dopóki tylko można, dopóki pozwala na to los (w. 9-16). Niezależnie od tego, kim jesteś, nadejdzie kiedyś chwila, kiedy będziesz musiał opuścić swe posiadłości i popłynąć łodzią Charona na wieczne wygnanie (w. 17-28).

Oda Horacego, podobnie jak wiele innych pieśni rzymskiego poety określonych przez tematykę refleksyjno-filozoficzną, została wpisana w formę parenezy, pouczenia skierowanego do niejakiego Deliusza, postaci autentycznej i cieszącej się dość wątpliwą reputacją. Otóż Deliusz rozpoczął swoją karierę wojskową jako podwładny Dolabelli, przeszedł później na stronę Kasjusza, a wreszcie po bitwie pod Filippi przyłączył się do Antoniusza i w jego służbie przebywał przez 10 lat na Wschodzie, prowadząc rozległą działalność dyplomatyczną. Niedługo przed bitwą pod Akcjum w 31 r. przed Chr. opuścił Antoniusza, a następnie postarał się o względy Oktawiana Augusta, który jednak nie powierzał mu żadnych urzędów. Informacje, jakich dostarczają pisarze starożytni, dowodzą jego niemoralnego, a nawet wręcz skandalicznego prowadzenia się. Słyszymy także, że próbował sił jako literat, opisując wojnę prowadzoną na Wschodzie przez Antoniusza przeciwko Partom i tworząc jakieś rozwiązłe listy (*epistulae lascivae*) do Kleopatry.

---

[16] Por. V. Pöschl, *op. cit.*, s. 333. Autor stwierdził za W. Ludwigiem (W. Ludwig, *Zu Horaz c. 2,1-12*, „Hermes" 85 (1957), s. 336-345), że ody 1-12 z ks. II wykazują kompozycję pierścieniową (*eine Ringkomposition*) i dzięki symetrycznemu układowi zachowują wzajemny związek.

Nie potrafimy oczywiście określić, w jakim stopniu osobowość i kariera polityczna Deliusza wpłynęły na genezę lub koncepcję poematu Horacego. Wydaje się jednak, że ta utrzymana w duchu hedonistycznym pareneza doskonale harmonizowała z etosem adresata, zmiennego w swoich poglądach politycznych światowca, faworyta dworu aleksandryjskiego, posiadacza wspaniałych ogrodów.

Wzmianka o „czarnej nici trzech sióstr" w czwartej strofie nasuwa myśl o śmierci, która jest nieuniknioną koniecznością: majętny posiadacz rozległych pastwisk, pałacu, willi nad Tybrem i niezmierzonych bogactw będzie musiał kiedyś opuścić to wszystko (*cedes*). Wszystkich nas czeka bowiem ten sam los, niezależnie od naszego stanu i sytuacji: bezlitosny Orkus wyznaczy każdemu z nas miejsce pod gołym niebem i prędzej czy później będziemy musieli wsiąść do łodzi Charona[17]. Zamykający tę odę obraz duszy skazanej na wieczne wygnanie w świecie podziemnym mieści się doskonale w schemacie myślowym tego utworu: apostrofa do adresata – *moriture Delli* zapowiada bowiem motyw eschatologiczny, który dominuje w drugiej części tej pieśni.

Oda do Deliusza jest jeszcze jednym przykładem światopoglądowego eklektyzmu Horacego. Stoicki ideał równowagi ducha (*apátheia*) wobec losu i jego kaprysów posłużył tutaj jako punkt wyjścia do rozwinięcia hedonistycznego postulatu korzystania z życia, jego prostych przyjemności i uroków[18]. W ostatecznym rachunku uzasadnieniem owej zalecanej przez poetę postawy hedonistycznej jest perspektywa śmierci: niezależnie od tego, jak człowiek żyje, kim jest i co posiada, musi się pogodzić z myślą o śmierci, która stanowi wspólny los wszystkich ludzi. Jest więc pieśń Horacego swoistym przypomnieniem o śmierci, rodzajem *memento mori*, a jednocześnie zachętą do korzystania z życia – wobec tej nieuniknionej konieczności. Nawet najwspanialsza posiadłość czy wytworny pałac, nawet największe bogactwo czy królewskie pochodzenie nie zdołają uchronić człowieka od śmierci, bezlitosny Orkus wszystkich traktuje jednakowo.

Pozostaje więc pogodzić się z tym, co jest wspólnym przeznaczeniem wszystkich ludzi i ułożyć swe życie w taki sposób, by jak najwięcej z niego skorzystać. Wydaje się, że ta filozoficzna akceptacja

---

[17] D. H. Porter, *Horace's Poetic Journey. A Reading of Odes 1-3*, Princeton 1987. Porter uważał, że Horacy kładł specjalny nacisk w tej pieśni na motyw śmierci, który wyraźnie występował już w księdze I.
[18] K. H. Eller, *op. cit.*, s. 47. Autor zauważył, ze oda ta jest wyrazem epikurejskich przekonań Horacego.

konieczności śmierci, zabarwiona pewną powagą i melancholią, jest jednym z głównych walorów tej najdoskonalszej chyba pieśni Horacego.

Carmen II 19 (*Bacchum in remotis carmina rupibus...*) to jedna z najbardziej zagadkowych pieśni Horacego, której przesłanie wciąż jeszcze oczekuje na przekonywającą interpretację. Bardzo erudycyjne i pouczające analizy tego utworu ograniczają się w istocie do opisu jego struktury oraz wskazania związków z tradycją antycznego hymnu[19]. Istotnie, nie budzi żadnych wątpliwości formalna przynależność tej pieśni do gatunku poezji hymnicznej, gdyż w jej strukturze można odnaleźć prawie wszystkie elementy typowe dla hymnu starożytnego. Po wstępnym obrazie epifanii Bakchusa (w. 1-8) następuje katalog tematów, jakie poecie wolno teraz podjąć w pieśni ku czci boga winnej latorośli (w. 9-16), a wreszcie ciąg przykładów czynów Bakchusa obrazujących jego niezwykłą potęgę (w. 17-32). Do tradycji gatunku hymnicznego należy nie tylko pochwała czynów i właściwości boga winnej latorośli, ale także pewne elementy zawarte w warstwie językowej, jak np. bezpośrednie zwroty do Bakchusa w formie typowej anafory (*tu, tu, te*) w drugiej części tego utworu. Warto podkreślić, że w samym języku tego hymnu do Bakchusa Horacy starał się wyeksponować motywy dionizyjskiego czy bakchicznego natchnienia, z którego miał się narodzić ten utwór: np. powtórzony okrzyk Bakchantek *euhoe!* (w. 5, 7), przerywany, imitujący bakchiczną namiętność rytm zdań itp. Wstępny obraz Bakchusa uczącego pieśni nimfy i koźlonogich satyrów na odległych skałach jest realizacją częstego w hymnach greckich i rzymskich motywu epifanii. „Odległe skały" (w. 1: *in remotis rupibus*) wizualizują górski, dziki krajobraz, z którym był tradycyjnie kojarzony Bakchus. Parenetyczna apostrofa *credite posteri* (w. 2) ma sugerować niezwykłość tej epifanii Bakchusa, a jednocześnie jej małą wiarygodność dla przyszłych czytelników tej pieśni. Sam bóg zjawia się w orszaku nimf i satyrów, a więc w swoim zwykłym *thiásos*. Epifania Bakchusa jest dla podmiotu-poety potężnym wstrząsem, przejmuje jego umysł lękiem, zmusza do ekstatycznego okrzyku *euhoe!*, a wreszcie niejako fizycznie napełnia go swoją potęgą, udzielając mu boskiej inspiracji jako poecie. Widok boga budzi w nim lęk połączony z radością, każe

---

[19] Por. np. R. G. M. Nisbet, M. Hubbard, *A Commentary on Horace. Book II*, Oxford 1978, s. 314 i n.; H. P. Syndikus, *op. cit.*, Bd. I, s. 471 i n.; E. Fraenkel, *op. cit.*, s. 199 i n.

mu błagać go, by powstrzymał uderzenie tyrsem (w. 8). Następne dwie strofy (w. 9-16) implikują uprawnienie poety do ujawnienia świętych tajemnic Bakchusa – jako rezultat epifanii bóstwa we wstępnej części hymnu. Owe boskie tajemnice, które teraz wolno już wyjawić poecie, to ustawiczne orgie Bakchantek, źródła tryskające winem i mlekiem, miód płynący z wydrążonych pni, a także umieszczenie przez boga diademu Ariadny wśród gwiazd, ukaranie przez niego Penteusza i Lykurga. Druga część utworu (w. 17-32) zawiera w istocie katalog czynów Bakchusa, które potwierdzają jego potęgę: ujarzmienie rzek, oceanu, okiełznanie w górach dzikich Bistonid, zwycięska walka przeciwko Gigantom, pokonanie Retusa, zstąpienie i powrót z Podziemia, obłaskawienie Cerbera. Wszystko to dowodzi, że Bakchus potrafi nie tylko tańczyć, żartować, bawić się, ale także w razie potrzeby walczyć[20].

Obrazy poetyckie, jakie tworzą strukturę tej pieśni, to przede wszystkim epifania Bakchusa i wywołane przez nią emocje lirycznego „ja", niezwykłe zjawiska przyrody powodowane przez boga winnej latorośli, jego czyny w czasie pokoju i w czasie walki, a wreszcie zadziwiająca *katabasis*.

Pieśń II 19 jest bez wątpienia hymnem sławiącym potęgę i czyny Bakchusa, gdzie widok boga winnej latorośli stał się dla lirycznego „ja"- -poety mistycznym przeżyciem, w którym strach miesza się z dziwną, niewyrażalną radością. Epifania boga, poznanie jego potęgi dało mu prawo do opiewania jego czynów, było więc rodzajem poetyckiej inicjacji, która pozwoli mu (*fas est*) jako jednemu z wtajemniczonych czcicieli podjąć tematy dotąd niedostępne czy zakazane.

Mamy tu z całą pewnością do czynienia z rzeczywistym hymnem ku czci Bakchusa, zarówno pod względem gatunkowym, jak i tematycznym: upewnia o tym porównanie z inną „bakchiczną" pieśnią Horacego, odą III 25 (*Quo me, Bacche, rapis tui...*), która jest szczególnego rodzaju utworem autotematycznym, gdzie motyw dionizyjskiego szału, wyzwalającego twórczą inspirację, posłużył lirycznemu „ja" do zarysowania wizji swej przyszłej poezji i określenia jej nowego kierunku[21].

Wróćmy jednak do ody II 19 i zapytajmy na koniec, na czym polega jej oryginalność. Otóż wydaje się, że odpowiedzi na to pytanie należy szukać w pierwszej części tego utworu. Jakkolwiek motyw epifanii bóstwa, które zjawia się samemu poecie, aby niejako bezpośrednio in-

---

[20] Strukturę tej ody szczegółowo zanalizował V. Pöschl, *op. cit.*, s. 301-323.
[21] Por. *ibidem*, s. 322.

spirować jego pieśni, jest toposem literackim, powtarzanym w poezji antycznej od czasów *Teogonii* Hezjoda (w. 22-24) nieskończoną ilość razy, to jednak sposób jego wykorzystania w tej odzie świadczy o pełnej oryginalności Horacego. Wizualizacja tej wielokrotnie eksploatowanej legendy Bakchusa została zastosowana przez rzymskiego poetę w nowej i oryginalnej funkcji – jako poetyckiej inicjacji, jakkolwiek trudno byłoby poważnie twierdzić, że odzwierciedla jakieś mistyczne czy ekstatyczne przeżycie poety, jak zapewnia podmiot liryczny (*credite posteri*).

Oda III 28 (*Festo quid potius die...*) jest pieśnią świąteczną z okazji obchodzonych w dniu 23 lipca Neptunaliów – ludowej uroczystości ku czci boga Neptuna[22]. Okolicznościowy charakter pieśni ujawnia się już we wstępnym pytaniu podmiotu-poety, czym ma się zająć w święto Neptuna (w. 1-2); ten sam motyw powraca w wierszach 9-10, gdzie poeta zapowiada, że razem z adresatką ody, Lyde, będzie śpiewał pieśń na cześć Neptuna[23]. Są to zresztą jedyne odniesienia do święta tworzącego tutaj tło tej ody, która zaczyna się od rodzaju napomnienia do Lyde, by pozbyła się swej pruderii i wydobyła dzban Cekuba, gdyż minęło już południe i nie powinna zwlekać z otwarciem amfory z czasów konsula Bibulusa (w. 2-9). Drugą część pieśni wypełnia rodzaj programu muzycznego tej uczty we dwoje: najpierw na zmianę będą śpiewali pieśń o Neptunie i Nereidach, potem sama Lyde, przy akompaniamencie swej liry, zaśpiewa o Latonie, o Cyntii i Wenus – pani Knidos, Cykladów i Pafos, a na koniec pieśń pożegnalną na cześć Nocy (*Nox*).

Stosunkowo prosta struktura tego utworu została uformowana przez dwa tylko obrazy: rozmowę połączoną z parenezą skierowaną do Lyde i wspólną ucztę z bogatym programem muzycznym. Szczególne miejsce w tym recitalu zajmą dwie pieśni: ku czci Neptuna – patrona obchodzonego właśnie święta, i druga, ku czci bogini miłości Wenus. Pieśń do Neptuna jest pierwszą w programie owego „śpiewającego popołudnia", a pieśń do Wenus ostatnią, chociaż po niej Lyde zaśpiewa jesz-

---

[22] Por. D. H. Porter, *op. cit.*, s. 200 i n. Porter sądził, że oda ta wraz z poprzedzającymi pieśniami III 26 i III 27 tworzy trio poematów miłosnych, wolnych od realizmu innych liryków w tej księdze.

[23] Por. A. Bradshaw, *Horace's Birthday and Deathday*, [w:] *Traditions & Contexts in the Poetry of Horace*, ed. T. Woodman, D. Feeney, Cambridge 2002, s. 8. Bradshaw przypisuje tej odzie szczególne znaczenie ze względu na jej pozycję w zbiorze liryki Horacego oraz z powodu jej wyraźnie metaforycznego charakteru. Por. także G. Williams, *op. cit.*, s. 143.

cze nenię – pieśń pożegnalną dla Nocy. Umieszczając na końcu (*summo carmine*) owego koncertu pieśń o Wenus – bogini miłości, poeta wyraźnie, choć bardzo delikatnie sugeruje, że zakończeniem Neptunaliów spędzonych z Lyde będzie inne święto – święto miłości[24].

W strukturze tej ody, napisanej w lekkiej, na wpół żartobliwej tonacji, zostały połączone dwa główne motywy: pieśni świątecznej i pieśni sympotycznej z zaledwie zaznaczonym tematem erotycznym. Szczegółowa analiza obu tych motywów pieśni Horacego pozwala ujawnić, że za jednym i drugim stoi bogata tradycja poezji greckiej, a przede wszystkim liryki i epigramu[25].

Całkowicie odmienny charakter ma utwór III 30 (*Exegi monumentum aere perennius...*) – epilog trójksięgowego zbioru liryki Horacego z 23 r. przed Chr. Jest to jednocześnie pewnego rodzaju poetycki bilans własnych osiągnięć jako liryka. Prosta, ostro zarysowana struktura tej ody znakomicie harmonizuje z jej tematem: głównym przesłaniem tej pieśni do Melpomeny jest bez wątpienia wiara, a nawet pewność lirycznego „ja"-poety, że dzieło, które stworzył, będzie wieczne i zapewni mu nieśmiertelną sławę. Utwór zaczyna się obrazem niezniszczalnego pomnika, jaki poeta wzniósł sobie własną poezją (w. 1-5). Kolejne obrazy odnoszą się już do przyszłości: jako poeta, który wykonał wielkie dzieło, naprawdę nie umrze nigdy, przeciwnie – będzie wciąż rósł w sławę, dopóki tylko kapłan z westalką będzie wstępował na Kapitol, to znaczy dopóki będzie istniał Rzym (w. 6-9). W następnym segmencie ody poeta konkretyzuje ową wizję pomnika, aby określić swoją tożsamość jako człowieka i artysty: oto w rodzinnym miasteczku nad brzegiem Aufidu i w całej Apulii będą go sławić – potomka ubogich rodziców, który stał się potężny dzięki temu, że pierwszy przeniósł rytmy pieśni eolskiej do poezji italskiej (w. 10-14)[26]. Zamyka ten utwór apostrofa do Melpomeny jako bogini poezji, by poczuła się dumna z jego osiągnięć i uwieńczyła mu skronie laurowym wieńcem.

---

[24] Por. E. Oliensis, *Feminine Endings, Lyric Seductions*, [w:] *Traditions & Contexts in the Poetry of Horace*, s. 105. Oliensis twierdzi, że w zakończeniu tej ody następuje przejście od pieśni do seksu („the passage from song to sex").

[25] Por. H. P. Syndikus, *op. cit.*, Bd. II, s. 240 i n.; D. H. Porter, *op. cit.*, s. 201. Porter znajduje w wierszach 5-8 wyraźne odwołanie do motywu *carpe diem*.

[26] C. dell' Osso, *Considerationes de poesis notione apud Q.Horatium Flaccum poetam et Ciceronem oratorem*, „Latinitas" 1995, No. 43, s. 99-101. Dell'Osso podjął problem analogii i różnic w koncepcji poezji między odą III 30, 10-14 a *Pro Archia poeta* 23 Cycerona.

Przekonanie, że stworzone przez niego dzieło będzie tytułem do wiecznej i nieśmiertelnej sławy, było już centralnym tematem ody Horacego II 20 (*Non usitata nec tenui ferar*). Porównanie tych obydwu pieśni ujawnia nie tylko różnice w ich tonacji, środkach obrazowania i stylu poetyckim, ale dowodzi także, że Horacy w odzie III 30 wykazał znacznie większą dojrzałość artystyczną, umiar i powściągliwość, które być może wynikały z głębszego niż dawniej przeświadczenia o wartości własnej poezji. Nasuwa się tu jeszcze jedno porównanie – z prologiem do całego zbioru liryki Horacego, z adresowaną do Mecenasa odą I 1 (*Maecenas atavis edite regibus*), gdzie przeciwstawiając ambicjom innych ludzi swe własne aspiracje, poeta był jeszcze daleki od pewności, czy uda mu się dzięki swej pieśni eolskiej zasłużyć w oczach Mecenasa na miano wieszcza – *vates*[27].

Rozpoczęta w konwencji epitafium-epigramu nagrobnego oda III 30 jest próbą określenia przez Horacego wymiarów i rangi swego dzieła poetyckiego w perspektywie przyszłych stuleci. Od czasów Safony[28] i Pindara[29] poeci greccy, a później za ich wzorem także rzymscy, twierdzili, że ich dzieła okażą się trwałe i zapewnią im nieśmiertelność. Nigdy jednak przed Horacym ów tytuł do nieśmiertelności nie został określony w sposób tak konkretny i jednoznaczny jak w tej właśnie odzie: „moją zasługą jest to, że pierwszy przeniosłem do poezji italskiej rytmu pieśni eolskiej" – mówi poeta. Najmocniejsze wrażenie wywiera niewątpliwie wstępny obraz niezniszczalnego pomnika wzniesionego przez poetę-podmiot liryczny. Opis owego pomnika, jego nienaruszalnej trwałości wobec niszczących sił przyrody i wobec czasu, prowadzi do refleksji o własnej nieśmiertelności jako poety, który dzięki swojemu dziełu nie zazna nigdy śmierci.

Inaczej niż w epilogu księgi II (*carm.* II 20), gdzie również podmiot--poeta przepowiada sobie nieśmiertelność (*non ego / [...] obibo / nec Stygia cohibebor unda*), Horacy pozostaje w odzie III 30 wyłącznie w kręgu obrazów i pojęć italsko-rzymskich: oto rzymska bogini – personifikacja pogrzebu Libitina, oto rzymski kapłan Pontifex Maximus, który w towarzystwie westalki (Virgo Vestalis Maxima) wstępuje na Kapitol, by złożyć ofiary Jowiszowi, oto rwący Aufidus, największa

---

[27] Por. H. P. Syndikus, *op. cit.*, Bd. II, s. 274.
[28] fr. 55, 65, 147, [w:] *Sappho et Alcaeus. Fragmenta*, ed. E.-M. Voigt, Amsterdam 1971.
[29] Por. *Oda Pyt.* VI 5-14.

rzeka w Apulii, gdzie leżała rodzinna Wenuzja Horacego, oto legendarny król tej krainy Daunus. Jak wyjaśnić to wyraźne eksponowanie specyficznie rzymskiego kontekstu, typowo rzymskich i italskich realiów? Wydaje się, że mieści się to w ogólnej tendencji patriotycznej, jaka określa tę pieśń[30]. Dzieło, jakiego dokonał poeta, ma przede wszystkim wymiar rzymski, pomnik, jaki wzniósł swoją poezją, będzie trwał tak długo, jak długo będzie istniał Rzym – wiecznie[31].

Dopiero w końcowej apostrofie do Melpomeny Horacy wyjdzie z kręgu wyobrażeń rzymskich i italskich: na prośbę lirycznego „ja"-poety Muza uwieńczy jego skroń laurowym wieńcem – symbolem delfickiego Apollona, boga wyroczni i poezji. Ten wieniec będzie nie tylko znakiem jego powołania jako poety, ale również dowodem, że zasłużył swoim dziełem na takie miano. Nie można było zręczniej i dobitniej wyrazić dumy z własnych osiągnięć poetyckich.

Jeszcze jednym przykładem, tym razem już ostatnim, struktury obrazu poetyckiego w liryce Horacego będzie pieśń IV 7 (*Diffugere nives, redeunt iam gramina campis*...), tzw. oda wiosenna do Torkwata. Utwór ten wykazuje uderzającą zbieżność z inna pieśnią wiosenną Horacego, odą I 4 (*Solvitur acris hiems*...) już w takich właściwościach zewnętrznych, jak zastosowanie podobnego systemu metrycznego (strofa archilochejska 2 i 3) czy przywołanie imienia adresata dopiero w przedostatniej strofie. Znacznie ważniejsze są jednak związki ideowo-tematyczne między tymi dwoma utworami: wspólny jest tu m.in. sam motyw nadejścia wiosny i dokonywania się wielkiej przemiany w przyrodzie w chwili ustąpienia zimy, oraz związana z tym refleksja o nieuniknionej konieczności śmierci i przemijaniu ludzkiego życia. Trudno przypuścić, by Horacy nie był świadomy pewnego rodzaju podobieństwa między tymi dwiema odami[32]. Nie mógł więc zmierzać w odzie IV 7, napisanej kilkanaście lat później niż pieśń I 4, do powielenia motywów już wcześniej wyeksploatowanych, ale do przekształcenia ich w taki sposób, aby w efekcie powstał utwór całkowicie nowy i oryginalny[33].

---

[30] Por. G. Williams, *op. cit.*, s. 150.
[31] Odniesienia do realiów rzymskich i do wieczności Rzymu w odzie III 30 zob. Ch. J. Simpson, *The Tomb, Immortality and the „pontifex". Some realities in Horace Carm. 3,30*, „Athenaeum", vol. 90, 2002, No. 1, s. 89-94.
[32] Por. A. J. Woodman, *Horace's Odes „Diffugere nives"and „Solvitur acris hiems"*, „Latomus" 1972, No. 31, s. 752-778.
[33] Por. H. P. Syndikus, *op. cit.*, Bd. II, s. 356.

Struktura tej pieśni wykazuje swojego rodzaju przemienność obrazów poetyckich i refleksji filozoficzno-egzystencjalnych. Wstępny obraz ustępowania zimy i pojawienia się pierwszych oznak nadejścia wiosny, zakończony wiosennym tańcem Gracji z Nimfami, bóstw bliskich natury (w. 1-6), zamyka ostrzeżenie adresata, że nie powinien żywić nadziei na nieśmiertelność, jeśli tak szybko przemijają lata, dni i godziny (w. 7-8). Kolejny obraz regularnego następstwa pór roku, podobnie jak zmiana kwadr księżyca, ilustruje stały rytm przyrody, w którym nieustannie powtarzają się odejścia i powroty (w. 9-13). Jednak człowiek, który raz zstąpił do Podziemia, na zawsze pozostanie już prochem i cieniem (w. 14-16). Wobec niepewności jutra, które jest w rękach bogów, daremne okazują się także bogactwa, jeśli się ich samemu nie spożytkowało (w. 17-20). Kończy te odę obraz podziemnego królestwa, z którego nikt nie może powrócić (w. 21-28)[34].

Ta dziwna oda „wiosenna" jest więc w istocie medytacją nad egzystencjalną sytuacją człowieka. Kontrast między cyklicznym rytmem wiecznych powrotów w naturze a bezpowrotną przemijalnością człowieka, wszystkich jego spraw i rzeczy, ukazuje w ostrym świetle jego znikomość i bezradność wobec śmierci. Człowiek żyje tylko raz i nic nie może go uchronić od konieczności rozstania się ze światem żywych: ani znakomite pochodzenie, ani sztuka wymowy, ani nawet pobożność. Sama śmierć jest czymś bezpowrotnym, skoro nawet bogowie i herosi nie zdołali nikogo uwolnić ze świata zmarłych. Nie potrafiła tego dokonać ani zakochana w Hipolicie Diana, ani Tezeusz – wierny przyjaciel Pejritoosa[35].

Czy jednak poznanie tej przemijalności człowieka, bezpowrotności ludzkiego losu i nieuchronności śmierci – na tle i w opozycji do wiecznej cykliczności natury – prowadzi w tej pieśni wiosennej do melancholijnej negacji sensu ludzkiego życia? Wydaje się, że przesłanie tej ody nie zawiera tak skrajnie pesymistycznego określenia sytuacji egzystencjalnej człowieka. To prawda, jedyną nieuchronną perspektywą ludzkiego życia jest śmierć, która stanowi absolutny kres wszelkich nadziei,

---

[34] Por. D. R. Bradley, *Horace, Carmina 4, 7*, „Hermes" 12 (2001), s. 288. Autor twierdzi, że strofy 1-3 i 4-6 wykazują wewnętrzną jedność, natomiast strofa 7 jest rodzajem epilogu tego utworu.

[35] Por. D. H. Porter, *op. cit.*, s. 264. Porter twierdzi, że o ile Horacy w odzie IV 7 odrzucił możliwość powrotu wiosny-młodości w życiu człowieka – w przeciwieństwie do życia natury, o tyle w pieśniach IV 8 i IV 9 poeta wyeksponował myśl, że poezja ma moc sprowadzania ludziom drugiej młodości.

dążeń i pragnień człowieka, ale pozostaje jeszcze teraźniejszość, przelotna chwila, jaką obdarowali nas bogowie. Właśnie w przeciwstawieniu teraźniejszości owej niepewnej i zależnej od woli czy kaprysu bogów przyszłości (w. 17-18) – zawiera się upomnienie dla człowieka, że powinien budować swoje życie wyłącznie na tym, co jest mu dostępne – a więc na chwili obecnej – jeśli nie jest mu dane poznać przyszłości. Jeszcze raz Horacy wrócił tu do tylekroć powtarzanej myśli, że należy jak najwięcej korzystać z życia, które przemija bezpowrotnie i kończy się śmiercią w chwili, której nie potrafimy przewidzieć[36]. Typowa dla tej hedonistycznej i epikurejskiej koncepcji życia jest także idea wskazująca, że tylko bogactwa, którymi człowiek już się zdążył nacieszyć, nie zostaną zagrabione przez zachłannego spadkobiercę (w. 10-20).

Kim był adresat tej pieśni i jak została określona jego rola na tle tych rozważań o śmierci? Manliusz Torkwatus, którego imię pojawia się pod sam koniec utworu – jakby dla zaznaczenia, że jego przesłanie skierowane jest do wszystkich i do każdego – był potomkiem znakomitego rodu rzymskiego, który wydał wielu wybitnych mówców sądowych; jego bliską przyjaźń z Horacym potwierdza list I 5 – zaproszenie na skromną ucztę w niewielkim gronie przyjaciół. Napominając Torkwata, że kiedy umrze i stanie przed sądem Minosa, nie pomoże mu już powrócić do życia ani znakomite urodzenie (*genus*), ani biegłość w sztuce wymowy (*facundia*), ani wreszcie pobożność (*pietas*), czyni Horacy wyraźne aluzje do pochodzenia, zawodu i charakteru adresata, a jednocześnie wypowiada ogólną myśl, iż powrót do życia z krainy umarłych dla nikogo nie jest możliwy.

*

Spróbujmy dopełnić powyższe uwagi kilkoma obserwacjami ogólnymi. Zauważyliśmy na wstępie, że struktura ód Horacego jest swobodna i oryginalna, niekiedy wykazuje nawet brak wewnętrznej jedności w związku z gwałtownymi zmianami tematu, tonu i nastroju. Stwierdziliśmy, że generalną zasadą strukturalną pieśni Horacego jest *variatio* – różnorodność, nie zaś sztywny schemat. Czy cechę tę można przy-

---

[36] M. C. J. Putnam, *Artifices of Eternity. Horace's Fourth Book of Odes*, Ithaca–London 1986, s. 133. Putnam sądzi, że ujawnia się tutaj ironia Horacego, gdyż taka epikurejsko-hedonistyczna postawa człowieka ma swoje źródło w jego niewiedzy o przyszłości.

pisać również obrazom świata poetyckiego w tych utworach? Należy tu przede wszystkim podkreślić, że w omówionych przez nas pieśniach zaznaczał się silny związek obrazów poetyckich z płaszczyzną znaczeniową tych utworów. Oznaczało to w praktyce, że poszczególne obrazy poetyckie były podporządkowane funkcji ideowo-artystycznej danego liryku i służyły realizacji tej funkcji. Obrazy poetyckie w wybranych przez nas przykładach stanowiły swojego rodzaju wizualizację refleksji filozoficznych, medytacji, parenez, i pojawiały się w różnych punktach monologu podmiotu lirycznego, zazwyczaj dla zilustrowania danej tezy czy myśli. I tak np. w odzie II 19 obraz epifanii Bakchusa i obrazy jego wcześniejszych czynów oraz dokonań mają ukazać niezwykłą potęgę tego boga, nie zawsze docenianą przez ludzi. W pieśni I 9 obraz zimowego krajobrazu, podobnie jak obraz wiatru szalejącego na wzburzonym morzu, dowodzić ma wszechmocy bogów. Zamykający odę I 7 obraz rozstania Teukra z ojczystą Salaminą i jego przemówienie, w którym bohater zachęca smutnych przyjaciół do utopienia trosk w winie, jest mitologicznym przykładem postępowania, skierowanym do adresata tej pieśni, Plankusa. W odzie III 30, epilogu pierwszego zbioru liryki, wieczność i niezniszczalność swego dzieła poetyckiego poeta wizualizuje obrazem pomnika trwalszego niż spiż i wyższego od królewskich piramid. Warto tu wreszcie zauważyć, że we wszystkich badanych przez nas pieśniach obrazy poetyckie pozostawały w pełnej harmonii z głównym przesłaniem danego utworu. Świadczy to o absolutnym mistrzostwie poetyckim Horacego, o jego wirtuozerii formalnej i niezawodnym smaku artystycznym.

SUMMARY
THE STRUCTURE OF POETIC IMAGE IN HORACE'S ODES

The poetic image is a theoretical category quite difficult to define precisely. Here, it is understood as a specific fragment of the presented world which constitutes a self-contained and autonomic structural whole organised according to ideological and artistic principles of the work. The above paper is a review of selected Horace's lyrical poems in consideration of the structure of poetic image as applied by the poet. Generally speaking, the structure of Horace's odes is as free and original as verbal composition of his poems. Yet, a sudden change of the theme, tone and mood seem sometimes to destroy structural unity of his lyrical poems.

In the paper the following seven selected Horace's poems are analysed in detail, i.e.: odes I 7, I 9, I 3, II 19, III 28, III 30 and IV 7. If a variety (*variatio*) rather than a set pattern should be regarded a general structural principle of Horace's *carmina*, then one may question if this quality is also displayed in the images of the poetic world in these poems. In the analysed odes a strong relation between poetic images and semantic plane can be noticed. This practically means that particular poetic images are subordinate to ideological and artistic function of a given poem and served to fulfil this function. Poetic images in the selected examples make a kind of visualisation of philosophic reflection, meditation or *paraenesis*, and they appear in different points of the lyrical subject's monologue, usually to illustrate a given thesis or thought. Thus, e.g. in ode II 9 the image of Bacchus' epiphany and of his earlier actions and deeds should show the unusual power of this god who was not always appreciated by people. In ode I 9 the image of a winter landscape, similarly to another image of winds raging over a rough sea, is used to prove the omnipotence of gods. In ode III 30 Horace declares his work to be eternal and imperishable by showing an image of a monument more durable than bronze and taller than royal pyramids. In all analysed odes the poetic images remain in full harmony with the main message of a given poem, that gives evidence of Horace's poetic mastery and his absolute virtuosity.

JERZY DANIELEWICZ
POZNAŃ

LIRYKA MIŁOSNA PINDARA
W *UCZCIE MĘDRCÓW* ATENAJOSA

Atenajos z Naukratis w Egipcie stworzył w latach dziewięćdziesiątych II w. n. e.[1], już po śmierci nieco starszych od siebie Lukiana, Pauzaniasza i Arystydesa, niezwykłe dzieło w 15 księgach, zatytułowane *Deipnosophistai*, czyli *Mędrcy przy uczcie* albo *Uczta mędrców*, rodzaj sfabularyzowanej encyklopedii biesiadnej. Posługując się formą relacji z rozmów, zazwyczaj przytaczanych *in extenso*, jakie miały się toczyć u bogatego Rzymianina Larensisa (*Larensios*) w gronie ponad dwudziestu filozofów, gramatyków, lekarzy, muzyków, prawników i innych specjalistów, przekazuje czytelnikowi ciekawe informacje o potrawach, winach, naczyniach, zwyczajach sympozjalnych, instrumentach muzycznych, żarłokach, słynnych kurtyzanach itd., wykazując przy tym imponującą erudycję: jego lektury obejmują ponad 1000 autorów. Dużą część dzieła zajmują cytaty; samej poezji cytuje Atenajos ponad 10 000 wersów.

Zasługą Atenajosa-encyklopedysty i kompilatora tekstów (o wybranych cechach jego oryginalnego warsztatu pisarskiego będzie mowa później) jest już samo przekazanie licznych zabytków literackich, zwłaszcza fragmentów komedii średniej i nowej, ale także urywków należących do innych gatunków, m.in. lirycznych. Aby zdać sobie sprawę ze znaczenia dzieła Atenajosa dla transmisji tekstów liryki greckiej, wystarczy zajrzeć do *indices fontium* współczesnych edycji, w których autor ten zajmuje zawsze niepoślednią pozycję. Jak powszechnie wiadomo, wiele urywków przepadłoby na zawsze, gdyby ich nie wyno-

---

[1] Już po śmierci Kommodusa w 192 r., prawdopodobnie w pierwszych latach panowania Septymiusza Sewera (193-211) – zob. *OCD*[3] i.v. *Athenaeus*.

tował Atenajos. Nierzadko zdarza się, że *Deipnosophistai* stanowią praktycznie jedyne źródło dla współczesnych edytorów. Jeśli chodzi o poetów lirycznych, przychodzi na myśl zwłaszcza *casus* Dionysjosa Chalkusa lub skoliów attyckich.

W przypadku jambografów i elegików ogólnego bilansu cytatów Atenajosowych dokonał w 2000 r. Ewen Bowie w swoim studium *Athenaeus' Knowledge of Early Greek Elegiac and Iambic Poetry*[2]. Według obliczeń badacza angielskiego Atenajos zamieszcza w swoim dziele ok. 53 fragmentów jambicznych i 46 elegijnych. Wśród jambografów (w sumie siedmiu) najczęściej zostali zacytowani Archiloch, Hipponaks i Semonides (odpowiednio 17, 15 i 9 razy). Liczniej reprezentowani są elegicy (w sumie siedemnastu), wśród których dominują Dionysjos Chalkus i Teognis (sześć cytowań), a następnie Ion, cytowany pięciokrotnie. Ogólne wrażenie jest takie, że jambografów cytuje się przede wszystkim dla poświadczenia rzadkich słów lub form, podczas gdy elegia budziła zainteresowanie Atenajosa ze względu na fakt, iż jako gatunek literacki była szczególnie związana z sympozjonem, a czasem nawet go opisywała.

Brak dotychczas, o ile mi wiadomo, pracy na temat cytatów z innych poetów lirycznych u Atenajosa – poza artykułem Krystyny Bartol z 2005 r. o Safonie[3]. Warto zatem nadmienić, że Atenajos cytuje całą dziewiątkę poetów zaliczonych przez Aleksandryjczyków do tzw. kanonu liryków. Spośród nich najczęściej sięga po Pindara (43 razy) i Anakreonta (37 razy). Na Alkmana powołuje się 25 razy[4], prawie tyleż razy (23) na Simonidesa, na Safonę i Alkajosa po 21 razy. Niewiele rzadziej przywołuje Stesichorosa (18 razy)[5]. Najmniej cytowań spośród liryków „kanonicznych" mają Ibykos (10)[6] oraz Bakchylides (8).

---

[2] Praca opublikowana w: *Athenaeus and His World*, ed. D. Braund, J. Wilkins, Exeter 2000, s. 124-135.

[3] K. Bartol, *Safona w Uczcie mędrców Atenajosa*, „Classica Wratislaviensia" 2005, nr 26, s. 49-56. Zadziwia szczególnie fakt, że badacze zajmujący się recepcją Pindara nie zajęli się kwestią sposobu wykorzystania jego utworów przez cytującego je Atenajosa, tak jak przebadano pod tym kątem twórczość Plutarcha, por. L. Castagna, *Pindaro in Plutarco*, [w:] *Strutture formali dei Moralia di Plutarco*, a cura di G. D'Ippolito, I. Gallo, Napoli 1989, s. 163-186. Monograficzne wydanie pieśni biesiadnych Pindara z komentarzem filologicznym: B. A. van Groningen, *Pindare au banquet*, Leyde 1960, nie uwzględnia kontekstu u Atenajosa.

[4] W tym dwukrotnie do utworów obecnie jemu odmawianych.

[5] Jeden z przywołanych fragmentów to *spurium*.

[6] Z jednym fragmentem przypisanym mu pomyłkowo.

Tekst liryków „kanonicznych" u Atenajosa może pochodzić bezpośrednio z edycji opartych na tradycji aleksandryjskiej, ale także – z przekazów pośrednich (traktaty, kompendia, leksykony itd.). W tej kwestii nigdy nie osiągniemy pewności, istnieją jednak pewne wskazówki przemawiające za określonym sposobem korzystania ze źródeł. Pierwszą ze wspomnianych możliwości (sięganie do wydań poszczególnych autorów) wydaje się potwierdzać sposób wprowadzania niektórych cytatów. Mówiąc wprost, lektura „bezpośrednia" jakiegoś poety z epoki przedaleksandryjskiej wydaje się prawdopodobna szczególnie wówczas, gdy Atenajos wprowadza określony fragment formułami zawierającymi konkretne dane „bibliograficzne", takie jak numer księgi, tytuł utworu, nazwa gatunku literackiego lub kategorii, do której przynależy cytowana kompozycja, na przykład: φησὶν γὰρ ἐν τῷ δευτέρῳ τῶν μελῶν (mówi w drugiej księdze pieśni) lub Στησίχορος ἐν Ἑλένῃ οὕτως (Stesichoros w *Helenie* [mówi] w ten sposób), ἔγραψεν ... ἐγκώμιον οὗ ἡ ἀρχή (napisał enkomion, które zaczyna się następująco). Formą mniej precyzyjną, niemniej nawiązującą do konkretnej księgi, jest np. Πίνδαρος ἐν Ὀλυμπιονίκαις (Pindar w *Odach Olimpijskich*). Tekst, który następuje po takim wprowadzeniu, z reguły nie jest sparafrazowany, lecz bardzo dokładnie przytoczony.

Tego rodzaju formułom wprowadzającym można przeciwstawić formuły ogólniejsze, w których element „bibliograficzny" ogranicza się do nazwiska autora, jak w wyrażeniach παρὰ Ἀλκμᾶνι, u Alkmana, κατὰ τὴν καλὴν ... Σαπφώ – „według pięknej Safony", Ἀλκμάν πού φησι – „Alkman mówi w pewnym miejscu" itp. Nie musi to oznaczać bezwzględnie, że Atenajos w tych przypadkach nie używał również jakiegoś wydania poetów lirycznych, zwłaszcza że następujące po owych wprowadzeniach cytaty są przeważnie dokładne. Innymi słowy, dokładność cytatów nie może stanowić jedynego kryterium: nawet tam, gdzie Atenajos z racji stosowanej techniki pisarskiej ogranicza się do wzmianki o jakimś wymienionym przez poetę lirycznego detalu albo wplata użytą przez niego formę poetycką, dostosowując ją do tekstu własnego, prozaicznego, bez dokładnego przytoczenia urywka, do którego czyni aluzję, należy dopuszczać przynajmniej możliwość skorzystania z jakiegoś przekazu bezpośredniego.

Przytaczane urywki łączą się na ogół z tematyką poszczególnych ksiąg *Deipnosophistai*, z uwzględnieniem jednakże niekiedy dość zaskakujących i odległych ekskursów. Cytaty służą wykazaniu erudycji uczestników uczty (*de facto*, oczywiście, samego twórcy dzieła).

Każdy biesiadnik próbuje przewyższyć towarzyszy w odpowiedziach na pytanie, u jakiego autora znajduje się (παρὰ τίνι κεῖται) określone wyrażenie lub informacja, czy to związana z daniami właśnie podawanymi na stoły, czy potrzebna do rozwinięcia dyskusji. Wpisując się w prowadzony w danym miejscu szerszy dialog, cytaty takie stają się naturalnym składnikiem uczonego dyskursu, co znajduje odbicie także w stronie formalnej tekstu, mianowicie w odpowiednio elastycznej, dostosowanej do „wchłonięcia" przytoczeń konstrukcji zdań[7].

Podział materiału odpowiada z grubsza przebiegowi uczty, która dzieli się u Atenajosa na trzy części: przekąski (księgi I-V), deipnon (od księgi VI do połowy księgi X) i sympozjon (reszta dzieła)[8]. Autor prezentuje czytelnikowi – poprzez bardzo liczne opisy i dygresje – szeroki obraz greckiej kultury gastronomicznej i sympozjalnej, włącznie z charakterystycznymi dla tej ostatniej elementami erotycznymi. Tematyka erotyczna, którą zajmuję się w niniejszym wystąpieniu, została uwypuklona w księdze XIII. Wywody o żonach i kochankach, heterach czy ukochanych chłopcach tworzą tu surogat praktyk erotycznych rzeczywiście uprawianych w Grecji na ucztach przez arystokratycznych biesiadników. W przeciwieństwie do tych ostatnich, sympozjaści Atenajosowi ograniczają się, nazwijmy to tak, do czysto teoretycznego zajmowania się miłością i seksem; pomaga im w tym sięganie do odpowiednich przykładów z literatury.

* * *

Utwory Pindara pojawiają się w księdze XIII prawie wyłącznie w partiach poświęconych miłości pederastycznej. Wyrażając zapewne w pewnej mierze uczucia samego poety, przybierają one, mimo żywego stylu, tony poważne i refleksyjne, co znakomicie odpowiada tradycyjnie postulowanej poetyce elitarnego sympozjonu. Zasługą Atenajosa jest przechowanie tej ważnej cząstki poezji Pindarowej – wiążącej się z ży-

---

[7] Pisałem o tym w artykule *Prosimetrum greckie i jego realizacja w Uczcie mędrców Atenajosa*, [w:] *Sapere aude. Księga pamiątkowa ofiarowana Profesorowi dr. hab. Marianowi Szarmachowi z okazji 65 rocznicy urodzin*, red. I. Mikołajczyk, Toruń 2004, s. 107-116, szerzej w *Poetic Quotations and Discourse Strategies in Athenaeus*, „Eos" 2006, nr 93, s. 109-124.

[8] Por. L. Rodríguez-Noriega Guillén, *Are the Fifteen Books of the „Deipnosophistae" an Excerpt?*, [in:] *Athenaeus and His World*, ed. D. Braund, J. Wilkins, s. 252-253 (n. 1).

ciem prywatnym poety, dla nas nieco pomnikowego, a w starożytności uchodzącego za niezwykle namiętnego (ἐρωτικός), któremu tradycja biograficzna – odpowiednio do takiej opinii – przypisała nawet romantyczną śmierć u boku ukochanego młodzieńca, Teoksenosa z Tenedos. Księga XIII ozdobiona jest trzema fragmentami poezji miłosnej Pindara, które najnowsi wydawcy wyróżniają numerami 122, 123 i 127. Fragment 127 został zacytowany dwukrotnie, najpierw częściowo (dwa pierwsze wersy) na stronie 561b według tradycyjnej paginacji Casaubona, a następnie na stronie 601c (cztery wersy). Za pierwszym razem cytat pada w trakcie ogólnej dyskusji o miłości i pięknie, ilustrowanej wypowiedziami „wszelakich filozofów". Serię cytowanych autorów rozpoczyna „filozof sceny" – Eurypides (fr. 897 N²). Ułożony w anapestach urywek z Eurypidesowej tragedii poświęcony został zaletom Erosa, który pod przewodnictwem mądrości potrafi przynosić radość i nadzieję. Passus ów kończy się radą:

τὸ δ' ἐρᾶν προλέγω τοῖσι νέοισιν
μή ποτε φεύγειν,
χρῆσθαι δ' ὀρθῶς, ὅταν ἔλθῃ.

[A młodzieńcom radzę zmysłowej miłości / nigdy nie unikać / i korzystać z niej zaraz, gdy tylko nadejdzie.]

W tym kontekście któryś z biesiadników dorzuca słowa Pindara o miłosnym pożądaniu (fr. 127,1-2):

εἴη καὶ ἐρᾶν καὶ ἔρωτι
χαρίζεσθαι κατὰ καιρόν.

[Niech będzie wolno i kochać, i miłości / ulegać, gdy na to jest pora stosowna.]

Żaden przekład (a sprawdziłem ich około dwudziestu, poczynając od najstarszego, z roku 1556, którego autorem jest Natale Conti[9]; sam dwukrotnie swoje tłumaczenie modyfikowałem) nie jest w stanie od-

---

[9] Zob. *Athenaei Dipnosophistarum sive coenae sapientium libri XV. Natale de Comitibus Veneto, nunc primum e Graeca in Latinam linguam vertente, Lugduni. Apud Sebastianum Barptolomaei Honorati, M. D. LVI*, p. 713 A, 766 C.

dać niuansów sensu omawianego fragmentu. Ogólną i skrótową jego interpretację zaproponuję za chwilę, omawiając cytat drugi, pełniejszy. Zwróćmy w tym momencie uwagę jedynie na fakt, że kontekst Atenajosowy (umieszczenie cytatu po słowach Eurypidesa, kończących się określoną konkluzją) sugeruje, iż κατὰ καιρόν odnosi się do młodości jako właściwej pory folgowania miłosnym pożądaniom. Przeciwnicy zawężania interpretacji do bezpośredniego kontekstu mogliby tu jednak podnieść argument, iż przywołujący Pindara dyskutant realizuje szerszy postulat, zawarty we wprowadzeniu całej tej partii tekstu, który brzmi: „powiedzieć coś – cokolwiek! – o miłości" (περὶ τοῦ ἔρωτος ... τι εἰπεῖν, p. 561a); wówczas κατὰ καιρόν zyskuje znaczenie szersze.

Ponieważ w moim referacie skupiam się nie tyle na poezji Pindara, ile na sposobie jej wykorzystania przez Atenajosa, chciałbym dodatkowo uwypuklić aspekt zupełnie niedostrzeżony w badaniach nad *Deipnosophistai*, który pozwala inaczej spojrzeć na rzekomo czysto techniczną, kompilatorską rolę tego pisarza. Mam na myśli zjawisko okazjonalnej gry rytmem dyskursu (własnego i cudzego), która polega bądź na odpowiednim zrytmizowaniu prozaicznych formuł wprowadzających cytaty, bądź na zestawieniu fragmentów poetyckich pod kątem ich metrum. Grą tego rodzaju Atenajos dyskretnie i finezyjnie przypomina czytelnikowi o swojej obecności w dziele w charakterze twórcy i dysponenta reguł.

Oto przykład związany z omawianym fragmentem 127. Posiada on rytm eolski; jego dwa pierwsze wersy – wedle diagnozy Snella – to akefaliczny ferekratej, rozszerzony wewnętrznie o daktyl, oraz ferekratej przedłużony na początku o jeden element (∧pher^d ∥ –pher|). Można zauważyć, zwłaszcza przy lekturze głośnej – a przypomnijmy, że Atenajos odtwarza żywą rozmowę, w której na swój sposób „uczestniczą" nawet cytowani autorzy (prawie żaden z nich nie „pisze", niemal każdy „mówi": φησί, λέγει), iż cytat z Pindara nawiązuje rytmicznie do wypowiedzianego poprzednio fragmentu Eurypidesa. Pierwsza linia fragmentu 127 brzmi bowiem jeszcze jak dymetr anapestyczny katalektyczny: εἴη καὶ ἐρᾶν καὶ ἔρωτι (por. χρῆσθαι δ᾽ ὀρθῶς, ὅταν ἔλθη u Eurypidesa), druga tylko nieznacznie od tego rytmu odchodzi. Z kolei na poziomie dyskursu łączącego prozaiczna formuła wprowadzająca cytat została również poddana ciekawemu zrytmizowaniu. Zapewne ze względu na preferencje metryczne Pindara, który znaczną część swoich pieśni εἰς ἀνθρώπους (epinikiów, enkomiów, trenów) skomponował w metrum daktyloepitrytycznym, zdaniu zapowiadającemu Pindarowy cytat nadał pisarz taki właśnie, bardzo charakterystyczny rytm (zakładam praktykowaną w starożytności – także przy wygłaszaniu prozy – elizję ze względów eufonicznych, tu ε w δέ):

καὶ κατὰ τὸν Πίνδαρον δ(ὲ) ἄλλος τις ἔφη

‿ ⏑ ⏑ ‿ ‿ ⏑ ⏑ ‿ ‿ ⏑ ⏑ ‿

(d¹e – d¹ według notacji Maasa, de – d według Westa)

Notabene eksperymenty rytmiczne w tej partii Atenajosowego tekstu na tym się nie kończą. Po cytacie z Pindara wplata narrator (p. 561b-c) następny tekst o Erosie (z dużej litery), ponownie z Eurypidesa (fr. 136 N², z *Andromedy*), tym razem w zapowiedzi antycypując rytm trymetru jambicznego:

ἕτερος δέ τις προσέθηκε τῶν Εὐριπίδου τάδε

⏑ ⏑ ‿ ⏑ ‿ ⏑ ⏑ ‿⏑ ‿ ‿ ‿ ⏑ ‿ ⏑ ⏑ (τάδε *extra metrum*)

Pełniejszą, czterowersową wersję fragmentu 127 Pindara znajdujemy, jak wspomniałem, na stronie 601c w długiej przemowie dejpnosofisty Myrtilosa, który przyznawszy wcześniej, że sam jest ἐρωτικός (ale nie ἐρωτομανής, p. 599e), ilustruje przykładami z różnych autorów potęgę Erosa i Afrodyty, wybierając zwłaszcza tych poetów, którzy poświadczają własną twórczością swoje miłosne fascynacje. Katalog owych ἐρωτικοί wieńczy (po Alkmanie, Stesichorosie i Ibykosie) właśnie Pindar. Atenajos (ustami Myrtilosa) przytacza jego słowa:

εἴη καὶ ἐρᾶν καὶ ἔρωτι
χαρίζεσθαι κατὰ καιρόν·
μὴ πρεσβυτέραν ἀριθμοῦ
δίωκε, θυμέ, πρᾶξιν.

Urywek ten, mający u Atenajosa wykazać niezwykłą kochliwość Pindara, jest w zachowanym wycinkowym kształcie dwuznaczny i w zależności od interpretacji albo rzeczywiście ową sugerowaną cechę poświadcza (rezerwowanie sobie prawa do nieograniczonego wiekiem korzystania z okazji do miłości), albo wręcz przeciwnie – zawiera deklarację zgodnego z rytmem życia umiarkowania na starość. Odpowiednio do tej sytuacji należałoby więc zaproponować dwa równoległe przekłady (które zresztą i tak nie rozwiązują wszystkich zawiłości interpretacyjnych) i tłumaczyć albo:

> Niech będzie wolno i kochać, i miłości
> ulegać, gdy zdarzy się pora stosowna.
> Nie chciej, serce, starszym
> być w czynach niż ci każą twoje lata.

albo:

> Niech będzie wolno i kochać, i miłości
> ulegać, gdy na to jest pora stosowna.
> Nie pragnij, me serce,
> spełniania żądzy ponad lat twych miarę.

Atenajos zapewne podpisuje się pod drugą z wymienionych interpretacji, skoro dodaje komentarz: „Dlatego również Timon w swoich *Szyderstwach* powiedział:

> Jest i na miłość czas, i na ślub, i na spraw tych przerwanie"[10].

Za kontynuację takiej myśli można uznać następny cytat z Timona (p. 601c-d): „i nie czekać [w domyśle: z daniem sobie spokoju], aż ktoś powie za tymże filozofem:

> Gdy należało już spocząć, on chce przyjemności rozpocząć"[11].

Jak widzimy, Atenajos narzuca swoim komentarzem i doborem towarzyszących cytatów określoną interpretację enigmatycznego dla nas – z racji niepełności – fragmentu Pindara.

Również następny utwór z relacjonowanej tu serii przytoczeń, ponowne odwołanie się do Pindara (fr. 123 S.-M.), zarówno sposobem wprowadzenia, jak i wyraźnym postawieniem problemu „wiek a miłosna namiętność" pomaga, niejako wstecznie, odtworzyć postulowany

---

[10] *SH* 791, 2. Autorem owych *Silloi* jest filozof-sceptyk Timon z Fliuntu (ok. 325-235 r. p. n. e.), uczeń Pirrona z Elidy, bywalec dworu króla Macedonii Antigonosa.

[11] *SH* 791, 1. Dwa te wersy zostały cytowane przez Atenajosa w odwrotnej kolejności w VII 281e; odnoszą się tam do filozofa-cyrenaika, Dionysjosa z Heraklei.

przez Atenajosa sens poprzednio wplecionego fragmentu 127; istnieje przecież domniemanie kontynuacji myśli. Pisze Atenajos (p. 601d): „A cóż powiada ów Pindar przywoławszy na pamięć Theoksenosa z Tenedos, który był jego ulubieńcem (*eromenos*):

Χρῆν μὲν κατὰ καιρὸν ἐρώ-
  των δρέπεσθαι, θυμέ, σὺν ἁλικίᾳ·
τὰς δέ Θεοξένου ἀκτῖνας πρὸς ὄσσων
μαρμαρυζοίσας δρακείς
ὃς μὴ πόθῳ κυμαίνεται, ἐξ ἀδάμαντος
ἢ σιδάρου κεχάλκευται μέλαιναν καρδίαν
ψυχρᾷ φλογί, πρὸς δ᾽ Ἀφροδί-
  τας ἀτιμασθεὶς ἑλικογλεφάρου
ἢ περὶ χρήμασι μοχθίζει βιαίως
ἢ γυναικείῳ θράσει
ψυχρὰν φορεῖται πᾶσαν ὁδὸν θεραπεύων.
ἀλλ᾽ ἐγὼ τᾶς ἕκατι κηρὸς ὣς δαχθεὶς ἕλᾳ
ἱρᾶν μελισσᾶν τάκομαι, εὖτ᾽ ἂν ἴδω
παίδων νέόγυιον ἐς ἥβαν·
ἐν δ᾽ ἄρα καὶ Τενέδῳ
Πειθώ τ᾽ ἔναιεν καὶ Χάρις
υἱὸν Ἀγησίλα.

Trzeba było w porę zrywać kwiat miłości,
moje serce, póki kwitła młodość.
Ale, kto spoglądając w promienie
bijące z oczu Theoksenosa,
nie popłynie na wzburzonej fali namiętności,
tego czarne serce wykuto w zimnym płomieniu
z twardego żelaza lub skały.
Przez Afrodytę, co wodzi oczyma, wzgardzony
ciężko się trudzi, by zdobyć majątek,
lub służąc niewieściej pysze,
po zimnej drodze brnie bez nadziei.
Ja, z woli bogini, jak wosk świętych pszczół,
topnieję w palących promieniach słońca
patrząc na chłopców kwitnących młodością.
Bo też i na Tenedos

Peitho i Charis zamieszkały
w synu Hagesilasa.

(tłum. A. Szastyńskiej-Siemion,
zmodyfikowane w pierwszych dwóch wersach)[12]

Utwór ten, należący do grupy pieśni pochwalnych (*enkomia*) ewokuje obraz zakochanego, niemłodego już mężczyzny, który usprawiedliwia swoją nagłą namiętność nieodpartym urokiem błyszczących oczu pięknego młodzieńca, syna Hagesilasa. Jakkolwiek by do tej pieśni nie podchodzić (ostatnio akcentuje się w niej przewagę treści enkomiastycznej nad osobistą)[13], poeta przemawia tu z perspektywy starszego człowieka, świadomego, że uczucie namiętności byłoby stosowniejsze i naturalniejsze, gdyby zawładnęło młodszym adoratorem.

Warto odnotować fakt, że Atenajos najwidoczniej chciał przytoczyć w całości tę perłę Pindarowej liryki, nie ograniczył się bowiem do przypomnienia zaledwie wybranych jej zdań. Z drugiej strony, silne przeciwstawienie miłości heteroseksualnej homoerotyce w pieśni Pindara było dla autora *Deipnosophistai* przydatnym wstępem do tematu czy problemu, który zamierzał właśnie szerzej rozwinąć, a mianowicie dość powszechnego w Grecji preferowania miłości zwróconej ku chłopcom nad miłością do kobiet (p. 601f: ὅλως δ᾽ τοὺς παιδικοὺς ἔρωτας τῶν ἐπὶ ταῖς θηλείαις προκρίνουσι πολλοί). Atenajos potraktował zatem zacytowany w całości utwór Pindara jednocześnie jako element własnego dyskursu. Autonomiczny w danym momencie przykład, tzn. kierujący chwilowo uwagę odbiorców na siebie, w szerszej perspektywie okazuje się podporządkowany nadrzędnemu wywodowi.

Inną funkcję cytatu, ze względu na jeden wybrany motyw, ilustruje przywołanie urywka tegoż enkomionu na cześć Theoksenosa we wcześniejszej (p. 564) dyskusji nad miłością pederastyczną w dawnej Grecji, w trakcie której Atenajos powołał się na autorytatywne stwierdzenie Arystotelesa[14], iż starsi partnerzy (*erastai*) preferują w kochankach (*eromenoi*) oczy, w których zamieszkuje skromność. Także w tym miejscu słowa Pindara o promieniach bijących z oczu Theoksenosa (fr. 123,

---

[12] W przekładzie wspomnianej tłumaczki dwa początkowe wersy brzmią: „Trzeba w porę zrywać kwiat miłości, / Moje serce, póki kwitnie młodość", zob. *Liryka starożytnej Grecji*, oprac. J. Danielewicz, Warszawa–Poznań 1996, s. 341.

[13] Por. zwłaszcza: S. Instone, *Love and Sex in Pindar: Some Practical Thrusts*, BICS 1990, no. 37, s. 30-42, który analizuje ten utwór na tle epinikiów Pindara.

[14] Fr. 96 Rose.

3-6) stanowią, obok Anakreontowego wezwania do chłopca o dziewczęcym spojrzeniu (fr. 360 PMG), ozdobę całego wywodu. Okazją do przywołania kolejnej pieśni erotycznej Pindara (obecnie fr. 122) stał się wywód Myrtilosa o znaczącej roli prostytutek w Koryncie (p. 573a-574c) jako pośredniczek w modłach i ofiarach dla Afrodyty. Atenajos donosi o zwyczaju ślubowania Afrodycie prezentu w postaci pomnożenia zastępu jej służek, przypominając historię Ksenofonta z Koryntu, który w taki właśnie sposób upraszał boginię o zwycięstwo w igrzyskach olimpijskich. Ów Ksenofont rzeczywiście doczekał się triumfu w Olimpii w biegu na długość stadionu i w pięcioboju, co Pindar uświetnił specjalnym epinikionem (*Ol.* XIII). Atenajosa bardziej zajmuje fakt złożenia oryginalnego ślubowania, stąd z Ody trzynastej cytuje zaledwie początkowe trzy słowa[15], natomiast znacznie obficiej przytacza pikantne *skolion* do dziewczyn z Koryntu. Ciekawa jest tu technika przytoczenia: najpierw wersy odnoszące się do realizacji obietnicy, dopiero potem – niezwykły wstęp pieśni. Atenajos ulega pokusie odejścia od relacjonowanego problemu po to, by podzielić się z czytelnikiem ciekawym z literackiego i socjologicznego punktu widzenia szczegółem.

Pieśń została napisana daktyloepitrytami i znów, jak w przypadku fragmentu 127, zdanie wprowadzające jej początek – formalnie prozaiczne – niejako antycypująco wpada w ten poetycki rytm:

ἤρξατο δ᾽ οὕτως τοῦ μέλους
(d¹ – e Maas, d – e West)

Dla wygodniejszego śledzenia myśli Pindara cytuję omawiany fragment 122 z zachowaniem właściwej kolejności jego elementów składowych.

Α Πολύξεναι νεάνιδες, ἀμφίπολοι
Πειθοῦς ἐν ἀφνειῷ Κορίνθῳ,
αἵ τε τᾶς χλωρᾶς λιβάνου ξανθὰ δάκρη
θυμιᾶτε, πολλάκι ματέρ᾽ ἐρώτων
    οὐρανίαν πτάμεναι
νοήματι πρὸς Ἀφροδίταν,

---

¹⁵ Τρισολυμπιονίκαν | ἐπαινέων οἶκον (‿ ‿ – – ‿ ‿ – – ‖ ‿ – ‿ – – ‿).

B ὑμῖν ἄνευθ᾿ ἐπαγορίας ἔπορεν,
ὦ παῖδες, ἐρατειναῖς <ἐν> εὐναῖς
μαλθακᾶς ὥρας ἀπὸ καρπὸν δρέπεσθαι.
σὺν δ᾿ ἀνάγκᾳ πᾶν καλόν ...

* * *

(Γ) ἀλλὰ θαυμάζω, τί με λέξοντι Ἰσθμοῦ
δεσπόται τοιάνδε μελίφρονος ἀρχὰν
εὑρόμενον σκολίου
ξυνάορον ξυναῖς γυναιξίν.

(Δ) διδάξαμεν χρυσὸν καθαρᾷ βασάνῳ

* * *

ὦ Κύπρου δέσποινα, τεὸν δεῦτ᾿ ἐς ἄλσος
φορβάδων κορᾶν ἀγέλαν ἑκατόγγυι-
ον Ξενοφῶν τελέαις
ἐπάγαγ᾿ εὐχωλαῖς ἰανθείς.

O przegościnne dziewczyny, służące
bogini Namowie w bogatym Koryncie,
wy, co łzy jasne świeżego kadzidła
spalacie w ofierze, do matki miłosnych uniesień,
niebiańskiej Afrodyty,
myśl wasza nieraz ulata.
Dzięki niej, drogie, możecie do woli
na łożach pełnych rozkoszy
zrywać wdzięcznej młodości owoce.
Kiedy mus, to wszystko piękne...
[...]
Lecz ciekaw jestem, co Istmu panowie
powiedzą na taki początek
mej słodkiej pieśni biesiadnej,
co się dla dziewcząt wszystkim dostępnych nadaje.

Nauczyliśmy, jak złoto na czystym kamieniu probierczym...
[...]

66

O pani Cypru, tu do twego gaju
trzodę dziewek na popas stunożną
sprowadził uradowany
spełnioną modlitwą Ksenofont.

Fakt przechowania w *Deipnosophistai* fragmentów poezji erotycz- /
nej Pindara (122, 123, 124) uświadamia niewątpliwie – na przykładzie
jednego, lecz wybitnego autora – podkreślaną przeze mnie już wcześniej ważną rolę Atenajosa i jego dzieła w procesie transmisji literatury
greckiej. Warto sobie uświadomić, że gdyby nie ów pisarz, znalibyśmy,
zamiast owych trzech interesujących utworów lub fragmentów utworów poety tebańskiego, zaledwie niecałe trzy wersy z jednego fragmentu (123, 4-6: o sercu wykutym ze stali na wolnym ogniu), zacytowane
w dwóch miejscach, mniej lub bardziej dokładnie, przez Plutarcha[16]. To
właśnie z takiego powodu Atenajos był niezmiennie ulubieńcem wszelakich edytorów.

Godna uwagi literaturoznawców i historyków literatury powinna
być jednak, moim zdaniem, jeszcze inna sprawa, którą w sposób szczególny uświadamia bliższa lektura *Deipnosophistai*. Atenajos, jako autor
dzieła skrajnie nasyconego cudzym słowem, zachęca do przemyślenia
metodologii badań nad dziełami twórców odwołujących się w sposób
namacalny, bo konkretnymi cytatami, do dawniejszej produkcji literackiej. Należy jasno odgraniczyć dwie perspektywy: tradycyjną, fakto-
graficzną, nastawioną głównie na rejestrację, wynotowywanie, grupowanie, klasyfikację zacytowanych źródeł, i funkcjonalną, rozpatrującą
rolę cytatów w ich nowym kontekście. Pierwsza z wymienionych per-
spektyw nie docenia strony literackiej tego typu literatury (nazwijmy ją
uczoną), druga dostrzega ten aspekt, a nawet wysuwa na plan pierwszy.
Dopiero po uwzględnieniu owej drugiej perspektywy otrzymujemy rze-
czywisty, nie tylko arytmetyczny, obraz recepcji literatury wcześniejszej u autorów reprezentujących późniejszy etap jej rozwoju. Atenajos
zbyt długo służył filologom niemal wyłącznie jako mało interesujący
dostarczyciel nie swoich tekstów; pora poświęcić uwagę sposobowi,
w jaki to robi. Okaże się wówczas szybko, że potrafił on uczynić z cytowanych zabytków literatury atrakcyjny materiał własnego, polifonicz-
nego dyskursu.

---

[16] Plut., *de inim. util.* 9, 90 F; Plut., *ser. num. vind.* 13, 558 A.

Innym wartym refleksji zagadnieniem, którego zasygnalizowaniem chciałbym zakończyć niniejsze rozważania, jest stopień wiarygodności autora cytującego fragmenty innych twórców jako interpretatora cytowanego przez siebie dzieła. Jeśli chodzi o Atenajosa, niewątpliwie nieobca była mu pokusa efektownego popisu, czy nawet żonglerki wyrwanymi z kontekstu macierzystego zdaniami. Z drugiej strony wiemy, że Atenajos, w przeciwieństwie do nas, mógł mieć, i często miał, bezpośredni dostęp do całości utworów, które wycinkowo przytaczał, i choćby z tej racji teoretycznie zasługuje na pewne zaufanie. Sytuacja taka – nie tylko w zreferowanym tu przypadku fragmentów poezji miłosnej Pindara – stawia współczesnych interpretatorów niejednokrotnie przed trudnym do rozstrzygnięcia dylematem, który jest chyba jednak wpisany w nasze filologiczne działanie, dopóki dalsze odkrycia nie pozwolą przekroczyć dotychczasowych ograniczeń.

SUMMARY
PINDAR'S LOVE POEMS IN ATHENAEUS' *DEIPNOSOPHISTAE*

Pindar's love poems (fr. 122, 123 and 127 Snell-Maehler) appear in Book XIII in passages dealing, for the most part, with homoerotic subject matter. A closer study of the way they were inserted in the text makes us rethink Athenaeus' literary technique (traditionally disregarded). It turns out that, for example, this author occasionally plays on the rhythm of discourse, either adjusting the cadence of the prose formulae by introducing poetic quotations or juxtaposing in respect of the metre fragments of poetry cited as illustration (cf. p. 561b-c; 574a). The sequence of carefully selected quotations with an accompanying commentary – or rather comments – suggests a concrete explanation of the fragments, the sense of which, due to their truncation, is now hard to detect, as illustrated on p. 601c-d where Athenaeus, applying the abovementioned method, gives his own interpretation of Pindar's enigmatic fr. 127.

LUCYNA STANKIEWICZ
WROCŁAW

RZYMSKI TEATR IMPROWIZACJI – FABULA ATELLANA

Komedia rzymska miała wiele odmian gatunkowych (*fabula pallia-*
ta, fabula togata vel tabernaria, fabula Atellana i mim). Spośród nich
szczególnie atellana dostarcza współczesnym filologom materiału do
eksploracji. Głównie dlatego, że geneza tego podgatunku komedii jest
wyjątkowo złożona, a sama sztuka miała dwa stadia rozwojowe (pierwsze o charakterze improwizatorskim, drugie literackim). Ponadto atellana miała inny charakter w republice, a jeszcze inny w okresie swego
renesansu, czyli na początku ery chrześcijańskiej, w okresie od Tybe-
riusza (14-17) do Hadriana (117-138). Także Plaut musiał zaczerpnąć
z „repertorium dowcipów" i komicznych motywów atellany[1]. Mówiąc
inaczej, komediopisarz stworzył sztukę stanowiącą syntezę dwu odmiennych tradycji teatralnych: greckiej (literackiej) i italskiej (ustnej).
Przykładem może być plautyńska *Asinaria*; w sztuce tej jest „wojna na
słowa" nazwana terminem prawniczym: *par pari respondere*, zwyczaj
oddawania wet za wet. Teatr improwizacji u Plauta to wyżej wymienio-
na walka na słowa, ale również środki językowe i stylistyczne, np. gra
słów (Plaut. *Poenulus* 292-294: *limare, patrzeć, wytrzeć* i *limus, błoto,*
muł), a także akcja komiczna oraz intryga (akcja teleologiczna).

Wiadomo, że sztuka ta powstała w IV w. p.n.e. u Osków, w Atelli,
leżącej między Kapuą[2] a Neapolem, w Kampanii, stąd jej nazwa: *fa-*
bula Atellana. Kiedy ok. 313 r. p.n.e. dotarła do Rzymu, nazywano ją
„oskijskim przedstawieniem" – *Oscum ludicrum* (Tac., *Ann.* IV 14),
Osci ludi (Cic., *ad fam.* 7, 1, 3). W II w. n.e. gramatycy i antykwary-

---

[1] Zob. G. Vogt-Spira, *Plauto fra teatro greco e supramento della farsa italica.*
Proposta di un modello triadico, „Quaderni Urbinati di Cultura Classica" 1998, nr 58,
s. 111-131.

[2] Jest to dzisiejsza Santa María di Capua Vetere.

ści mówili o niej *Personata fabula* (Festus 238 Lindsay), lub *Atellania* (Gell., *N. A.* 10, 24, 5 wyłącznie używa tej nazwy oraz przekazuje tytuły utworów Pomponiusza i Nowiusza: Pomp., *Mevia, Aeditumus*; Nov., *Parcus*).

Według testimoniów antycznych wymienionych wcześniej, ale i innych (z okresu cesarstwa), sztuka ta, jak już wspomniano, pochodzi od Osków zamieszkujących Kampanię, którzy od ok. IV w. p.n.e. pozostawali w ścisłej łączności z cywilizacją grecką na południu Italii[3]. Oskowie mieli więc okazję oglądać farsy dość popularne w koloniach doryckich, zwłaszcza w Tarencie i Syrakuzach. Były to tzw. φλύα-κες, nazwane tak od greckiej nazwy aktorów, przedstawienia komiczne krótkich scenek o treści mitologicznej (np. zejście Heraklesa do Hadesu) lub scenek z życia codziennego (np. niewolnik karany za kradzież)[4]. Liczne wazy z Tarentu i Paestum (IV, III w. p.n.e.) przekazują nam dowód na oddziaływanie farsy flyaków na atellanę. Wazy te powstały przed literackim ukształtowaniem farsy flyaków (Tarentyńczycy Rhinton i Skiras w 1. połowie II w. p.n.e. ukształtowali literacko φλύα-κες)[5]. Dzięki tym zabytkom wiemy, że flyaki pierwotnie wyobrażali demony wegetacji, występowali w maskach, a trykot okrywał ich ramiona i nogi. Na trykocie były zaznaczone bruzdy piersiowe, brzuch (nawet pępek!), a także pośladki uwydatnione watowaniem tak, że krótki, opasany w talii chiton, który nosili, wzdymał się dzwonowato. Ich atrybutem był także *fallus*[6].

Wspólne flyakom i atellanie były maski oraz obsceniczność: u tych pierwszych nie ma jednak stereotypowych charakterów, w atellanie zaś nie ma fallusa.

---

[3] Zob. P. Frassinetti, *Fabula Atellana*, Genova 1953, s. 39-47.

[4] Zob. np. M. Bieber, *History of the Greek and Roman Theatre*, Princeton 1921[(1)], 1961[(2)], s. 259 i n.

[5] Przede wszystkim Rhinton rozwinął *hilarotragedię*: trawestację mitów i opowiadań o bogach, opierając się najczęściej na materiale eurypidejskim. Zachowało się z tej komedii 38 fragmentów i 9 tytułów. Z twórczości Skirasa zachował się 1 tytuł i 1 fragment będący parodią tragedii *Hippolytos* (w. 75) Eurypidesa. Również Sopater z Pafos (IV-III p.n.e.) tworzył farsowe przedstawienia. Zachowały się 24 fragmenty i 14 tytułów. Zob. G. Kaibel, *Comicorum Graecorum Fragmenta*, Berolini 1899, s. 183-197; A. Olivieri, *Frammenti della commedia greca e del mimo nella Sicilia e nella Magna Grecia*, Napoli 1930[(1)], 1947[(2)], s. 7-42.

[6] Zob. B. Höttemann, *Phlyakenposse und Atellane*, [w:] *Beiträge zur mündlichen Kultur der Römer*, hg. G. Vogt-Spira, Tübingen 1993, s. 89-112.

Z czasem Oskowie zaczęli imitować te farsy, przejmując przede wszystkim ich uszczypliwy ton, wtrącając wiejskie *altercationes* (analogiczne do tych z fescenninów), które przejęły od ludów etruskich i protołacińskich[7]. We φλύακες grecko-italskim w różnych sytuacjach występowały zawsze analogiczne osoby: łakomi starcy (zawsze nabierani), słudzy obżartuchy, tępaki i złodzieje, samochwały itd. Należy jednak pamiętać, że od początku VI w. p.n.e. do końca V w. p.n.e. w Kampanii panowali Etruskowie, którzy przywiązywali wielkie znaczenie do wiary w życie pozagrobowe. Złe duchy umarłych starali się oni przebłagać m.in. poprzez kultowe tańce w maskach (choć również przez sztukę sepulkralną!)[8].

Jeżeli założymy, że mimiczne dramaty żałobne także u oskijskiej ludności utrzymały swoje znaczenie, wyjaśnimy obsceniczność atellany: manifestuje ona na nowo rodzącą się siłę życiową, będącą jeszcze pod wrażeniem śmierci (jak pisał R. Rieks, *Mimus und Atellane*, [w:] E. Lefèvre, *Das römische Drama*, Darmstadt 1978, s. 352).

Ścisłe kontakty Rzymu z Kampanią doprowadziły do otwarcia drogi Lacjum na improwizowaną farsę.

Farsę przynieśli do Rzymu prawdopodobnie rzemieślnicy oskijscy z Atelli. Imigrowali oni do Rzymu po poddaniu się Kapui (stolicy Osków) w 343 r. p. n. e. lub, co jest bardziej prawdopodobne, po bitwie pod Sentinum w 295 r. p. n. e.

Farsa ta początkowo przedstawiana była w języku oskijskim, podczas trwania jakichś uroczystości religijnych (może święta Kwinkwatru?)[9], a triumfowała w niej sprośność najbardziej prymitywna. Na scenie zbudowanej z belek, pulpitum, pojawiali się prości, nieokrzesani dyletanci, wkładali monstrualne maski – *Oscae personae*[10], wymieniali między sobą obelgi pośród najbardziej wulgarnych słów.

Młodzi Rzymianie, ciekawi egzotycznych nowości, zainteresowali się grą kampańskich aktorów, usiłując dokonać pierwszej imitacji,

---

[7] P. Frassinetti, *op. cit.*, s. 27, 35.

[8] Zob. Novius, *Mania Medica*, gdzie mamy reminiscencję etruskiego kultu zmarłych. *Mania*, bogini świata podziemnego (Festus 114 L.; P-Festus 273 L.).

[9] A. Krzyszowska, *Les cultes privés à Pompéi*, Wrocław 2002, s. 195-197.

[10] O istnieniu *Oscae personae* w atellanie zaświadcza Diomedes (GLK I 490, 18-20 oraz GLK I 489, 32), który również mówi, że atellana była tak nazwana od miejsca swego pochodzenia oraz że pod względem treści i żartobliwych wyrażeń atellany podobne są do greckich dramatów satyrowych. Na początku IV w. Donat (*De comoedia*, rec. P. Wessner, 4, 1; 6, 1; 6, 5) również wskazuje na jej miejsce pochodzenia: Kampanię.

a ta była tym bardziej wygodna, że obowiązywała maska, co pozwalało młodym obywatelom pozostać nierozpoznawalnymi na scenie. W ten sposób rodziła się ok. połowy III w. p. n. e. *fabula Atellana* łacińska, prezentowana ku rozrywce podczas świąt ludowych.

Kolejne etapy rozwoju atellany przedstawia ekskurs związany z początkami i ewolucją sztuki dramatycznej w Rzymie, zawarty w dziele Liwiusza (VII 2, 12), odwołującego się prawdopodobnie do źródła Warrońskiego. Według historyka istniała pewna prymitywna forma dramatyczna (*versus Fescennini*) stworzona przez młodzież z Lacjum na przykładzie występów *ludiones* (tancerzy) przybyłych z Etrurii; składała się ona z dialogu i mimiki. Następnie stworzono pewien gatunek dramatyczny mniej prymitywny i bogaty w rytmy zróżnicowane, s a t u r a. Wreszcie Liwiusz Andronik wprowadza na scenę pierwszą sztukę grecką (240 r. p. n. e.) kreatywnie zaadaptowaną. Wówczas młodzi Rzymianie wznowili dawne żarty dramatyczne (improwizacyjne), które były błazenadami bez jakiegoś regularnego przebiegu, nazwanymi później e x o d i a. Owe błazenady łączono następnie za pomocą *fabellae* wywodzących się z Atelli.

Reasumując, do powstania łacińskiej atellany potrzebne były trzy stadia rozwojowe formy dramatycznej: *versus Fescennini, Exodia, Atellana*.

Według D. Romano jest nie do przyjęcia twierdzenie, że młodzi Rzymianie, którzy wskrzesili starożytne żarty improwizacyjne, aby zareagować na wprowadzenie dramatu greckiego w Lacjum, bez słowa przyjęli gatunek oskijski, który był obcy, nie będąc łacińskim (pomimo tego, iż był gatunkiem italskim)[11]. Poza tym, jak młodzi Rzymianie mogli przedstawiać komedie, w których przedstawiano życie ludzi z Kampanii? Przedstawienia, które służyły wzbogaceniu ludu rzymskiego, miały z pewnością podstawę łacińską. Gdyby tak nie było, to w jaki sposób można by wyjaśnić t y t u ł y[12] niektórych *fabulae Atellanae*, zawierające aluzje do wydarzeń rzymskich oraz brak jakiegokolwiek elementu oskijskiego w zachowanych fragmentach? Farsa oskijska była przez pewien czas „romanizowana" – w taki sposób można odpowiedzieć na postawione wcześniej pytania.

Wedle źródeł antycznych atellana jako trawestacja tematów mitologicznych pełniła funkcję *exodium*, „pieśni dodatkowej", czyli burleski

---

[11] D. R o m a n o, *Atellana fabula*, Palermo 1953, s. 18 i n.
[12] Zob. tytuły takie jak *Quinquatrus, Fullones, Satura, Armorum Iudicium* itd.

odgrywanej po wykonaniu przez aktorów zawodowych tragedii lub komedii na podobieństwo – choć bez wpływu bezpośredniego – ateńskiego dramatu satyrowego[13].

Zachowały się tytuły atellan trawestujące mity: *Andromacha, Ariadna, Atalanta, Fenicjanki, Herakles egzekutor podatków, Podstawiony Agamemnon, Python, syn Gorgony, Sąd nad bronią* oraz *Syzyf* itp. Zdaje się, że dopiero w I w. p. n. e., kiedy atellana przybrała formę literacką, mogła przejąć od greckich flyaków parodiowanie tragedii i rolę Pappusa (jedyne w atellanie czysto greckie imię – *páppos* w attyckiej komedii nowej określał rolę dziadka[14]).

Badacze współcześni na temat genezy atellany:
- Theodor Mommsen, *Römische Geschichte*, t. II 6, Berlin 1889, s. 299 i n., wbrew tradycji starożytnych utrzymywał, że atellana pochodzi z Lacjum, a nazwa jej wywodzi się od Atelli, która była stałym miejscem ich przedstawień. Hipoteza uczonego, niedostatecznie udokumentowana, została odrzucona[15].
- Otto Ribbeck, *Geschichte der römischen Dichtung* I, *Dichtung der Republik*, Stuttgart 1887[(1)], 1894[(2)] (wydanie poszerzone), s. 353, twierdził, że atellanę nazywano *Fabula Atellana*, bo miejsce akcji, w którym realizowano te farsy, znajdowało się w Atelli. Według uczonego atellana ma pochodzenie oskijskie.
- Elia Lattes, *I documenti epigrafici delle signoria etrusca in Campania e i nomi delle maschere atellane*, „Rivista di storia antica" 1896, no. 2, s. 5 i n., na bazie pewnych dokumentów epigraficznych[16] utrzymujących, że Etruskowie zamieszkiwali swego czasu Kampanię (IV, V p. n. e.) i że nazwy masek atellany są pochodzenia etruskiego, zanegował to, co utrzymywała tradycja, opowiadając się za pochodzeniem etruskim atellany.
- Erich Bethe, *Prolegomena zur Geschichte des Theaters in Alterthum. Untersuchungen über die Entwicklung des Dramas, der Bühme, des*

---

[13] Zob. H. Zalewska-Jura, *W rytmie sikinnis. Studium nad warstwą aluzji i podtekstów w greckim dramacie satyrowym*, Łódź 2006, a także Cic., *ad fam.* 9, 16, 7; Liv. 7, 2, 11; Suet., *Tiberius* 45; Iuv., *sat.* 6, 71-72; Lydos, *De magistratibus* I 40 R. Wünsch. Por. Diomedes, GLK I 490; Marius Victorinus, GLK 6, 82, 10 oraz Porphyrios ad Hor., *ars* 221.

[14] Polluks (4, 143) w *Onomasticonie* (katalogu masek) wyróżnia 2 Pappusów.

[15] Według Mommsena Atella była zburzona wraz z Kapuą (stolicą Osków) w 211 r.

[16] Chodzi o inskrypcje na wazach kampańskich z V-VI w.

Theatres, Leipzig 1896, s. 299 i n., podkreślając cechy wspólne dla atellany i flyakes – broniąc tradycji, sprzeciwiając się Mommsenowi – utrzymuje, że farsa oskijska to przeobrażenie *Fabula Rhintonica*, a więc ojczyzną jej była Grecja. Uczony wzorował się na pracy T. Zielińskiego, *Die Gliederung der altattischen Komoedie*, Leipzig 1885.

– Ernst Kalinka, *Die Heimat der Atellane*, „Philologische Wochenschrift" 1922, cl. 571 e i n., na nowo podejmuje hipotezę o etruskim pochodzeniu atellany. Wykazał, że nazwy masek (*Pappus, Maccus, Bucco, Dossennus*) nie są oskijskie lecz etruskie, a atellana powstała w Etrurii, następnie przeniesiono ją do Kampanii (podczas rządów etruskich, między IV i V w. p. n. e.). Powołuje się, by potwierdzić swoje przypuszczenia, na pracę Wilhelma Schulzego, *Zur Geschichte lateinischer Eigennamen*, Berlin 1904, 1933, 1991 (Hildesheim – Zurich – NewYork), s.v. Jednak pochodzenie etruskie nazw masek oskijskich jest niepewne.

– Franz Altheim, *Maske und Totenkult in Terra Mater*, Giessen 1931, s. 48 i n., potwierdził konkluzje, które wysnuli Kalinka i Lattes, co do pochodzenia atellany. Uczony wychodząc od hipotezy Paula Friedländera (*Persona*, „Glotta", 2, 1910, s. 164-168), który od etruskiego słowa *Phersu* lub *Phersuna* („maska niema")[17], napisanego pod osobą w masce w grobowcu Augurów (*Tomba degli Auguri*) – wywodził łacińskie słowo *persona*, „maska sceniczna". Altheim widział w słowie *Phersu* pewien dowód na istnienie w Etrurii przedstawień (widowisk żałobnych), w których aktorzy w maskach musieli ożywić akcję sceniczną, z której miała się rozwinąć atellana.

Z drugiej strony *Tomba del Pulcinella* (grób Pulcinella) przedstawia pewnego błazna, którego ubiór musiał być taki, według Altheima, jaki nosił *Phersu* etruski i który miał nosić Pulcinella w farsie oskijskiej.

---

[17] Termin *Phersu* jest poświadczony na dwóch inskrypcjach znalezionych w grobowcu Augurów w Tarkwinii z 530 lub 520 roku p.n.e., CIL 5328 i 5335, oraz TLE (*Thesaurus Linguae Etruscae*, Roma 1978) 80. J.-R. Jannot, *Phersu, Phersuna, Persona. À propos du masque Etrusque*, [w:] *Spectacles sportifs et scéniques dans le monde étrusco-italique. Actes de la table ronde organisee par l'Equipe de recherches etruscoitaliques de l'UMR 126 (CNRS, Paris) et l'Ecole francaise de Rome, Rome, 3-4 mai 1991*, s. 281-320. Termin *Phersu* ma związki etymologiczne z grec. περσε- φόνη (Persefona, małżonka Hadesa). Niewykluczone, że łac. *persona* pochodzi od greckiego terminu πρόσωπον, a etruski *Phersu* stanowił jedynie formę pośrednią w ewolucji tego pojęcia od Grecji do Rzymu. Zob. O. Szemerényi, *The origins of Roman drama and Greek tragedy*, „Hermes" 1975, no. 103, s. 300-332.

Badacz uważa więc, że z Etrurii widowiska żałobne przeszły do Kampanii i z nich zrodziła się atellana[18].

Dodajmy, że o etruskim pochodzeniu atellany może także świadczyć tytuł sztuki Pomponiusza *Pannuceati – Błazny, Arlekiny (pannus* to „łachman", „kawał sukna"). Być może był to kostium wykonawców atellany.

Tak więc, jeśli chodzi o genezę omawianego przedstawienia, do pierwszej połowy XX w. istniały dwie znaczące hipotezy, stojące w opozycji do tradycji:

1) opowiadająca się za pochodzeniem łacińskim farsy (Mommsen),
2) opowiadająca się za pochodzeniem etruskim (Latte, Kalinka, Altheim).

Zagadnienie pochodzenia tej odmiany gatunkowej dramatu zasadniczo jest problemem elementów konstytutywnych atellany. To przedstawienie do czasu, gdy między końcem II w. p.n.e. i początkiem I w., gdy Lucjusz Pomponiusz nadał mu formę literacką, pozostawało rodzajem improwizacyjnym.

Zainteresowanie farsą pochodzenia oskijskiego obserwuje się również w 2. połowie XX w. Ukazuje się wówczas wydanie fragmentów literackiej atellany autorstwa Domenico Romano, *Atellana fabula,* Palermo 1953 (przekład fragmentów w języku włoskim). Dwa lata później Paolo Frassinetti publikuje swoje wydanie fragmentów: *Fabularum Atellanarum Fragmenta,* Torino 1955, które wznawia w formie poszerzonej o wstęp Giuliano Bonfante dotyczący języka atellany i mimu: *Atellanae Fabulae,* Romae 1967. Wcześniej ukazała się tego samego autora książka *Fabula Atellana. Saggio sul teatro popolare latino,* Genova 1953. W międzyczasie, między pierwszym a drugim wydaniem Frassinettiego, o genezie omawianej sztuki pisze Antonio Marzullo, *Le origini italiche e lo sviluppo letterario delle Atellane: nuovo ricerche su Novio,* Modena 1956.

Z prezentowanych prac uznanie zyskały pisma Frassinettiego, którego poglądy na temat genezy atellany są powszechnie znane. W latach 50. zainteresowali się farsą oskijską również uczeni anglojęzyczni, m.in. George Eckel Duckworth z Princeton N. Y. w 1952 r. poświęcił jej 4 strony w pracy *The Nature of Roman Comedy,* a William Beare 2 roz-

---

[18] Zob. A. Dieterich, *Pulcinella. Pompeianische Wandbilder und römische Satyrspiele,* Leipzig 1897.

działy w dziele *The Roman Stage*, London 1964[(3)], s. 137-148. (rozdz. XVI i XVII).

Uczony niemiecki, Rudolf Rieks, w artykule *Mimus and Atellane*, opublikowanym w książce *Das Römische Drama*, Darmstadt 1978, s. 351-361, której redaktorem naukowym był Eckard Lefèvre (inicjator studiów nad przedliteracką, oralną kulturą wczesnego Rzymu), podsumował dotychczasowe badania nad atellaną. Według uczonego geneza atellany leży w etruskim kulcie zmarłych, dalszymi źródłami są rolnicze święta i uroczystości, podczas których czczono urodzajność. Sztuki te były znane z obsceniczności i rustykalizmu.

W 1989 r. Hubert Petersmann z Heidelbergu w pracy *Mündlichkeit und Schriftlichkeit in der Atellane*, [w:] G. Vogt-Spira, *Studien zur vorliterarischen Periode im frühen Rom* (Script-Oralia 12, Reihe A) Tübingen 1989, s. 135-160, analizował wulgaryzmy i elementy dialektu atellany jako świadectwa farsy przejściowej między kulturą oralną i pisaną.

Natomiast w 1990 r. ukazał się 18-stronicowy artykuł ks. prof. Stanisława Longosza[19], *Atellana w okresie patrystycznym* („Vox Patrum" R. X, 1990, t. 18, s. 273-291). Autor zebrał i przeanalizował źródła literackie od I do VIII w., starając się odpowiedzieć na pytanie, jaki udział mają Ojcowie Kościoła w „przechowaniu pamięci tej efemerycznej gałęzi komedii rzymskiej". Okazało się, że Ojcowie Kościoła poświadczyli przedstawienia atellany do końca IV w. (zanik datuje się na czasy Hadriana) i przekazali tytuły zaginionych sztuk Pomponiusza (tytuł *Marsyas* przekazał retor i apologeta afrykański, Arnobiusz w III/IV w.) oraz tytuł *Fullones* Nowiusza, który przekazał Tertulian w II/III w., w najkrótszym traktacie, *De pallio*).

Także Jürgen Blänsdorf poświęcił temu zagadnieniu następujące prace:
1) *Voraussetzung und Entstehung der römische Komödie*, [w:] Lefèvre 1978, s. 91-134,
2) *Atellana fabula*, [w:] *Der Neue Pauly. Enzyklopädie der Antike*, t. 2, hrsg. H. Cancik, H. Schneider, Stuttgart–Weimar 1997, szp. 151-153.

---

[19] Zob. również prace: K. M o r a w s k i, *Historya literatury rzymskiej za Rzeczypospolitej*, Kraków 1909, 173-180; E. S k w a r a, *Historia komedii rzymskiej*, Warszawa 2001, s. 27-30; M. K o c u r, *We władzy teatru. Aktorzy i widzowie w antycznym teatrze*, Wrocław 2005, s. 288-308.

Kończąc ten, ze zrozumiałych względów, pobieżny przegląd prac poświęconych atellanie (głównie jej genezie) dochodzimy do następujących wniosków:
- świadectwa starożytne są zgodne co do pochodzenia oskijskiego przedliterackiej atellany;
- interpretacja bądź reinterpretacja wyżej wymienionych świadectw przez współczesnych badaczy (poczynając od Mommsena) doprowadziła do pojawienia się wielu kontrowersyjnych opinii na temat powstania omawianej sztuki;
- uwzględniając jednak testimonia, zachowane fragmenty literackiej atellany Pomponiusza i Nowiusza oraz wyniki badań nowożytnych uczonych, możemy z wielkim prawdopodobieństwem stwierdzić, że na ukształtowanie się tej odmiany gatunkowej miały wpływ farsa Osków, czerpiąca wzory z etruskich żałobnych przedstawień mimicznych i z doryckiej farsy (φλύακες) oraz miejscowa farsa (łacińska), chętnie grana przez młodych Rzymian, ukrywających twarz za maską.

Z połączenia (a właściwie przenikania) tych dwóch tradycji powstała rodzima farsa, *fabula Atellana*, z której do naszych czasów przetrwały jedynie fragmenty: 71 tytułów i 191 fragmentów ze sztuk Pomponiusza z Bolonii oraz 44 tytuły i 113 fragmentów z atellany Nowiusza[20].

---

[20] Zob. wydanie P. Frassinetti'ego oraz C. Squintu, *Le atellane di Pomponio, introduzione, commento, indici*, a cura di..., Cagliari 2006.

ZUSAMMENFASSUNG
DAS RÖMISCHE THEATER DER IMPROVISATION –
DIE FABULA ATELLANA

Die Verfasserin des Artikels berücksichtigte in ihren Studien über die Komödie die altertümlichen *Testimonia*, die erhaltenen Fragmente der literarischen Atellana von Pomponius und Novius, wie auch die Ergebnisse der Forschungen der modernen Gelehrten. Daraufhin kam sie zur Überzeugung, dass die Entwicklung dieses Sondertypes der Komödie durch die Posse der Osken, welche dem Beispiel von mimischen Aufführungen der Etrusker bei den Trauerzeremonien sowie von der dorischen Posse (φλύακες) ähnelte, und durch die heimische (lateinische) Posse beeinflusst wurde. Letztere wurde von den jungen Römern, die ihre Gesichter hinter einer Maske verbargen, gerne gespielt.

KAZIMIERZ KORUS
KRAKÓW

ETYCZNA KONSTRUKCJA *ILIADY*

Logika i uczucie, filozofia i poezja – to zdaniem Platona (*Resp.* 607b) stały temat, a zarazem odwieczna rywalizacja i nieustanna kłótnia filozofów z poetami o prymat w wychowaniu[1]. I chociaż przy zastosowaniu kryterium prawdy i sprawiedliwości poezję uznał za dziecinną ale rozpowszechnioną miłość (*Resp.* 608a) i nie przyjął jej do swego państwa, to jednak Homera widział – jak wiadomo – jako poetę wciąż wychowującego Helladę (*Resp.* 608e), a ludzi kochających wielkiego epika i czerpiących z niego mądrość dla swej formacji duchowej (*paideia*) za najlepszych na miarę ich możliwości (βελτίστους εἰς ὅσον δύνανται) oraz za godnych miłowania (φιλεῖν μὲν χρὴ...). Sam był poetą i dobrze wiedział, że istnieje logika uczucia, która odkrywa wymykającą się rozumowi prawdę i tworzy świat poetycki, pociągający swym urokiem i niezwykłą przyjemnością. Przyznał się, jak zwykle pośrednio, że czarowi genialnej poezji Homera zawsze ulegał zarówno

---

[1] Tak też, i słusznie, zatytułował wstępne rozważania o Platonie M. Podbielski, *Platon. Problemy interpretacji tekstów Platona. „Stary spór filozofii i poezji"*, [w:] *Literatura Grecji Starożytnej. Proza historyczna – krasomówstwo. Filozofia i nauka. Literatura chrześcijańska*, red. H. Podbielski, Lublin 2005, s. 549 i n., tam też literatura przedmiotu: s. 658 i 659. Wśród wymienionych przez M. Podbielskiego opracowań należy zwrócić uwagę na dwie prace: J. A. Elias, *Platos's Defence of Poetry*, Macmillan, London 1984; I. Murdoch, *The Fire and the Sun: Why Plato Banished the Artists*, Oxford 1977. Do tej listy, jak sądzę, warto dodać: W. Jaeger, *Paideia. Formowanie człowieka greckiego*, tłum. M. Plezia, H. Bednarek, Warszawa 2001, s. 782-803; D. Rucker, *Plato and the Poets*, „Journal of Aesthetics and Art Criticism" Vol. 25, 1966, No. 2, s. 167-170; J. Duchemin, *Platon et l'héritage de la poésie*, „Revue des Études Grecques" 1955, 68, s. 12-37; W. J. Oates, *Plato's View of Art*, New York 1972; ogólne, ale bardzo dobre, bo zwięzłe (186 stron!) i kompetentne naukowo, wprowadzenie do życia i twórczości Platona dał H. Görgemanns, *Platon*, Heidelberg 1994; tam też podstawowa literatura przedmiotu (s. 9-17).

jego mistrz Sokrates, jak i on sam (*Resp.* 607 c): „ὡς σύνισμέν γε ἡμῖν αὐτοῖς κηλουμένοις ὑπ' αὐτῆς".

Trzeba było czekać prawie sześć wieków, aby równie wielki filozof docenił rolę nie tylko Homera, ale wszystkich genialnych twórców. To Plotyn, duchowy uczeń Platona, związał geniusz artystów z najwyższym bytem (τὸ ἕν), a przeżycie ich dzieł uznał za jedną z dróg prowadzących odbiorcę przez piękno materialne do Piękna duchowego, wiecznego, do Jego prawdziwego poznania, i wreszcie do złączenia się z Nim, jako doskonałą rzeczywistością, w *ekstasis*[2]. I w ten sposób uzasadnił wysoką ocenę swego mistrza, uznającego za *najlepszych* (βελτίστους) tych Greków, którzy czytając Homera, kierują się w życiu jego kulturą.

Głównym więc zagadnieniem badań nad *Iliadą* jest problem jej odbioru najpierw przez jej bezpośrednich słuchaczy, a potem przez ich następców[3]. Jeżeli więc kształtowała charaktery, tworzyła „kulturę ludzką", dosłownie: „ludzkich spraw" (παιδείαν τῶν ἀνθρωπίνων πραγμάτων... Plato, *Resp.* 608 e), to zasadne jest pytanie, o tę jej najistotniejszą wartość, która budowała i tworzyła właściwe ludzkie relacje.

Sposób odczytania ideowego przesłania całego eposu musi uwzględniać wyniki dotychczasowych badań. Stoimy więc przed pewnymi wyborami: albo przyjmiemy za podstawę obecną, gotową już jego postać, albo liczymy się z wynikami naukowych analiz poematu, odrzucają-

---

[2] Warto tu zauważyć, że Plotyn, dowodząc konieczności przechodzenia od piękna zmysłowego do Piękna doskonałego (I, 6, 8), cytuje Homera (*Iliada* II 140), który wzywa ustami Agamemnona do powrotu do ojczyzny, a potem czerpiąc z *Odysei* (IX 29 i n., X 483 i n.) przypomina tęskniącego za ziemią ojczystą i rodziną Odysa. A wszystko to po to, aby wskazać cel życia każdemu człowiekowi, to jest powrót do doskonałego bytu (I 6, 8, 21): „Zaprawdę, ojczyzna nasza tam, skąd przybyliśmy, i tam nasz Ojciec" (Πατρὶς δὴ ἡμῖν, ὅθεν παρήλθομεν, καὶ πατὴρ ἐκεῖ). Mówiąc jeszcze inaczej: artysta, któremu objawia się piękno prawdziwe, jest pośrednikiem między doskonałym pięknem a niedoskonałością materii. Słusznie też pisze D. Dembińska-Siury, *Plotyn*, Warszawa 1995, s. 65, streszczając wywody Plotyna o pięknie, że zdaniem wielkiego filozofa „funkcja dzieła sztuki wyraża się w swoistym szoku, jakiego powinien doznać odbiorca. Dzięki niemu dokonuje się odkrycie idei w zmysłowej materialności, następuje przypomnienie bytu i prawdy". Por. też o artyście i pięknie P. Hadot, *Plotyn albo prostota spojrzenia*, tłum. P. Bobowska, Kęty 2004, s. 32-33 i n., 44 i n.

[3] Por. bardzo dobre teoretyczne wprowadzenie do zagadnienia odbiorcy poezji w Grecji starożytnej dał B. Gentili, *Poesia e publico nella Grecia antica. Da Omero al V secolo*, Bari 1995, Nei „Manuali Laterza" nuova edizione riveduta e ampiata. Tu godny polecenia jest rozdział pt. *Oralità e cultura arcaica*, s. 5-33.

cych jego niektóre partie, albo pójdziemy drogą pośrednią, wskazaną przez Wernera Jaegera (2001, 100). Ten trzeci sposób moim zdaniem jest racjonalny. Nie zrezygnujemy więc z genetycznego spojrzenia na epos homerowy, przyjmiemy obecną strukturę utworu, a w razie konieczności odeślemy czytelnika do jego poszczególnych analiz bez dokładnego ich przedstawiania.

Zgodna jest opinia uczonych, że *Iliada* od początku swego istnienia[4] była dla odbiorców światem ideału, gdyż – jak słusznie zauważa cytowany wyżej Werner Jaeger (2001, 99), najdawniejsze wychowanie szlacheckie jest uwielbieniem dla wzoru. Jeżeli wyjdziemy z tego wysoce prawdopodobnego przekonania, to za słuszne musimy uznać te badania, które wskazując na genezę eposu, uznają aristeie, a więc opisy czynów bohaterskich, za najwcześniejsze partie, bo dostarczające wzorca osobowościowego[5].

Pamiętając o tym, możemy teraz przystąpić do analizy tekstu z genologicznego punktu widzenia. Jak powszechnie wiadomo, Homer zapewne wzorując się na swych poprzednikach, poetach cyklicznych[6], przejął i swoim talentem utrwalił wyróżniki gatunkowe bohaterskiego eposu. Jednym z najistotniejszych jest inwokacja. W niej bowiem znajduje się, wysunięty na pierwsze miejsce wyraz, którym jak kluczem możemy otworzyć cały, ponad 15 tysięcy wierszy liczący, po-

---

[4] Moment genialnego połączenia rozmaitych opowiadań o wypadkach wojny trojańskiej dzisiaj najchętniej lokujemy około 750 r. przed Chr., chociaż propozycji odmiennych jest w nauce sporo, por. I. M. Morris, *The Use and Abuse of Homer*, „Classical Antiquity" 1986, 5, s. 81-138.

[5] O aristeiach por. T. Krischer, *Formale Konventionen der Homerischen Epik*, München 1971. *Zetemata. Monographien zur klassischen Altertumswissenschaft*, H. 56. Należy zwrócić uwagę zwłaszcza na rozdział *Gleichnistypik und Aristie*, s. 13 i n.; por. też O. Taplin, *Homeric Soundings: The Shaping of the Iliad*, Oxford 1992. Wyniki badań O. Taplina przyjął i streścił H. Podbielski, *Homer*, [w:] *Literatura Grecji Starożytnej...*, s. 107-110 (por. przyp. 9). Moim zdaniem argument, że pierwotnie według poszczególnych grup tematycznych aristei był recytowany poemat, jest do przyjęcia. Taplin widział całość w trzech układach: pierwszy to księgi I-VII; drugi to księgi VIII-XVII (przy czym księga X traktowana jest w nauce jako późniejsza, uzupełniająca wstawka); trzeci zaś to księgi XVIII-XXIV. Jednakże do argumentacji Taplina należy dodać jeszcze i tę, że recytacje aristei miały przede wszystkim polityczny charakter, odpowiadały interesom danego rodu, który rapsoda zapraszał. Sławiły bowiem dzielne dokonania jego przedstawiciela. Na drugim natomiast miejscu pełniły funkcję wychowawczą, dostarczając wzorzec osobowościowy.

[6] J. S. Burgers, *The Tradition of the Trojan War in Homer and the Epic*, Baltimore 2001. Autor dowodzi, że poematy cykliczne były swoistym „pniem", a Iliada i Odyseja „gałązkami".

emat. Wszyscy więc słusznie twierdzą, że *Iliadę* otwiera słowo gniew (μῆνις) i że chodzi o dzieje gniewu Achillesa. Już nie we wszystkich interpretacjach pojawia się zaraz niezwykle ważne uzupełnienie, że chodzi o gniew słuszny i sprawiedliwy (IX 523: οὐ τι νεμεσσητόν). Dodać do tego jeszcze należy stwierdzenie Arystotelesa (*Poetyka*, 1459 a 30 i n.), że

„[...] wyższość boskiego talentu Homera nad innymi twórcami objawia się również i w tym, że nie usiłował on przedstawić całej wojny trojańskiej, chociaż miała ona swój początek i koniec [...], wybrał [bowiem] [...] tylko jeden moment, a wiele innych zdarzeń z tej wojny wykorzystał jako epizody, którymi – jak np. Katalogiem okrętów – urozmaicił swój poemat [...]" (tłum. H. Podbielski).

Pierwsi arystokratyczni słuchacze dobrze znali wszystkie wątki wojny trojańskiej, również i ten o zgubnym gniewie Achillesa. Jakie więc zadanie postawił sobie autor? Zdaniem profesora Joachima Latacza chodziło mu i o wybór, i o pogłębienie tematu (*Vertiefung*)[7]. Wywody niemieckiego uczonego polskiego pochodzenia zgodne są ze stwierdzeniem Wernera Jaegera i innych uczonych, którzy słusznie zauważyli, że wszyscy Grecy niezwykle wysoko cenili świadomy wybór wielkiego czynu za nieuchronnie związaną z nim cenę własnego życia. Werner Jaeger (2001, 105) pisze:

Pełnię tragizmu osiąga jednak bohaterska decyzja Achillesa dopiero w połączeniu z motywem jego gniewu i bezskuteczną prośbą Greków, aby go przebłagać, ponieważ w ten sposób jego odmowa automatycznie niejako pociąga za sobą wystąpienie i śmierć przyjaciela w momencie klęski greckiej. W świetle tych faktów wypada wręcz mówić o etycznej zasadzie kompozycji Iliady. Aby tę kompozycję w szczegółach przekonywająco odsłonić, trzeba by dokładnej interpretacji, na którą nie ma tu miejsca.

Pytanie zostaje więc otwarte, o jaką dokładnie etyczną kompozycję tu chodzi?

---

[7] J. Latacz, *Homer. Der erste Dichter des Abendlands*, München–Zürich 1989, s. 99.

Idąc za tymi wszystkimi opiniami, trzeba jednak stwierdzić, że nie dostrzeżono w wystarczający sposób przy interpretacji całego dzieła, które przecież reprezentuje określony gatunek literacki, jego praw[8]. Z nich bowiem moim zdaniem wynika jasno, że zapowiedziane przedstawienie słusznego gniewu Achillesa musi mieć swoje naturalne zamknięcie, tj. przebaczenie[9]. I tylko w tym znaczeniu należy mówić o etycznej zasadzie kompozycji *Iliady*. Stawiam więc tezę, że genialność Homera polega na etycznym pogłębieniu tematu gniewu i że utwór ma budowę ramową, rozpiętą między sprawiedliwym gniewem i przebaczeniem. Teraz już tylko trzeba tego dowieść. Oto argumenty:
- w księdze pierwszej poeta jasno ukazuje trójstopniowy schemat całego utworu:
1. gniew (zawsze słuszny);
2. prośba o przebaczenie (tu rozmaite formy przebłagania);
3. wybaczenie.

Zmieniają się tylko bohaterowie: rozgniewany Apollo *contra* Agamemnon, rozgniewany Achilles *contra* Agamemnon. Zachodzi wyłącznie wymiana relacji bóg–człowiek na relację człowiek–człowiek, ale przedstawionej w tej samej strukturze. I tak przed słuchaczami autor buduje obraz pierwszej relacji w sposób zamknięty i zapowiada drugi obraz, który również na miarę całego utworu będzie miał – jak należy przypuszczać – tę samą, ramową budowę.

Jawi się on w następującym schemacie:
- słuszny gniew Apolla za znieważenie przez Agamemnona jego kapłana Chrysesa, który „pragnął swą córkę uwolnić i okup niósł niezmierzony" [I 11 i n. – niezwykle ważna scena błagania (*hikesii*), stanowiąca ramę otwarcia całego utworu] – skutki tego gniewu (zaraza);

---

[8] Por. C. Comorovski, *La composition éthique de l'Iliade, Recherches sur l'imaginaire* (Angers Pr. de l'Univ.) VIII 1982, s. 1-9. Por. też: J. Griffin, *Homer and excess*, [w:] *Homer: beyond oral poetry. Recent trends in Homeric interpretation*, ed. J. M. Bremer, I. J. F. de Jong, J. Kalff, Amsterdam 1987, s. 85-104; I. J. F. de Jong, *Silent characters in the Iliad*, [w:] *Homer: beyond oral poetry. Recent trends in Homeric interpretation*, ed. J. M. Bremer, I. J. F. de Jong, J. Kalff, Amsterdam 1987, s. 105-121; A. Thornton, *Homer's Iliad; its composition and the motif of supplication*, Göttingen 1984. *Hypomnemata*, H. 81.

[9] C. H. Whitman, *Homer and the Heroic tradition*, Cambridge (Massachusetts) 1958, s. 87 i n. Autor słusznie spostrzegł symetryczność scen księgi I i XXIV, ale nie wyciągnął odpowiedniego wniosku dla przesłania ideowego całego utworu.

- wymuszenie pokory u Agamemnona i jego prośba o przebaczenie (tu rozbudowany motyw składania ofiar przebłagalnych, powiązany ze zwrotem Chryzeidy i zagrabionych łupów oraz z zadośćuczynieniem, czyli dodatkową zapłatą, wyrównującą szkody).
- rama zamykająca epizod: przebaczenie Apolla, cofnięcie zarazy.

Epizod drugi: ponowne zaślepienie Agamemnona (ἄτη) i pycha (ὕβρις[10]), który podobnie jak poprzednio znieważył Apolla (dosł. „nie uczcił") tak i teraz, tym razem świadomie, znieważył Achillesa. I znów słuchacz spodziewa się tego samego schematu:

1. słuszny gniew Achillesa;
2. wymuszenie na Agamemnonie zwycięstwami Trojan pokory i prośby o przebaczenie (tu powtórzy się motyw zwrotu branki Bryzeidy oraz zagrabionego mienia wraz z zadośćuczynieniem, czyli dodatkowym wynagrodzeniem za straty) i na końcu rama zamykająca opowiadanie:
3. przebaczenie Achillesa i jego powrót do walki.

Gdybyśmy ten schemat mieli określić terminami używanymi przez bohaterów, to przedstawiałby się on następująco:
1) gniew – ἡ μῆνις (I 1), a słuszny gniew określony został przez Fojniksa (IX 523) οὔ τι νεμεσσητὸν ... κεχολῶσθαι, czyli nie oburzający nie zasługujący na zarzut, nie godny nagany, nie niesłuszny, usprawiedliwiony[11];
2) formuła proszę o przebaczenie w przypadku rozgniewanego boga Apolla ἱλάσκομαι (por. – I 147: ὄφρ᾽ ἡμῖν ἑκάεργον ἱλάσσεαι ἱερὰ ῥέξας, por. I 472), a w przypadku Achillesa λίσσομαι (por. IX

---

[10] Agamemnon sam wyznaje swoje zaślepienie (IX 116, 86 i n., 137). Werner Jaeger (op. cit., s. 106): „Wyobrażenie Ate, podobnie jak wyrażenie Mojry, ma u Homera jeszcze całkowicie religijny charakter: jedna i druga jest aktywną boską istotą, której człowiek z trudem tylko może się wymknąć". Por. słowa Ateny powściągającej gniew Achillesa, która oceniła postępowanie Agamemnona jako pełne pychy: I 214: ὕβριος εἴνεκα τῆσδε·σὺ δ᾽ ἴσχεο, πείθεο δ᾽ ἡμῖν.

[11] Warto tu zwrócić uwagę na definicję μεγαλοψυχία Arystotelesa, który uznał za jej istotę natychmiastową reakcję bohatera na zniewagę i w ten sposób usprawiedliwił słuszny gniewa Achillesa (Analitica Posteriora 97 b 15 i n.): οἷον λέγω, εἰ τί ἐστι μεγαλοψυχία ζητοῖμεν, σκεπτέον ἐπί τινων μεγαλοψύχων, οὓς ἴσμεν, τί ἔχουσιν ἓν πάντες ᾗ τοιοῦτοι. οἷον εἰ Ἀλκιβιάδης μεγαλόψυχος ἢ ὁ Ἀχιλλεὺς καὶ ὁ Αἴας, τί ἓν ἅπαντες τὸ μὴ ἀνέχεσθαι ὑβριζόμενοι· ὁ μὲν γὰρ ἐπολέμησεν, ὁ δ᾽ ἐμήνισεν, ὁ δ᾽ ἀπέκτεινεν ἑαυτόν. O wielkoduszności por. G. Zanker, The Heart of Achilles. Charakterization and Personal Ethics in the Iliad, University of Michigan 1996, s. 127 i n. Charakterystyczne dla tej pracy jest dostrzeżenie wielkości Achillesa, ale nie wyciągnięcie wniosków o zasadzie kompozycji Iliady, czyli o schemacie gniew–przebaczenie.

698: μὴ ὄφελες λίσσεσθαι ἀμύμονα Πηλεΐωνα μυρία δῶρα δι-
δούς). Druga formuła to: pragnę to wszystko naprawić (XIX
138: ἂψ ἐθέλω ἀρέσαι, δόμεναί τ᾽ ἀπερείσι ἄποινα).

3) przebaczyć, to w stylistyce Homera okazać duszę łaskawą
– ἵλαον ἐντίθεσται θυμόν. Tak właśnie Ajas zachęca Achillesa (IX
639): „σὺ δ᾽ ἵλαον ἔνθεο θυμόν, oraz Odys w księdze XIX 179: καὶ
δὲ σοὶ αὐτῷ θυμὸς ἐνὶ φρεσὶν ἵλαος ἔστω". Natomiast bogowie,
którzy dają się przebłagać, zostali określeni (IX 497) jako „στρεπτοὶ
δέ τε καὶ θεοὶ αὐτοί". Druga jeszcze formuła to: wyrzec się
gniewu – μῆνιν ἀπειπεῖν (XIX 75: „μῆνιν ἀπειπόντος μεγαθύμου
Πηλεΐωνος").

Podsumowując dotychczasowe rozważania, stwierdzamy, że struktura pierwszej księgi w części pierwszej, dotyczącej Apolla, zapowiada
schemat postępowania w księgach kolejnych. A ponieważ odnosi się do
niezwykle istotnej wartości w relacjach ludzkich, to jest umiejętności
przebaczania, uzasadnia w pełni, i tylko w tym znaczeniu, etyczną konstrukcję Iliady.

Idąc więc wskazanym przez poetę schematem, łatwo odkrywamy, że
najistotniejsze są następujące, dalsze księgi: IX, XVI, XIX i XXIV. Oto
argumenty przemawiające za tym wyborem, ale w zwięzłej analizie, bo
tylko ograniczonej do przypomnienia najistotniejszych szczegółów.

W księdze IX, jak wiadomo, poeta ukazał ostateczne wymuszenie
pokory na Agamemnonie i prośby o przebaczenie. Sformułowali ją
przed Achillesem posłowie, obiecując w imieniu Agamemnona zwrot
utraconych dóbr i najwyższe, godne króla, zadośćuczynienie[12]. Zaślepienie i pycha Achillesa prowadzi do odrzucenia prośby[13]. Strukturalnie

---

[12] Obok zwrotu Bryzeidy i łupów, Agamemnon składa obietnicę zadośćuczynie-
nia ogromnymi bogactwami, a także ręką jednej z córek i co najważniejsze, obiecuje
traktować Achillesa z takim samym uczuciem jak syna Orestesa. Por. słowa Agamemnona (o ile nie zaznaczono inaczej, wszystkie cytaty pochodzą z: Homer, *Iliada*, tłum.
K. Jeżewska, Wrocław 1972);
    A gdy wrócimy do Argos w Achai, żyznej krainie,
    Nazwę go zięciem i w sercu jak Orestesa wyróżnię.
Przypuszczenie A. Krokiewicza, *Moralność Homera i etyka Hezjoda*, Warszawa
1959, s. 103, że Achilles odrzuca dary i prośbę Agamemnona „może właśnie z powodu ich wspaniałości, która upokarzała do pewnego stopnia ubogiego władcę Myrmi-
donów", nie jest przekonywające, zwłaszcza w świetle otwarcia również serca przed
Achillesem i nazwania go swoim zięciem.
[13] Fojniks przestrzega Achillesa przed ate (IX 510-512, por. Horacy, *Carm.* I 6,
6. Por. też trzy prace: J. A. Arieti, *Homer's Litae and Ate*, „The Classical Journal"
Vol. 84, 1988, No. 1, s. 1-12; idem, *Achilles' guilt*, „The Classical Journal" Vol. 80,

zaś otwiera i tworzy nowy obraz, ale w tym samym schemacie: wymuszenie pokory Achillesa przez śmierć Patroklosa (ks. XVI), przyjęcie darów i przebaczenie ks. XIX. I tu mógłby ktoś powiedzieć, że na tej księdze wyczerpany został schemat. Jest rama zamykająca, więc po cóż następne księgi? Tak jak zaznaczyłem na wstępie, chodzi o pogłębienie motywu przebaczenia, dobrze przecież znanego odbiorcom pieśni rapsodów. Tak jak Agamemnon dwa razy popełnił zło poprzez odmówienie czci najpierw bogu, a potem człowiekowi (ἀτιμάζειν) i dwa razy prosił o przebaczenie i boga, i człowieka, tak i Achilles dwa razy popełnił zło, ale dwa razy gorsze, bo tylko przeciw bogom – po raz pierwszy, kiedy uniósł się pychą[14] (IX 497: „ubłagać się dają bogowie sami, choć przecież jest większa ich dzielność, cześć i potęga"), a potem ukarany śmiercią przyjaciela, sam wystąpił z inicjatywą przyjęcia prośby Agamemnona o przebaczenie, i drugi raz, kiedy znieważył ciało Hektora i nie zgadzając się na godne jego pochowanie, obraził tym samym bogów. Dopiero, jak wiadomo, pomogła w zmianie postawy etycznej bohatera[15], interwencja i groźba samego Zeusa, oraz niezwykle pokorna prośba Priama (całującego rękę mordercy syna w ks. XXIV 506 – bardzo istotna scena *hikesii*), a także, co tu jest nie bez znaczenia, własne bolesne i bardzo dotkliwe doświadczenie. Wynikało ono z ogromnego cierpienia, z przeżycia śmierci przyjaciela Patroklosa (potem tę samą formułę πάθει μάθος przejmie tragedia). Do tego wszystkiego doszło wspomnienie o doli własnego ojca, której obraz przywołał Priam, wskazując na jego na razie szczęśliwszą sytuację w porównaniu z własną (XXIV 504). Achilles emocjonalnie dojrzał do zrozumienia najistotniejszej zasady greckiej paidei, iż jedyną drogą postępowania ludzkiego jest powściągnięcie słusznego gniewu[16], gotowość i umiejętność przeba-

---

1985, No. 3, s. 193-203; idem, *Achilles' alienation in „Iliad 9"*, „The Classical Journal" Vol. 82, 1986, No. 1, s. 1-27.

[14] Por. E. Cantarella, *Spunti di riflessione critica su ὕβρις e τιμή in Omero*, *Actes du IV. Colloque international de droit grec et hellénistique (Égine, 3-7 Septembre 1979)*, éd. P. D. Dimakis, „Symposion" 1979, Athènes 1981, stron 342 = Symposion 1979 (Ägina, 3.-7. September 1979): AGR IV Köln Böhlau 1983, stron 362, tu strony od 83-96.

[15] Starożytni nie potrafili ukazać stopniowej przemiany charakteru, czy jego rozwoju. Bohaterowie potrafią pod wpływem wydarzeń diametralnie zmienić się, przejść do zachowań od jednej do drugiej, skrajnie odmiennej postawy.

[16] I tak, gdy w ks. XIX 65, z konieczności ujarzmiał serce i żal w duszy (θυμὸν ἐνὶ στήθεσσι φίλον δαμάσαντες ἀνάγκῃ), tak teraz czyni to z przekonania.

czania. I uznał tę zasadę już tak dalece za swoją, że ponaglony przez Priama, aby mu wydał ciało, odrzekł (XXIV 560):

Gniewu ty mego nie drażnij, starcze! Ja sam myślę o tym,
Żeby ci oddać Hektora! ...

i nieco dalej dodał (w. 568 i n.):

Teraz więc bacz, byś mi serca okrutnym gniewem nie wzburzył,
Żebym cię, starcze, choć z prośbą przyszedłeś i jesteś mi gościem,
Z niczym z obozu nie przegnał i Dzeusa tym nie znieważył [...]

W oryginale (w. 570): „nie przekroczył poleceń Zeusa" (μή σε γέρον οὐδ' αὐτὸν ἐνὶ κλισίῃσιν ἐάσω καὶ ἱκέτην περ ἐόντα, Διὸς δ' ἁλίτωμαι ἐφετμάς). W tym miejscu warto zestawić genialny zabieg poety, jasno ukazujący różnicę między pierwszą sceną i formą przebaczenia, a drugą pogłębioną:
otóż w pierwszej (XIX w. 56 i n.) to Achilles wyciąga wreszcie rękę do zgody i pojednania, zmuszony nie tylko własną żądzą zemsty, ale też i obyczajową koniecznością ukarania śmiercią zabójcę Patroklosa. Gotowość zaś do zgody na Agamemnonie wymusiły już wcześniej druzgocące zwycięstwa Trojan. Na wniosek Odysa (XIX 154 i n.) po zwrocie łupów i zadośćuczynieniu oraz po przysiędze Agamemnona nastąpić miał wspólny posiłek, którego głównym celem było zamknięcie kłótni, wyciszenie gniewu oraz pokrzepienie sił do walki z wrogiem. Achilles w tej uczcie nie brał udziału, bo zbyt wielkie emocje nim targały – rozpacz po śmierci towarzysza i żądza walki (XIX 304). Bogowie dopiero go posilili nektarem i ambrozją (XIX 347).

W scenie drugiej Achilles pogodzony już z losem i Priamem zaprasza go do wspólnej wieczerzy, posługując się pięknym argumentem – rozbudowanym literacko przypomnieniem cierpień Niobe, która „przyjmowała posiłek, choć łzami zalana" (XXIV 612). Sam też zabija białe jagnię, a upieczone mięso dzieli. Kiedy razem z Priamem głód nasycili, wtedy już całkowicie pogodzeni popatrzyli na siebie w niezwykłym milczeniu. Scenę tę wszechwiedzący narrator przedstawia tak (XXIV 628-633):

Priam, potomek Dardana, jął w duchu podziwiać Achilla:
Wzrost i postawę wyniosłą. Jak bóg wyglądał zaiste!

A na Priama Achilles, tak samo, z podziwem spoglądał,
Starca czcigodną postacią ujęty i słowem roztropnym.
W końcu, gdy sobie wzajemnie do syta się napatrzyli
Rzekł do możnego Achilla Priam do bogów podobny: [...]

Jak wzruszające było to milczenie, pełne przyjaznego spojrzenia, wskazuje jedno słowo Achillesa (XXIX 649), który zachęcając Priama do spoczynku, zwrócił się do niego w taki sposób, w jaki w całej Iliadzie zwracają się do siebie wyłącznie członkowie najbliższej rodziny: φίλε – „kochany", które połączył z epitetem pełnym szacunku „starcze" (γέρον φίλε). Przymiotnika φίλος używała w Iliadzie matka czy ojciec do syna, np. Hekaba do Hektora (XXII 82): φίλε τέκνον, wśród bogów Zeus do syna Apolla (XV 221): φίλε Φοῖβε, bracia do siebie, np. Agamemnon do zranionego Menelaosa (IV 155): φίλε κασίγνητε, a także synowa Helena do podziwianego teścia Priama (III 172): φίλε ἑκυρὲ. W kontekście przeanalizowanych wszystkich miejsc w Iliadzie, co łatwo zrobić przy pomocy odpowiednich słowników i elektronicznych wyszukiwarek, stwierdzić możemy, że jest to jedyny zwrot w tekście Iliady, łamiący zasadę odnoszenia się do pokrewieństwa czy powinowactwa. Achilles nazywa Priama γέρον φίλε, gdyż głęboko przeżyty akt przebaczenia otwarł przed nim najwyższe uczucia ludzkie, uczucia czułej więzi rodzinnej. Moraliści Greccy określali te uczucia pojęciem φιλοστοργία – co po polsku wymaga opisowego tłumaczenia. Jest to bowiem „serdeczna miłość", a w najszerszym przekładzie „czułe przywiązanie, pełne miłości". Warto tu zaznaczyć, że podobnie zachował się Agamemnon, prosząc Achillesa o przebaczenie. Obiecał mu przecież rękę jednej ze swoich córek i że go będzie traktował jak syna Orestesa. Achilles dary i otwartość serca Agamemnona przyjął, a teraz znajdując się w podobnej sytuacji, przyznaje się do tego samego serdecznego otwarcia i zwraca się familiarnie do Priama: „starcze kochany".

Scenę spotkania Priama z Achillesem, owego pogłębionego przebaczenia, zamyka Homer obrazem wyciszenia serc (XXIV 670-677): Achilles ujmuje „starca za rękę [...], by resztę trwogi mu z serca wypłoszyć". Potem Priam i Herold „w przedsionku spokojnie się do snu ułożyli". Spoczywał też Achilles, mając u boku Bryzeidę. A na koniec dla podkreślenia nastroju pojednania i uciszenia poeta uogólnia (w. 676-677):

Wszyscy bogowie i ludzie, walczący z konnego rydwanu,
Całą noc spali spokojnie, snem życiodajnym objęci.

Nikt od czasów starożytnych nie miał wątpliwości, że ta właśnie scena jest najpiękniejsza w *Iliadzie*, zarówno przez swą ludzką głębię, jak i artystyczne dopracowanie. I to właśnie dzięki swej literackiej urodzie jest wspaniałą ramą zamykającą cały utwór. Warto tu przypomnieć raz jeszcze, że ramę otwierającą całego eposu stanowi scena hikesii kapłana Chryzesa (I 12-34), proszącego o wydanie córki, którego Agamemnon z pogardą odtrącił, a ramą zamykającą epos jest też scena hikesii Priama (XXIV 476-677), którego Achilles wysłuchał i po królewsku potraktował[17]. I ten obraz właśnie stanowił dla starożytnych odbiorców, dobrze znających epizody wojny trojańskiej, ową paideutyczną nowość, uczył jak prosić o przebaczenie i jak przebaczać pomimo krewkiego temperamentu i ogromnych skłonności do trwania w słusznym gniewie[18]. Poecie chodziło o to, by nauczyć przebaczyć drugiemu tak głęboko i tak serdecznie, aby go nazwać ze wzruszeniem φίλε!

Podsumowując dotychczasowe wywody, jeszcze raz z naciskiem pragnę podkreślić, że kierując się jako kryterium postępowania prawami gatunku, czyli wychodząc z założeń genologicznych, otrzymaliśmy moim zdaniem jedyne pełne przesłanie ideowe *Iliady*. Jest to epos nie tylko o słusznym gniewie, jak chcą to widzieć autorzy naukowych i popularnonaukowych opracowań[19], ale przede wszystkim poemat o właściwym sposobie przepraszania i o umiejętności głębokiego przebaczenia, czyli o aktach sprawiedliwości[20]. I w tym właśnie sensie należy

---

[17] Uwypuklenie funkcji obu scen hikesii oraz uzupełnienie bibliografii zawdzięczam dyskusji podczas sesji, w której udział wzięli profesorowie Robert Chodkowski, Jerzy Danielewicz i Henryk Podbielski.

[18] Tak właśnie ocenił Patroklos swego przyjaciela XI 649: αἰδοῖος νεμεσητός – „godny szacunku i skłonny do gniewu".

[19] Por. np. G. Zanker, *op.cit.*, przyp. 10; A. Thoronton, *op. cit.*; R. Flacelière, *Historia literatury greckiej*, tłum. P. Sobczyk, Kęty 2004, s. 25 i n.; H. Podbielski, *op. cit.*, s. 104.

[20] Por. słowa Odysa do Agamemnona XIX 181-183:
Ty zaś Atrydo, dla innych okażesz się sprawiedliwym
Kiedyś, bo nie jest to za złe królowi poczytywane,
Jeśli przejedna człowieka, którego przedtem obraził.
Dla ważności użycia terminów podajemy jeszcze tekst w oryginale:
Ἀτρεΐδη σὺ δ' ἔπειτα δικαιότερος καὶ ἐπ' ἄλλῳ
ἔσσεαι. οὐ μὲν γάρ τι νεμεσσητὸν βασιλῆα
ἄνδρ' ἀπαρέσσασθαι ὅτε τις πρότερος χαλεπήνῃ.
Zwraca bowiem uwagę użycie tego samego określenia οὔ τι νεμεσσητὸν na sprawiedliwy gniew (por. IX 523) i sprawiedliwą prośbę o przebaczenie. I dlatego, moim zdaniem, sprawa jest najwyższego społecznego znaczenia, chodzi o zasadę sprawiedliwości – δίκη por. tu określenie Agamemnona δικαιότερος. Por. M. W. Dickie, *Dike*

rozumieć jego etyczną konstrukcję, a ksiegi I, IX, XI, XIX i XXIV uznać za najistotniejsze. Oczywiście, nie wolno nam zapominać o pozostałych księgach, ich funkcji w utworze, a przede wszystkim o aristeiach i ich wychowawczym oddziaływaniu. Do dzisiaj wielu uczonych idzie zresztą za badaniami zwłaszcza O. Taplina, który przyjął aristeie bohaterskie, jako kryterium konstytuujące strukturę Iliady, z zaznaczeniem, że zogniskowane zostały wokół motywu gniewu Achillesa[21].

I na zakończenie proszę mi pozwolić na osobistą refleksję: dobrze jest, iż na literackim początku naszej kultury, kultury europejskiej stoi ten właśnie, uczący ludzi wybaczać, poemat.

Bibliografia

Arieti J. A., *Achilles' guilt*, „The Classical Journal" Vol. 80, 1985, No. 3, s. 193-203.

Arieti J. A., *Achilles' alienation in „Iliad 9"*, „The Classical Journal" Vol. 82, 1986, No. 1, s. 1-27.

Arieti J. A., *Homer's Litae and Ate*, „The Classical Journal" Vol. 84, 1988, No. 1, s. 1-12.

Burgers J. S., *The Tradition of the Trojan War in Homer and the Epic*, Baltimore 2001.

Cantarella E., *Spunti di riflessione critica su ὕβρις e τιμή in Omero*, Actes du IV. Colloque international de droit grec et hellénistique (Égine, 3-7 Septembre 1979)*, „Symposion" 1979, s. 83-96.

Comorovski C., *La composition éthique de l'Iliade, Recherches sur l'imaginaire*, (Angers Pr. de l'Univ.) VIII 1982, s. 1-9.

Dembińska-Siury D., *Plotyn*, Warszawa 1995.

Dickie M. W., *Dike as a Moral Term in Homer and Hesiod*, „Classical Philology" Vol. 73, 1978, No. 2, s. 91-101.

Duchemin J., *Platon et l'héritage de la poésie*, „Revue des Études Grecques" 1955, 68, s. 12-37.

Elias J. A., *Plato's Defence of Poetry*, London 1984.

Flacelière R., *Historia literatury greckiej*, tłum. P. Sobczyk, Kęty 2004.

_____

as a Moral Term in Homer and Hesiod, „Classical Philology" Vol. 73, 1978, No. 2, s. 91-101; L. Golden, *Understanding the Iliad*, Bloomington 2005.

[21] Por. przyp. 5. Tu tylko dodajmy, że nic nie stoi na przeszkodzie, aby przyjąć paideutyczną funkcję pieśni I , IX, XVI, XIX, XXIV i ich równoległy, czy może nieco późniejszy, taki właśnie, głęboko moralny odbiór.

Gentili B., *Poesia e publico nella Grecia antica. Da Omero al V secolo*, Bari 1995.

Golden L., *Understanding the Iliad*, Bloomington 2005.

Görgemanns H., *Platon*, Heidelberg 1994.

Griffin J., *Homer and excess*, [w:] *Homer: beyond oral poetry. Recent trends in Homeric interpretation*, ed. J. M. Bremer, I. J. F. de Jong, J. Kalff, Amsterdam 1987, s. 85-104.

Hadot P., *Plotyn albo prostota spojrzenia*, tłum. P. Bobowska, Kęty 2004.

Jaeger W., *Paideia. Formowanie człowieka greckiego*, tłum. M. Plezia, H. Bednarek, Warszawa 2001, s. 782-803.

Jong de I. J. F., *Silent characters in the Iliad*, [w:] *Homer: beyond oral poetry. Recent trends in Homeric interpretation*, ed. J. M. Bremer, I. J. F. de Jong, J. Kalff, Amsterdam 1987, s. 105-121.

Krischer T., *Formale Konventionen der Homerischen Epik*, München 1971. *Zetemata. Monographien zur klassischen Altertumswissenschaft*, H. 56.

Krokiewicz A., *Moralność Homera i etyka Hezjoda*, Warszawa 1959.

Latacz J., *Homer. Der erste Dichter des Abendlands*, München–Zürich 1989.

Morris I., *The Use and Abuse of Homer*, „Classical Antiquity" Vol. 5, 1986, 81-138.

Murdoch I., *The Fire and the Sun: Why Plato Banished the Artists*, Oxford 1977.

Oates W. J., *Plato's View of Art*, New York 1972.

Podbielski H., *Homer*, [w:] *Literatura Grecji Starożytnej. Epika–Liryka–Dramat*, red. H. Podbielski, Lublin 2005, s. 67-155.

Podbielski M., *Platon. Problemy interpretacji tekstów Platona. „Stary spór filozofii i poezji"*, [w:] *Literatura Grecji Starożytnej. Proza historyczna – krasomówstwo. Filozofia i nauka. Literatura chrześcijańska*, red. H. Podbielski, Lublin 2005, s. 549 i n.

Rucker D., *Plato and the Poets*, „Journal of Aesthetics and Art Criticism" Vol. 25, 1966, No. 2, s. 167-170.

Taplin O., *Homeric Soundings: The Shaping of the Iliad*, Oxford 1992.

Thornton A., *Homer's Iliad; its composition and the motif of supplication*, Göttingen 1984. *Hypomnemata*, H. 81.

Whitman C. H., *Homer and the Heroic tradition*, Cambridge (Massachusetts) 1958.

Zanker G., *The Heart of Achilles. Charakterization and Personal Ethics in the Iliad*, University of Michigan 1996.

ZUSAMMENFASSUNG
ETHISCHE KONSTRUKTION VON *ILIAS*

Angesichts der anwachsenden Lawine der analytischen Arbeiten, sowie der vereinfachten und sehr unterschiedlichen Interpretationen des Epos, macht sich der Autor auf die Suche nach einem eindeutigen Interpretationskriterium. Er geht von den genologischen Voraussetzungen aus, indem er beweist, dass *Ilias* nicht nur ein Werk über den „nicht unrechten" Zorn ist, wie es manche Autoren der wissenschaftlichen und populärwissenschaftlichen Bearbeitungen sehen wollen, sondern vor allem ein Epos über die richtige Art und Weise, um Entschuldigung zu bitten und über die Fähigkeit der tiefen Vergebung, also über die Gerechtigkeitsakte. Und in diesem Sinne eben ist seine ethische Konstruktion zu verstehen, wobei die Bücher I, IX, XI, XIX, XXIV als die wichtigsten anerkannt werden sollen. Selbstverständlich dürfen wir die übrigen auch nicht vergessen, ihre Funktion im Werk und vor allem die Heldentaten mit ihren erzieherischen Auswirkungen. Bis heute folgen übrigens viele Wissenschaftler den Forschungsarbeiten, insbesondere O. Taplins, der die Heldentaten als das Kriterium angenommen hat, das die Struktur von *Ilias* konstituiert, wobei auch betont wird, dass sie sich um das Motiv des „Achilleszorns" konzentrieren.

HENRYK PODBIELSKI
LUBLIN

PATOS JAKO ELEMENT STYLU WZNIOSŁEGO
W TRAKTACIE PS. LONGINOSA *O WZNIOSŁOŚCI*

Pathos jako termin retoryczny i literacki został wprowadzony przez Arystotelesa, który całe dziesięć rozdziałów księgi II swej *Retoryki* poświęcił omówieniu sposobów budzenia afektów u słuchaczy, a w rozdziale siódmym księgi III poruszył również sprawę „stylu patetycznego". Ujęcie to jest paralelne do przedstawienia *ethosu* (II 12-17) i „stylu etycznego" (III 7). Obydwa powyższe pojęcia pozostają oczywiście w pewnym związku z jego teorią argumentacji, z „należącymi do sztuki środkami przekonywania (*entechnoi pisteis*), którymi były: *ethos, pathos* i *logos*. W *Poetyce pathos* jest jednym z trzech głównych składników fabuły (perypetia, rozpoznanie, *pathos*), a ponadto słowo *pathemata* pojawia się w kontekście *katharsis* w definicji tragedii (VI: *katharsis ton pathemáton*), a poematy epickie i tragedie mogą być „etyczne" i „patetyczne".

Późniejsza teoria retoryczna i literacka większą wagę przywiązywała do etosu niż do afektów, na które zwrócił uwagę dopiero Dionizjusz z Halikarnasu, który dostrzega patos w stylu Tukidydesa[1] i dokonuje subtelnej analizy patetycznego stylu Demostenesa[2]. W ostatnich latach ery pogańskiej Theodor z Gadary w swoim retorycznym nauczaniu miał również przywiązywać wielką wagę do afektów. Jego pamięć przywołuje w rozdziale VII nasz autor, wskazując być może na niego jako źródło swoich dzieł. Aspekt patosu szeroko uwzględnia w charakterystyce poszczególnych rodzajów stylu Pseudo-Demetriusz, którego traktat *Peri hermeneias* jest przez wielu badaczy datowany na I w. po

---

[1] *Ad. Am.*, II 2; *Ad Pomp.* 3
[2] *In Dem.* 22.

Chr. Przyjmując jako najbardziej prawdopodobną datę powstania traktatu *O wzniosłości* pierwszą połowę pierwszego wieku ery chrześcijańskiej, możemy stwierdzić, że aura w tym czasie była dość sprzyjająca dla uwzględnienia w teorii retorycznej oraz literackiej elementu irracjonalnego i afektywnego (patetycznego), ale to głównie naszemu autorowi zawdzięcza on w tej teorii swą centralną pozycję. Gdy po scharakteryzowaniu w pierwszych siedmiu rozdziałach „wzniosłości" jako przedmiotu swojego wykładu, przechodzi autor na początku rozdziału VIII do realizacji praktycznego celu, do pouczenia, w jaki sposób i za pomocą jakich środków osiąga się wzniosłość, mocno wówczas podkreśla znaczenie patosu jako naturalnego i bardzo ważnego czynnika stylu wzniosłego. Dostrzegając wielki błąd w pominięciu tego elementu przez Cecyliusza, usprawiedliwia jednocześnie i uzasadnia własne opracowanie problemu literackiej wzniosłości. Po takiej zapowiedzi nie dziwimy się zatem, że wymienia „żarliwy i natchniony patos" obok „zdolności do tworzenia wielkich myśli" jako drugie naturalne, związane z przyrodzoną zdolnością źródło wzniosłości. „Żarliwy patos" wymieniony jest w tym miejscu jako jedno z pięciu najważniejszych źródeł wzniosłości, które wyznaczają już plan całego dalszego konsekwentnie realizowanego wykładu:

„Pierwszym i najważniejszym z nich musi być zdolność wzniosłego myślenia".

„Drugim jest żarliwy i natchniony patos".

Trzecim – „swoiste tworzenie figur, których jest dwa rodzaje: figury myśli i figury mowy".

Czwartym – „szlachetne wysłowienie, na które składa się poza doborem słów, użycie tropów i ozdób stylistycznych".

Piątą zaś przyczyną wzniosłości, „która wieńczy wszystkie poprzednie, jest pełna godności i podniosłości kompozycja (słów i zdań)".

Zgodnie z wytyczonym przez powyższą klasyfikację planem wykładu najpierw winny być omówione owe pierwsze „przyrodzone źródła". Rzeczywiście rozdział IX rozpoczyna się od przedstawienia pierwszego źródła. Czytamy: „Ale tymczasem, skoro największe znaczenie ze wszystkich (pięciu) źródeł ma pierwsze, czyli przyrodzona zdolność wzniosłego myślenia, to jednak i tu, chociaż jest to raczej dar natury niż rzecz nabyta, trzeba – na ile to tylko jest możliwe – wychowywać nasze dusze ku rzeczom wielkim i czynić je ciągle jakby brzemiennymi szlachetnym zapałem". Problematyka ta – mimo ogromnej luki w rozdziale IX (6 foliałów) i w rozdziale XII (2 foliały) jest, jak się na ogół przyjmuje, kontynuowana aż do końca rozdziału XV, gdzie mamy następujące jej podsumowanie: „Tyle niech już wystarczy o wzniosłości myśli zrodzonej z wielkości ducha, z naśladownictwa i z obrazów fantazji". Kolejny rozdział zamiast spodziewanej problematyki patosu przynosi zapowiedź omówienia trzeciego już źródła wzniosłości: „Porządek rozważań każe nam z kolei zająć się figurami stylu..." i oczywiście następuje wyczerpujące omówienie tego zagadnienia. W podobny sposób zaznacza autor przejście do problematyki języka (*frazis*) między rozdziałami XXIX i XXX i do problematyki „zestroju słów" (*synthesis*) między rozdziałami XXXVIII-XXXIX, gdzie wyraźnie stwierdza, że jest to ostatnie, piąte źródło wzniosłości. Powstaje więc trudność z wyjaśnieniem, gdzie wobec tego „Longinos" omówił drugie naturalne źródło wzniosłości – patos. Jest to przecież dla niego kluczowy problem, czemu daje pełny wyraz, gdy dziełku Cecyliusza wytyka jego pominięcie. Badacze, którzy przyjmują, że do końca rozdziału XV omawiana jest wyłącznie przyrodzona zdolność wzniosłego myślenia i ona tylko jako pierwsze źródło została podsumowana w cytowanym powyżej sformułowaniu, skłonni są sądzić, że nasz autor, mimo zapowiedzi, albo w ogóle nie omówił *pathosu*, albo go omówił w oddzielnym piśmie. Największym wśród badaczy uznaniem cieszy się klasyczna już hipoteza, podzielana przez tej miary uczonych, jak: M. Rothstein[3], J. Vahlen[4], H. F. Müller[5], H. Mutschmann[6] i H. Lebègue[7], według której, *pathos*, wbrew zapowiedzi, nie był w ogóle w traktacie oddzielnie omówiony. Rozdziały IX-XV, stanowiące łącznie z olbrzymią luką (6 foliałów) w rozdziale IX niemal trzecią część traktatu, dotyczą zaś wyłącznie pierwszego źródła – przyrodzonej zdolności do wielkich myśli. Jak pokazuje jednak w dogłębnym swym studium J. Bompaire[8], i kilkanaście lat później O. Schönberger[9], pierwsze źródło jest właściwym przedmio-

---

[3] M. Rothstein, *Caecilius von Kaleakte und die Schrift vom Erhabenen*, „Hermes" 1988, no XXIII.

[4] J. Vahlen, *De ignoti scriptoris commentario sublimitatis*, Berlin 1880.

[5] H. F. Müller, *Analyse der Schrift „Peri Hypsous"*, Bd. I-II, Blankenburg 1911-1912.

[6] H. Mutschmann, *Tendenz, Aufbau und Quellen der Schrift vom Erhabenen*, Berlin 1913.

[7] H. Lebègue, *Deux observations sur le Περὶ ὕψους*, „Mélanges Desrousseaux", Paris 1937, s. 273-274.

[8] J. Bompaire, *Le Pathos dans le Traité „Du Sublime"*, „Revue des Études Grecques" 1973, no. 86, 323-343.

[9] Longinus, *Vom Erhabenen*, übers. und hg. O. Schönberger, Stuttgart 1988, s. 144 i n.

tem tylko pierwszych czterech akapitów rozdziału IX. Tekst podjęty po luce w zdaniu piątym, aż do końca rozdziału XV, dotyczy już bowiem drugiego naturalnego źródła wzniosłości – patosu. Omawiane tu są bowiem kolejno: patos i wielkość, zestawienie wybranych motywów patosu oraz związane z nim *mimesis* i *fantasia*. Przejście do tego tematu miało więc miejsce w zaginionej partii tekstu, a cytowane podsumowanie dotyczy już obydwu naturalnych źródeł wzniosłości, bo w zdaniu podsumowującym patos jest reprezentowany przez proces „naśladowania" i „wyobrażania". Podsumowanie to służy więc odgraniczeniu nie tylko drugiego źródła od trzeciego, lecz przede wszystkim naturalnych uwarunkowań wzniosłości od wzniosłości uzyskiwanej dzięki sztuce.

Kompozycja dalszej części traktatu jest już zupełnie przejrzysta. Jej przedmiotem jest w pełnym tego słowa znaczeniu – „sztuka wzniosłości", którą nasz autor dzieli na użycie figur (ἡ τῶν σχημάτων πλάσις), omówione w rozdziałach XVI-XXIX, na „szlachetne wysłowienie" (ἡ γενναία φράσις), będące przedmiotem wykładu w rozdziałach XXX--XXXVIII oraz na „dostojną i górną kompozycję słów" (ἡ ἐν ἀξιώματι καὶ διάρσει σύνθεσις), stanowiącą ostatnie, piąte, źródło wzniosłości, wyjaśnione w rozdziałach XXXIX-XLII. Wyjaśnioną w ten sposób problematykę źródeł wzniosłości uzupełnia w rozdziale XLIII ostrzeżeniem przed używaniem niewłaściwych dla stylu wysokiego form języka niskiego i pospolitego. Ostatni rozdział, niedokończony i niełączący się bezpośrednio ze stylistyczną problematyką wykładu, stanowi filozoficzną refleksję, wyrażoną w formie zacytowanej rozmowy, jaką nasz autor miał przyjemność przeprowadzić z niewymienionym z nazwiska filozofem, na temat przyczyn charakterystycznego dla ich epoki „zepsucia sztuki słowa" i braku wielkich mówców, poetów i pisarzy.

Mając przed oczami ogólny zarys i układ problematyki stylistycznej traktatu, przyjrzyjmy się już bliżej, jakie miejsce i jaką rolę wyznaczył w niej autor afektom, reprezentowanym przez „żarliwy i natchniony patos".

Wzniosłość emocjonalna i *pathos* jako jej naturalne źródło

W naszych rozważaniach na temat patosu przyjmujemy, jak już mówiłem, że jest on przedmiotem wykładu w rozdziałach IX 5-XVI traktatu Pseudo-Longinosa. Nie znamy zaginionego początku tego traktatu. Wywód ten nie jest kompletny również w środku. Brakuje mianowicie dwu kart wewnątrz rozdziału XII.

M. Fuhrmann[10] w całym zachowanym w obecnej formie passusie wyróżnia pięć dotyczących patosu punktów:
1. Patetyczne i wzniosłe motywy bogów i herosów (IX 5-IX 15);
2. Dobór i kondensacja najbardziej charakterystycznych rysów przedstawianej rzeczywistości (X);
3. Powiększenie (amplifikacja) – *Auksesis* (XI-XIII 1);
4. *Mimesis.* Naśladowanie wzorów sławnych mistrzów (XIII 2-XIV);
5. Wyobrażenia (*Phantasiai*) XV.

Wszystkie wymienione tu „środki wyrazu", jak pokazuje nasz autor na przykładzie cytatów z Homera (IX), Demostenesa i Platona (XII 2-XIII 1), służą osiąganiu wzniosłości. Nie są to jednak środki czysto stylistyczne. Funkcjonują one bowiem w tej sferze rzeczywistości literackiej, która realizuje się między formami językowymi a strukturą całości. Pseudo-Longinos opisuje tę sferę szeregiem przygodnych, bliskoznacznych określeń. Nazywa ją „myślami", „wyobrażeniami", „obrazami", „cząsteczkami", „toposami"[11]. Rozumie je zaś jako pojedynczy rys, pojedynczy motyw i pyta o ich wielkość i wzniosłość, biorąc pod uwagę zarówno element treści, jak i formy językowej.

Wzniosłe i patetyczne motywy, o których mówi się w rozdziale IX 5-11 są ilustrowane głównie przykładami z *Iliady.* Dotyczą one najpierw bogów, a następnie także bohaterów. Przedstawienie bogów zamyka sławny cytat ze Starego Testamentu (*Księga Rodzaju* I). Wielkość jest tu mierzona wielkością wyobraźni poetyckiej Homera, który rozmiary symbolizującej waśń i wojnę Erydy, bitwę bogów czy wkraczanie na pole bitwy Posejdona przedstawia w kategoriach kosmicznych. W przypadku *Księgi Rodzaju* miarą wielkości jest natomiast stwórcza potęga słowa Bożego: „stań się". Niezwykle wymowny dla nas jest komentarz odautorski, jaki towarzyszy przytoczonym przykładom, który dzięki umiejętnej parafrazie nie tylko wydobywa, ale dodatkowo wzmacnia jeszcze efekt uzyskany przez poetę. I tak np. przywołany w porównaniu obraz skoku boskich rumaków, skoku długiego na odległość spojrzenia sięgającego po horyzont, otrzymuje komentarz: „Skok ich [poeta] odmierza kosmiczną miarą. Czyż z powodu ogromu tej wielkości nie mógłby ktoś słusznie wykrzyknąć: jeśli boskie ruma-

---

[10] M. Fuhrmann, *Einführung in die antike Dichtungstheorie*, Darmstadt 1973, s. 172.

[11] „myśl" – ἡ ἔννοια (IX 2,3); τὸ νόημα (XII 1); τὸ ἐννόημα (XV 1); obraz – τὸ εἴδωλον (IX 5), por. X 6, XV 7; τὸ φάντασμα (IX 6); elementy, motywy – τὰ μόρια (X 1, XII 2); „wątek" – τὰ λήμματα (XI 3, XII 2, XV 10); „topos"- ὁ τόπος (XII 2);

ki skoczą tak po raz drugi, zabraknie dla nich miejsca w kosmosie!?".

Komentując zaś przedstawiony przez Poetę „nadzwyczajny" obraz wkraczania na pole bitwy Posejdona, poza wydobyciem elementów budzących grozę i zdumienie słuchaczy, autor traktatu formułuje ogólną zasadę, według której Homer kreuje świat bogów i ludzi, zapewniając wzniosłość ich przedstawieniu:

Odnoszę bowiem wrażenie, że Homer, gdy opowiada o zranieniach bogów, o ich kłótniach, aktach zemsty, łzach, więzach i wszelkiego rodzaju cierpieniach, czyni, co może, by ludzi walczących pod Troją przedstawić jak bogów, a bogów jak ludzi.

Wypada też zgodzić się z obserwacją M. Fuhrmanna (s. 173), że w przytoczonych w traktacie przykładach motywom świata boskiego i heroicznego towarzyszy z reguły patos, i to dzięki niemu właśnie postrzegamy je jako wielkie i wzniosłe.

Przykłady patetycznej wzniosłości zaczerpnięte z *Iliady* zainspirowały z kolei autora traktatu do sławnego porównania w tym aspekcie obydwu poematów Homera (IX 11-IX 15). Kryterium wieku poety przyjmuje przy tym jako podstawę wyjaśnienia zachodzących między tymi poematami różnic. W szczytowym rozkwicie swego talentu miał poeta stworzyć „dramatyczną, pełną żarliwego patosu" *Iliadę*, w starości natomiast „narracyjną" i opartą „na malowaniu charakterów" („etyczną") *Odyseję*. Ta interesująca z punktu widzenia krytyki literackiej dygresja służy tu przede wszystkim do zobrazowania tezy, że patos obcy jest naturze wieku podeszłego. Aby uzasadnić powyższą teorię, odwołuje się autor traktatu do treściowych elementów *Iliady i Odysei*, do ich odmiennego klimatu i charakteru. Ale oddajmy głos samemu autorowi:

Z tej samej przyczyny, jak sądzę, *Iliadę*, którą stworzył w czasie najwyższego rozkwitu swego talentu, uczynił w całości dziełem dramatycznym i pełnym namiętności, *Odyseję* natomiast wypełnił w przeważającej mierze opowiadaniem, charakterystycznym dla późnego wieku. Dlatego Homera jako autora *Odysei* można by porównać do zachodzącego słońca, które choć pozbawione żaru ciągle zachowuje wielkość. Nie ma tu już bowiem ani takiego napięcia jak w owych pieśniach *Iliady*, ani wzniosłości stylu zawsze tej samej i nigdy nie popadającej w pospolitość, ani podobnego strumienia ciągle zmieniających się zdarzeń, ani tej giętkości i kunsztu oratorskiego, ani tej obfitości obrazów wziętych z życia, lecz na kształt Oceanu, który cofa się w głąb siebie i opuszcza swe pierwotne granice, jawi się już ona jako odpływ wielkości i wędrówka w krainie mitów i fantazji. 14. Mówiąc to nie zapominam o burzach w Odysei[12], ani o przygodach z Cyklopem i innych tego rodzaju przedstawieniach. Opisuję tu starość, jest to jednak starość Homera! We wszystkich tych epizodach króluje wszak bez wyjątku baśń nad rzeczywistością. Uczyniłem tę dygresję, jak mówiłem, aby pokazać, że niekiedy i prawdziwy geniusz w schyłkowym okresie popada bardzo łatwo w gadatliwość, czego przykładem są opowieści o worku wiatrów (Eola), o zamienionych przez Kirke w świnie (towarzyszach Odysa), których Zoilos nazywa „płaczącymi prosiętami", o Zeusie karmionym jak pisklę przez gołębie, a także o Odysie jako rozbitku pływającym po morzu przez dziesięć dni bez pokarmu i niewiarygodne historie o rzezi zalotników. Czymże więc innym w rzeczy samej moglibyśmy nazwać te historie, jak nie snami Zeusa?[13]

15. Powyższe uwagi na temat Odysei przytaczam również z drugiego powodu, a mianowicie, aby ci uświadomić, jak u wielkich prozaików i poetów przekwitająca patetyczność przechodzi w rysowanie charakterów[14]. Takie chociażby charakterystyczne scenki z życia codziennego w domu Odysa, czyż nie są swoistą komedią charakterów?

Pozwoliliśmy sobie zacytować w całości dokonaną przez Pseudo-Longinosa ocenę obydwu poematów Homera. Na jej podstawie można bowiem najłatwiej zrozumieć charakter uprawianej przez autora traktatu krytyki literackiej i poznać kryteria tej oceny. W tym ujęciu, jak widzimy, tylko *Iliada* jest poematem w pełni zasługującym ze względu na

---

[12] Np. V 292 i n.

[13] Odniesienie tego sformułowania do homeryckiej wiary, że „widzenia senne pochodzą od Zeusa", jak zauważa Russel (*On the Sublime*, Oxford 1964, s. 98 i n.), nie miałoby większego znaczenia. Bardziej wymowna byłaby, jego zdaniem, aluzja do Homera, nazywanego „Zeusem poetów". Zob. Quint., *Inst. oratoria*, 10 I 46; Nazwanie opowieści fantastycznych „snami Zeusa" nie jest jednak niczym odosobnionym. Tak poezję homerycką, inspirując się zapewne dziełem Zoilosa, nazywa również Jan Chryzostom (XI 28, 6-7) zarzucając jej fałsz o wojnie trojańskiej i absurd. Por. Mazzucchi (*ad loc.* s. 182).

[14] Już Arystoteles w *Poetyce* (1459 b 14) nazwał fabułę *Iliady* „prostą i patetyczną", a *Odyseji* „zawikłaną i etyczną". Antyteza między stylem określanym przez *pathos* i *ethos* ma więc w krytyce starożytnej dobrze utrwaloną tradycję. Pełny wyraz znalazła u Cycerona, *Orator* 128 i Kwintyliana 6. 2, 8-24 [*Inst. oratoria*].

charakter świata przedstawionego i sposób jego przedstawienia na miano poematu bohaterskiego. Tylko ona jest „dziełem dramatycznym", „przepełnionym nieustannymi cierpieniami" (πρόχυις τῶν ἐπαλλήλων παθημάτων), dosł. „wylew zazębiających się cierpień"). Z negatywnej charakterystyki *Odysei*, której jako poematowi opartemu na „charakterach" (na *ethos*) brak jest tych wszystkich cech, dowiadujemy się, że o wielkości *Iliady* decyduje ponadto: „napięcie akcji, wysokość stylu, szybko zmieniająca się akcja, giętkość mowy i kunszt oratorski, a także bogactwo obrazów. Poszczególne kryteria, którymi posługuje się autor do opisu doskonałości *Iliady*, są na ogół kryteriami tradycyjnymi, czymś wyjątkowym jest jednak użycie ich wszystkich razem jako warunku utożsamionej z patetyczną wzniosłością doskonałości. Jak celnie zauważa Jacques Bompaire[15] we wszystkich przytoczonych w tym rozdziale przykładach istotny jest stosunek, jaki zachodzi między patetycznością przedstawienia i wielkością (wzniosłością) dzieła. Patos idzie w parze z *megalegoria*, tj. „z wielkością słów" (VIII 4), a jego brak prowadzi do „pustosłowia" (*eis leron*, IX 14). Zdaniem uczonego przedstawienie w tych rozdziałach patosu w opozycji do „charakteru" (*ethos*) i podkreślanie jego związku ze „zdolnością do wielkich myśli i słów" (μεγαλοφυές) może stanowić wskazówkę, że niedawno zakończył autor przedstawianie pierwszego źródła wzniosłości i dopiero co rozpoczął prezentację patosu jako drugiego.

Obydwa kolejne elementy patetyczności: dobór i kondensacja najwłaściwszych rysów przedstawianej w rozdziale dziesiątym rzeczywistości oraz „powiększenie" (amplifikacja – *auksesis*, będące przedmiotem rozdziałów XI-XIII 1 można, zdaniem M. Fuhrmanna[16], traktować jako warianty tego samego rodzaju środków. Pierwszy wariant autor traktatu określa jako: „zdolność wybierania spośród elementów tworzących rzeczywistość tych, które są najbardziej dla niej właściwe i takiego ich ze sobą połączenia, by mogły tworzyć organiczną całość" (X 1). Na uwagę zasługuje fakt, że używa tu takich terminów jak *ekloge* (ἐκλογή) – „wybór" i *episynthesis* (ἐπισύνθεσις) – „połączenie" w innym zupełnie kontekście i znaczeniu niż funkcjonowały one w klasycznej retoryce. O tym, że nie obce mu są one jako techniczne terminy mamy okazję przekonać się, gdy korzysta z nich w utartym znaczeniu

---

[15] Bompaire, *op. cit.*, s. 332. [które?]
[16] *Ibidem*, s. 175. [które]

w kontekście omawianego „wysłowienia" (*leksis*)[17]. Trudności terminologiczne wynikają tu niewątpliwie z faktu podjęcia nowych, nieopracowanych dotąd przez teorię retoryczną aspektów krytyki literackiej. Poetycka umiejętność przedstawiania najbardziej typowych, najbardziej istotnych cech rzeczywistości jako czynnik budzenia podziwu i oczarowania słuchaczy, a więc również jako czynnik patosu i wzniosłości jest niewątpliwie oryginalnym odkryciem autora traktatu. Potwierdzeniem tego są trudności terminologiczne i jasne zdefiniowanie wprowadzonego pojęcia. Zupełnie konwencjonalny charakter ma natomiast „powiększenie", łac. *amplificatio*, określone tu dobrze znanym sztuce retorycznej terminem *auksesis* (αὔξησις). W związku z luką w rozdziale XII nie do końca jest jasne, w jakim stosunku pozostawały do siebie obydwa powyższe warianty. Można przypuszczać, że szerszą kategorią było „powiększenie", skoro nauka o przedstawianiu najbardziej charakterystycznych cech rzeczywistości w dziesiątym rozdziale dotyczyła głównie opisu. Jej ilustrację stanowi analiza przytoczonej niemal w całości sławnej już w starożytności pieśni Safony[18]. Oto zaś komentarz odautorski wprowadzający ten cytat: „Tak postępuje np. Safona, która zawsze ujmuje cierpienia związane z szałem miłosnym poprzez ich objawy i w pełnej zgodzie z rzeczywistością. W czymże więc objawia swój talent? Gdy po mistrzowsku wybiera i łączy ze sobą ich najistotniejsze i pełne krańcowego napięcia elementy". Cytowanie poezji Safony i odwoływanie się do twórczości innych poetów lirycznych, Archilocha, Stezychora, Symonidesa, Anakreonta, Bakchilidesa i Pindara jest, jak zauwa-

---

[17] *ekloge* jako wybór słownictwa zob. rozdz. XXX; *synthesis* –„zestrój słów", rozdz. XXXIX [czego to dotyczy?];

[18] Przytoczona dla ilustracji Oda Safony zachowała się tylko dzięki temu cytatowi, mimo że często była podziwiana przez starożytnych Greków i Rzymian. Odwołuje się do niej kilkakrotnie Plutarch (np. Plutarch, *Erot.* 18 763; Plutarch, *Vita Demetr.* 38 30), inspiruję się nią Teokryt (*Idylla* II 106-110), przekłada na łacinę w jednej z pieśni adresowanych do Lesbii (Katullus, *Carm.* 51) Katullus. Aluzję do tej pieśni widzimy u Horacego (I 22, 22), Owidiusza (*Her.* 17) i Lukrecjusza III 154-156. Również w czasach nowożytnych nie zmalało zainteresowanie poetów i krytyków tą pieśnią. Jej przekładu na język francuski dokonał m.in. Boileau, Racine, Delille, Vivien, na angielski: Hall (1652, przedrukowany w komentarzu Russel'a, s. 100-101), Tennyson (*Eleanore, Fatima*), na włoski: Parini, Foscolo (1794, przedrukowany przez Lombardo, *op. cit.*, s. 90 i n.). W języku polskim obecnie najbardziej popularne są dwa przekłady: Safona, *Pieśni*, tłum. J. Brzostowska, Warszawa 1961, s. 24; *Liryka starożytnej Grecji*, tłum. J. Danielewicz, Warszawa 1996, s. 186 i n.). Przekładu tej pieśni dokonałem wspólnie z moją małżonką Jadwigą Skibińską-Podbielską.

ża M. Fuhrmann[19], typowe szczególnie dla wywodzącej się z retoryki krytyki literackiej wczesnego cesarstwa, która zajmując się głównie elementami stylu i motywami literackimi, zerwała z wprowadzonym przez klasyczną retorykę ograniczeniem kanonu cytowanych autorów do poezji epickiej, historiografii i krasomówstwa. Znamienny jest fakt, że autor traktatu zainteresowany w tym przypadku wyłącznie właściwościami stylu, opisuje go w kategoriach i terminach użytych w *Poetyce* Arystotelesa do wyłożenia struktury fabularnej utworu. Używa tu chociażby wielokrotnie pojęcia „jedności" i „organiczności", których nie tworzy „skończona i pełna akcja", lecz „pełna zgodność motywów i stylu", w jakim są przedstawione. Tego wymownym świadectwem jest dokonana przez niego taka oto analiza zacytowanej pieśni Safony:

Czy nie podziwiasz, jak Safona przywołuje naraz duszę, ciało, słuch, język, oczy i skórę, jakby to wszystko było czymś obcym i do niej nie należało?, i jak łącząc przeciwieństwa jednocześnie ziębnie i płonie, traci i odzyskuje rozum, trwoży się i bliska jest śmierci, tak że nie jedno jej uczucie mogło się objawić, lecz cały zastęp uczuć? Wszystkie tego rodzaju objawy spotyka się u zakochanych, ale dopiero wybór tych najcelniejszych, jak powiedziałem, i połączenie ich w jeden obraz stworzyło arcydzieło.

Rozdział XI wprowadza nas już w dobrze znaną klasycznej teorii retorycznej problematykę „amplifikacji". Zgodnie z powyższą teorią również w naszym traktacie amplifikacja ma zastosowanie w „przedstawieniu sprawy" i w „argumentacji" oraz „realizuje się albo za pośrednictwem użycia toposów[20], albo przez wyolbrzymienie[21], albo przez wzmocnienie wywodu i argumentacji, lub przez właściwe rozmieszczenie już to faktów, już to afektów". Z właściwego dla siebie punktu widzenia autor krytykuje tradycyjną definicję amplifikacji jako zbyt szeroką i wyjaśnia, czym się ona różni od wzniosłości, bez której

---

[19] *Ibidem*, s. 175 [zob. przypis 10].

[20] Por. XII 5, XXXII 5[czego dotyczy?]; *Ret. ad Her.* II 30, 47 użycie toposów uznaje za główną cechę i podstawę amplifikacji; „amplificatio est res quae per locum communem instigationis auditorum causa adsumitur" („Amplifikacja jest to rzecz, którą stosuje się za pośrednictwem toposów dla poduszczenia słuchaczy").

[21] δείνωσις, termin ten w retoryce klasycznej oznaczał „przesadę" „wyolbrzymienie" z reguły rzeczy przykrych. Kwintylian (VI 2, 24 [*Inst. oratoria*]) tak go definiuje: „rebus indignis asperis invidiosis addens vim oratio" („mowa, która dodaje mocy sprawom oburzającym, przykrym, wstrętnym". Por. Russel, *ad loc.* s. 108.

poza tym nie może w pełni istnieć i funkcjonować[22]. Stwierdza mianowicie (XI 2):

> Mówca musi jednak mieć świadomość, że bez wzniosłości żadna z tych form nie może sama przez się być doskonałą, z wyjątkiem – na Zeusa – tych przypadków, w których chce się wzbudzić litość lub okazać lekceważenie. Wszystkim innym formom amplifikacji, jeśli odbierzesz wzniosłość, to jakbyś odebrał ciału duszę: ich energia nie wzmocniona wzniosłymi myślami natychmiast bowiem traci napięcie i całą swą siłę.

Dla autora traktatu, jak widzimy, towarzysząca amplifikacji wzniosłość jest wręcz warunkiem prawidłowego funkcjonowania tejże amplifikacji.

Luka w tekście po pierwszych dwu zdaniach rozdziału XII, w których w polemice z tradycyjnym rozumieniem amplifikacji autor dał nam własną wykładnię jej istoty i funkcji (XII 1-2), pozwala się tylko domyślać, że dwie brakujące karty zawierały m.in. egzemplifikację tej wykładni tekstami poetów i mówców. Przykłady te nie mogły jednakże wypełniać całego zaginionego w tym miejscu tekstu, skoro zachowany po luce wykład jest kontynuacją innego już z kolei zjawiska, zasygnalizowanego w rozdziale VIII natychmiast po przedstawieniu pięciu źródeł wzniosłości stanowiących dyspozycję wykładu. Tam właśnie Pseudo-Longinos, podejmując próbę znalezienia przyczyny pominięcia patosu w „sztuce wzniosłości" Cecyliusza, wyjaśnił, że patos nie jest tożsamy z wzniosłością i nie zawsze jej towarzyszy: „Istnieją przecież pewne afekty odległe od wzniosłości i niskie, jak chociażby: lamenty, cierpienia, lęki, a z drugiej strony znamy liczne przykłady wzniosłości bez afektu" (VIII, 2). W zaginionej partii tekstu musiał niewątpliwie na-

---

[22] R. XII: „Nie podoba mi się już definicja, jaką dają autorzy podręczników retoryki. Amplifikacja, mówią, jest to wyrażenie słowne, które dodaje przedmiotowym rzeczom wielkości. Definicja ta w równym przecież stopniu może być określeniem także wzniosłości i patetyczności i figur stylu, bo wszystkie one za sprawą języka nadają rzeczom jakąś wielkość. Mnie się natomiast wydaje, że są to całkiem różne rzeczy, bo wzniosłość polega na wyniesieniu w górę, amplifikacja zaś raczej na obfitości; dlatego wzniosłość często mieści się w jednej myśli, podczas gdy amplifikacja idzie zawsze w parze z mnogością i pewnego rodzaju nadmiarem. 2. Amplifikacja, ściśle rzecz ujmując, jest nagromadzeniem wszystkich ważnych dla przedstawianej sprawy elementów i środków wyrazu, nagromadzeniem, które poprzez swą intensywność dodaje mocy przedstawieniu [...]".

wiązać do powyższego stwierdzenia. Porównanie pełnego „żarliwego patosu", podobnego do błyskawicy, stylu Demostenesa z majestatycznym i kunsztownym stylem Platona oraz z przebogatym, rozlewnym na kształt rozprzestrzeniającego się szeroko pożaru stylem Cycerona, stanowi bowiem doskonałą ilustrację sformułowanej powyżej zasady, że wzniosłość może być związana z patosem (Demostenes), ale może istnieć również niezależnie od patosu dzięki wielkim myślom (Platon), lub dzięki bogactwu i umiejętnie stosowanej ozdobności języka (Cyceron). Powyższe, zapadające mocno w pamięć porównanie Demostenesa z Cyceronem i Platonem pozostaje, jak widzimy, w bezpośrednim związku z problem patosu jako naturalnego źródła wzniosłości.

Cytat urywku Platońskiego *Państwa* (506c) stanowi zarazem punkt wyjścia do omówienia w ramach wykładu o patosie w kolejnych rozdziałach (XIII 2-XIV) dwu dalszych sposobów służących uzyskaniu wzniosłości: 1) przez naśladowanie wzorów wielkich twórców i współzawodniczenie z nimi (*mimesis* – μίμησις i *zelosis* – ζήλωσις) oraz 2) przez unaoczniające wyobrażanie sobie przedstawianej rzeczywistości (*fantasia* – φαντασία). Twórcy nie obdarowani przez naturę natchnieniem mogą bowiem napełnić się nim przez naśladowanie i współzawodniczenie z wzorami natchnionych, co autor w sposób obrazowy przedstawia (XIII 2):

Wielu pisarzy karmi się bowiem cudzym natchnieniem w taki sam sposób jak Pythia, która – zgodnie z tradycją – zbliżywszy się do trójnogu, gdzie znajduje się szczelina w ziemi, i skąd, jak mówią, wydobywają się opary dające boskie natchnienie, napełniała się dzięki nim bożą mocą i mogła natychmiast głosić natchnione przepowiednie. Podobnie również z geniuszu dawnych twórców niby ze świętych otworów emanują jakieś wyziewy do dusz współzawodniczących z nimi autorów, którzy, chociaż sami nie są zdolni do uniesień, natchnieni dzięki nim, wpadają w zachwyt uskrzydleni natchnioną wielkością innych[23].

---

[23] Pogląd, że Pytia głosiła przepowiednie pod wpływem wydzielających się oparów był dość powszechny w okresie hellenistycznym i rzymskim. Badania geologiczne w Delfach, gdzie dominują skały wapienne, nie potwierdzają wyziewów. Szerzej na ten temat i literatura przedmiotu, zob. Russel (*ad loc.* s. 114). Inspirację dla wyłożonej tu teorii „natchnienia" poetyckiego L zaczerpnął zapewne z dialogów Platona (*Fajdros* 245 A, *Ion* 533 C-D). Podobna teorię „poetyckiego natchnienia" prezentował Demokryt (Diels-Kranz, B 17-18) i propagował Cycero (*Pro Archia poeta* 18, *De oratore* II 194). W kategoriach entuzjazmu charakteryzuje twórczość Demostenesa również Dionizjusz z Halikarnasu (*Dem.* 22).

Jak widzimy, autor traktatu nie tylko znalazł przykład poetyckiego uniesienia u Platona, który zainspirował go do sformułowania powyższej zasady naśladownictwa i współzawodnictwa, ale i samą tę zasadę oparł na znanej z *Iona* i *Fajdrosa* platońskiej koncepcji twórczego natchnienia. Owocność takiego naśladowania połączonego z rywalizacją z Homerem najlepiej potwierdza twórczość wielkich poetów lirycznych, Archilocha, Stezychora oraz takich prozaików jak Herodot i sam Platon. Nie uważa przy tym takiego naśladownictwa za „kradzież".

Oto, co mówi na temat Platona (XIII 4):

I Platon nie wzniósłby się, moim zdaniem, na takie wyżyny w swych poglądach filozoficznych i nie wkraczałby tak często w materię i język poetycki, gdyby – na Zeusa – nie walczył całą duszą o pierwszeństwo z Homerem, jak młody zapaśnik z okrytym już sławą mistrzem. Walczy z nim może zbyt zapalczywie i niejako na miecze, ale przecież nie bez sukcesu. Bo jak twierdzi Hezjod, „istnieje również dobra dla ludzi Eryda"[24] i rzeczywiście są to piękne i godne największej chwały i wieńca zawody, w których nawet być pokonanym przez poprzedników zaszczyt przynosi". Rozważanie to, jak przystało na podręcznik „sztuki wzniosłości" wieńczy pouczenie skierowane do adresata i czytelnika traktatu (XIV, 1): „Gdy więc trudzimy się nad tekstem wymagającym wzniosłości słów i wielkości myśli, dobrze jest zobaczyć oczami swej duszy, jakby to samo wyraził Homer, jakby uzwnioślił to Platon, Demostenes, czy w swej historii – Tucydydes[25]. Te wielkie postacie stając bowiem z nami niejako do współzawodnictwa i jaśniejąc przykładem podniosą hen nasze dusze na stworzone w wyobraźni wyżyny.

Cytowane zalecenie jest tylko pierwszym etapem na „drodze" wiodącej do uzyskania dzięki sztuce – patetycznej wzniosłości, będącej skądinąd darem natury. O dwu kolejnych, jeszcze bardziej skutecznych etapach pouczają nas następne zdania (XIV 2):

---

[24] Hezjod, *Prace i Dnie*, w. 24. Dobra Eris skłania do szlachetnej rywalizacji. Dokonana tu przez Hezjoda „autopoprawka" *Teogonii* 226 i n., (gdzie Eris [Zwada] była matką samych nieszczęść), stała się często wykorzystywanym przez mówców toposem.
[25] Tucydydes (ok. 460-396) najwybitniejszy historyk grecki, autor dzieła o wojnie peloponeskiej, jest zazwyczaj wymieniany jako przedstawiciel „stylu wysokiego" („wzniosłego") wśród historyków. Styl „średni" miał reprezentować Herodot, a „niski" – Ksenofont. Zob. Marcellinus, *Vita Thucydidis* 40.

A jeszcze lepiej, jeśli stworzymy w umyśle taki oto obraz: jak obecny tu Homer, jak Demostenes, przyjęliby moją wypowiedź i jak by ją ocenili? Rzeczywiście wielka to próba przyjąć taki trybunał i taką widownię dla swych własnych dzieł i wierzyć, że zdaje się rachunek ze swego pisarstwa przed tak potężnymi sędziami i świadkami. 3. Znajdziesz większą jeszcze od tych podnietę, jeśli dodasz pytanie: jak przyjmą moje dzieło wszystkie przyszłe wieki? Jeśli bowiem autor obawia się, by nie powiedzieć czegoś, co przetrwa epokę i czas jego życia, to z konieczności wytwory jego umysłu będą niedoskonałe i ślepe, jak poroniony płód, niedojrzały zupełnie dla czasu przyszłej sławy.

Powyższe zalecenia nie wymagają komentarza. Są wymownym świadectwem, że brak przyrodzonych zdolności do tworzenia wielkich myśli i „żarliwego" patosu można przezwyciężyć za pomocą narzędzi dostarczonych przez naśladowanie połączone z rywalizacją i dogłębną znajomością wielkich wzorów rodzimej literatury.

Wykład o naturalnych źródłach wzniosłości zamyka autor traktatu obszernym wyjaśnieniem funkcji twórczej wyobraźni (φαντασία), którą rozumie się na ogół jako „zrodzone w myśli wyobrażenie, zdolne uobecnić się w mowie". Pseudo-Longinos dodaje jednak znacząco, że „obecnie używa się tej nazwy głównie w tym przypadku, gdy to, co mówisz w stanie natchnienia i silnego wzruszenia, zdaje ci się, że widzisz sam, i że stawiasz przed oczami swych słuchaczy". Przyjmuje on w swych dalszych rozważaniach właśnie to drugie rozumienie, w którym akcentuje się mocno związek procesu „wyobrażania" ze „stanem natchnienia i silnego wzruszenia", czyli z „patosem". Kategoria ta dobrze była znana klasycznej teorii retorycznej i znalazła swój najpełniejszy wyraz w wyjaśnieniu Kwintyliana (VI 2.29):

> To, co Grecy nazywają *fantazjami*, nazwijmy po prostu *wyobrażeniami*, dzięki którym obrazy rzeczy nieobecnych uobecniają się w ten sposób w umyśle, jakbyśmy je widzieli oczami i jakbyśmy byli przy nich obecni, a ktokolwiek by sobie z nimi dobrze poczynał, będzie najpotężniejszym w afektach i będą go nazywać „obdarzonym olbrzymią wyobraźnią"[26].

---

[26] VI 2, 29: „quas φαντασίας Graeci vocant, nos sane visiones appelemus, per quas imagines rerum absentium ita repraesentantur animo, ut eas cernere oculis ac praesentes habere videamus, has quisque bene conceperit, is erit in affectibus potentissimus: qui-

Dane przez autora traktatu wyjaśnienie przypomina wprawdzie wywód Kwintyliana, ale nasz autor jako nowość wprowadza rozróżnienia między fantazją retoryczną i poetycką. Dla Kwintyliana „fantazja" jest środkiem do uzyskania wyrazistości (*enargeia*) zarówno w tekstach poetyckich, jak mowach. Pseudo-Longinos natomiast poucza, że „fantazja odgrywa inną rolę w retoryce niż w poezji: w poezji jej celem jest wywołanie wstrząsu (*ekpleksis*)[27], w mowach natomiast służy unaocznianiu (*enargeia*), w obydwu jednak sztukach dąży się do tego, by wprawić w zachwyt i wzruszyć słuchacza" (XV 2). Jak nieco dalej wyjaśnia (XV 8): „fantazje poetyckie grzeszą nadmiernym wchodzeniem w świat baśni, nie licząc się w ogóle z prawdopodobieństwem, najpiękniejszą natomiast stroną wyobrażenia retorycznego jest zawsze poczucie rzeczywistości i prawdy". W kolejnym paragrafie (XV 9) uzupełnia i precyzuje w ten sposób retoryczną funkcję wyobrażenia: „Potrafi ona dodatkowo dostarczyć mowom wielkiej mocy i patosu, a w połączeniu z argumentami rzeczowymi nie tylko przekonuje słuchacza, ale go zniewala". Ostrzega równocześnie przed korzystaniem z wyobrażeń poetyckich w prozie (retorycznej): „Dochodzi więc do groźnych i strasznych nadużyć, gdy w prozie kształtuje się tworzywo na sposób poetycki i baśniowy, popadając we wszelki rodzaj niedorzeczności". W końcowej części rozdziału przyzwala jednak również wyobrażeniom retorycznym „zdumiewać i wstrząsać", co ilustruje wymownymi przykładami z wystąpień mówców attyckich. Mimo to nie można mieć wątpliwości, że naszemu autorowi zależy przede wszystkim na podkreśleniu i wydobyciu różnic między funkcją i charakterem wyobrażeniowych „fantazji" w poezji i prozie. Na różnice stosowności stylistycznej w prozie i poezji Pseudo-Longinos zwrócił już w rozdziale III 1, gdy mówił i pokazywał na przykładach, jak mówcy i poeci, dążąc do wzniosłości, popadają w „nadętość". Na powyższe różnice zwróci też jeszcze uwagę w rozdziale XXXII 7, gdy będzie omawiał tropy.

Jak celnie zauważył w cytowanym już opracowaniu M. Fuhrmann[28], elementy patosu w analizowanym urywku (IX 5-XV) przedstawia autor traktatu w formie pięciu kategorii. Pierwsza kategoria, którą stanowi: „pojedynczy wzniosło-patetyczny motyw", pełni jednocześnie funkcję

dam dicunt εὐφαντασίωτατον". Cyt. za: *Dionisii vel Longini „De sublimitate" libellus*. Post. Ottonem Jahn quartum edidit, ed. I. Vahlen, Stutgardiae 1967, s. 34 . Por. Russel, *op. cit.*, s. 121, który proponuje *fantasiai* rozumieć jako *visualisation*.
[27] Por. Arist., *Poet*. 1460 b 25.
[28] *Ibidem*, s. 177.

łącznika między obydwoma naturalnymi źródłami wzniosłości: „wielkimi myślami" i „żarliwym patosem". Drugą kategorię przynosi ekskurs homerycki, zawierający porównanie *Iliady* i *Odysei*. Dotyczy on już wyraźnie *pathosu*. *Odyseja* różni się od *Iliady* tym właśnie, że brak jej *pathosu*, choć obie cechuje wielkość. Trzecia kategoria uwidacznia się w umiejętności wyboru istotnych i skontrastowanych cech przedstawianej rzeczywistości oraz w jej „powiększaniu". Oba elementy są wymownymi czynnikami *pathosu*, mocno zapadającymi w pamięć przez powtórzenia i przez dygresję na temat stylu Demostenesa, porównanego ze stylem Platona i Cycerona. Czwartą stanowi *mimesis* – naśladowanie wzorów i rywalizacja z wielkimi „natchnionymi" twórcami minionych epok. Porównanie twórców, naśladujących swych natchnionych poprzedników, z kapłankami Apollona, które wieszczą odurzone wyziewami skalnymi, jest mocnym zaakcentowaniem znaczenia pierwiastka irracjonalnego dla twórczości. Mające inspirującą moc wzory wielkich twórców przejmują funkcję Muz. Słownictwo, którym się tutaj autor traktatu posługuje, mówiąc o „boskim natchnieniu", o „entuzjazmie", nawiązuje bezpośrednio do charakterystyki patosu na końcu rozdziału VIII: „Mógłbym bowiem śmiało stwierdzić, że nie ma nic tak podniosłego, jak szlachetny, właściwie użyty patos, który niby powiew jakiegoś boskiego szału i natchnienia ożywia, rzec można, słowa Apolińską mocą". Znamienna rzecz, że jako najważniejsze świadectwo poetyckich „fantazji" przywołuje Pseudo-Longinos cytaty z twórczości Eurypidesa, mistrza „patosu miłości i szaleństwa" (XV 3), zaś przykłady obrazów wyobraźni retorycznej, „zdolne dostarczyć mowom wielkiej mocy i patosu, a w połączeniu z argumentami rzeczowymi nie tylko przekonać słuchacza, ale go zniewalać", czerpie z Demostenesa (XV 9). Nie uszła przy tym uwagi badaczy duża zbieżność między powyższym przedstawieniem patosu przez Pseudo-Longinosa i przez Kwintyliana w VI rozdziale jego *Institutio Oratoria*. Jeśli przyjmiemy razem z większością badaczy, że nasz traktat powstał w pierwszych dekadach I w. po Chr., to jednocześnie uznamy jego wpływ na Kwintyliana. Skoro nie do końca jednak jest pewne datowanie naszego traktatu, kierunek zależności pozostaje nadal sprawą otwartą.

SUMMARY
PATHOS AS AN ELEMENT OF SUBLIME STYLE

In the paper, I undertake an analysis of pathos in the function of the natural source of the sublime in the treatise of Pseudo-Longinus. My departure point is a hypothesis put forth by J. Bompair ("Le pathos dans le traité *Du Sublime*" *R.E.G.* 86, [1973]), who, opposing the majority of the scholars, claims that *pathos* has been discussed neither in a separate treatise nor in the lost part of the treatise, but in its extant part. This discussion, begun actually in the missing part of the text (we lack six carts after 9.4), is continued in chapters 9.5–16. A detailed analysis of this part of the text, preceded by a brief historical overview, not only brings a confirmation for the bold hypothesis of Bompair, but also aims at a more complete determination of the role of the pathetic element in the rhetorical and literary theory of the sublime in Pseudo-Longinus.

ROBERT R. CHODKOWSKI
LUBLIN

NA GRANICY OBRAZU SCENICZNEGO I SŁOWA, CZYLI AUDIODESKRYPCJA SUPLETYWNA W TEATRZE SOFOKLESA

Podejście teatrologiczne do dramatów greckich poetów pozwoliło wykazać, że obok słowa niezwykle ważną rolę w przekazywaniu podstawowych idei utworów scenicznych pełnią aspekty wizualno-audytywne[1]. Zwróciłem na to szczególną uwagę w swojej dysertacji doktorskiej z 1975 r.[2], a w dwa lata później angielski badacz, Oliver Taplin, podjął tę tematykę w znanej powszechnie, znakomitej pracy pt. *The stagecraft of Aeschylus*[3]. Jeszcze szerzej przedstawił on tę problematykę w książce, tłumaczonej także na język polski, *Tragedia grecka w działaniu*[4]. We wstępnym rozdziale tej ostatniej pozycji Taplin, przedstawiając swoje zamiary badawcze, pisze m.in.:

> Poszukuję tego, co stanowi wizualne zdarzenie dramatyczne, z unikalnym znaczeniem, jakie daje nam jego kontekst. A zatem: ruchy i postawy uczestników, przedmioty, jakie trzymają i wymieniają, rzeczy, jakie robią jeden drugiemu, ich znamienne przestrzenne związki oraz całościowy obraz tych wydarzeń scenicznych w znaczących wzorach i sekwencjach. Przede wszystkim musimy wydobyć z tekstu (i z innych źródeł, jeśli takie są dostępne) wskazówki reżyserskie i inne sygnały.

---

[1] S. Said, *Cinque ans de recherches sur la tragédie grecque (1980-1984)*, „Revue des Études Anciennes" 1984, No. 86, s. 285. Autorka słusznie podkreśla, że uwagę badaczy na tę tematykę zwrócił swymi pracami O. Taplin.

[2] R. R. Chodkowski, *Funkcja obrazów scenicznych w tragediach Ajschylosa*, Wrocław 1975.

[3] O. Taplin, *The Stagecraft of Aeschylus*, Oxford 1977.

[4] O. Taplin, *Tragedia grecka w działaniu*, tłum. A. Wojtasik, Kraków 2004 (tytuł oryginału: *Greek Tragedy in Action*, London 1978).

Następnie przechodzimy do pytania, „co dramaturg chciał przez to powiedzieć?"[5]

O. Taplin nazywa to wszystko *action*[6], ja natomiast obrazami scenicznymi w ich dynamicznym i szerokim rozumieniu[7]. Obaj uznaliśmy następnie, że teksty zachowanych tragedii są podstawowymi, choć nie jedynymi, świadectwami, na podstawie których można odtworzyć pewne aspekty wizualno-audytywne konkretnych sztuk[8]. Gdy mamy jednak do czynienia ze słowem i obrazem scenicznym, powstaje pytanie o ich wzajemne relacje. Amy Marjorie Dale, zajmując się tym zagadnieniem, pisała m.in.:

[...] teksty [tragedii – R.Ch.] były pisane dla realizacji scenicznej, nie zaś z myślą, by pomóc czytelnikowi w wizualizacji scen, ani też by pomóc przyszłemu reżyserowi przy ponownym wystawieniu danej sztuki. Większość szczegółowych wskazówek scenicznych zawartych w tekstach, dotyczy tego, co było widoczne dla publiczności lub widoczne w tak szczątkowej formie, że zachodziła konieczność pomocy widzom w rozumieniu tego, co oglądali[9].

Właśnie w niniejszym artykule pragnę się zająć takimi wskazówkami scenicznymi, zawartymi w tekstach sztuk Sofoklesa, które dotyczą rzeczywistości scenicznej, dostępnej dla widzów bądź w formie szczątkowej, jak określiła to A. M. Dale, bądź (rzadko!) w ogóle niedostępnej, a kreowanej jedynie słowem. Na ich określenie wprowadzam termin

---

[5] *Ibidem*, s. 17-18.
[6] Polski przekład tego terminu słowem „działanie" jest bardzo mylący, a ponadto tworzy z tytułu książki Taplina rodzaj tautologii, ponieważ tragedia z definicji jest działaniem jako *mimesis prakseos*.
[7] R. R. Chodkowski, *op. cit.*, s. 9.
[8] R. R. Chodkowski, *op. cit.*, s. 99-101; O. Taplin, *Tragedia grecka w działaniu*, s. 34-36. Taplin pisze m.in. (s. 36): „Pozostaje jednak faktem, że wszelkie działanie [*action*], niezbędne do tego, by wystawić i zrozumieć grecką tragedię, zawiera się w jej słowach". Za wprost absurdalną uważam jednak tezę Jerzego Axera, że „dramat grecki – inaczej niż dramat nowożytny – nie był scenariuszem przedstawień, które na jego podstawie miały być zrealizowane w przyszłości, lecz zapisem scenariusza już zrealizowanego: w pewnym uproszczeniu można go porównać do nagrania ze spektaklu", cyt. za: J. A x e r, *Teksty tragików greckich jako scenariusze*, [w:] *Literatura Grecji starożytnej*, red. H. P o d b i e l s k i, Lublin 2005, s. 648-649.
[9] A. M. Dale, *Seen and Unssen on the Greek Stage*, [w:] e a d e m, *Collected Papers*, Cambridge 1969, s. 119 (tłum. R. R. C.).

112

audiodeskrypcji, zapożyczony ze sztuki filmowej. Terminem tym określa się wskazówki dodatkowe, jakie wprowadza się obok słów dialogu podczas seansów filmowych czy teatralnych dla osób niewidomych, by przybliżyć im rzeczywistość przedstawianą, którą percypują jedynie w wymiarze audytywnym. Posługując się tym terminem w odniesieniu do tragedii greckiej, chcę zwrócić uwagę, że tragicy czasami stawiali swoich widzów jakby w sytuacji ludzi niewidomych, ponieważ w dużej mierze słowem sugerowali im to, co było ważne w wizji teatralnej sztuki, lecz nie mogło być ukazane w pełni *ad oculos* ze względu na przeszkody obiektywne. Jest to specyficzny rodzaj obrazu scenicznego pośredniego, który to termin wprowadziłem we wspomnianej już pracy doktorskiej[10]. Obraz pośredni (*word-tableau*) dotyczy zwykle wizji rzeczywistości przywołanej, odległej w czasie lub przestrzeni, i istnieje jakby na granicy obrazu poetyckiego a obrazu scenicznego. Ma on oparcie w rzeczywistości kreowanej zwykle słowem. Audiodeskrypcja natomiast, choć także oparta na słowie, jest jednak ściśle związana z rzeczywistością przedstawianą *hic et nunc*, gdyż ma częściowe oparcie w konkretnych oglądach: postaciach, elementach scenografii, rekwizytach, miejscach. Osoby niewidome dzięki audiodeskrypcji mogą oczyma wyobraźni zobaczyć to, czego niestety faktycznie zobaczyć nie mogą, uczestnicząc w projekcji filmu, przedstawieniu teatralnym czy będąc na wystawie. W teatrze greckim podobna metoda opisu słownego także pozwala widzowi „zobaczyć" więcej niż faktycznie on widzi, ponieważ poeta przez opis sugeruje odbiorcy – jak niewidomemu – więcej niż faktycznie widownia odbiera w percepcji audio-wizualnej.

Audiodeskrypcja w teatrze greckim różni się jednak od audiodeskrypcji filmowej tym, że nie kreuje słowem całości obrazu (choćby tylko w zarysach), lecz w większości wypadków uzupełnia go w jakimś aspekcie: wzbogaca go o dodatkowe szczegóły bądź nadaje mu takich cech, jakie dramaturg pragnie zasugerować odbiorcom swojej sztuki. Dlatego wprowadzam dookreślenie w postaci przydawki: „supletywna", która wyróżnia ją od audiodeskrypcji filmowej oraz podkreśla jej podstawową funkcję: dopełnienie percypowanego tylko częściowo obrazu scenicznego.

Z pierwszym wypadkiem audiodeskrypcji u Sofoklesa spotykamy się w jego *Antygonie*. Oto w drugiej części I epejsodionu pojawia się

---

[10] *Ibidem*, s. 9-10.

Ismena. Na pierwszy rzut oka w informacji Chóru o jej przybyciu nie ma nic nadzwyczajnego (w. 526-530):

Oto Ismena stoi przed bramą
nad swoją siostrą łzy lejąc.
Z chmurą nad brwiami,
z twarzą obrzmiałą –
policzki ma łzami zroszone.

Jeśli jednak uświadomimy sobie, że aktor miał na twarzy maskę, musimy stwierdzić, że Sofokles słowami Chóru nie tylko konwencjonalnie zapowiada pojawienie się nowej postaci, lecz także pragnie zasugerować widzowi dużo więcej. Jakby na moment uchyla maskę swej bohaterki i ukazuje publiczności jej żywe oblicze, oblicze nie aktora, lecz postaci kreowanej, wyrażające postawę dziewczyny wobec tego, co się stało.

Ismenę widz ogląda tu po raz drugi. Najpierw w prologu była ona oponentką siostry; nie zgadzała się z jej decyzją o pogrzebaniu brata. Jak jej potem zarzuci Antygona, ważniejsze dla niej było zdanie Kreona niż cześć Polinejkesa (w. 549). Za drugim jej pojawieniem się widzimy już inną Ismenę, która chce wziąć na siebie współodpowiedzialność za pogrzebanie brata (por. w. 536-537). Jest to istotna zmiana postawy postaci, dlatego poeta chce ją zasugerować swej publiczności na samym początku sceny, zanim Ismena odpowie Kreonowi na pytanie, czy brała udział w grzebaniu ciała Polinejkesa. Maską tego wyrazić nie było można, stąd Sofokles ucieka się do audiodeskrypcji, traktuje widza jak osobę niewidomą i opisuje mu słowami Koryfeusza to, czego publiczność widzieć nie mogła. Dzięki audiodeskrypcji supletywnej poeta narzuca wyobraźni widza obraz dziewczyny podlegającej gwałtownym emocjom: ukazuje jej twarz w zbliżeniu (jest to także, można by powiedzieć, chwyt filmowy) i jakby w bezpośrednim oglądzie. Jest to twarz obrzmiała od płaczu, z chmurą nad brwiami i policzkami, po których spływają łzy.

O. Taplin twierdzi, że „wszelkie działanie [*action*] niezbędne do tego, by wystawić i zrozumieć grecką tragedię, zawiera się w jej słowach"[11]. Jest to, tylko z grubsza biorąc, słuszne założenie, lecz trzeba też powiedzieć, że nie każdy opis słowny zachowania czy wyglądu postaci

---

[11] O. Taplin, *Tragedia grecka w działaniu*, s. 36.

scenicznej znajduje odpowiednik *in action*, to jest w dynamicznym obrazie scenicznym. Czasem, jak w omówionym wypadku, słowo służy uzupełnieniu tego, co tylko szczątkowo jest widoczne. Odmienny, chociaż bardzo charakterystyczny rodzaj audiodeskrypcji znajdujemy w *Elektrze* (w. 1174-1197). Poeta tu zwraca uwagę widza na nędzny wygląd bohaterki tytułowej, jako ofiary prześladowań ze strony matki i jej kochanka. Elektrę widzowie mają przed oczyma przez cały czas trwania akcji od pieśni parodosu. Z początku Sofokles nie zwraca jednak uwagi na jej wygląd[12]. Każe nam na nią dokładniej spojrzeć dopiero oczyma jej brata, Orestesa, gdy ten nabiera pewności, że ma przed sobą ukochaną siostrę. Tu dopiero, w drugiej części sztuki, nędzny wygląd Elektry nabiera znaczenia. Na zapytanie Orestesa (w. 1177): „Czy w tobie widzę tę sławną Elektrę?", Elektra odpowiada: (w. 1178): „Tak, to ja jestem w tej nędznej postaci". Poeta posługuje się tu kontrastowym zestawieniem: *to kleinon eidos Elektras tode* w pytaniu brata jest przeciwstawione [*eidos*] *mal'athlios echon* w odpowiedzi siostry. Orestes spodziewał się zobaczyć siostrę jako wspaniałą córkę sławnego króla, Agamemnona, bo tak należy rozumieć określenie *kleinon eidos*, a więc zupełnie inną jej postać niż ma przed oczyma. Jak bowiem wynika z dalszych wypowiedzi ich obojga, ma ona „ciało haniebnie i strasznie zniszczone" – *o som'atimos k'atheos ephtharmenon* (w. 1181). Elektra zgadza się z negatywnym określeniem jej samej przez obcego przybysza, o którym jeszcze nie wie, że jest jej bratem (*outoi pot'allen e 'me dysphemeis, ksene* – w. 1183)[13]. By pogłębić wymowę nędznego wyglądu Elektry, poeta każe jej bratu zapłakać nad jej dolą (w. 1184) i wkłada w jego usta stwierdzenie, że to nie słowa Elektry, lecz właśnie jej wygląd, świadczący o doznanych cierpieniach, wzbudza w nim głęboki smutek i współczucie dla niej (w. 1187): *horon se pollois emprepousan algesin*. Sofokles sugeruje zatem wyraźnie swoim widzom, że wygląd Elektry, tak jak widzi ją jej brat, jest niezwykle istotnym czynnikiem, wpływającym na postawę Orestesa i jego dalsze działanie. Orestes bowiem nie ogranicza się do wyrażenia żalu i współczucia, lecz dopytuje się o szczegóły traktowania siostry przez

---

[12] W parodosie Elektra mówi tylko ogólnie, że jest służącą w domu swego ojca i „bez godnej szaty" krąży wokół stołu na ucztach zabójców Agamemnona (w. 190-192).

[13] Użyty tu czasownik *dysphemeo* nie ma znaczenia „mówić złowróżbnie", jak podaje słownik Z. Abramowiczówny, lecz „mówić źle o kimś". Por. Z. A b r a m o w i-c z ó w n a, W. A p p e l, *Słownik polsko-starogrecki*, Toruń 2006.

matkę i Ajgistosa, co doprowadza go w końcu do ujawnienia swej tożsamości w scenie rozpoznania.

Wygląd Elektry więc, przez większość sztuki niemal ignorowany i zapewne niewiele mówiący w oglądzie bezpośrednim, dzięki audiodeskrypcji supletywnej w scenie spotkania rodzeństwa staje się najpierw szczegółem skupiającym na sobie uwagę osób działających i widzów, a następnie czynnikiem dramatycznym, doprowadzającym do *anagnorismosu*. Podobnie jak w *Antygonie*, Sofokles wykorzystuje tu audiodeskrypcję w dwojakim celu: narzucając wyobraźni widza określony obraz (*eidos*)[14] swej bohaterki, działa w sferze emocjonalnej i ideowej. Sugerowany wygląd Elektry jest bowiem w odbiorze jej brata (a także widza) obrazem haniebnego i okrutnego (*atimos k'atheos*) postępowania dwojga tyranów, co wzbudza w nim litość, lecz równocześnie jest uzasadnieniem potrzeby zemsty.

Z innym rodzajem supletywnej audiodeskrypcji rzeczywistości niedostępnej dla oczu widza mamy do czynienia w końcowej partii *Elektry*. Chodzi o obraz morderstwa Klitajmestry, dokonywanego w pałacu. Nowatorstwo techniki dramatycznej, zastosowanej tu przez Sofoklesa, można wykazać, jeśli porównamy tę scenę ze sceną morderstwa na Agamemnonie z pierwszej części *Orestei*. Ajschylos ogranicza się do krzyku mordowanego króla jako teatralnego znaku tego, co się dzieje wewnątrz pałacu, a potem dopiero *ex post* w bezpośrednim obrazie scenicznym na ekkyklemacie ukazuje skutki dokonanej akcji. Sofokles natomiast postępuje inaczej: każe Elektrze stanąć w drzwiach pałacu i w ten sposób czyni z niej pośredniczkę między światem percypowanym przez widza w oglądzie bezpośrednim, a rzeczywistością działań Orestesa i Pyladesa, działań, mających miejsce wewnątrz królewskiego domu. Jej (Elektry) rola polega na opisywaniu tego, co się dzieje w przestrzeni niedostępnej dla oczu publiczności w teatrze. Dziewczyna przedstawia Chórowi, a więc i widowni, jak mściciele gotują się do dzieła – *andres autika // telousi tourgon* (w. 1398-1389), jak Klitajmestra zdobi do pogrzebu urnę z rzekomymi prochami syna, a oni stają blisko niej (w. 1400): *he men es taphon / lebeta kosmei, to d' ephestaton pelas*. Następnie z wnętrza domu dochodzi krzyk mordowanej Klitajmestry, który informuje nas, widzów, że mściciele przystępują do czynu, a królowa jest już świadoma, iż rzekomi przyjaciele są mor-

---

[14] Czasownik „widzę" (*horao* i *blepo*) powtarza się w scenie kilkakrotnie (w. 1187, 1188, 1189).

116

dercami. Oto jej słowa (w. 1404-1405): *aiai, io stegai // filon eremoi, ton apollynton pleai* – „Na pomoc! W tym domu // nie ma przyjaciół, a pełno morderców!". Sam krzyk (jak u Ajschylosa) Sofoklesowi nie wystarcza, dramaturg każe poświadczyć go Elektrze (w. 1406): *boai tis endon, ouk akouet', o philai* – „Ktoś krzyczy w środku! Czy słyszycie, miłe?". Ten zabieg powtarza się jeszcze trzykrotnie; za każdym razem kolejne krzyki Klitajmestry są poświadczane przez stojącą w uchylonych drzwiach Elektrę, przy czym dziewczyna nie tylko potwierdza te rozpaczliwe wołania, lecz także odpowiada matce, że ta nie zasługuje na litość, ponieważ nie miała litości dla Agamemnona (w. 1412), oraz wzywa Orestesa, by nie szczędził sił w zadawaniu ciosów (w. 1414): *Paison, ei steneis, diplen* – „Masz siłę? Tnij jeszcze!". W ten sposób jej rola, jako pośrednika między rzeczywistością sceny i światem kreowanym słowem, jest przez poetę wyraźnie podkreślona. W tej scenie mamy audiodeskrypcję szczególną, która nie dotyczy wyglądu postaci czy rzeczy, lecz akcji współczesnej, jednak rozgrywanej poza przestrzenią dostępną bezpośredniej percepcji widza. Dzięki zastosowaniu audiodeskrypcji supletywnej Sofokles słowem kreuje obraz mordu na Klitajmestrze, ale nie *ex post*, lecz w deskrypcji równoległej w czasie dokonywania aktu zemsty. Podobnie jak poprzednio – przy opisach wyglądu postaci – także w dwu aspektach: emocjonalnym, gdy mówi o całkowitym zaskoczeniu Klitajmestry oraz jej prośbach o litość, kierowanych do syna (w. 1410-1411)[15], i w aspekcie ideowym, gdy Elektra wskazuje na związek tego mordu z mordem na jej ojcu (w. 1413).

W *Filoktecie* audiodeskrypcja supletywna dotyczy miejsca akcji oraz warunków bytu i cierpień bohatera tytułowego. Miejsce akcji w większości tragedii Sofoklesa jest zazwyczaj tylko sygnalizowane bardzo ogólnie, bez wnikania w szczegóły topograficzne. Inaczej jest w dwu sztukach: *Filoktecie* i *Edypie w Kolonosie*[16]. W obydwu tych tragediach bowiem rola miejsca akcji ma ogromne znaczenie dramatyczne[17]. W *Filoktecie* w pierwszych wierszach prologu Odyseusz przedstawia to miejsce Neoptolemosowi w następujących słowach (w. 1-2):

---

[15] Tu mamy wyraźne nawiązanie do *Ofiarnic* Ajschylosa, gdzie Klitajmestra także odwołuje się do uczuć synowskich Orestesa (Aeschylus, *Choephoroi*, w. 896-898).

[16] Dość szczegółowy opis miejsca akcji spotykamy w prologu *Elektry*, ale jest on tam typowo ekspozycyjny.

[17] Zob. B. M. W. Knox, *The Heroic Temper. Studies in Sophoclean Tragedy*, Berkeley – Los Angeles 1966, s. 45.

To brzeg Lemnosu, ziemia pośród morza,
bez dróg dla ludzi – jest niezamieszkana.

Sofokles inaczej niż inni poeci, na przykład Ajschylos i Eurypides w zaginionych sztukach, i wbrew rzeczywistości historycznej opisuje tu Lemnos jako wyspę niezamieszkaną, odciętą od świata morzem, na której nie ma nawet dróg dla ludzi. W ten sposób podkreśla samotność i wyizolowanie[18] syna Pojasa, porzuconego przez Atrydów i Odyseusza. Ten dwuwersowy opis wyspy jest później uzupełniony przez samego Filokteta, który tak ją przedstawia synowi Achillesa (w. 300-303):

A teraz, chłopcze, powiem ci o wyspie.
Do niej się żaden żeglarz nie chce zbliżyć,
bo nie ma portu; marynarz nie znajdzie
tu ani rynku, ni żadnej gospody.

Ten dodatkowy opis miejsca akcji jeszcze bardziej eksponuje całkowite wyobcowanie Filokteta i jego samotność, które w intencji poety mają uzasadniać podejrzliwy charakter bohatera, jego nieufność wobec obcych i nienawiść do sprawców swych nieszczęść. Jest to także miejsce nędznej wegetacji zgorzkniałego Samotnika, gnębionego nieuleczalną chorobą. Nie może nas dziwić więc, że w *Filoktecie* te aspekty życia swego bohatera Sofokles także poddaje zabiegowi audiodeskrypcji, by zaistniały one w świadomości widza w sposób szczególny, nieprzypadkowy. Konwencjonalna scenografia w teatrze Dionizosa takich możliwości nie dawała.

Przyjrzyjmy się z kolei, jak dramaturg prezentuje widzom grotę na tejże wyspie, w której Filoktet pędzi swe nędzne życie. Mieszkanie bohatera było w ogóle niewidoczne, dlatego audiodeskrypcja była konieczna. Sofokles dokonuje jej słowami Odyseusza, który zna grotę z wcześniejszego pobytu na wyspie. Teraz więc poleca synowi Achillesa jej odszukanie i w sposób naturalny daje wstępny opis (w. 16-21):

Wypatrz, gdzie grota jest z dwoma wejściami,
tak że w niej zimą dwakroć słońce gości,
a ciepłą porą tym otwartym ciągiem
powiewy wiatru mogą sen sprowadzić.

---

[18] Zob. D. Seale, *Vision and Stagecraft in Sophocles*, Chicago 1982, s. 163.

Nieco poniżej, tuż po lewej stronie,
zobaczysz źródło, jeśli jest tam jeszcze.

Neoptolemos, kierując się tymi wskazówkami, identyfikuje jaskinię gdzieś, jak mówi, „w górze" (w. 28: *anothen*) jako mieszkanie puste (w. 31: *kenen oikesin*), z ubitymi liśćmi jako jego wyściółką oraz kubkiem do picia „zrobionym niezdarnie z kawałka drewna" i jakieś krzesiwo (w. 35-36). Dostrzega także „suszące się łachmany pełne zapachu nieznośnej choroby" (w. 38-39). Realia teatru Dionizosa nie pozwalały na pokazanie tak zaprezentowanego mieszkania Filokteta. Jak pisze David Seale[19], publiczność prawdopodobnie musiała sobie wyobrazić, że budynek *skene* to wysoka skała i że w niej znajduje się opisana grota z dwoma wejściami. Audiodeskrypcja supletywna pełni tu rolę kamery spuszczonej do wnętrza groty, dzięki której poeta może stworzyć dla swego widza obraz jej dokładnego wyglądu oraz dokonać projekcji wycinka niedostępnej dla oczu rzeczywistości. Publiczność jednak w tym wypadku nie tylko widzi oczyma wyobraźni to, co jest niewidoczne, lecz także może mieć wrażenie nieprzyjemnego zapachu, który wypełnia jaskinię, zapachu, który ma świadczyć o przebywaniu w grocie człowieka chorego. Obraz jaskini ma też na celu przybliżenie jej mieszkańca, Filokteta, choć on sam jeszcze nie pojawił się w sztuce.

Ciekawym zabiegiem Sofoklesa jest ukazanie groty Filokteta jeszcze raz, ale z innej perspektywy, z perspektywy jego właściciela. Swój „dom – nie-dom" (*aoikon eksoikesin*) Samotnik prezentuje Neoptolemosowi, gdy ten pozyskał jego zaufanie (w. 533-538):

Chodźmy, lecz wcześniej wejdziemy do domu
nie-domu, synu, by mu się pokłonić.
Zobacz, jak żyłem. Z jakim hartem w sercu!
Nikt inny, sądzę, nawet na sam widok
nie chciałby żyć tu, ale ja tu żyłem!
Z musu uczyłem się kochać nieszczęścia.

Tu już nie mamy szczegółów, ale spojrzenie refleksyjne. Mieszkanie Fikoteta staje się obrazem walki Samotnika o przetrwanie. Mo-

---

[19] *Ibidem*, s. 27.

tyw groty powróci po raz trzeci w pożegnalnej pieśni syna Pojasa (w. 1453-1460):

Żegnaj mi groto, komnato czekania,
żegnajcie Nimfy na łąkach wilgotnych,
potężny huku spadającej wody,
która mi często spływała po głowie,
podmuchem wiatru niesiona do środka.
Tu wiele razy Hermesa szczyt krzyki
echem odsyłał, oddając lamenty
z nawałnic cierpień.

W tym ostatnim przywołaniu groty audiodeskrypcja zabarwiona jest znowu emocją. Grota i jej otoczenie zlewają się w całość i stają się czymś bliskim, niemal żywą osobą, która była świadkiem cierpień Filokteta oraz ich współuczestnikiem. W tym ostatnim pożegnaniu bohatera najpierw z grotą, a potem całą wyspą, jej szczytami, źródłami i potokami mamy nie tylko jakby całościowe spojrzenie na przyrodę, z którą był on związany na dobre i na złe, lecz także możemy z niej wyczytać niezwykłe zbliżenie człowieka do natury, która stała się cząstką jego własnego „ja". Dramaturg nie uzyskał tego ani przez sam obraz sceniczny, ani tylko przez opis literacki, ale przez ich połączenie w jedno. Opis wzbogaca widok groty i jej otoczenia, uzupełnia obraz sceniczny i w ten sposób rodzi się trzecia wartość, która przemawia do widza nie tylko z ogromną siłą oddziaływania emocjonalnego, lecz daje wgląd w głąb duszy bohatera, poszerzając horyzont poznawczy tragedii.

Z opisem miejsca akcji ściśle związany jest obraz cierpień Samotnika porzuconego przez towarzyszy broni. Cierpienia Filokteta mają charakter psychiczny i fizyczny. Cierpi, ponieważ został potraktowany jak zbędny przedmiot, który porzucono na bezludnej wyspie, gdy uznano go za przeszkodę w normalnym życiu. Cierpi także, ponieważ Atrydzi skazali go na *damnatio memoriae*, nikomu nie mówiąc o losie, na jaki go skazali (por. w. 255-256). Jest to ból duchowy. Nieznośny ból fizyczny sprawia mu natomiast rana po ukąszeniu przez żmiję na wyspie Chryzie.

O tych wszystkich cierpieniach mówi on Neoptolemosowi (w. 254-316). Mamy tu rozbudowany obraz pośredni (*word-tableau*) nędznego bytowania Filokteta, wegetującego przez ponad dziewięć lat na Lemnosie. Obraz bezpośredni fizycznych cierpień, wzbogacony audiodeskrypcją, daje poeta w II epejsodionie. W momencie wychodzenia z groty Filoktet nagle się zatrzymuje. Zauważa to Neoptolemos i zwraca uwagę widzów na to jego dziwne zachowanie (w. 730-731):

> Czyżbyś wyjść nie chciał? Czemuś zamilkł nagle
> i nic nie mówisz? Czemu tak zdrętwiałeś?

W retorycznych pytaniach młodzieńca mamy pewien rodzaj uwag scenicznych, ukryte w tekście didaskalia, dotyczące zachowania się Filokteta. Odpowiedzią na te, jak i następne pytania, są okrzyki bólu Filokteta w wersie 732, a potem 735 i 739. Samotnik najpierw chce ukryć swoje cierpienie, lecz nasilający się atak na to nie pozwala i bohater wyraża w słowach swój stan (w. 742-750):

> Już po mnie synu. Nie potrafię dłużej
> ukryć, że cierpię. Jak boli straszliwie!
> O ja nieszczęsny, boleść mnie przenika.
> Już po mnie, synu, w tej męczarni zginę.
> Jakże ja cierpię, jak boli, jak boli!
> Na bogów, synu, jeśli masz pod ręką
> miecz, to od góry odetnij mi nogę
> możliwie szybko, nie zważaj, że umrę.
> Tnijże, mój synu!

Sofokles używa tu różnych środków ekspresji, by oddać straszliwość cierpień swego bohatera: nieopisanych, lecz tylko sugerowanych działań samego Filokteta, reakcji Neoptolemosa na to dziwne zachowanie, następnie komentujących słów ich obydwu, a więc audiodeskrypcji supletywnej, dzięki której widz nie tylko więcej widzi, lecz i więcej rozumie z tego, co się dzieje na proscenium[20]. Kolejnej audiodeskrypcji swych cierpień fizycznych dokonuje Filoktet w następnym przemówieniu, w którym opisuje dokładnie przyczynę swego nieznośnego bólu, a mianowicie otwierającą się żywą ranę, z której płynie krew, i pełzanie bólu wzdłuż goleni (w. 782-790):

---

[20] Te aspekty uszły także uwadze Taplina, który pochyla się przecież nad tym tekstem w kilku miejscach swojego opracowania (O. Taplin, *Tragedia grecka w działaniu*, s. 112, 149, 182).

Och, jakże boli!
Boję się, synu, że próżno się modlisz,
krew bowiem znowu płynie z głębi rany
czarnym strumieniem; przeczuwam coś złego.
Och strasznie boli!
Nieszczęsna nogo, jakiż ból mi sprawiasz!
Ból pełznie,
podchodzi bliżej! O ja nieszczęśliwy!
Znów się zaczyna. Lecz nie uciekajcie!
Och strasznie boli!

Audiodeskrypcja jest przerywana okrzykami bólu, co wzmaga siłę jej oddziaływania na widzów, a następnie złorzeczeniami pod adresem Odyseusza i Atrydów, by podobny ból kiedyś także ich dosięgnął (w. 791-796). Epejsodion kończy się omdleniem Filokteta i kolejną audiodeskrypcją supletywną, dokonywaną przez Neoptolemosa dla Chóru i publiczności, w której w ten poeta opisuje wygląd Filokteta, gdy ten powoli zapada w sen (w. 821-826):

Myślę, że zaraz sen na niego spłynie,
bo już mu głowa spada coraz niżej,
na całym ciele jest oblany potem,
a czarna żyła pękła mu na nodze
krwawym naciekiem. Zatem, przyjaciele,
nie przeszkadzajmy, nich zaśnie w spokoju.

Przejdźmy teraz do *Edypa w Kolonosie*. Tytułowy bohater tej tragedii jest osobą niewidomą, można by więc spodziewać się, że tu audiodeskrypcja będzie szerzej stosowana niż w innych tragediach. Tak jest rzeczywiście, lecz ta technika i tu ma na względzie widzów, nie zaś postaci działające. Podobnie jak w Filoktecie, także w tej sztuce technika audiodeskrypcji służy najpierw prezentacji miejsca akcji. W prologu na zapytanie ojca, gdzie się znajdują, córka opisuje mu je następująco (w. 14-20):

Nieszczęsny ojcze Edypie, daleko
przed sobą widzę wieniec murów miasta.
A jestem pewna, że miejsce jest święte,
gdyż pełen lauru, bluszczu i oliwek;

pięknie śpiewają w nim stada słowików.
Tu odpręż nogi, siądź na szorstkim głazie,
bo jak na starca przebyłeś szmat drogi.

W rzeczywistości scenicznej z tego bogatego obrazu niewiele mogło być pokazane. Większość to wyraźne odwołanie się do wyobraźni widza, który ma zobaczyć więcej, niż faktycznie widzi. Ta audiodeskrypcja supletywna jest nieco dalej wzbogacona opisem dokonanym przez Kolonejczyka dla Edypa (w. 54-63), który jako niewidomy właśnie „wszystko usłyszy o tym miejscu" (w. 54). Najbogatszy opis miejsca akcji zawarł jednak poeta w I stasimonie, zwanym pochwałą Kolonosu. Dla poparcia tego zacytuję tylko pierwszą strofę (w. 678- 680):

Jesteś gościu w kraju koni,
w najwspanialszym miejscu ziemi,
pośród lśniących skał Kolonos.
Tu najczęściej słowik nuci
swoją piosnkę pełną smutku,
skryty w głębi, wśród zieleni
winorośli bujnych pędów,
to jest w świętym gaju boga,
niedostępnym ni dla ludzi, ni dla słońca,
ni dla wiatru, ani żadnej groźnej burzy.
Tu Dionizos, bóg Bachantek,
stawia stopę w towarzystwie bogiń,
które piastowały go w dzieciństwie.

Cała pieśń tego stasimonu w formie niezwykle poetyckiej ma stworzyć w wyobraźni widza obraz Kolonosu jako krainy wyjątkowej, której bogactwo wspaniałej przyrody jako szczodrych darów bogów, staje nagle przed publicznością w audiodeskrypcji, która bardzo skromną scenografię wzbogaca w sposób niezwykły. Oczywiście nie jest to zabieg przypadkowy. Pieśń bowiem nie tylko wyraża podziw i wdzięczność poety dla jego małej ojczyzny, lecz przede wszystkim wspiera podstawową ideę utworu, ponieważ jeśli wspaniałość Kolonosu jest wyrazem szczególnej łaski bogów (Zeusa, Posejdona, Ateny i Dionizosa), to łaska ta spływa też na Edypa, gdyż wyrocznia tu każe mu szukać miejsca ostatecznego spoczynku[21].

Audiodeskrypcją supletywną w tej tragedii posłużył się Sofokles również w prezentowaniu zewnętrznego wyglądu Edypa. W prologu bohater sam mówi o sobie jako ślepcu i tułaczu (w. 1-3), a Antygona zwraca uwagę na jego starość i bezradność (w. 20-22). Później Chór Kolonejczyków w parodosie potwierdza te informacje, mówiąc „ten starzec to jakiś włóczęga" – *planatas tis ho presbys* (w. 123), zwraca też naszą uwagę na jego ślepotę. Chyba maska aktora ślepoty nie wyrażała, ponieważ Chór zauważa brak oczu starca w chwili, gdy on sam zwraca na to jego uwagę (w. 146-148, 150). Właściwą audiodeskrypcję stosuje Sofokles jednak dopiero wtedy, gdy każe nam spojrzeć na Edypa najpierw oczyma Tezeusza, a potem Kreona i Polinejkesa. Król Aten tak wyraża się o swoim gościu przy pierwszym spotkaniu (w. 551-556):

> Ja już od dawna od wielu słyszałem,
> synu Lajosa, o twych krwawych ranach
> wydartych oczu, a teraz poznałem
> cię na tej drodze, gdy widzę coś więcej.
> Twa szata bowiem i twarz nieszczęśliwa
> mówią, kim jesteś.

Ten opis uzupełnia w wyglądzie Edypa to, czego publiczność widzieć nie mogła: krwawe rany po wydartych oczach, skrytych pod maską; ponadto sugeruje, że nędzny wygląd oraz wyraz twarzy starca są obrazem jego nieszczęścia. Obydwa elementy (ubiór i wyraz twarzy) wyrażają według Tezeusza istotę tragicznego położenia Edypa: *delouton hemin onth' hos ei* (w. 556).

Jeszcze bardziej ekspresywny obraz wyglądu Edypa zawierają słowa Polinejkesa (w. 1256-1263):

> Ja go w obcej ziemi
> spotykam tutaj, wygnanego z wami,
> w podartej szacie, którą brud pokrywa,
> wstrętny i stary jak to stare ciało,
> w które się wżera. Na głowie bez oczu

---

[21] Wyjątkowość Kolonosu jako świętego miejsca jest eksponowana także w parodosie (w. 155-160).

wiatr mu rozwiewa włos nieuczesany.
A w głodnym brzuchu, domyślać się mogę,
ma taką strawę, jak i te łachmany.

Tu w audiodeskrypcji widzowie otrzymują dokładny obraz nędznego wyglądu Edypa. Ma to swój cel. Polinejkes tak drastycznie eksponując nędzny wygląd swego ojca, chce mieć argument dla skłonienia go do powrotu z wygnania. Skutek jego wypowiedzi jest jednak odwrotny. Edyp bowiem jest świadomy swej wartości, skrywającej się pod tą nędzą, o czym już wcześniej powiedział Tezeuszowi (w. 575-577):

Przychodzę, aby tobie ofiarować
swe nędzne ciało, niewarte spojrzenia,
lecz zysk zeń większy niż z pięknej postaci.

Stawiając wyżej w silnym kontraście „nędzne ciało" – *athlion demas* nad idealną „piękną postać" – *morphe kale*, poeta ukazuje prawdziwą wartość swego bohatera, darzącego bożym błogosławieństwem tych, którzy go przyjmą.

W epejsodionie V Sofokles stosuje technikę podobną do stosowanej w *Elektrze*: każe interpretować percypowaną przez widzów rzeczywistość tylko w pewnych aspektach. Odgłosy piorunów, imitowane w teatrze przy pomocy brontejonu, są komentowane dla widzów przez Chór, który zwraca na nie uwagę postaci działających oraz publiczności. I tak strofa I jego lirycznej wypowiedzi kończy się emocjonalnym krzykiem (w. 1456):

Zadrżał eter od pioruna. Ratuj Zeusie!

W antystrofie I opis niezwykłego zjawiska jest bardziej rozbudowany tak w szczegółach audiodeskrypcji, jak i w komentarzu (w. 1464-1471):

Patrz, oto pada grom Zeusowy,
niewymownie głośny. Ze strachu włosy
jeżą się na głowie. Trwoga ogarnia mą duszę.
Niebo rozbłyska nową błyskawicą.
Czym to się skończy? Boję się, gdyż piorun
nie bije daremnie, ale wieści klęski.

W strofie II Chór po raz trzeci słyszy i komentuje uderzenie gromu (w. 1478-1479):

O znowu, znowu się rozlega
donośny huk pioruna!

Znaczenie tego znaku z nieba Edyp ujawnia wezwanemu Tezeuszowi. Na zapytanie króla, skąd jego gość wie, że zbliża się koniec jego życia, odpowiada, że to bogowie dają mu znaki „grzmotem piorunów, rzucanych bez przerwy z ręki niezłomnej, i gradem błyskawic" (w. 1514-1515). Ta wypowiedź intensyfikuje sygnalizowane przez Chór niezwykłe zjawisko przez użycie słów *diateleis* i *polla* oraz komentuje dyskursywnie, ukazując je jako przejaw interwencji bogów i znak ich woli.

Wnioski końcowe

Problematyka audiodeskrypcji ukazana w tym artykule jest problematyką nową, a jej przedstawienie umożliwia zwrócenie uwagi na ciekawe aspekty struktury tragedii greckiej jako dzieła teatralnego. Można by powiedzieć, że tak jak odkrycie techniki zapowiedzi zdarzeń przyszłych pozwoliło lepiej zrozumieć kompozycję poematów Homera, tak ukazanie przeze mnie stosowania w tragedii greckiej tej specyficznej techniki narracji, jaką jest audiodeskrypcja supletywna, pozwala przybliżyć sposoby budowania wizji teatralnej, stosowane przez greckich dramaturgów. Audiodeskrypcja supletywna, jak powiedziano, ma na celu stworzyć w wyobraźni widza wzbogacony obraz rzeczywistości scenicznej, faktycznie dostępnej dla zmysłowej percepcji widza tylko w pewnych aspektach. Publiczność teatru Dionizosa dzięki niej mogła przynajmniej oczyma wyobraźni ujrzeć to, co poeta chciał jej pokazać, lecz pokazać nie mógł, a więc wygląd twarzy postaci w bezpośrednim zbliżeniu, choć faktycznie była ona zasłonięta maską; wygląd całej postaci bądź jej ubiór z wyeksponowaniem cech niezwykłych, które powinny przykuć uwagę publiczności teatralnej, chociaż aktorzy, odgrywający te postaci, mieli zwykłe kostiumy[22]; czy wreszcie dokładny

---

[22] Bohaterów w rzeczywistych łachmanach na scenie ukazał dopiero Eurypides, za co tak często i gwałtownie krytykował go komediopisarz Arystofanes w swoich sztukach.

obraz miejsca akcji, choć faktycznie widz oglądał scenografię konwencjonalną.

Czym charakteryzuje się audiodeskrypcja w teatrze Sofoklesa? Audiodeskypcja filmowa dla niewidomych dotyczy całości świata przedstawionego, Sofokles natomiast posługuje się nią bardzo oszczędnie, w ważnych momentach swych przedstawień i nie we wszystkich sztukach: nie ma jej w *Ajasie*, *Królu Edypie* ani w *Trachinkach*. Jeżeli pominiemy *Antygonę*, w której mamy zaledwie jeden wypadek audiodeskrypcji, można powiedzieć, że tą techniką poeta posługiwał się głównie w ostatnim okresie swojej twórczości, z którego pochodzą *Elektra*, *Filoktet* i *Edyp w Kolonosie*.

Zasadą audiodeskrypcji dla niewidomych jest zakaz jakiejkolwiek interpretacji, zgodnie z zaleceniem: „mów tylko o tym, co widzisz, niczego nie interpretuj". Sofokles natomiast stosuje audiodeskrypcję także jako sposób autointerpretacji dzieła, w którym ona występuje, i w emocjonalnym, i w ideowym aspekcie. Ta różnica wynika z faktu, że w filmie opisu dokonuje osoba zewnętrzna, używając go jako środka przybliżania dzieła w aspekcie wizualnym, dla Sofoklesa audiodeskrypcja jest jednym ze sposobów budowania dzieła w aspekcie dramatycznym i teatralnym oraz jego interpretacji.

O audiodeskrypcji w odniesieniu do tragedii możemy mówić tylko wtedy, gdy traktujemy ją jako dzieło teatralne. W odbiorze czytelniczym jej po prostu nie ma, mamy wtedy do czynienia jedynie z deskrypcją literacką, ponieważ nie ma już Taplinowskiej *action*, którą audiodeskrypcja wspiera.

Swoje rozważania z konieczności ograniczyłem do tragedii Sofoklesa. Byłoby rzeczą interesująca opracowanie tego zagadnienia w odniesieniu do wszystkich tragików, co pozwoliłoby zapewne na bogatsze wnioski.

SUMMARY
ON THE VERGE OF A WORD AND SCENIC TABLEAU,
OR SUPPLETIVE AUDIODESCRIPTION
IN SOPHOCLES' THEATRE

The term audiodescription was borrowed from the cinematic art where it is used to define additional directions which are introduced alongside dialog lines during the screenings for the blind. Audiodescription brings the blind closer to the reality, in which they can only participate at aural level. The author, using the term with reference to Greek theatre, would like to draw our attention to the fact that Athenian tragedians sometimes treated their audience as if it was blind. To a large extent they employed only words to suggest what was significant in a theatrical vision and what they could not translate into visible stage action. The starting point was some tableau detail, whereas (verbal) description, or the very audiodescription in the theatre, supplemented and elucidated it in those aspects which could not be presented in the action on stage. The verses 526-530 from *Antigone* may be an example of such suppletive audiodescription. Here, Sophocles by means of the Chorus not only conventionally announces the heroine's appearance (on the stage) but also presents the girl's sorrowful face to the audience, while she experiences intense emotions. However, we know that the actor's face was covered with a mask. Therefore, audiodescription makes it possible to draw the mask a little aside and show the living picture of Ismene. It is the one type of audiodescription, which can also be found in other Sophocles' plays, e.g. *Electra*. Suppletive audiodescription can also apply to other aspects, for instance the character's clothing, behaviour, particular features of the scene of the action, or characters' actions. In other words, it can describe the areas which could not be presented directly either due to convention or technical limitations. Audiodescription relates only to the elements of scenic microcosm as opposed to the descriptions included e.g. in messenger speeches, which are classified as regular literary descriptions.

CZĘŚĆ II

VARIA

Classica Cracoviensia
XI, 2007

ANTONI BOBROWSKI
KRAKÓW

THE WRATH OF ACHILLES IN THE
'JOURNAL OF THE TROJAN WAR' BY DICTYS OF CRETE

A small in size text of the *Journal of the Trojan War* (*Ephemeris belli Troiani*) by Dictys of Crete[1] has survived until the present time in its Latin translation, which was made still in antiquity. It consists of six books, first five of which correspond to the Greek original and the last is only a summary of the other books of the original version. The work includes the Dedicatory Epistle (*Epistula*), which informs that a Lucius Septimius is the author of the Roman translation, and the Prologue (*Prologus*), which makes a kind of an 'editorial note' and introduces the person of the alleged author[2]. Dictys was believed to have been a chronicler and an eyewitness of the Trojan War, in which he accompanied Idomeneus, a Cretan commander. Dictys' notes were believed to have been hidden in his grave in Cnossus and found incidentally after many centuries during the reign of Roman Emperor Nero. Obviously, both the person of Dictys and the history of the manuscript are

---

[1] *Dictys Cretensis. Ephemeridos belli Troiani libri a Lucio Septimio ex Graeco in Latinum sermonem translati*, ed. W. Eisenhut, *Bibliotheca Teubneriana*, Leipzig 1973[2]; see also S. Merkle, *Die Ephemeris belli Troiani des Diktys von Kreta*, Frankfurt am Mein – Bern – New York – Paris 1989. *Studien zur Klassischen Philologie*, Bd. 44.

[2] Discussion of the problem of a double introduction and differences in details in *Epistle* and *Prologus* see: W. Speyer, *Bücherfunde in der Glaubenswerbung der Antike*, Göttingen 1970, p. 55 f.; W. Eisenhut, *Spätantike Troja-Erzählungen – mit einem Ausblick auf die mittelalterliche Troja-Literatur*, "Mittellateinisches Jahrbuch" 18 (1983), p. 18-22; S. Timpanaro, *Sulla composizione e la tecnica narrativa dell'Ephemeris di Ditti-Settimio*, [in:] *Filologia e forme letterarie. Studi offerti a Francesco Della Corte*, Vol. 4, Urbino 1987, p. 202-211; S. Merkle, *op. cit.*, p. 91-113; W. Lapini, *L'archetipo dell'Ephemeris di Ditti-Settimio*, "Atti e Memorie dell'Accademia Toscana di Scienze e Lettere La Colombaria" 57 (1992), p. 59 f.

fictitious and were created in order to conceal the actual author, whose identity is unknown. The time when the Greek original was written can be approximately estimated as 2nd century A.D.[3] Fiction was to serve the purpose of lending credence to the whole idea: the *Journal* was to compete with other widely spread among readers epic traditions of the Trojan Story. A text in prose applying a concise style devoid of any decorative elements, was composed to present 'an eye-witness account' and be the 'true' story (*Troiani belli verior textus*), as opposed to the accounts presented in poems by Homer and the poets of The Epic Cycle[4], which were distorted by their authors' poetic imagination. Therefore, it fits in a widely understood, multifaceted current of ancient 'criticism of Homer'[5] directed at correcting the 'errors' included in an old epic version of the story, and passed on from generation to generation by literary tradition.

The author of the *Journal* aimed to present a full panorama of the events of the Trojan War (including the narration of the *Iliad* and the *Odyssey*) in a work of a small volume, which, however, was not to be a typical dry textbook or an *epitome*. Making a necessary selection of narrative material was not based on introducing drastic cuts or omis-

---

[3] The problem of dating of the Greek original and its Latin translation is discussed by, among other: W. Eisenhut, *Zum neuen Diktys-Papyrus*, "Rheinisches Museum fuer Philologie" 112 (1969), p. 114-119; G. F. Gianotti, A. Pennacini, *Società e communicazione letteraria in Roma antica*, Vol. III: *Storia e testi da Tiberio al V secolo d. C.*, Torino 1981, p. 323 f.; W. Eisenhut, *Spätantike Troja-Erzählungen...*, p. 22-28; S. Merkle, *op. cit.*, p. 243-286; M. Von Albrecht, *A History of Roman Literature. From Livius Andronicus to Boethius*, Leiden – New York – Köln 1997, p. 1379; S. Merkle, *News from the past: Dictys and Dares on the Trojan War*, [in:] *Latin Fiction. The Latin Novel in Context*, ed. H. Hofmann, London – New York 1999, p. 162 f.

[4] Another work, which is also preserved only in its Latin translation and is similar in character: *Daretis Phrygii de excidio Troiae historia*, rec. F. Meister, *Bibliotheca Teubneriana*, Leipzig 1873; further information with bibliography see A. Beschorner, *Untersuchungen zu Dares Phrygius*, Tübingen 1992; in comparation with Dictys: J. G. Farrow, *Aeneas and Rome: Pseudepigrapha and Politics*, "The Classical Journal" Vol. 87, 1992, No. 4, p. 341 ff.; K. Usener, *Dictys und Dares über den Troischen Krieg: Homer in der Rezeptionskrise?*, "Eranos" Vol. 92, 1994, p. 116 ff.; A. La Penna, *La letteratura latina di intrattenimento nella tarda antichità*, [in:] *Storia della civiltà letteraria greca e latina*, ed. I. Lana, E. V. Maltese, Vol. III, Torino 1998, p. 414 ff.

[5] See R. M. Frazer, *The Anti-Homeric Tradition*, [in:] *The Trojan War. The Chronicles of Dictys of Crete and Dares the Phrygian*, transl. with an introd. and notes R. M. Frazer, Bloomington–London 1966, p. 5 ff.; P. Grossardt, *Die Trugreden in der Odyssee und ihre Rezeption in der antiken Literatur*, Bern 1998, p. 365 ff.

sions within the basic plot, which was originally formed by Homer and the Cyclic Poets. Dictys preserved the narrative order known from the poems of the Cycle, and works by Homer were only one of many sources. It was not Dictys' intention to summarize them accurately, although the section referring content-wise to the *Iliad* is the most extensive and placed centrally (chapters 2.28-4.1) within the narrative current of the first five books.

The comparative analysis of the account included in the *Journal* and the content of the Epic Cycle and Homer's poems shows that Dictys' departures from the earlier tradition of the 'canonic' version of The Troy Stories refer in particular cases to the chronology of the episodes, the motivations driving the flow of events, and the details of the description. The changes are accompanied by thorough modifications of a structural as well as platform character such as, above all, eliminating the epic apparatus of the gods and a general tendency to debunk heroes. Putting traditional mythological narration in the frames of a rationalized story does not deny the existence of the supernatural and the influence of the will of the gods on the course of earthly events. At the same time it eliminates the machinery of anthropomorphic deities and other element of the kind which may be easily accused of a lack of probability and poetic imagination. Those frames are to lend credence to the account and give it features of an objective and true historical source. Doing this the author applied a highly specific formal syncretism in his work: mythological content typical of heroic epic was devoid of typical epic features and conveyed in prose of a distinct historiographic stylization (including the indication in the title of the work the genre to which the texts aspired: *ephemeris*, i.e. a kind of notes or a diary written by 'an eye-witness of events')[6]. A clearly marked romance motive additionally indicates a relationship with the ancient novel. Dictys' efforts resulted in a coherent, precise and marked with the matter-of-factness characteristic of a 'historical' account image of the Trojan War, which is additionally completed with an erotic motive typical of romance prose. Both aspects i.e. the impression of historical truth and a fictional ele-

---

[6] Discussion of the problem of the historiographic stylization and the whole strategy of authentication in Dictys' work see especially in: S. Merkle, *Die Ephemeris...*, p. 56-80; K. Usener, *op. cit.*, p. 107 ff.; S. Merkle, *Telling the True Story of the Trojan War. The Eyewitness Account of Dictys of Crete*, [in:] *The Search for the Ancient Novel*, ed. J. Tatum, Baltimore–London 1994, p. 183-196.

ment contributed to, as it may be assumed, a big popularity of the *Journal*, which extended far beyond antiquity[7].

A synchronic comparison of the organization of the main points in Homer's and Dictys' narration[8] reveals significant shifts within the composition structure made by the author of the *Journal* in relation to Homer's version of the motive of 'the wrath of Achilles'. Those modifications do not concern the very moment when the motive is introduced, because the starting point is almost identical in both versions: under the pressure of the situation the commander-in-chief Agamemnon has to give up his captive woman Chryseis and send her to her father. However, he decides to compensate for the loss and takes valiant Achilles' captive woman Brises from him. The latter submits to the commander's will and gives the woman away, but overwhelmed by anger and fully aware that his countrymen will badly need his support on the battlefield, he refuses to fight (Hom. *Il.* Bk I; Dict. *Eph.* 2.28-34). Also the sequence of events closing the motive looks similar in both versions: Achilles kills Hector and desecrates his body (Hom. *Il.* Bk XXII; Dict. *Eph.* 3.15-16), but after organizing memorial games in honour of Patroclus (Hom. *Il.* Bk XXIII; Dict. *Eph.* 3.17-19), he eventually gives in to Priam's requests and gives his son's body to him to be buried according to tradition (Hom. *Il.* Bk XXIV; Dict. *Eph.* 3.20-27). Obviously, the mentioned similarity concerns only the sequence of consequent events and not the detailed ways in which they are resolved. The modifications that are relatively the least significant can be seen in Dictys' description of the memorial games[9]: although those chapters of the *Journal* differ

---

[7] Further reading see: W. Lapini, *op. cit.*, p. 55 (Byzantine tradition); B. Kytzler, *Fiktionale Prosa*, [in:] *Spätantike: Mit einem Panorama der byzantinischen Literatur*, ed. L. J. Engels, H. Hofmann, Wiesbaden 1997, p. 477-480; L. Engels, *Spätantike und lateinisches Mittelalter – ein rezeptionshistorischer Ausblick*, [in:] *ibidem*, p. 622 ff.; cf. H. Clarke, *Homer's Readers. A Historical Introduction to the Iliad and the Odyssey*, London 1981, p. 32: 'Dares and Dictys established the two poles, history and romance, between which the Troy story would oscillate for the next thousand years. [...] They served as a substitute for Homer when the Iliad and the Odyssey could not be found, much less read, and in their awkward and misleading way they provided both an instruction to, and a critique of Homeric epic. However much they may have misinterpreted the spirit of Homer, they still succeeded in demystifying, transmitting, popularizing, and authenticating the story of the Trojan War'.

[8] Cf. detailed discussion of the problem in: P. Venini, *Ditti Cretese e Omero*, "Memorie dell'Istituto Lombardo" 37 (1981), p. 161-198.

[9] Cf. A. Grillo, *Gare atletiche nella tradizione epica da Omero all'Ilias Latina. Moduli narrativi e critica del testo*, [in:] idem, *Tra filologia e narratologia. Dai poemi*

from the corresponding description in Homer's work with a number of details, they are not so different as to be suspected of being evidence of any special polemic intention in the relation to epic tradition (perhaps except for the intention to present an account in a dry, report style, which agrees with the general aim of the work, but the conciseness of which contrast with the poetically developed descriptions of sports events, which fill the whole of Bk XXII in Homer's poem).

Dictys introduced much more significant modifications and changes in his description of the death of Hector and Priam's visit in Achilles' tent. Both scenes were set in a 'proper' place i.e. referring to the sequence of the events in the *Iliad*. In the *Journal*, however, Hector does not die in a dramatic duel fought just outside the city walls (cf. Hom. *Il.* XXII 130 ff.), but in a trap set by a small host of the Greeks for a Trojan unit which under the command of Hector was on its way to meet a unit of the Amazons who were hastening to the relief of the city (*repente nuntiatur Hectorem obviam Penthesileae cum paucis profectum.* [...] *igitur Achilles paucis fidis adiunctis secum insidiatum propere pergit atque hostem securum sui praevortit, tum ingredi flumen occipientem cincumvenit. ita eumque et omnes, qui comites regulo dolum huiusmodi ignoraverat, ex improviso interficit*; 3.15). Also the famous *Lytra* scene was constructed in a different way[10] than in the *Iliad*, where the trip of the king of Troy to recover his son's dead body was shown as a secret mission taken solitarily under the cover of darkness, and meeting Achilles was described as a heartbreaking conversation of an old man and a youth, with a thread of particular understanding and special closeness between them from very beginning. In the *Journal* Priam accompanied by his daughters and grandsons arrives at the Greek camp by day and the negotiations concerning returning the body of Hector are difficult, and for a long time they do not seem to promise success in the end (3.20 ff.).

Particularly significant and far reaching structural changes in relation to Homer's version can be seen while comparing the central segments of the epic plot to the version present in the *Journal*. In Homer's work Achilles' enraged resistance gradually leads to an extreme tension in the course of events in the field of battle. Facing a growing advan-

omerici ad Apollonio Rodio, "Ilias Latina", Ditti-Settimio, Darete Frigio, Draconzio, Roma 1988, p. 69-97.

[10] See also P. Venini, *op. cit.*, p. 194 f.; S. Merkle, *Die Ephemeris...*, p. 212 ff.

tage of the Trojans Agamemnon offers an agreement and he promises Achilles not only to return Brisesis, but also add some valuable gifts. When emissaries come to Achilles to discuss this motion, he rejects it (Bk IX). When the Trojans invade the Greek camp (Achilles is still not present in the field of battle), the situation of the Greeks becomes critical (Bk XIII-XIV). On one hand Achilles is not going to stop demonstrating his hurt pride, but on the other he does not want to contribute to the total destruction of the Greek army. Being aware of an inevitable defeat Achilles accepts an offer of his friend to replace him in the battle, but he warns him to make do with only repulsion of the enemy from the ships and not to continue attacking the walls of the city. Patroclus wearing Achilles' armour takes command of a unit of the Myrmidons; having shown a lot of bravery, he gets carried away with success, forgets about the warning and loses his life (Bk XVI). Despair after his friend's death and a thirst for revenge on the killer Hector, lead Achilles to the decision to forget the grudge and reconcile with Agamemnon. He does not care for any material compensation from the leader, although he receives it, and he is ready to go to the field of battle immediately (Bk XIX). The motive of 'the wrath of Achilles', which is introduced in Book I of the *Iliad*, constituting the main element controlling the development of the action in several books of the poem, finds its fundamental solution in Book XIX. Its consequences – taking revenge on the killer of a friend of his, the funeral of Patroclus and returning the body of Hector to Priam – extend through the other books until the end of the poem. The motive of wrath – anger which overcomes the bravest Greek warrior after being insulted by the commander-in-chief – is in Homer's poem the basic factor deciding about the coherence and compositional content of narration.

The arrangement of events looks different in the *Journal*, whose author incorporated the whole of Homer's storyline into the structure of his story, from Chryses' arrival at the Greek camp to demand that his daughter be returned (2.28), which responds to the content of Book I of the *Iliad*, to the scene of the funeral of Hector (4.1), which closes Book XXIV, the last book of Homer's epic. But he treated it in a specific way. From the point of view of, above all, 'historical credibility', which was supposed to mark a work stylized on an authentic 'eye-witness account', there was no ground whatsoever to give the contents of the *Iliad* a particularly privileged position in a chronicle account which comprises the whole of the Trojan War story, from the abduction of Helen to the destruction of the city (i.e. the time incomparably longer than Homer's epic). The rank of the events related in the *Iliad* does not predestine them to taking an exposed position in Dictys' text, either. An argument of two leaders over a captive woman and a hurt pride of a warrior are incidents, the importance of which can be easily reduced to internal disagreements in the camp of one party of the conflict, without any crucial meaning for the course of the war. Dictys seems to have done his best in order to obtain such an impression. Following the general tendency to debunk heroes, he downgraded the importance of both Achilles' bravery for the Greeks and the death of Hector for the Trojans. Achilles' absence in the field of battle when the Trojans were storming the ships was badly felt by the Greeks (*iamque fusis qui in medio fuerant, Hector ad naves progressus ignem in proras iacere ac saevire incendiis coeperat nullo nostrorum auso resistere, qui territi atque improviso tumultu exsangues genibus Achillis auxilium renuentis tamen obvolvebantur*; 2. 42), but eventually they managed to repulse the fierce attack without him and thanks to Ajax' bravery. In Homer's epic, however, in the corresponding situation tension reaches its climax and the spectre of defeat leaves the Greeks only in the moment when the Trojans get confused seeing units of the Myrmidons enter the battle: at first they do not guess that their commander, who is wearing Achilles' armour, is not Achilles but Patroclus. In the *Iliad* the death of Hector is exposed by an amazingly detailed description of his duel with Achilles and also by making the funeral of the hero the final accord of the whole poem, which is commonly understood as a signal of the close end of Troy. With Dictys the death of Hektor makes only a single link in the chain of consecutive losses, which inexorably, step by step bring the inevitable end of Troy closer and closer, to mention only those most important in the ranks of the Trojans and their allies: apart from the death of Sarpedon (3.7) and Hector (3.15), other Trojan allies Penthesilea (4.3), Memnon (4.6) and Eurypylus (4.17), and eventually Alexander (4.19) also lose their lives (in the part of the text extending beyond the plot of the *Iliad*). In Dictys' account Troy, although considerably weakened and in deep mourning for Hector, does not regard itself as defeated immediately after his death. The Trojans cherish a big hope for the arrival of the ally armies of the Amazons and the Ethiops, as the absence of Achilles in the field of battle before did not question chances of the Greek side in their struggle with the Trojans. If such a view is accepted, the weigh of Homer's 'wrath of Achilles' decreases drastically and the impact of this warrior's

137

attitude on the course of events which are really crucial for the war, is rather slight. The motive of the hurt pride of 'the bravest of the Greeks' supported the structure of the narration of the whole of the extensive Homeric poem. It focused the main lines of tensions, and was decisive for the course of events. This way the author of the *Journal* crushed the epic concept of the organization of the plot at its very base.

Dictys completed such a strategy of debunking of heroes in the conceptual dimension with farther proceedings modifying Homer's account on the level of the structure of the plot. The motive of 'the wrath of Achilles' transposed onto the 'historical' ground of the account of the *Journal* was entirely separated from the motive of the death of Patroclus, and terminated very quickly with no problem at all when the Greek army succeeds in the repulsion of a fierce attack of the enemy (without Achilles' contribution). After that the Greeks celebrate their triumph and the confidence in their military advantage rises (*tumque Graeci rati post malam pugnam Troianos ulterius nihil hostile ausuros quieti ac sine terrore egere*; 2. 44), especially that very soon they manage to beat the Thracian troops commanded by king Rhesus, who came to the rescue of Troy (2.45-46). Moreover, at this very moment Dictys introduces an element completely unknown in the epic version of the plot and undoubtedly surprising to the readers that know Homer: Chryses arrives at the Greek camp and deliberately offers his daughter to Agamemnon (*eodem fere tempore Chryses* [...] *ad exercitum venit actumque gratias super his, quae in se recepta filia benigne ab nostris gesta erant* [...] *reductam secum Agamemnoni tradit*; 2.47), the same daughter the release of whom he forced before, which became the starting point of an open conflict between the commander-in-chief and Achilles (2.28 ff.). This way Agamemnon unexpectedly regains his former captive woman and during a meeting of leaders Ajax, emphasizing that it is not right to insist on remembering old grudges when the situation is so favourable for the Greeks, puts forward a suggestion that Achilles and Agamemnon should reconcile (*Interea consilium Graecis agentibus Aiax Telamonius in medium progressus docet oportere mitti ad Achillem precatores, qui imperatorum atque exercitus peterent remittere iras ac repetere solitam cum suis gratiam*; 2.48). The way for such reconciliation was opened and the overall view on the situation described by Dictys stands in a clear contrast with Homer's picture. Firstly, the Greek troops are in a situation in which Achilles' support is not of a great importance. On the contrary, the suggestion of reconciliation with Achilles expresses a desire that the good atmosphere in the camp should not be spoilt by unnecessary conflicts. Secondly, Agamemnon holding out the olive branch does not do it under the pressure of a dramatic situation nor does he feel humiliated. Thirdly, Achilles' acceptance of the apology and the return to his brothers in arms is not, as it is with Homer, a dramatic decision taken in a case of necessity, which shows greatness of a warrior, who acts on a noble impulse and in order to take a revenge for his friend's death, and forgets a grudge which seemed to be like an unhealable wound. It is true that Achilles reproaches Agamemnon for the undeserved harm he experienced from him, but he accepts the latter's apology, gifts and the captive woman that was taken from him before (2.51). Thus, the dispute with Agamemnon is settled, Achilles gets rid of his wrath and he participates in a common feast, to which the commander-in-chief himself brings him with honours (*igitur Agamemnon manum Achillis retentans eumque et reliquos duces ad cenam deducit*; 2.52). Showing the joyful mood of the revelers Dictys takes care of an apparently small and unimportant detail: Briseis, the newly regained captive woman, is brought to Achilles' tent by Patroclus. This way the reader receives a clear, additional signal that Achilles' giving up anger and returning to a common activity of a warrior has nothing in common with the death of his young friend and, thus, it is not motivated in a way characteristic of Homer's version.

Through a simple but radical operation of separating the motive of conflict between Achilles and Agamemnon from the motive of the death of Patroclus, which was moved within the plot until later, the author of the *Journal* made the central problem of the *Iliad* an utterly peripheral issue. Diminishing the fraught with consequences 'wrath of Achilles' to an insignificant dispute seems to be a move that decides about the anti-Homeric image of the *Journal* in no lesser extent than giving the whole work a character of 'an eye-witness account' and connected with it extended strategy of lending credence to the 'real' version of the Trojan war. The mentioned conflict, which turns violent at times and disrupts the life in the Greek camp and weakens the military potential of the army, does not result, unlike with Homer, in serious consequences, is limited in time and is terminated surprisingly easily. The line of dramatic tension, in Homer's epic starting at the moment of the beginning of the conflict of the leaders in Book I and rising consistently throughout the other books, and reaching its climax in the scene of Achilles' despair after his friend's death and taking the decision to give up anger, in the *Journal* was shortened radically and finished definitively at an early stage of the course of 'Homeric' events. The content of Book III of the *Journal* differs even more distinctly from Homeric original as after the termination of the motive of 'the wrath of Achilles' at the end of Book II an entirely new motive is introduced, which overlaps with the farther part of the plot taken from the *Iliad*: the story of Achilles' love to Trojan princess Polyxena[11]. This motive, of a post-classical origin, interweaves closely with Homeric events, making them so much different from the traditional epic account. Achilles remains, according to Homeric account, the central personage. He is, however, a hero who is equipped with a number of features diametrically differentiating him from the epic, heroic model[12]. The romance motive occurs at a few basic stages[13], the first of which begins at the beginning of Book III, i.e. immediately after the setting of the conflict between Achilles and Agamemnon during a period of winter cease fire at the walls of Troy. It is then that Achilles notices Polyxena for the first time, who together with her mother and sister is performing sacral duties there, during the rites in the temple of Thymbreian Apollo. Suddenly, he feels overcome by a feeling of love which hurts a lot and which he is incapable of controlling. Therefore, he turns to Hector, Polyxena's brother, and asks him for her hand: *ac tum forte Achilles versis in Polyxenam oculis pulchritudine virginis capitur. auctoque in horas desiderio, ubi animus non lenitur, ad naves discedit. sed ubi dies pauci fluxere et amor magis ingravescit, acccito Automedonte aperit dolorem animi; ad postremum quaesiit, uti ad Hectorem virginis causa iret* (3.2)[14]. When he learns that agreeing to treacherous activities against his own troops or murdering the commanders is the price, he

---

[11] See A. Milazzo, *Achille e Polissena in Ditti Cretese: un romanzo nel romanzo?*, "Le Forme e La Storia" 1984-1987, No. 5-8, p. 5-26.

[12] See also K. C. King, *Achilles Amator*, "Viator" Vol. 16, 1985, p. 21-64.

[13] Cf. S. Merkle, *Die Ephemeris...*, p. 206 ff.; idem, *The Truth and Nothing but the Truth: Dictys and Dares*, [in:] *The Novel in the Ancient World*, ed. G. Schmeling, Leiden – New York – Köln 1996, p. 569.

[14] Significant differencies in the course of events can be noticed in Dares' version of the story (*De excidio Troiae*, 27), where Achilles meets Polyxena for the first time only long time after the death of Hector: 'Postquam anni dies venit, quo Hector sepultus est, Priamus et Hecuba et Polyxena ceterique Troiani ad Hectoris sepulchrum profecti sunt. quibus obvius fit Achilles: Polyxenam contemplatur, figit animum, amare vehementer eam coepit. tunc ardore conpulsus odiosam in amore vitam consumit [...] cogente amore Phrygio servo fidelissimo mandata dat ferenda ad Hecubam et ab ea sibi uxorem Polyxenam poscit'.

declines and, overcome by a sudden agitation, he vows revenge: *Hector vero daturum se in matrimonium sororem mandat, si sibi universum exercitum proderet* (3.2) *Dein Achilles soluturum se omne bellum pro Polyxena tradita pollicetur. tum Hector: aut proditionem ab eo confirmandam, aut filios Plisthenis atque Aiacem interficiendos, alias de tali negotio nihil se auditurum. ea ubi Achilles accepit, ira concitus exclamat: se, cum primum tempus bellandi foret, primo proelio interempturum* (3.3).

A complex psychological image of Achilles[15], who is deeply in love and desires an amorous fulfillment, and at the same time rejects, in the name of honour, the perspective of reaching the aim in a way unworthy of an honest man, joins the features of the 'romantic lover' who breaks down under the strain of increasing amorous pains (*auctoque in horas desiderio, ubi animus non lenitur* [...] *amor magis ingravescit* [...] *aperit dolorem animi*) with a feature that might be attributed to a sensitive to Homeric ethical code warrior who bursts with anger at insult. Indeed, Achilles became overcome with rage (*ira concitus exclamat*) connected with a will to retaliate, which, taking into account that meeting Polyxena and the negotiations with Hector fall into the very centre of the events making the background of the *Iliad*, becomes a factor motivating the activity of the hero, replacing, in a way, the anger which directed his deeds during his previous conflict with Agamemnon. That anger of his, quelled and already forgotten at the end of Book II, was caused by the feeling of injustice experienced from the side of the commander-in-chief and the bitterness felt towards the brothers in arms who did not defend the honour of 'the bravest Greek'. The present state of mind is a result of the warrior's feeling of insult with an assumption that he might betray his own army, but it comes out, and even to a greater extent, from the feeling of frustration because of the inability to satisfy his amorous desire, as there appeared an obstacle which he is not able to overcome.

The hatred for Hector, arising from such motivations, is therefore entirely non-Homeric in the way similar to a picture of a hero possessed by violent emotions, who, acting on the first impulse, screamed out a firm and full of threats rejection of Hector's suggestions, but is

---

[15] Cf. P. Venini, *op. cit.*, p. 171 f.; S. Timpanaro, *op. cit.*, p. 180; K. C. King, *Achilles. Paradigms of the War Hero from Homer to the Middle Ages*, Berkeley – Los Angeles – London 1987, p. 195 ff.

rather doubtful later and ponders helplessly what he should do: *dein animi iactatione saucius huc atque illuc oberrans interdum tamen, quatenus praesenti negotio utendum esset, consultare. at ubi eum Automedon iactari animo atque in dies magis magisque aestuare desiderio ac pernoctare extra tentoria animadvertit, veritus, ne quid adversum se aut in supradictos reges moliretur, Patroclo atque Aiaci rem cunctam aperit. hique dissimulato quod audierant cum rege commorantur* (3.3). In the above mentioned description of Achilles' behaviour it should be noted that the warrior's dilemma (*animi iactatione saucius huc atque illuc oberrans...; iactari animo...*), observed also from outside by Automedon, a trusted coachman who is acquainted with the matter, include both suffering arising from amorous problems (*in dies magis magisque aestuare desiderio*), and hesitation, a lack of a clear decision concerning farther activity (*quatenus praesenti negotio utendum esset, consultare*). Automedon reveals the secret to Patroclus and Ajax, so that they can watch Achilles' actions. He is worried that Achilles in such a state of mind can take his own life or – what would be a fulfillment of Hector's demand – the lives of the commanders-in-chief. Finally, Achilles decides to tell Agamemnon and Menelaus about everything (*ac forte quodam tempore recordatus sui convocatis Agamemnone et Menelao negotium, ut gestum erat, desideriumque animi aperit*) and he is encouraged and assured by them that after an approaching defeat of Troy he, as the winner, would receive what he had been refused (*a quis omnibus ut bono animo ageret respondetur, brevi quippe dominum eum fore eius, quam deprecando non impetraverit*). From this point Achilles' attitude undergoes consolidation and when military action is resumed after the winter break, Achilles looks for Hector at the battlefield to find a bloody revenge on him in a fight (*at ubi eum [=Hectorem] Achilles ita in hostem promptum animadvertit, simul subvenire his, quos adversum bellabat, cupiens et memor paulo ante repulsae in Polyxena contra tendit...*, 3.5). Hector realizes the danger very well and does his best in order to avoid a clash with the Greek who is consumed with hatred (*Ceterum Hector postquam ad se agmine infesto tendi videt, causas odii recordatus non ulterius impetum viri experiri ausus ex acie subterfugit*, 3.6).

Considering that a fierce trail of Hector at the field of battle brings justified associations with the description of the battle in the *Iliad*, during which Achilles is pushing for a fight with Hector as he wants to kill him for the death of Patroclus, there is no doubt whatsoever that the author of the *Journal* deliberately formed his account in such a way in order to clearly emphasize the introduction to the traditional epic plot of a factor that does not fit the epic standards of the motivation for taking action by heroes. Achilles, who has been a character falling into the image of a heroic warrior so far, still behaves as a Homeric warrior at the battlefield. However, his behaviour does not result from the reasons typical of a hero who aspires after fame and defends his honour, but a lover who is consumed by passion and disappointed in his hopes, who directs his violent aggression at the person who makes it impossible for him to get united with his beloved.

From the point of view of a reader, who compares the course of the 'Homeric' part of the *Journal* to the plot of the *Iliad*, it is surprising that both Achilles gives up his anger at Agamemnon so soon and suddenly he flares up in anger at Hector; however, the latter is caused by quite different reasons. After a romance motive (which is not present in the epic account of events) is introduced in chapter 3.2 one might possibly expect a farther elimination of the episodes presented in the *Iliad*. However, the author of the *Journal* does another about-turn[16]: he introduces the motive of the death of Patroclus and this way returns to the rut of the epic plot at the moment when, it seemed, there was a different solution which was within reach. Hector's death in the above mentioned scene where Achilles pushes for a fight with the hated enemy at the battlefield (3.5-6) could have become a skilful narrative shortcut, had Dictys really intended to end the 'Homeric' part of the work quickly and go on to describe farther episodes of the war. There is no fight though. Hector prudently retreats from the battlefield and Achilles, struck with an arrow shot by Helenus, has to return to his tent. It is Hector, as with Homer, who is responsible for the death of Patroclus during Achilles' absence at the battlefield (3.10), which was caused by, differently as with Homer, not by his anger for Agamemnon, but by a necessity to take care of a wound. Achilles' reaction to a loss of the dearest friend is very close to the epic image, both because of the greatness of grief (*cuncti reges Achillem conveniunt deformatum iam lacrimis atque omni supplicio lamentandi. qui modo prostratus humi, nunc cadaveri supe-*

---

[16] See the detailed discussion of Dictys' narrative techniques in: S. Timpanaro, *Per la critica testuale dell'Ephemeris di Ditti Settimio*, [in:] *Lanx satura Nicolao Terzaghi oblata. Miscellanea philologica*, Genova 1963, p. 175; P. Venini, *op. cit.*, p. 196 ff.; S. Timpanaro, *Sulla composizione...*, p. 214; P. Grossardt, *op. cit.*, p. 385 ff.

riacens, adeo reliquorum animos pertemptaverat, ut Aiax etiam, qui solandi causa adstiterat, nihil luctui remitteret [...] *igitur reges multis precibus atque omni consolatione modo tandem Achillem flexum humi erigunt,* 3.11) and a solemn promise to take revenge on the killer (*confirmatque se non prius desinere pernoctando humi, quam in auctorem tanti luctus sui sanguine vindicasset,* 3.14). According to the sequence of events in the *Iliad*, Achilles kills Hector and desecrates his dead body (3.15).

Describing a barbarian way in which the body of an enemy was treated, Dictys clearly shows the motives which drove Achilles at the moment: *ipse cum caede iminicissimi, tum memoria doloris ferox spoliatum armis hostem, mox constrictis in unum pedibus vinculo currui postremo adnectit, dein ubi ascendit ipse, Automedonti imperat, daret lora equis.* Out of two mentioned reasons for an uncontrolled outburst of anger (*cum caede inimicissimi, tum memoria doloris ferox*) the second should undoubtedly be referred to the despair felt earlier because of a loss of a friend and also to seeing the body of Patroclus, which was ruthlessly massacred by the killer (3.11: *nec Patrocli tantum mors gemitum illum cunctis incusserat, sed praecipue recordatio vulnerum per loca corporis pudibunda, quod exemplum pessimum per mortales tum primum proditum est numquam antea a Graecis solitum*). The memory of the pain felt then (*memoria doloris*) becomes for Achilles an impulse for taking revenge on the corps of the killer of Patroclus. The same word is used in the next chapter, in which the Greek seeing the body of Hector give up suffering (*dolor*) they felt before because of the death of Patroclus (*dolor, quem ob Patrocli interitum paulo ante perceperant, nece metuendi hostis et ob id praecipua laetitia circumscribitur,* 3.17). The first of the given reasons controlling Achilles' behaviour – the fact of killing of the 'most hated enemy' (*caede inimicissimi*) – seems to indicate the hatred that was already stirred up before. As we remember, Achilles swore to take a revenge on Hector twice: the first time was when he was refused Polyxena's hand and driven by anger (*ira concitius*) he said that he would kill him at first opportunity of a fight (3.3), the second time was after Patroclus' death, when he promised that he would not rest until he killed the one that had brought the pain of mourning to him (*auctorem tanti luctus sui,* 3.14). Thus, Hector became 'the most hated' for Achilles because of his attitude in the case of Polyxena, and it should be noted that Hector avoiding Achilles at the battlefield was fully aware of that (*causas odii recordatus*; 3.14). Hatred was later accompanied by suffering (*dolor*) and mourning (*luctus*) connected with a loss of Patroclus. Mentioning in chapter 3.15 two complementary, but arising from two different sources, reasons for desecrating Hector's dead body (hatred motivated by the love for Polyxena and suffering according to the motivation presented in Homer's account), the author of the *Journal* somehow recapitulates the two promises of revenge made by Achilles and this way confirms that the modification of the epic plot in a 'romance' spirit, which makes it highly polemic with Homer, is in his 'true' version of the history of Troy a permanent tendency.

The way in which the motive of Patroclus' death is exploited reveals that aspiring to the maximal use of all characteristic motives and episodes that are permanently associated with the name of Homer in the minds of readers, is the basis of the strategy assumed by Dictys in relation to the Homeric fictional tradition. However, they are simultaneously modified with respect to their course (e.g. different than with Homer circumstances of Hector's death), function (e.g. separating the death of Patroclus from the context of the dispute between Achilles and Agamemnon) or order (e.g. a quick settlement of the argument of the commanders over a captive woman and Achiles' return to the camp life after a period of isolation from it). In case of the last Homeric episode of the *Journal*, i.e. the scene of Priam's arrival at the camp to persuade Achilles to return Hector's body (3.20-27), the modifications introduced by Dictys are also significant, although the final itself does not differ from the epic original. A reserved and haughty attitude of the Greek warrior, who receives Priam holding an urn with the ashes of Patroclus, contrasts with obsequious begging of the kneeling, broken by grief old man, whose fainting at the feet of Achilles evokes sympathy of all leaders gathered in the tent, but not the sympathy of Achilles himself (3.22), who does not intend to comply with Priam's request at all and declares that all the misfortunes brought to Troy should be a repelling example for everyone. The big military expedition of the Greek army, which costs much hardship and sacrifice, was sent to claim Helen, who had been abducted in a contemptible manner, but turns out a war whose aim is to demonstrate the superiority of the civilized nation, defending lawful norms over the barbarism of Troy (*non enim Helenae neque Menelai gratia exercitum relictis sedibus parvulisque procul ab domo, cruentum suo hostilique sanguine inter ipsa belli discrimina huiusmodi militiam tolerare, sed cupere dinoscere, barbarine Graecine summa rerum potirentur, quamquam iustam causam fuisse inferendi belli etiam pro muliere*, 3.23)[17]. Achilles' speech has features of a historio-sophic reflection exceeding a direct situational context and expressing a certain message, which cannot be found in a corresponding scene in Homer's original. The scene discussed is also a continuation of Achilles' romance motive: the hero who is reluctant to comply with Priam's request will eventually give in hearing Polyxena's appeals. She arrived with Priam and offers herself to Achilles in return for her brother's body (*moxque Polyxena ingresso Achille obvoluta genibus eius sponte servitium sui pro absolutione cadaveris pollicetur*, 3.24). This is the second meeting with Polyxena, and the present circumstances are diametrically different: Achilles has Polyxena with his arm's reach and can easily satisfy his desire. When he asked for her hand before, her brother, to whom he turned, set unavoidable obstacles which evoked his vehement hatred and became one of the two causes, apart from his desire to take revenge for Patroclus' death, of Hector's death. Now Hector is dead, and full of devotion Polyxena kneels at his killer's feet. This moment has a decisive impact on Achilles' attitude. Haughty and unapproachable until now, he starts feeling emotion: *quo spectaculo adeo commotus iuvenis, ut, qui inimicissimus ob mortem Patrocli Priamo eiusque regno esset, tum recordatione filii ac parentis ne lacrimis quidem temperaverit* (3.24). When the body of Hector has been returned, Priam asks Achilles to keep Polyxena, but Achilles orders the woman to go back to Troy with her father. He also remarks that he wants to talk about Polyxena, but under different circumstances and at different time (*super qua iuvenis aliud tempus atque alium locum tractatumque fore respondit; interim cum eo reverti iubet*), making it clear that he wants to separate the matter of ransoming Hector's body from the perspective of uniting with his beloved.

The interference of Homeric elements of the plot and a romance motive present throughout Book III shows Achilles as a character who continuously oscillates between a Homeric warrior and a lover consumed by passion, which visibly leads to a farther distancing Dictys' account from the epic original. The author of the *Journal* breaks a coherent structure of the narration of Homeric epic and replaces it with a dual narrative structure, whose first part includes a complete story of Achilles' conflict with Agamemnon, from its beginning to its end

---

[17] See also P. Venini, *op. cit.*, p. 167 f.; H. Clarke, *op. cit.*, p. 30; S. Timpanaro, *Sulla composizione...*, p. 184 ff.; S. Merkle, *Die Ephemeris...*, p. 142 ff.

(2.28-2.52), and its second part relates later events until the death and funeral of Hector (3.1-4.1). The impression of duality, resulting, above all, from subordinating either of these parts to completely different motivations of the hero's behaviour (from the moment of setting the dispute it is forgotten, and Achilles remains in an ordinary, free of any offence relationship with Agamemnon), is additionally reinforced by dividing the Homeric plot between Book II and III of the *Journal* and by separating both parts with a clear time interval in the form of stopping military actions in winter (it is distinctly marked in chapters 2.52 and 3.1). The plot taken from the *Iliad* is somehow halved and subordinated to the structure of the narration in the *Journal*, and closely united with the course of Dictys' account. This way the polemic with Homer, regardless of the implied charge that it lacks historical credence and is full of poetic fantasizing, is spread by the author of the *Journal* also onto the strictly literary plane. After giving the story the form of a chronicle 'eye-witness account', eliminating the machinery of the gods, which was so closely related to the traditional epic version, and debunking of the heroes and devoiding them of ethos, Dictys also breaks the structure of epic narration and reduces the rank of the Homeric concept of 'the wrath of Achilles', adapting the fictional course of events in the *Iliad* according to his own needs and assumptions.

DARIUSZ BRODKA
KRAKÓW

ATTILA UND AETIUS. ZUR PRISKOS-TRADITION BEI PROKOPIOS VON KAISAREIA

Eine moderne detaillierte Untersuchung der Quellen, die von Prokopios von Kaisareia benutzt worden sind, gibt es noch nicht. Im Folgenden soll daher der Bericht über Attila und den Tod des Aetius unter quellenkritischen Aspekt analysiert werden. Damit verbunden ist die Frage, welche Faktoren die Auswahl und Anordnung des Stoffes sowie die Deutung der Tatsachen durch Prokopios beeinflussen.

Attila wird von Prokopios im Zusammenhang mit seiner Darstellung von Aetius' Tod genannt. Prokopios präsentiert hier eine romantische Fassung der Ereignisse, die auch in den Excerpta Salmasiana zu finden ist (Procop. 3,4,16ff., Exc. Salm. II 82 = Ioh. Ant. 293,2)[1]. Nach dieser Version setzte der Kaiser Valentinian III. eine Kette tragischer Ereignisse in Gang, weil er die Gattin des Petronius Maximus schändete. Petronius Maximus wollte an Valentinian Rache nehmen, musste aber zunächst den Heermeister Aetius töten. Das Komplott war erfolgreich: Petronius Maximus veranlasste den Kaiser zur Ermordung des Aetius, und bald danach wurde auch der Kaiser getötet. Petronius Maximus zwang Eudoxia zur Ehe, diese hingegen sann auf die Rache und rief Geiserich herbei (Procop., 3,4,16-28; 3,4,36-39; Exc. Salm. II 82 = Ioh. Ant. 293,2 v. 14-21)[2].

Beachtenswert ist hier, wie Prokopios die Person des Aetius in die Geschichte einführt: Petronius Maximus habe den Kaiser töten wollen,

---

[1] Johannes von Antiochien wird nach der Edition von *Ioannis Antiocheni Fragmenta ex Historia Chronica, introduzione, edizione critica e traduzione* U. Roberto, Berlin – New York 2005, zitiert.

[2] Zu diesen Ereignissen vgl. D. Henning, *Periclitans Res Publica. Kaisertum und Eliten in der Krise des Weströmischen Reiches 454/5-493 n. Chr.*, Stuttgart 1999, 16 f.

zuerst aber habe er Aetius aus dem Weg räumen müssen. Er habe nämlich den Heermeister für ein Hindernis bei der Umsetzung seines Vorhabens gehalten: „οἱ Ἀέτιος ἐς τὰ πρασσόμενα ἐμπόδιος ἔσται. ταῦτα τε διανοουμένῳ ἄμεινον ἔδοξεν εἶναι τὸν Ἀέτιον ἐκποδὼν ποιήσασθαι πρότερον, οὐδὲν ποιησαμένῳ ὅτι ἐς αὐτὸν περιέστηκε πᾶσα ἡ Ῥωμαίων ἐλπίς" (Procop. 3,4,24-25). Die große Macht des Aetius resultiert laut Prokopios vor allem aus dem Sieg über Attila. „Ἀέτιον ἑώρα μέγα δυνάμενον, ὃς καὶ Ἀττίλαν ἄρτι ἐνενικήκει στρατῷ μεγάλῳ Μασσαγετῶν τε καὶ τῶν ἄλλων Σκυθῶν ἐς τὴν Ῥωμαίων ἀρχὴν ἐσβαλόντα..." (Procop. 3,4,24). Prokopios interessiert sich hier nicht für die Person des Hunnenkönigs selbst: Obwohl er den Einfall der Hunnen in Gallien erwähnt, ist Attila hier nur insofern wichtig, als er zur Erklärung der Macht und Bedeutung des Aetius dient. Es ist auch darauf hinzuweisen, dass Aetius die ganze Hoffnung der Römer genannt wird (πᾶσα ἡ Ῥωμαίων ἐλπίς): Dass diese Bezeichnung für die Rezipienten des Werkes verständlich ist, resultiert einerseits aus der Erwähnung des römischen Sieges über die Hunnen, andererseits aus den katastrophalen Ereignissen im Westen nach seinem Tod[3]. Den Tod des Aetius kommentiert Prokopios hingegen mit der prägnanten Feststellung, dass der Kaiser damals mit seiner linken Hand seine rechte abgehauen habe: „ὅτι αὐτοῦ τὴν δεξιὰν τῇ ἑτέρᾳ χειρὶ ἀποτεμὼν εἴη" (Procop. 3,4,28). Anschließend wird dieses Urteil durch die Erzählung über die Eroberung Aquileias durch die Hunnen veranschaulicht, wobei die Einnahme Aquileias irrtümlich in die Zeit nach Aetius' Tod verlegt wird (Procop. 3,4,29).

Prokopios legt hier keinen größeren Wert auf die Person Attilas, obwohl er sich darüber im Klaren ist, dass der Hunnenkönig eine große Gefahr für Rom darstellte (vgl. auch Procop. 5,1,3). Er konzentriert sich auf Aetius und innenpolitische Auseinandersetzungen in Rom. Daraus lassen sich sachliche Fehler und mangelnde Präzision in seinem Bericht über Attila erklären. Besonders irreführend ist hier die Chronologie. Aquileia wurde von den Hunnen 452 eingenommen, während Aetius am 21. September 454 ermordet wurde. Der Erzählfluss suggeriert jedoch, dass der Heermeister bald nach seinem Sieg über die Hunnen getötet wurde (451). Prokopios verkennt somit die wichtige Tatsache, dass die Hunnen noch 452 in Italien einfielen und Aquileia,

---

[3] Bereits in Procop. 3, 3, 15 wird Aetius als der letzte Römer bezeichnet (vgl. auch Procop. 3, 3, 29).

Ticinum und Mailand plünderten. Diesmal konnte Aetius die Angreifer nicht mehr besiegen. Prokopios' Bericht über den Ablauf der Ereignisse in den Jahren 451-454 weist also wesentliche Kürzungen und Vereinfachungen auf, aus welchen sich die Fehler erklären lassen. Die Intentionen des Historikers, die hinter seiner Erzählung stehen, sind leicht zu erkennen: Prokopios will zeigen, dass die Ermordung des Aetius, „der Hoffnung der Römer" unmittelbare Konsequenzen gehabt habe: Nach dessen Tod habe Attila das römische Reich wieder angegriffen, und ganz Europa geplündert, ohne diesmal auf größeren Widerstand zu stoßen (Procop. 3, 4, 29). Prokopios entwirft damit ein kohärentes und dramatisches, aber im Hinblick auf die chronologische Reihenfolge, falsches Bild des Geschehens. Die Deutung, die er hier bietet, weist gewisse Ähnlichkeiten mit derjenigen des Marcellinus Comes auf (vgl. Marc. Com., *chron.* a. 454.2)[4]: Mit dem Mord an Aetius, dem letzten Bollwerk gegen die Barbaren (vgl. Procop. 3,3,15) beginnt der Niedergang des Weströmischen Reiches, weil die bisher von Aetius aufgehaltenen Barbaren sofort dadurch aktiviert werden: Attila greift Italien an und erobert Aquileia. Bald danach nutzen die Vandalen das Chaos im Westen nach dem Tod des Kaisers Valentinian III. aus. Die Ermordung des Aetius lässt sich aus dieser Perspektive als das entscheidende Moment in der Geschichte Westroms deuten, denn sie setzt die Ereigniskette in Gang, die zum Fall des Weströmischen Reiches führt. Den Niedergang des Weströmischen Reiches begreift Prokopios als allmähliche Eroberung der einzelnen Provinzen durch die Barbaren. Wegen dieser Deutungstendenz ist der Historiker hier nicht an chronologischer Präzision interessiert, sondern er versucht durch entsprechende Auswahl und Anordnung des Stoffes Verbindungslinien und Kausalzusammenhänge herzustellen, um sein Quellenmaterial zwar zu einem allgemeinen, aber trotzdem wahrscheinlichen Bild der Ereignisse in Rom zusammenzufügen. Zu diesem Zweck verbindet er die einzelnen in der Wirklichkeit unverbundenen Ereignisse (Tod des Aetius, Einfall der Hunnen in Italien) miteinander. Indem er einen Kausalzusammenhang zwischen dem Tod des Aetius und den Siegen der Hunnen sowie der Vandalen herstellt, weist er auf die geschichtswirksamen Faktoren hin, durch die er den jeweiligen Geschehensverlauf bestimmt sieht[5].

---

[4] Dazu vgl. jüngst A. Goltz, *Marcellinus Comes und das „Ende" des Weströmischen Reiches im Jahr 476*, [in:] *Continuity and Change. Studies in Late Antique Historiography*, ed. D. Brodka, M. Stachura, Kraków 2007, S. 49 f.

[5] Vor allem bestimmen die großen Persönlichkeiten das Geschehen.

So stellt sich die Frage nach dem Ursprung dieser verwickelten Geschichte. In der ersten Hälfte des 6. Jahrhunderts wurde Aetius im Osten sehr positiv eingeschätzt. In der Chronik des Marcellinus Comes beginnt der Niedergang des Weströmischen Reiches gerade mit dem Tod des Aetius[6]. Kaum beweisbar ist m. E. die These, dass diese positive Bewertung aus dem Westen stammt[7]. Wahrscheinlicher ist es, dass ein positives Aetius-Bild durch eine griechische Quelle im Osten verbreitet wurde, deren Autor über gute Kenntnisse der Situation im Westen in den 50er Jahren des 5. Jahrhunderts verfügte. In diesem Fall käme vor allem das Geschichtswerk des Priskos von Panion in Frage. Es ist nur fragmentarisch erhalten. Für unsere Fragestellung ist es aber wichtig, dass Johannes von Antiochien in seiner *Historia Chronica* über weite Strecken Priskos als Vorlage verwendete. Johannes stellt in einem erhaltenen Fragment die Umstände von Aetius'Ermordung sehr ausführlich dar. Mit an Sicherheit grenzender Wahrscheinlichkeit darf man annehmen, dass dieser Passus unmittelbar auf Priskos zurückgeht[8]. Priskos / Johannes hält den Tod des Aetius für den kritischen Punkt in der Geschichte des Weströmischen Reiches. Aetius wird „τεῖχος τῆς ... ἀρχῆς" genannt (Prisc. fr. [30,1 v. 9ff.] = Ioh. Ant. fr. 293, 1 v . 8-9)[9]. Diese Passage stellt die innen- und außenpolitische Lage des Weströmischen Reiches sachlich dar. Auch in diesem Fall trägt Petronius Maximus die Verantwortung für den Mord an Aetius: Er lässt sich aber diesmal durch seine Ambitionen leiten und versucht seine Macht zu vergrößern[10]. Der kürze Hinweis auf δύναμις genügt hier dem Histori-

---

[6] „Aetius magna Occidentalis rei publicae salus et regi Attilae terror a Valentiniano imperatore cum Boethio amico in palatio trucidatur atque cum ipso Hesperium cecidit regnum nec hactenus valuit relevari" (Marc. Com., *chron.* 454, 2). Vgl. dazu G. Zecchini, *Aezio. L'ultima difesa dell'occidente Romano*, Roma 1983, S. 52; idem, *Ricerche di storiografia latina tardoantica*, Roma 1993, S. 77 f.; B. Croke, *Count Marcellinus and His Chronicle*, Oxford 2001, S. 192.

[7] Vgl. auch dazu A. Goltz, *Marcellinus Comes...*, S. 41 f.

[8] Vgl. R. C. Blockley, *The Fragmentary Classicizing Historians of Later Roman Empire. Eunapius, Olympiodorus, Priskos and Malchus*, Vol. I, Liverpool 1981, S. 114; U. Roberto, *Prisco e una fonte romana del V secolo*, „Romano-Barbarica" 17, 2000-2002, S. 117 f.

[9] Zum Verhältnis des Priskos zu Aetius vgl. G. Zecchini, *Aezio. L'ultima difesa...*, S. 26 f.

[10] Prisc. fr [30, 1 v. 6-7] = Ioh. Ant. 293.1 v. 5-6: „Μάξιμός τις ἀνὴρ εὐγενὴς καὶ δυνατὸς [...] Ἀετίῳ [...] δυσμενὴς ὤν, ὡς ἔγνω καὶ τὸν Ἡράκλειον [...] τῆς αὐτῆς τῷ Ἀετίῳ ἔχθιστον ὄντα προαιρέσεως (ἄμφω γὰρ τῆς ἐκείνου τὴν σφετέραν ἐπειρῶντο ἀντεισάγειν δύναμιν), ἐς συνωμοσίαν ἔρχεται".

152

ker (Priskos/Johannes von Antiochien), das Geschehen politisch zu motivieren. Es empfängt seine Impulse aus einem innenpolitischen Kampf um die Macht am Hof Valentinians III. In dieser Fassung treten keine romantischen Elemente auf: Das Geschehen wird nicht aus dem privaten Motiv der Rache erklärt.

Prokopios berücksichtigt diese sachliche Darstellung nicht, sondern greift auf eine andere Version zurück, die ihm aufgrund ihrer romantischen Züge größere Attraktivität zu besitzen schien. Aufgrund des fragmentarischen Erhaltungszustandes des Priskos-Werkes kann man zwar nicht ausschließen, dass diese Version ihren Ursprung auch im Werk des Priskos hatte. Sie könnte eine alternative Erklärung für die Motive des Petronius Maximus gebildet haben. Eine ähnliche Fassung dieser Geschichte ist außerdem in den Excerpta Salmasiana zu finden (Exc. Salm. II 82 = Ioh. Ant. 293.2)[11]. Die Ereignisse verlaufen in beiden Berichten genau parallel. Die Erzählung bei Prokopios ist länger als diejenige in den Excerpta Salmasiana und enthält darüber hinaus zusätzliche Informationen über Attila, die die Bedeutung des Aetius bestätigen sollen. In den Excerpta Salmasiana stehen allerdings die Aussagen in direkter Rede, während Prokopios an den entsprechenden Stellen eine indirekte Redeform verwendet. Bereits C. de Boor hat nachgewiesen, dass die Excerpta Salmasiana nicht auf Prokopios zurückgehen, sondern beide Berichte dieselbe Vorlage unabhängig voneinander benutzt haben.[12]

Besonderen Aufschluss für unsere Fragestellung verspricht eine kurze Charakteristik des Aetius. Hier liegen möglicherweise Anhaltspunkte für die Suche nach der Priskos-Tradition bei Prokopios. Man kann gewisse Analogien zwischen dem Prokopios-Text und den erhaltenen Fragmenten des Priskos erkennen. Hinzuweisen ist insbesondere auf eine Nachricht über die Bedeutung des Aetius für die Sicherheit des Weströmischen Reiches. Petronius Maximus meint, er müsse zuerst

---

[11] U. Roberto, *Ioannis Antiocheni Fragmenta...*, S. LXI f. nimmt mit Recht an, dass die Excerpta Salmasiana II mittelbar auf *Historia Chronica* des Johannes von Antiochien zurückgehen. Nicht überzeugend hingegen S. Mariev, *Neues zur „Johanneischen Frage"*, „Byzantinische Zeitschrift" Vol. 99, 2006, S. 535-549.

[12] C. De Boor, *Römische Kaisergeschichte in byzantinischer Fassung*, „Byzantinische Zeitschrift" 2, 1893, 206 f. wies auf die Glosse Θλαδίας in der Suda hin, in welcher die Geschichte der Ermordung des Aetius dargestellt wird. Diese Erzählung ist ausführlicher als diejenigen bei Prokopios und in den Excerpta Salmasiana. Darüber hinaus enthält sie zum Schluss ein Dialog zwischen Valentinian III. und einem Römer in direkter Rede mit einigen wörtlichen Übereinstimmungen mit Excerpta Salmasiana.

Aetius beseitigen, um den Kaiser töten zu können. Aetius stelle nämlich ein großes Hindernis für sein Vorhaben dar: τὸν Ἀέτιον ἐκποδὼν ποιήσασθαι πρότερον, οὐδὲν ποιησαμένῳ ὅτι ἐς αὐτὸν περιέστηκε πᾶσα ἡ ʽΡωμαίων ἐλπίς. Auf ähnliche Weise plant auch Attila, zuerst Aetius zu beseitigen: Ioh. Ant., Fr 292 = Prisc., fr. 17: „...ὅπως τὸν Ἀέτιον προκαταλάβοι· μὴ γὰρ ἄλλως τεύξεσθαι τῆς ἐλπίδος, εἰ μή γε ἐκεῖνον ποιήσοιτο ἐκποδῶν"[13]. Von Bedeutung sind hier vor allem die wörtlichen Parallelen, die in ähnlichem Zusammenhang auftreten. Die Vorstellung von Aetius als einem Hindernis bei der Umsetzung bestimmter Pläne scheint auf eine Quelle zurückzugehen[14], die aller Wahrscheinlichkeit nach mit Priskos identisch ist. Gerade Priskos stellte die Ereignisse im Westen sehr ausführlich dar und konnte Aetius für das letzte Bollwerk gegen die Barbaren halten. Das Werk des Priskos benutzten sowohl Prokopios als auch Johannes von Antiochien. Eine Abhängigkeit des Johannes von Prokopios kommt hier nicht in Frage, weil sich Prokopios in den *Bella* mit dem Vorstoß der Hunnen gegen den Westen nicht befasst, während Johannes von Antiochien einen detaillierten Bericht über die Umstände der Invasion bietet. Die Excerpta Salmasiana sagen an der entsprechenden Stelle nichts über die Bedeutung des Aetius (Exc. Salm. II 82 = Ioh. Ant. 293,2 v. 9: „εἰδὼς δὲ ζῶντος <τοῦ> Ἀετίου οὐ δυνήσεται τιμωρῆσαι αὐτόν"). Bei Prokopios gibt es hier hingegen eine deutende Feststellung: „οἱ Ἀέτιος ἐς τὰ πρασσόμενα ἐμπόδιος ἔσται. ταῦτα τε διανοουμένῳ ἄμεινον ἔδοξεν εἶναι τὸν Ἀέτιον ἐκποδὼν ποιήσασθαι πρότερον, οὐδὲν ποιησαμένῳ ὅτι ἐς αὐτὸν περιέστηκε πᾶσα ἡ ʽΡωμαίων ἐλπίς" (Procop. 3,4,24-25). Natürlich ist es möglich, dass die Excerpta Salmasiana hier ihre Quelle gekürzt haben. Wahrscheinlicher ist aber, dass Prokopios diese originelle Quelle als erster paraphrasierte und bearbeitete, indem er sie mit Hilfe des Priskos um diese Notiz zur Bedeutung des Aetius ergänzte. Dazu veranlasste ihn wahrscheinlich gerade der Bericht des Priskos über die Umstände der hunnischen Invasion gegen den Westen, welcher später die Grundlage für die Chronik des Johannes von Antiochien bildete. Prokopios muss sie aus dem ursprünglichen Zusammenhang herausgelöst und an seine eigene Gedankenführung angepasst haben.

---

[13] Auch das Thema der „Hoffnung" wird von Prokopios hier variierend aufgegriffen.

[14] Diese Pläne machen entweder die Feinde Roms oder diejenigen, die für das Wohl des römischen Reiches nicht sorgen.

Der Schilderung der Umstände des Mordes an Aetius folgt bei Prokopios ein Passus über Attila. Dieser Passus besteht aus zwei Teilen: aus einer allgemeinen Einführung (Procop. 3,4,29), die die große Macht des Hunnenkönigs hervorhebt, und aus dem Bericht über die Einnahme Aquileias durch die Hunnen (Procop. 3,4,30-35). Prokopios vertritt die Ansicht, Attila habe ganz Europa geplündert, denn niemand habe ihn nach dem Tod des Aetius aufhalten können (Procop. 3,4,29: „Ἀετίου γοῦν τελευτήσαντος Ἀττίλας, οὐδενός οἱ ἀντιπάλου ὄντος, Εὐρώπην τε ξύμπασαν πόνῳ οὐδενὶ ἐληΐζετο"). Sowohl west- als auch oströmische Reich seien gegenüber dem Hunnenkönig unterwürfig und zahlten ihm Tribut (Procop. 3,4,29). Diese Feststellung liest sich wie eine Zusammenfassung von Attilas Karriere, die einem anderen Kontext entnommen wurde. Prokopios muss sie aus einem Text übernommen haben, der die Geschichte des Hunnenkönigs mit einem solchen kurzen Überblick beendete, und irrtümlich mit dem Tod des Aetius in Zusammenhang gesetzt haben. Prokopios scheint von der idealistischen Voraussetzung auszugehen, dass Aetius das letzte Bollwerk gegen die Barbaren gewesen sei, und dass die Römer zu seinen Lebzeiten die Barbaren hätten besiegen können. Der Historiker versucht nicht, diese Annahme zu verifizieren. Aus diesem Grund spielt die chronologische Reihenfolge keine Rolle für ihn: Er denkt nicht darüber nach, dass Attila noch zu Lebzeiten des Aetius einige wichtige Städte Norditaliens eroberte[15]. Er schenkt darüber hinaus den hunnisch-oströmischen Auseinandersetzungen in den 40er Jahren des 5. Jahrhunderts insgesamt kaum Beachtung. Das Ausmaß an persönlichem Interesse des Historikers ist also ein Faktor, der ebenfalls in dieser Untersuchung berücksichtigt werden muss. Dies führt zu dem Ergebnis, dass Prokopios fast kein Wissen über die Geschichte der Hunnen im 5 Jahrhundert besitzt. Die chronologischen Verwechslungen in Prokopios' Bericht beruhen somit auf einem Flüchtigkeitsfehler. Er fügt die einzelnen in der Wirklichkeit unverbundenen Ereignisse zu einer Sequenz zusammen, um eine bestimmte Interpretation vorzugeben: Der Tod des Aetius, der letzten Hoffnung der Weströmer, habe katastrophale Folgen für den Westen gehabt. Mit der Nachricht über Attila und dessen Erfolge wollte Prokopios diese These veranschaulichen. Die Einfügung der Erzählung über Attila und Einnahme Aquileias durch die Hunnen ist der literarischen

---

[15] Möglicherweise wurde Aetius von Priskos bei der Darstellung des Einfalls der Hunnen in Italien nicht erwähnt (vgl. Iord. Get., S. 220-222).

Gestaltung geschuldet, die hier dem Prinzip der Anschaulichkeit den Vorrang vor Genauigkeit gibt. Der Fehler, dass Aetius vor Attila ums Leben gekommen sei, hat somit zwei Ursachen: Die ideologische Vorstellung von Aetius als dem letzten Bollwerk gegen die Barbaren, sowie die mangelnden Kenntnisse der Geschichte der Hunnen.

Bemerkenswert ist dabei die Tatsache, dass eine ähnliche Reihenfolge der Ereignisse bei Theophanes zu finden ist (Theoph. 108). Theophanes spricht zuerst über den Tod des Aetius und erst danach über den Tod Attilas. Abgesehen von Abfolge der Ereignisse gibt es allerdings keine weiteren inhaltlichen Parallelen zwischen beiden Berichten. Trotzdem liegt die Vermutung nahe, dass wir es in beiden Fällen mit den Spuren derselben Tradition zu tun haben: Sie könnte zuerst über die Ermordung des Aetius und danach über den Tod Attilas berichtet haben, ohne das chronologische Verhältnis dieser Ereignisse zueinander genau zu bestimmen, und gerade diese Umstellung der Ereignisse hätte Prokopios in die Irre führen können. Zweifelsohne geht die falsche Chronologie des Geschehens in Procop. 3,4,29 nicht auf gut informierten Priskos zurück. Die Herstellung eines Kausalzusammenhanges zwischen dem Tod des Aetius und den Erfolgen Attilas geht aller Wahrscheinlichkeit nach auf Prokopios selbst zurück. Er muss die Information aus seiner Quelle falsch verstanden haben[16] und setzte deswegen irrtümlich voraus, es handle sich hier um die Zeit nach der Ermordung des Aetius und nicht um die frühere Periode. Die Tradition, aus der Prokopios und Theophanes ihre Informationen schöpfen, enthielt in Zusammenhang mit Attilas Ende wahrscheinlich auch einen allgemeinen Rückblick auf seine Leistungen: Diesen Rückblick führt gerade Prokopios an und verbindet ihn mit der Schilderung der Einnahme Aquileias, die er woanders gefunden haben muss. Mit dieser hypothetischen Quelle, die Prokopios so ungeschickt überarbeitet hat, könnte die Chronik des Eustathios von Epiphaneia gemeint sein.[17] Nach dem Zeugnis des Evagrios fasste Eu-

---

[16] Es geht um die Feststellung, Attila habe ganz Europa geplündert, weil niemand ihn habe aufhalten können (Procop. 3, 4, 29: „Ἀετίου γοῦν τελευτήσαντος Ἀττίλας, οὐδενός οἱ ἀντιπάλου ὄντος, Εὐρώπην τε ξύμπασαν πόνῳ οὐδενὶ ἐληΐζετο").

[17] Vgl. *Procopii Caesariensis opera omnia*, ed. J. Haury, Vol. I: *De bellis. Libri I-IV.*, ed. cor. cur. G. Wirth, Leipzig 1962, S. XI. Gegen A. Tricca, *Euagrio e la sua fonte piu importante Procopio*, „Roma e l'Oriente" 10, 1915, S. 51 f., der meinte, dass Priskos nicht Eustathios sondern einen anderen, unbekannten Priskos-Epitomator benutzt habe. Selbst wenn Prokopios nicht auf Eustathios sondern auf einen anonymen Priskos-Epitomator zurückgreift (wie Tricca argumentierte), wird hier die Priskos-Tradition vertreten.

stathios in seiner Chronik u.a. das Werk des Priskos zusammen (Evagr.
HE 5,24). Bei der Kürzung einer Vorlage sind verschiedene Verschie-
bungen, Umstellungen auch gewisse Veränderungen nicht ausgeschlossen, so dass die Akzente bei Eustathios möglicherweise ganz anders
gesetzt waren als bei Priskos. Plausibel ist aber auch eine Umarbeitung
des Priskos-Stoffes mit Hilfe anderer Quellen. Von Bedeutung ist dabei
die Tatsache, dass alle Informationen, die in Procop. 3,4,29 erscheinen,
in erhaltenen Fragmenten des Priskos ihre Entsprechung finden[18]. Der
Tod Attilas wird hingegen nicht erwähnt, weil Prokopios keine Verbindung zwischen diesem Ereignis und seinem Bild des Geschehens sowie seiner Beweisführung sieht. Die anschließende Schilderung der Eroberung Aquileias durch die Hunnen muss Prokopios hingegen selbst
der ursprünglichen Erzählung hinzugefügt haben, um auf diese Art und
Weise seinen Bericht zu dramatisieren und seine Interpretationen an-
schaulich und plausibel zu machen. Die Schilderung selbst geht auf Priskos zurück, worauf die Übereinstimmungen mit dem Text des Jorda-
nes verweisen (Procop. 3,4, 30-35 ~ Iord. Get. 220-221), der in diesem
Zusammenhang namentlich Priskos als seine Vorlage zitiert (vgl. Iord.
Get. 222).[19]

Diese Überlegungen führen zu dem Ergebnis, dass die Passage
Procop. 3,4,29-35 direkt oder indirekt auf Priskos zurückgeht. Meines Erachtens haben wir es hier mit zwei verschiedenen Priskos-Frag-
menten zu tun. In 3,4,29 greift Prokopios auf diesen Teil von Priskos'
Geschichtswerk beziehungsweise der Priskos-Epitome (? Eustathios)
zurück, in welchem Attilas Ende dargestellt wurde. In einer Priskos-
Edition sollte diese Passage zwischen Blockley's Fr. 24 und 25 gestellt

---

[18] Attilas Unaufhaltbarkeit: vgl. Prisc. fr. 11, 2 v., S. 615-619: „Μήδους, καὶ
Πάρθους καὶ Πέρσας παραστήσεσθαι καὶ ἀναγκάσειν ἐλθεῖν ἐς φόρου ἀπαγωγήν·
παρεῖναι γὰρ αὐτῷ μάχιμον δύναμιν, ἣν οὐδὲν ἔθνος ὑποστήσεται"; Die Tributzahlun-
gen vgl. insbesondere Prisc. fr. 11, 2 v. 592-593: „πρὸς πάσῃ τῇ Σκυθικῇ καὶ Ῥωμαί-
υς ἔχειν ἐς φόρου ἀπαγωγήν"; Die Unterwürfigkeit der Römer vgl. Prisc. fr. 9, 3:
„Ταύτας προσεποιοῦντο μὲν ἐθελονταὶ Ῥωμαῖοι τὰς συνθήκας τίθεσθαι· ἀνάγκη δὲ
ὑπερβάλλοντι δέει, ὅπερ κατεῖχε τοὺς σφῶν ἄρχοντας, πᾶν ἐπίταγμα καίπερ ὂν χα-
λεπὸν τυχεῖν τῆς εἰρήνης ἐσπουδακότες ᾐσμένιζον, καὶ τὴν τῶν φόρων σύνταξιν
βαρυτάτην οὖσαν προσίεντο". Prisc. fr. 15, 2 v. 11-14: „τὸν Θεοδόσιον ἐκπεπτεκότα
δουλεύειν αὐτῷ τὴν τοῦ φόρου ἀπαγωγὴν ὑφιστάμενον". Vgl. auch R. C. Blockley,
The Fragmentary Classicizing Historians..., S. 115.
[19] Vgl. insbesondere Procop. 3, 4, 34: „ἦν γὰρ δεινότατος ξυνεῖναι τε καὶ
ξυμβαλεῖν ἅπαντα" ~ Iord. Get. 221 „et ut erat sagacissimus inquisitor". Dazu B. Ru-
bin, *Prokopios von Kaisareia*, Stuttgart 1954, S. 131; vgl. auch C. Blockley, *The
Fragmentary Classicizing Historians...*, S. 115.

werden. Procop. 3,4, 30-35 bezieht sich hingegen auf den Einfall der Hunnen in Italien. Bei Priskos stand er mit Sicherheit vor dem Tod sowohl des Aetius als auch des Attila.

Zusammenfassend darf man annehmen, dass sich die romantische Fassung des Berichtes über das Petronius-Maximus-Komplott ursprünglich nur auf die Ereignisse in Rom beschränkte und keinen Bezug zu Attila enthielt. Die allgemeine Struktur dieser Fassung und die Reihenfolge der Ereignisse geben die Excerpta Salmasiana wieder. Diese Geschichte hat möglicherweise bereits Priskos als eine alternative bzw. zusätzliche Version angeführt. Diese Vermutung ist allerdings nicht beweisbar. Zweifelsohne lag die Erzählung aber bereits in Prokopios' Quelle, sei es bei Eustathios, sei es bei anonymem Priskos-Epitomator vor[20]. Diese Erzählung wurde dann selbständig von Prokopios bearbeitet und um Exkurs über Attila erweitert. Darüber hinaus hätte Eustathios (oder die anonyme Quelle) die Reihenfolge der Fakten umstellen und zuerst die Ermordung des Aetius und erst danach den Tod Attilas darstellen können[21]. Obwohl diese Untersuchung auf einige Spekulationen und Vermutungen angewiesen ist, kann man also davon ausgehen, dass sowohl die Notiz zu Aetius in Procop. 3,4,25 als auch die Informationen über Attila unmittelbar (oder mittelbar durch Vermittlung des Eustathios) auf Priskos zurückgehen*.

---

[20] Hier konnte diese Geschichte in großem Maß umarbeitet werden.

[21] Offen bleibt die Frage nach der Qualität der Chronik des Eustathios. Die positive Bewertung des Eustathios durch Evagrios soll man nicht überschätzen.

* Sehr herzlich danke ich PD Dr. Claudia Schindler, die diesen Aufsatz sprachlich korrigiert hat.

Classica Cracoviensia
XI, 2007

ANNA BRZÓZKA
KRAKÓW

ÄSTHETISCHES KRITERIUM (DELECTARE) IN CICEROS RHETORISCHEN SCHRIFTEN

Ein weiteres wesentliches Problem, das in der rhetorischen Theorie von Cicero einen bedeutenden Platz einnimmt, ist der Begriff *delectare*, der von ihm als eine spezifische Kategorie der „ästhetische Erfahrung", die der Zuhörer im Kontakt mit dem literarischen Werk empfindet, verstanden wird. Nach der Ansicht des Redners hat der Umgang mit dem literarischen Werk – in schriftlicher oder gesprochener Form, einen gewissen positiven oder negativen ästhetischen Eindruck zur Folge, der über den Wert eines bestimmten Werkes entscheidet[1]. Die von Arpinata als gesonderte ästhetische Kategorie begriffenes *delectare* hängt mit seiner allgemeinen Konzeption der Poesie eng zusammen, wobei sie für ihn zu ihrem grundlegenden distinktiven Faktor wird und zur Ausonderung ihrer wesentlichen Eigenschaften anderen Formen gegenüber dient. Arpinata sagt nämlich:

Alias in historia leges observandas putare, alias in poemate. Quippe cum in illa omnia ad veritatem [...] referantur, in hoc ad delectationem. (De leg. I 1, 5).

Nach Ciceros Ansicht verwirklicht sich das Wesen des *delectatio* auf der idealistischen Ebene mit Bezug auf die Erlebnisse psychischer und ästhetischer Natur, im Gegensatz zur Kategorie *veritas*, die mit der Sphäre des Realismus eng verbunden ist[2].

---

[1] W. Tatarkiewicz, *Estetyka starożytna*, Wrocław 1960; K. Adam, *Docere – delectare – movere. Zur poetischen und rhetorischen Theorie uber Aufgaben und Wirkung der Literatur*, Kiel 1971.

[2] P. Kuklica, *Ciceros ästhetische Ansichten*, GLO XI-XII, 1979-80, S. 17-29; K. Svoboda, *Les idees esthétiques de Cicéron, Acta Ses. Ciceronianae*, Warszawa 1960; Marcus Tullius Cicero, *Ästhetik u. Kunstphilosophie*, hg. A. Kemmann, Stuttgart 1998.

Solches Verstehen der Kategorie *delectatio* weist zweifellos Beziehungen zur Konzeption des Aristoteles auf, der die Gründe oder Motive des dichterischen Schaffens mittels Analogie mit der Malerei erläuternd, feststellt, dass die Auswirkung der Kunst auf der Gewährung des Vergnügens (ἡδονή) bei dem Empfänger beruht. Dieser Zusammenhang ist in Bezug auf die aristotelische Konzeption der Tragödie besonders sichtbar, laut der durch das Erwecken von Mitleid und Furcht bei dem Zuschauer emotionale Erschütterung (*katharsis*) hervorgerufen wird, die zu einer Art Vergnügungsform ästhetischer Natur verstandener Entsühnung führt: οὐ γὰρ πᾶσαν δεῖ ζητεῖν ἡδονὴν ἀπὸ τραγῳδίας ἀλλὰ τὴν οἰχείαν. ἐπεὶ δὲ τὴν ἀπὸ ἐλέου καὶ φόβου διὰ μιμήσεως δεῖ ἡδονη ν παρασκευάζειν τὸν ποιητήν, φανερὸν ὡς τοῦτο ἐν τοῖς πράγμασιν ἐμποιητέον. (*Aryst. Poet.* 1453 b 11-14)[3].

Ebenso wie bei Arpinata weist ἡδονή (*delectatio*) eine rein ästhetische Aussage auf und bildet eine der wesentlichen Funktionen der Poesie und Rhetorik, indem es vor allem die formale Schicht bestimmt und für die allgemeine Gestalt des Werkes ausschlaggebend ist.auf die Bedeutung dieses Faktors in der Theorie von Arpinata weist die häufige Verwendung dieses Begriffs unter den Zielen (*fines*, τέλη) des Redners hin, u.a.:

Tria sunt enim quae sint efficienda dicendo: ut doceatur is apud quem dicetur, ut delectetur, ut moveatur vehementius. (*Brut.* 49, 185)[4] sowie der Versuch, diesen Terminus zu präzisieren.

Docere debitum est, delectare honorarium, permovere necessarium. (*De o. g. o.* 1, 3).

In dieser Charakteristik einzelner Ziele fällt die Bezeichnung *honorarium* auf, die eine gewisse idealistische Aussage aufweist und die Kategorie *delectare* auf die Ebene rein ästhetischer Empfindungen überträgt[5]. Eine ähnliche Aussage hat ein anderer Passus aus dem Dialog *De*

---

[3] S. Stabryła, *Problemy genologii antycznej*, Warszawa–Kraków 1982, S. 63-64; Aristotle, *Poetics*, ed. D. W. Lucas, Oxford 1968; J. Wisse, *Ethos and Pathos from Aristotle to Cicero*, Amsterdam 1989; E. R. Schwinge, *Aristoteles über Struktur und Sujet der Tragödie. Zum 9. Kapitel der Poetik*, „Rheinisches Museum für Philologie" 1996, Bd. 139/2, S. 111-125; E. Belfiore, *Tragic Pleasures. Aristotle on Plot and Emotion*, Princeton 1992, S. 412.

[4] „S. Erit igitur eloquens [...] is qui in foro causisque civilibus ita dicet, ut probet, ut delectet, ut flectat. Probare necessitatis est, delectare suavitatis, flectere victoriae" (Cic., *Or.* 21 69). S.: K. Adam, *op. cit.*, *passim*.

[5] Es sei hier bemerkenswert, dass er den Bedeutungsbereich von [...] (*delectatio*)

oratore, in dem der römische Redner, den Begriff des besten Stils genau bestimmend, folgende Ansicht vorbringt:

Genus igitur dicendi est eligendum, quod maxime teneat eos, qui audiant, et quod non solum delectet sed etiam sine satietate delectet. (*De or.* III 25, 97).

Aus diesen Worten geht hervor, dass Cicero den Begriff *delectatio* als eine Kategorie wahrnimmt, die für den endgültigen positiven Eindruck in der Perzeption des Werkes sowie suggestive Auswirkung auf ästhetische Erwartungen der Zuhörer ausschlaggebend ist. Damit diese ästhetische Wirkung von dem Redner möglichst vollkommen verwirklicht wird, müssen in dem von ihm gebauten Werk die Ebene der Form und die Ebene des Inhalts in Einklang gebracht werden. In dieser harmonischen Wechselbeziehung sieht Cicero die vollkommenste Relalisierung des Prinzips ästhetischer Lust, die in der Rhetorik mit dem Prinzip der Angemessenheit zusammenhängt[6]. Die Wahrnehmung dieses Prinzips lässt nach Ansicht von Arpinata die besten rhetorischen Effekte sowohl in inhaltlicher als auch formaler Hinsicht erreichen und entscheidet über die endgültige künstlerische Gestalt des Werkes Als eine Konsequenz hedonistischer Konzeption der Ästhetik nimmt deshalb Cicero das Prinzip *decorum* wahr, das für ihn zum grundlegenden Gesetz der Rhetorik wird.

Hae duae partes, quae mihi supersunt, illustrandae orationis ac totius eloquentiae cumulandae, quarum altera dici postulat ornate altera apte, hanc habent vim, ut sit quam maxime iucunda, quam maxime in sensus eorum, qui audiunt, influat et quam plurimis sit rebus instructa. (*De orat.* III 24, 91).

---

mit anderen Begriffen, unter denen *suavis, dulcis, gratia,* am häufigsten auftreten und für ihn zu ästhetischen Kategorien werde, ergänzt s.: Marcus Tullius Cicero, *op. cit.*, S. 167-172; K. S v o b o d a, *op. cit., passim.*

   [6] Wir sehen hier eine Analogie zur Einstellung des Aristoteles, die er in seiner *Rhetorik* darlegt, zu eben solchem Verstehen des Prinzips „..." als Harmonie zwischen Inhalt und Form. „Der Stil erreicht die Angemessenheit, falls er Gefühle und Charaktere zum Ausdruck bringen lässt und seinem Gegenstand entsprechen wird". „τὸ δὲ πρέπον ἕξει ἡ λέξις ἐὰν ᾖ παθητική τε καὶ ἠθικὴ καὶ τοῖς ὑποκειμένοις πράγμασιν ἀνάλογον" (R. 1408 a III 7, 10-11). Von Bedeutung ist hier die Bezeichnung πρέπον τῷ πράγματι, die wir als Angemessenheit zum Ggegenstand der Sache übersetzen würden. Diese Übereinstimmung des Stils mit dem Gegenstand der Sache und dessen Inhalt ist ebenfalls für Cicero selbstverständlich und wird für ihn zu einer der Voraussetzungen für einen korrekten Stil.

In dieser Antwort hebt Cicero das Prinzip der Angemessenheit stark hervor – *apte dicere* –wobei er es als unbedingt notwendige Voraussetzung fürs Hervorrufen des entsprechenden rethorischen Effektes, starke emotionelle Auswirkung auf die Psyche des Empfängers sowie das Erreichen vollkommener zur Erregung ästhetischer Lust fühender Gestalt des Werkes versteht (*ut sit maxime iucunda*).

Das Prinzip der Angemesenheit bedeutet also für Cicero eine vollkommene Harmonisierung von Form und Inhalt sowie Bewahrung angemessenen Gleichgewichts zwischen Wort und Materie. Nicht ohne Bedeutung ist auch die Tatsache, dass die Konzeption *decorum* in Ciceros rhetorischer Theorie nicht nur ästhetisches sondern auch ethisches Maß hat. Sie bestimmt nämlich nicht nur die formale Vollkommenheit und entsprechende künstlerische Gestalt, sondern bringt auch – von der formalistischen Wahrnehmung der Rhetorik im Sinne technischer Fähigkeit abweichend, gleichzeitig die Angemessenheit auf die Ebene *res*, die als meritorische, fachliche Vorbereitung des Redners und Kenntis des behandelten Problems verstanden wird. In diesem meritorischen Aspekt kommen also die ethische Bedeutung der Konzeption *decorum* sowie der Versuch einer engen Verbindung der ästhetischen Schönheit mit der ethischen zum Ausdruck.

Dies geht aus der weiteren Aussage hervor, in der Cicero sein Begreifen von *decorum* in Bezug auf die Theorie der Redekunst auslegt.

Sed est eloquentiae sicut reliquarum rerum fundamentum sapienta. Ut enim in vita sic in oratione nihil est difficilius quam quid deceat videre; πρέπον appellant hoc Graeci, nos dicamus sane decorum; de quo praeclare et multa praecipiuntur, et res cognitione dignissima. Huius ignoratione non modo in vita, sed saepissime et in poematis et in oratione peccatur. Est autem quid deceat oratori videndum non in sententiis solum, sed etiam in verbis. Non enim omnis fortuna, non omnis honos, non omnis auctoritas, non omnis aetas, nec vero locus aut tempus aut auditor omnis eodem aut verborum genere tractandus est aut sententiarum semperque in omni parte orationis ut vitae quid deceat est considerandum; quod et in re de qua agitur, positum est in personis et eorum qui dicunt et eorum qui audiunt. (Cic. Or. 21, 70-72).

Es muss insbesondere auf folgende Worte hingewiesen werden:

Est enim quid deceat oratori videndum non in sententiis solum, sed etiam in verbis, oder *quid est in re de qua agitur*, in denen Arpinata die Notwendigkeit des Vorhandenseins engen Zusammenhangs von Inhalt und Form betont. Das Prinzip *decorum* macht Cicro zum grundlegenden Grundsatz der Rhetorik, wobei er dabei neben der ästhetischen Seite ebenfalls ihren meritorischen Aspekt unterstreicht. Gründliches Wissen des Redners, seine fachliche Vorbereitung und das Behalten des Gleichgewichts zwischen Inhalt und Stilistik der Rede sind für das endgültige Effekt des Auftritts ausschlaggebend.

Im Traktat *De oratore* finden wir noch eine Äußerung von Antonius, die das Wesen des *decorum* in Bezug auf die rethorischen Theorie am vollständigsten wiedergibt.

Ea (sc. res) vi sua verba parient, quae semper satis ornata mihi quidem videri solent, si eius modi sunt, ut ea res ipsa peperisse videatur. (*De or.* II 34, 146).

Das obige Beispiel wiest deutlich darauf hin, dass das volle Zusammenstimmen von Inhalt und Form in der Theorie der Angemessenheit von besonderer Bedeutung ist. Antonius Worte zeugen dabei deutlich davon, dass diese gegenseitige Abhängigkeit von Materie und Form auf Behaltung primärer Rolle der Materie beruht, die die formale Seite der Äußerung aufzwingt[7]. Die Form sieht Cicero als dem Inhalt völlig unterordnet, was wiederum wesentliche Konsequenzen für die Theorie des Stils impliziert. Das heißt nämlich, dass die formale Realisierung der Aussage und ihre endgültige künstlerische Gestalt aus dem Inhalt des präsentierten Themas hervorgehen. Solches Begreifen des gegenseitigen Verhältnises dieser zwei Ebenen beeinflußt grundsätzlich die Konzeption der Ästhetik der Aussage. Das Erreichen nämlich von dem Redner eines entsprechenden Niveaus ist, laut Arpinata, durch enge Anpassung der formalen Gestalt an den Inhalt bedingt, und die Expression der Aussage hängt von der adequaten Verbindung der Ausdrucksmittel mit der dargestellten Wirklichkeit ab. Die Behaltung des ensprechenden Stils realisiert sich in Ciceros Theorie in der Natürlichkeit, Meidung von Künstlichkeit, die sich sowohl in allzu großer Übertreibung als auch übermäßiger Spracharmut bedeutender Knappheit offenbart. In seiner Theorie legt also Arpinata einen besonderen Wert auf die Kunst der Wahl eines dem dargestellten Thema angemessenen Aussagestils, indem er konsequent nach der Darstellung der Wichtigkeit stilistischer Fragen in der Rhetorik strebt und betont, dass der ideale Redner (*optimus orator*) in seiner Rede weitgehende formale Differenzierung zu

---

[7] E. Fantham, *The Roman World of Cicero's „De oratore"*, Oxford 2004; *Oratory and Rhetorik*; *Cicero the Advocate*, ed. J. Powell, J. Paterson, Oxford 2004.

berücksichtigen hat, indem er die Ausdrucksmittel adäquat zur Spezifik des behandelten Themas auswählt.

Sed quot officia oratoris, tot sunt genera dicendi: subtile in probando, modicum in delectando, vehemens in flectendo; in quo uno vis omnis oratoris est. Magni igitur iudicii, summae etiam facultatis esse debebit moderator ille et quasi temperator huius tripertitae varietatis; nam et iudicabit quid cuique opus sit et poterit quo-cumque modo postulabit causa dicere. (*Or.* 21, 69).

Wie es sich aus dieser Aussage ergibt, ist Ciceros Stellung völlig eindeutig. Er stellt dem Redner ein differenziertes Spektrum von stilistischen Mitteln mit sehr breiter Skala zur Verfügung – vom ruhigen Ton (*subtile*), über einen mäßigen (*modicum*), bis zum heftigen und erhabenen (*vehemens*). Diese dreistufige stilistische Differenzierung (*tripertita varietas*) wird für Cicero zur grundlegenden rethorischen Anforderung, die mit verfügbaren sprachlichen Mitteln, bei Behaltung angemessener Harmonie und Ordnung in der ganzen Struktur der Aussage, den höchsten Ausdruck erreichen lässt. In Ciceros Überzeugung besteht die Aufgabe des Redners in der möglichst vollen Ausnutzung von stilistischen Möglichkeiten der Sprache durch geschickten Gebrauch jedes Stils:

Sed oratorem plenum atque perfectum esse eum, qui de omnibus rebus possit copiose varieque dicere. (*De orat.* I 14, 60)[8].

Wenn auch Cicero seiner Vorliebe gemäß eine starke Neigung zum erhabenen Stil zeigte sowie seinen Wert und Auswirkungskraft wahrnahm:

Tertius est ille amplus, copiosus, gravis, ornatus, in quo profecto vis maxima est (*Or.* 28, 97), so warnte er vor dessen unbegründeten Verwendung, die eine Dissonanz zwischen der Form und der dargestellten Thematik bedeutet. Der Redner muss nämlich das Prinzip der Ange-

---

[8] H. C. Gotoff, *Cicero's Elegant Style*, CPh LXX-VI 1981, S. 301-313; M. von Albrecht, *Cicéron, théorie rhétorique et practique oratoire*, LEC LII, 1984; Narducci, *Gli arcani dell'oratore*, AaR XXIX, 1984, S. 129-142; F. Quadlbauer, *Optimus orator, perfecte eloquens. Zu Ciceros formalem Rednerideal und seiner Nachwirkung.* Rhetorica II, 2, 1984, S. 103-119; A. E. Douglas, *The Intellectual Background of Cicero's Rhetorica. A Study in Method*, „Aufstieg und Niedergang der römischen Welt" Vol. I, 1973, Bd. 3, S. 95-138; S.: *Theories of Style.* Sehr deutlich betont er Aspekt stilistischer Mannigfaltigkeit im Beitrag , wo er drei Stilarten nennt: *De optimo genere oratorum* wymieniając trzy rodzaje stylu: „Oratorum autem si quis ita numerat plura genera, ut alios grandis aut gravis aut copiosos, alios tenuis aut subtilis aut brevis, alios eis interiectos et tamquam medios putet, de hominibus dicit aliquid re parum" (*De o. g. o.*, I 2).

messenheit beachten, das auf der Maßhaltung und dem Meiden allzu großer Übertreibung in der stilistischen Ornamentik beruht:

Itaque illud indecorum, quod quale sit ex decoro debet intellegi, hic quoque apparet, cum verbum aliquod altius transfertur idque in oratione humili ponitur quod idem in alia deceret (Or. 25, 82).

Es ist deutlich sichtbar, dass die stilistische Adäquatheit eine primäre ästhetische Kategorie für ihn ist, deshalb achtet er in seiner rhetorischen Konzeption besonderes auf Erhaltung natürlicher Einfachheit und stilistischer Klarheit. Besonders stark betont er die Forderung der sprachlichen Richtigkeit und Klarheit, indem er vier Grundsätze einer richtigen Konstruktion der Rede nennt: *plane, ornate, apte congruenterque (De or.* III 10, 37), die Richtigkeit, Klarheit, Ornamentik und Angemessenheit der Rede bedeuten. In dieser Konzeption beruft er sich auf die Theorie des Teofrast, indem er sagt:

Sermo purus erit et Latinus, dilucide planeque dicetur, quid deceat circumspicietur; unum aberit, quod quartum numerat Theophrastus in orationis laudibus: ornatum illud, suave et afluens. (Or. 24, 79)[9].

Vom Gesichtspunkt der Ästhetik bekommen diese Worte eine grundlegende Bedeutung, weisen nämlich auf den damaligen der Anforderung der Elleganz und stilistischer Vornehmheit weiten Zustand der lateinischen Sprache hin.sprachliche Ungeschicklichkeit, das Fehlen grammatischer Korrektheit, häufige in der lateinischen Sprache Barbarismen und Dialektentlehnungen waren für den römischen Redner unzulässig, deshalb besteht er so hartnäckig auf die Behaltung der Korrektheit: Reinheit der Sprache (*Latine dicere, sermo purus*), Klarheit der Aussage (*plane*), Angemessenheit (*apte congruenterque dicere*), die in gewissem Grade die Art der stilistischen Ornamentik und den Reichtum an Ausdrucksmitteln (*ornate dicere*) bestimmen. Cicero macht den Redner besonders empfindlich auf bewussten Gebrauch von Ausdrucksmitteln, die in erster Linie Sprachrichtigkeit, Elleganz und Präzision der Formulierungen sowie Meidung allzugroßer Übertreibung und unnatürlicher blumiger Ausdücke bedeutet. Ellegante Form der Aussage, Knappheit

---

[9] Zur Theorie von Teofrast: J. Martin, *Antike Rhetorik, Technik und Methode*, München 1974; D. C. Innes, *Theophrastus and the Theory of Style*, Oxford 1985; F. Desbordes, *Latinitas, constitution et evolution d'un modele de l'identité linguistique,* [in:] Έλληνισμός *quelques jalons pour une histoire de l'identité qrecque,* éd. S. Said, Leiden 1991, S. 33-47; W. W. Fortenbaugh, *Theophrastus of Eresus: Sources'for his Life, Writings, Thought and Influence* [w:] *Psychology, Rhetorik and Poetics,* Leiden 1992.

und Mäßigung sind für ihn nicht nur die Verwirklichung von *delectatio*, sondern auch die Voraussetzung stilistischer Differenzierung der Aussage, das allerdings keinesfalls die Norm *loquendi* verletzen und sich in einen unnatürlichen bombastischen Stil umwandeln darf.

Ein weiteres bedeutendes, die ästhetische Konzeption *delectatio* quasi ergänzendes Faktor ist der akustische Aspekt, der eine besondere Rolle insbesondere in der rhetorischen Theorie spielt. Das eufonische Effekt, hervorgerufen durch harmonische Abstimmung stilisticher Ausdrucksmittel, des Rhytmus, entsprechender Wortmelodie wird für ihn auch zu einem der Elemente von *delectatio* und den grundlegenden Kriterien der Rethorik[10].

Eine bedeutende Rolle spielt für ihn eine Art positiver akustischer Empfindung als eine gewisse Abart aristotelscher *sympathei* zwischen dem Zuhörer und dem Redner. Das Gehör ist nämlich für Cicero das empfindsamste Instrument, das der Redner spielen kann.

Oratori populi aures tibiae sunt (*Brut.* 51, 192)[11].

Sehr bildhaft betont er diesen Aspekt auch in folgender Äußerung:

Ut enim ex nervorum sono in fidibus quam scienter ei pulsi sint intellegi solet: sic ex animorum motu cernitur quid tractandis his perficiat orator (*Brut.* 54, 199).

Cicero vergleicht diese Wirkung der Sprache mit der der Musik, die unser Gemüt bewegt, Emotionen lenkt, erschüttert, amüsiert, beruhigt und lindert.

Die Voraussetzung für die Hervorrufung eufonischen Effektes ist in erster Linie die Verleihung der Aussage einer logischen geordneten Struktur sowie Behaltung inneren Zusammenhangs: *sic fore ut ordinem rerum locorum ordo conservaret* (*De or.* II 86, 354), und erst darauf folgt die Harmonie der Worte, die hier eine gleich bedeutende Rolle spielt, wie es in der Poesie der Fall ist. Cicero bezeichnet sie als *conlocatio, modus et forma verborum. Sed tamen haec conlocatio conservanda verborum, de qua loquor; quae vinctam orationem efficit, quae cohaerentem, quae levem quae aequabiliter fluentem* [...] (*De or.* III 43, 172) *Hanc diligentiam subsequitur modus etiam et forma verborum* (*De or.* III 44, 173). An einer anderen Stelle sagt der römische Redner:

---

[10] M. W. Croll, *Style, Rhetoric and Rhythm*, Princeton 1966.
[11] S.: „Nam cum is est auditor qui non vereatur ne compositae orationis insidiis sua fides adtemptetur gratiam quoque habet oratori voluptati aurium servienti" (Cic., *Or.* 62, 209).

Efficiendumst illud modo nobis, ne fluat oratio, ne vagetur, ne insistat interius, ne excurrat longius, ut membris distinguatur, ut conversiones habeat absolutas. (De or. III 49, 190).
Wir sehen hier zweifellos die Forderung akustischer Harmonie in der Konstruktion der Aussage, Meidung der Montonie, Behaltung von Einteilung in logische Strukturen (Satzperioden) sowie innerer Kohäsion. Eine wesentliche Rolle spielt die Behaltung eines entsprechenden, bei eufonischer Perzeption des Rhythmus besonders wichtigen Sprechtaktes.

Numerus autem in continuatione nullus est; distinctio et aequalium aut saepe variorum intervallorum percussio numerum conficit; quem in cadentibus guttis, quod intervallis distinguntur notare possumus in omni praecipitante non possumus. (De or. III 48, 186).
Gemäß dieser Definition von Cicero entsteht der Rhythmus infolge von gleichmäßigem Schlagen des Taktes sowie Einhaltung entsprechender Abstände[12]. Bemerkenswert ist die Tatsache, dass Arpinata sich in dieser Definition eines schönen, poetischen Vergleichs bedient, indem er schreibt, dass der entsprechende Rhythmus in den unterbrochen fallenden Wassertropfen , aber nicht im monotonen Geräusch rasch fließenden Wassers gehört werden kann, was wiederum gewisse Assoziationen mit der Wirkung der Poesie erweckt und die Bedeutung des eufonischen, auf natürliche Weise Perzeption der Schönheit bestimmenden Aspektes hervorhebt. Die Wichtigkeit dieses Kriteriums wird von Cicero betont, als er die Termini *dicendi consuetudo delectationis atque aurium causa* verwendet, wobei er sich auf die Autorität des Isokrates beruft[13].

Arpinata warnt besonders vor der Monotonie der Aussage, unnatürlicher Rhythmisierung allzu verlängerter Satzperioden, die zur Künstlichkeit sowie negativen akustischen Perzeption des Werkes führt. Der Redner, sagt Cicero, soll in seinem Auftritt sowohl allzu große stilistische Gedehntheit *ne fluat, ne vagaretur oratio (De or.* III, 190) sowie plötzliche, unbegründete Pausen (*ne insistat interius*) meiden.

---

[12] Hauptquelle des Teiles über den Rhythmus ist unbekannt, er dürfte die *Rhetorik* von Aristoteles benutzt haben (III 8).

[13] S.: A. Primmer, *Cicero numerosus. Studien zum antiken Prosarhythmus*, Wien 1968.

Wichtig ist, dass er für eine stärkere Expression des Wortes und Lenkung der Aufmerksamkeit des Auditoriums auf sich die Eintönigkeit meidet und die Klangfarbe der Stimme differenziert[14].

* * *

Die oben angeführten Äußerungen lassen die Feststellung zu, dass das Problem ästhetischen Vergnügens *delectatio* einen besonderen Platz in Ciceros Theorie einnimmt. Es wird zu einem der grundlegenden Elemente seiner rhetorischen Theorie und bezeichnet eine gesonderte ästhetische Kategorie, die für die endgültige künstlerische Gestalt des Werkes ausschlaggebend ist. *Delectatio*, das zweifellos einen deutlichen Bezug auf die aristotelische Konzeption der ästhetischen Empfindung „ἡδονή" aufweist, findet laut Cicero auf der idealistischen Ebene seine Realisierung und bildet gleichzeitig ein distinktives Merkmal der Poesie und Rhetorik. Die Konzeption *delectare* wird von Arpinata mit dem Prinzip der Angemessenheit in enge Verbindung gebracht, das auf vollkommener Harmonisierung von Form und Inhalt beruht und zur Hervorrufung eines entsprechenden rhetorischen Effektes und Erreichung einer vollkommenen künstlerischen Gestalt der Aussage. Von wichtiger Bedeutung ist auch die Tatsache, dass diese Wechselbeziehung von Form und Inhalt laut Arpinata die primäre Rolle des Inhalts behält und dadurch seine stilistische Theorie wesentlich beeinflusst. Er fordert einen solchen Gebrauch von Ausdrucksmitteln, dass der Stil mit dem Inhalt auf adäquate Weise verbunden wird. Drei grundlegende Stile unterscheidend, stellt Cicero dem Redner ein differenziertes Spektrum von Ausdrucksmitteln zur Verfügung und verlangt von ihm Geschicklichkeit im Umgang mit jedem Stil. Solche stilistische Differenzierung der Ausage bei der Behaltung des Prinzips des *decorum* führt folglich zur vollkommensten ästhetischen Realisierung des *delectatio*. Worauf wir bereits hingewiesen haben, sind dabei die stilistische Kategorie der Reinheit der Sprache (*Latinitas*) sowie Klarheit und Elleganz der Aussage (*plane dicere*) und sich daraus ergebende Kohärenz und geordnete Struktur der Rede von wesentlicher Bedeutung.

---

[14] Der Begriff *Eurythmie* war ein wesentlicher Begrif der antiken Ästhetik. Tatarkiewicz meint, sie bedeutete sensuelle, optische und akustische Gesetzmäßigkeit – das Schöne, das Augen oder Ohren betrifft und besonders auf Wahrnehmungssinne ausgerichtet ist.

Ein weiterer die Bedeutung von *delectare* ergänzender Aspekt ist der akustische Faktor, der in der eufonischen Harmonie der Ausdruckmittel zum Vorschein kommt. Differenzierung der Klangfarbe der Stimme, Meidung von Monotonie sowie Behaltung entsprechenden Rhythmus lassen den Redner die höchste Ausdrucksform bei Behaltung angemessener Ordnung in der ganzen Struktur der Aussage erreichen. Aus der Äußerung von Arpinata geht klar hervor, dass die Kategorie *delectare* eines der Hauptelemente seiner rhetorischen Theorie ist und neben dem psychologisch – überzeugenden Element zum zweiten wesentlichen ästhetischen Aspekt und literarischen Kriterium wird. Dies ist von besonderer Bedeutung im Kontext seiner ganzen literarischen Theorie, weil die genannten Aspekte nicht nur die Konzeption der Rhetorik und Poesie beeinflußen, sondern auch eine Schlüsselrolle in der Beurteilung der anderen Arten – Tragödie, Komödie, phisophischer und historischer Prosa spielen und von der starken Rhetorisierung der ganzen literarischen Kritik von Cicero zeugen.

Classica Cracoviensia
XI, 2007

AGNIESZKA HESZEN[1]
KRAKÓW

THE EARLIEST CHRISTIAN POETRY
AS EXEMPLIFIED BY *DIDACHE 9-10*

One of the oldest preserved writings of the Christian religion is the *Didache* or "Teaching of the Twelve Apostles" (Greek: Διδαχὴ τῶν δώδεκα ἀποστόλων)[2]. This work contains ethical instructions, liturgical norms and regulations of the life of a community, and also an apocalyptic fragment at the end[3]. In this text (chapters 9-10) there is one of the first Christian song – "A Eucharistic prayer". It has got an instructional character, but is written in an excellent poetical style. Chapters 9-10 can be - and even should be – discussed without a connection with the rest of the *Didache*. This kind of researches is possible, because – as scholars emphasise – the *Didache* is probably a compilation of various texts with another purposes (parenetical, liturgical, catechetical) com-

---

[1] The author would like to thank The Lanckoroński Foundation for possibility of writing this article.
[2] The critical text of the Greek, together with a commentary and a French translation, is provided by W. Rordorf, A. Tuilier, *La Doctrine des Douze Apôtres (Didaché)*, Paris 1998. *Sources Chrétiennes*, No. 248; the text of the Greek with notes and an English translation: *The Apostolic Fathers*, Vol. I, ed. by B. D. Ehrman, Cambridge–London 2003. Bibliographical remarks (on some contemporary works) are in the article by W. Rordorf, *La Didachè en 1999*, "Studia Patristica" XXXVI (2001), p. 293-299.
[3] For the analysis of some particular aspects of the *Didache*, like date, origin of the text, the subject of each chapter, see: J. A. Draper, *The Didache*, [in:] *The Writings of the Apostolic Fathers*, ed. by P. Foster, New York 2007; *The Didache in Context. Essays on Its Text, History and Transmission*, ed. by C. N. Jefford, Leiden – New York – Köln 1995 (with an English translation by A. Cody); *Pierwsi świadkowie. Pisma Ojców Apostolskich*, red. M. Starowieyski, Kraków 1998 (with a Polish translation of the *Didache* by A. Świderkówna). *Biblioteka Ojców Kościoła*, No. 10.

ing from different periods[4]. It is necessary to discuss both of the above mentioned chapters separately, because, from the philological point of view, they are different literary genres[5]. Although they contain instructions on liturgical practice (here: Eucharist) like chapter 7th and 8th, which concern baptism[6], this part of the work is clearly distinguished from the whole *Didache*, what I would like to prove in this essay. It is worth adding, that chapters 9-10 are not always printed in a way typical of poetry, i.e. with distinct lines; for example, in the edition the Loeb Classical Library they are published in the form of prose.

In my article I will try to show poetical features of chapters 9-10, but first of all I will focus their literary sources[7]. It is known, that the New Testament and the writings of the Apostolic Fathers, including the *Didache*, were created at the time of the contact of the Iudaic and Hellenistic culture. The reading of canonical texts of the New Testament provides many evidences to early Christian authors' knowledge about classical literature[8]. I think it is important, that occurrence of various literary genres in the larger work is a distinctive feature of newtestamental literature. Let us consider for example the Gospel, where next to the descriptions of events or parabolas, still existing in prose, we have strictly poetical parts, like *Magnificat, Benedictus*[9] or some parts of *The*

---

[4] Especially see: Preface to the *Didache* in *The Apostolic Fathers*, p. 405-412; see also: J. A. Draper, *op. cit.*, p. 13-20.

[5] The passage about Eucharist, treated separately, is one of poems in the Polish anthology of Greek Christian poetry: *Muza chrześcijańska*, t. III: *Poezja grecka od II do XV wieku*, transl. by W. Appel [et. al.], red. M. Starowieyski, Kraków 1995. The chapters 9-10 have already been discussed by W. Rordorf, but he pointed out liturgical aspects of them (W. Rordorf, *Die Mahlgebete in Didache Kap. 9-10: ein neuer Status quaestionis*, "Vigiliae Christianae" Vol. 51, 1997, No. 3, p. 229-246).

[6] To compare with J. A. Draper, *op. cit.*, p. 17: 'The *Didache* presents evidence of the utmost significance for the study of the origins of Christian liturgy and worship, since it offers the earliest picture of baptism (chs 7-8) and Eucharist (chs 9-10) in the Early Church'.

[7] The some literary sources of the *Didache* were presented in the essay of B. Layton, *The Sources, Date and Transmission of Didache 1.3b-2.1*, "Harvard Theological Review" Vol. 61, 1968, No. 3, p. 343-383.

[8] E.g.: *Act* 17, 2-3; *1 Cor* 15, 33; *Tit* 1, 12.

[9] The most important book: K. Mitsakis, Βυζαντινὴ ὑμνογραφία (the chapter: Οἱ ὕμνοι τῆς Καινῆς Διαθήκης), Thessaloniki 1971; see also: A. M. Komornicka, *Kilka uwag o strukturze i poetyce hymnu Magnificat (Łk 1, 46-55)*, [in:] *Hymn antyczny i jego recepcja*, red. J. Czerwińska, I. Kaczor, Łódź 2003, p. 155-173. *Collectanea Philologica*, No. VI.

Revelation[10]. Therefore the coexistence of various genological forms in the *Didache* follows the same pattern[11].

I would like to call chapters 9-10 "A Eucharistic song", but a song is an imprecise term, so there is a need to research what genre it is. Is "A Eucharistic song" of the *Didache* a hymn? The cause to this question is St. Augustin's definition on the hymn: "Hymnus scitis quid est? Cantus est cum laude Dei. Si laudas Deum, et non cantas, non dicis hymnum; si laudas aliud quod non pertinet ad laudem Dei, etsi cantando laudes, non dicis hymnum. Hymnus ergo tria ista habet: et cantum, et laudem, et Dei."[12] And so, does *Didache* 9-10 have *"tria ista"*? I am going to answer the question, but it may be difficult to determine, if this prayer was performed *"cantando"* or not. A very clearly elucidation of the term "hymnic" has been given by G. P. Luttikhuizen: "A hymn is a cultic song in which the emphasis is on the praise of God. Often the hymn opens with a call to worship God followed by a foundation which consists of an enumeration of God's deeds or qualities"[13].

Because there is an apostrophe to God *expressis verbis* in the fragment in question: σοι, πάτερ ἡμῶν (9.2)[14], it can be classified as a hymn, but it needs to be specified. The basic morphological segments of ancient hymn are as follow: metatextual forms (*expositio*), epithets of praise (*laudatio*), narrative (*pars epica*), and salutation (*salutatio*)[15]. Which kind of similarity can be observed between the *Didache* and poetry prayer of pagan antiquity?

The appropriate Eucharistic prayer is prefaced with *didascalia*, which are repeated three times:

– περὶ δὲ τῆς εὐχαριστίας, οὕτως εὐχαριστήσατε· πρῶτον περὶ τοῦ ποτηρίου ("And with respect to the thanksgiving meal, you shall give thanks as follows. First, with respect to the cup", 9.1-2);

---

[10] G. P. Luttikhuizen, *The Poetic Character of Revelation 4 and 5*, [in:] *Early Christian Poetry. A Collection of Essays*, ed. by J. Den Boeft, A. Hilhorst, Leiden – New York – Köln 1993, p. 15-22.

[11] Regarding a literary genre of the *Didache*, see: K. Niederwimmer, *Die Gattung der Schrift*, [in:] idem, *Die Didache*, Göttingen 1989.

[12] St. Augustin, *In Psalmos* 148, 17.

[13] G. P. Luttikhuizen, *op. cit.*, p. 15. To define the Christian ancient hymn, see also: M. B. Sanchez, *Aspectos y problemas del himno cristiano primitivo*, Salamanca 1972, p. 18-19.

[14] All quotations and translations come from *The Apostolic Fathers*, p. 430-433.

[15] According to J. Danielewicz's survey: J. Danielewicz, *Morfologia hymnu antycznego. Na materiale greckich zbiorów hymnicznych*, Poznań 1976.

– περὶ δὲ τοῦ κλάσματος ("And with respect to the fragment of bread", 9.3)[16];
– μετὰ δὲ τὸ ἐμπλησθῆναι οὕτως εὐχαριστήσατε ("And when you have had enough to eat, you should give thanks as follows", 10.1).

These notes are instructions, at which moment and how to celebrate the communal thanksgiving meal: the first the blessing is over the cup, followed by the blessing over the broken bread and the last "when you have had enough to eat". The expression οὕτως εὐχαριστήσατε ("you shall give thanks as follows") is a clear imperative addressed at the gathering and presenting a lot of information on the circumstances of saying prayers. The plural points at the community character of this prayer; the meaning of the verb εὐχαριστεῖν is closely connected with a sacral banquet[17].

I think, that there may be noticed a lot of concurrences of ancient hymns and the analysed part of the *Didache*. Epithets of praise: τῆς ἁγίας ἀμπέλου Δαυὶδ ("the holy vine of David", 9.2); πάτερ ἅγιε, ὑπὲρ τοῦ ἁγίου ὀνόματός σου ("holy Father, for your holy name", 10.2); δέσποτα παντοκράτορ ("O Master Almighty", 10.3); δυνατὸς εἶ ("you are powerful", 10.4)[18] come down only to two adjectives and to describing noun (holy, powerful and Master Almighty). These are yet the most important expression of the Jewish-Christian religion: God is holy and almighty.

The essence of the *pars epica* in pagan hymns is a story of miracles and unusual events made by gods, often a description of their birth[19] or an etiological illustration[20]. This place in the *Didache* is short and not very extended, but as *pars epica* it plays the main part by reminding what important things God did for people:

ἔκτισας τὰ πάντα ἕνεκεν τοῦ ὀνόματός σου,
τροφήν τε καὶ ποτὸν ἔδωκας τοῖς ἀνθρώποις
εἰς ἀπόλαυσιν, ἵνα σοι εὐχαριστήσωσιν,

---

[16] Τὸ κλάσμα means "Eucharist bread" in Christian Greek.
[17] Regarding the signification of the noun *eucharistia* and the verb *eucharistein*, see: "Vocabulary" in M. Starowieyski, *Pierwsi świadkowie...*, p. 408-409.
[18] Underlined by A. H.
[19] That refers mainly to the Homeric Hymns, e.g. H. 3.
[20] *Ibidem*, H. 2 and also Callimachus' Hymns (e.g. H. 5, 6).

ἡμῖν δὲ ἐχαρίσω πνευματικὴν τροφὴν
καὶ ποτὸν εἰς ζωὴν αἰώνιον...²¹

"You [...] created all things for the sake of your name, and gave both
food and drink to humans for their refreshment, that they might give
you thanks. And you graciously provided us with spiritual food and
drink, and eternal life..." (10.3).
It is not exactly *pars epica* because of the small size of this phrase.
But here are enumerated the goods, which God had given people and
after all these goods are eternal (εἰς ζωὴν αἰώνιον).
Metatextual forms point at outside reality, as the words ἀείδω, ὑμνίζω
suggest a singer or a person performing the hymn, so here the reference
to the situation outside a text – to the community, which has to sing this
hymn – is before exact thanksgiving song. The above mentioned *didascalia* can be included among the metatextual form: εὐχαριστήσατε,
while the words μνήσθητι, κύριε ("remember... O Lord", 10.5); ἐλθέτω
χάρις ("may grace come", 10.6); Ὡσαννὰ τῷ θεῷ Δαυίδ ("Hosanna to
the God of David", 10.6) could belong to apostrophical or salutatory
forms. The wording παρελθέτω ὁ κόσμος οὗτος (10.6) is an interesting
expression and it can be called "anti-epiphany" – the request that "this
world pass away" is opposition to what is usually wished in hymnic poetry, that is "the arrival" (of, for example, god) – here it is "leaving" or
"passing away".
The above observations concerning the morphology of the work allow us to define "A Eucharistic prayer" in the *Didache* as a **hymnic
part**. All assumptions of Greek hymnic poetics, understood not as a collection of rules observed by the author, but as the distinctive features of
a specific literary genre, were realised in this part. It is difficult to say if
the author of the *Didache* was educated in classical and Hellenistic tradition, but the correct Greek language of the work is to his advantage,
in the same as the hymn constructed in masterful fashion.
M. Sanchez has put forward a thesis that the earliest Christian poetry is modelled after Jewish patterns²². In his book he analyses some
hymns from this side, for example Φῶς ἱλαρόν (marginally mentions
the *Didache*)²³. As a fundamental base of his thesis he presents the ap-

²¹ Underlined by A. H.
²² M. Sanchez, *op. cit.*, p. 45 f.
²³ *Ibidem*, p. 69-84, the chapter *Himnos litúrgicos*.

pearance of eulogy, which has an exclamative character. The eulogy next is transformed into a Christian form, i.e. doxology, which usually appears at the end of a work and apart from that serves as the prayer clause[24]. The doxology consists of three main elements: "to whom" (ᾧ, αὐτῷ, σοί), "what kind of praise" (δόξα, τιμή) and the temporal determinant (εἰς τοὺς αἰῶνας). All these parts can be found in the hymn of the *Didache*, but more developed: 1°, there is the causal construction to justify the praise, which precedes exact doxology; 2°, there is a mediator (Jesus) and 3°, the primary structure is repeated several times:

- ὑπὲρ τῆς ἁγίας ἀμπέλου Δαυίδ; ὑπὲρ τῆς ζωῆς καὶ γνώσεως; ὑπὲρ τοῦ ἁγίου ὀνόματός σου; ὑπὲρ τῆς γνώσεως καὶ πίστεως καὶ ἀθανασίας ("for the holy vine of David", 9.2; "for the life and knowledge", 9.3; "for your holy name", 10.2, "for the knowledge, faith, and immortality", 10.2)[25];
- διὰ Ἰησοῦ τοῦ παιδός σου ("through Jesus your child", 9.2, 9.3, 10.2); διὰ Ἰησοῦ Χριστοῦ ("through Jesus Christ", 9.4);
- σοὶ ἡ δόξα εἰς τοὺς αἰῶνας ("to you be the glory for ever", 9.2, 9.3, 10.2, 10.4); ὅτι σοῦ ἐστιν ἡ δύναμις καὶ ἡ δόξα εἰς τοὺς αἰῶνας ("for yours is the power and the glory forever", 10.5). It is indeed a conclusion, yet we could almost describe it as an inclusion[26], since with this doxology the attention is taken back to the next thanksgiving.

Sanchez is right when he says that it is typical Semitic feature and, as a matter of fact, his analysis was very honestly carried out. Let us add, though, that doxology is not the only Semitic element in *Didache* 9-10. R. Lowth has focused his attention on the other characteristic quality of this poetry, i.e. parallel clauses (*parallelismus membrorum)*[27]. Referring to Sanchez' thesis I would like to say that doxology, which is repeated in the work many times, can be an excellent example of parallelism. Because of this repetition it functions as a factor of composition, by sepa-

---

[24] 'La cristianización formal de las eulogías está representada por frases como εὐλογητὸς ὁ Θεὸς καὶ πατὴρ τοῦ κυρίου ἡμῶν Ἰησοῦ Χριστοῦ [...]. Una forma simple de eulogía es la que encontramos varias veces repetida en *Didache* 9 s., en que la motivación está desarrollada por medio de ὑπέρ, y es seguida por una doxología como cláusula', *ibidem*, p. 54.

[25] Underlined by A. H.

[26] G. P. Luttikhuizen has used such expression in context of similar praise of God in *The Revelation*, see P. Luttikhuizen, *op. cit.*, p. 17.

[27] *De sacra poesi Hebraeorum*, quoted according to W. Tyloch, *Dzieje ksiąg Starego Testamentu*, Warszawa 1994.

rating each parts of the hymn from one another. Doxology composed in parallel elements is an emphatic expression and every reminder of the addressee of the work.

We can find some relations to Semitic culture in the semantic field also: for example, the frequent calling of Christ by παῖς (v. 9.3, 10.3), understood as a "servant"[28]. During the development of Christianity the evolution is seen in the language of prayer – the stress is shifted to Christ as God, not the divine Mediator only. He becomes an object of worship, an addressee of prayers. The later poetry is characterised by an idea of Christ as the point of concentration, but the earlier one is closer an idea of παῖς rather.

An obvious literary source of this work is *Psalms* – reminiscences and quotations from them are the next main feature of the newtestamental poetry. Permeating the work with allusions to Old and New Testament will become the main symbol of the later Christian literature. As far as reminiscences of *Psalms* are concerned in *Didache* 9-10, there are not many of them, while we can find some quotation from *Is*, *Sap*, *Syr*. The words "holy vine" can be treated both the quote from *Is 5* and *Psalms* (77,47; 79,9). The phrases μὴ δῶτε τὸ ἅγιον τοῖς κυσί ("do not give what is holy to the dogs", 9.5) may have derived from Gospel (*Mt* 7,6), and μαρὰν ἀθά (10.6) from *1Cor* (16,22), but it is difficult to indicate the direction of reminiscences on account of the close time of composing the New Testament and the *Didache*[29].

As mentioned above, a characteristic feature of Hebraic poetry is parallelism. The repeating of the same thought by different words twice or three times is parallelism of segments. The rhythm is connected with this stylistic figure, which is also an essential form of expression[30]. In this way there exists the subject and formal equality of successive phrases.

---

[28] It is disputable, how this wording should be understood: in English translations this word is given as "child" (by B. D. Ehrman) or "servant" (by A. Cody). The primeval learning about Jesus had presented Him just as the servant, the later one – as the son (child of God). That's to say the Cody's translation is in my opinion much justified. In any case, the calling of Christ by son/servant reflects a Davidic Christology (see: J. A. Draper, *op. cit.*, p. 18).

[29] It can suggest the common source "Q". See: A. Tuilier, *La Didachè et le problème synoptique*, [in:] *The Didache in Context...*, p. 110-130.

[30] With comparison see: 'The rhythm of poetry in the Semitic tradition [...] can best be described as a rhythm of words and thoughts short clauses round a central notion, repeated in corresponding clauses', G. P. Luttikhuizen, *op. cit.*, p. 16.

There are a lot of kinds parallelism: synonymic, antithetic, synthetic, gradual and emblematic. In the hymn of the *Didache* we find quite rarely any example of emblematic parallelism: ὥσπερ ἦν τοῦτο τὸ κλάσμα διεσκορπισμένον ἐπάνω τῶν ὀρέων καὶ συναχθὲν ἐγένετο ἕν, οὕτω συναχθήτω σου ἡ ἐκκλησία ἀπὸ τῶν περάτων τῆς γῆς εἰς τὴν σὴν βασιλείαν ("as this fragment of bread was scattered upon the mountains and was gathered to become one, so may your church be gathered together from the ends of the earth into your kingdom", 9.4). The synonymic parallelism may be found in verses speaking of what "we give you thanks" (εὐχαριστοῦμέν σοι) and corresponding to them "for" (ὑπέρ). We see antithetic parallelism also in the lines: εἴ τις ἅγιός ἐστιν, ἐρχέσθω· εἴ τι οὐκ ἐστι, μετανοείτω ("if anyone is holy, let him come; if any one is not, let him repent", 10.6).

However, the most excellent construction, which appears in these chapters of the *Didache* is the parallelism of composition. It has not been registered until now in research on Greek Christian poetry. This parallelism concerns the anaphora εὐχαριστοῦμεν, which initiates every separate segment of the work, resembling a small stanza or *colon*. The verb εὐχαριστοῦμεν being repeated several times, occurs in the culminate place of this text. It starts each consecutive moment of liturgy (v. 9.2, 9.3, 10.2, 10.4). Therefore it is an important element from theological point of view, whereas from literary one it is the delimitator of the text[31]. The construction of the hymnic part is characterised by excellent artistry achieved with using this parallel.

To sum up, the Eucharistic prayer of the *Didache* is the hymnic part of the work so much separated that it may be said to be an intertextual genological variation. It happens similarly in the chorus of Greek comedies and tragedies, where very varied metrical system explicitly reflects on their separation. Nevertheless, this feature is not typical for Greek pagan literature: the songs of chorus still remain an integral part of all drama. This mixing of various genological forms in one larger work is a standard of the poetry of the Hebraic-speaking world. Gospel is an excellent example of that.

Although "the Eucharistic prayer" is not an autonomous work, on account of its different rhythm and style it is evidently a separate part of the *Didache* and it may be considered a hymn. The hymnic part has got a lot of morphological elements found in Greek pagan hymns, although

---

[31] Like the doxology, see p. 176.

some of them are only drafts, like *pars epica*, others specially clear, like metatextual expressions. What is important, regularly repeated and extended parallel wordings and *doxologiae* come to the fore, so we can talk about the interference of two poetics: Greek and Semitic – with the predominance of the latter.

Classica Cracoviensia
XI, 2007

MARIA KŁAŃSKA[1]
KRAKÓW

ZUM VERHÄLTNIS ZWISCHEN ANTIKE UND CHRISTENTUM IN FRANZ THEODOR CSOKORS DRAMEN-TRILOGIE *OLYMP UND GOLGATHA*[2]

Biblische Motive treten im Werk des christlich engagierten Humanisten Franz Theodor Csokor schon lange vor der Nazizeit auf (z.b. in *Der Baum der Erkenntnis. Ein Mythos* oder *Die Sünde wider den Geist. Eine Tragödie*, beide 1916), aber erst seit seiner Kriegsodyssee der Jahre 1938-1945 über Polen und Jugoslawien bis nach Italien lässt sich bei Csokor ein verstärktes Interesse an der Antike und ihrer Ambivalenz zwischen heidnischem Götterglauben und christlicher Religion beobachten.

Da der Name Csokor, der einst an eine große Autorität des literarischen Lebens in Österreich denken ließ, einen Klassiker der modernen österreichischen Dramatik, Lyrik und (am Rande) auch Epik – darüber hinaus an einen großen Freund Polens - , heute nicht mehr allgemein geläufig ist, sei zuerst an die Umstände seines Exils erinnert.[3] Bereits 1933 hat sich Csokor während des P.E.N.-Kongresses in

---

[1] Die Verfasserin ist in den Jahren 2006-2009 Benefizientin der Stiftung f. polnische Wissenschaft (Fundacja na rzecz Nauki Polskiej) im Programm „Meister" (Professorensubsidien) und arbeitet im Rahmen dieses Subsidiums am Projekt „Die Bibel in deutschsprachiger Literatur von der Aufklärung bis zur Gegenwart".

[2] Diese Trilogie, die 1954 im Wiener Zsolnay Verlag herauskam, enthält folgende Dramen: *Kalypso* (1941/2), *Cäsars Witwe* (1954) und *Pilatus* (1947) und wurde mit dem Untertitel *Trilogie einer Weltenwende* versehen.

[3] Zu biographischen Sachverhalten vgl. vor allem B. Brandys, *Franz Theodor Csokor. Identität von Leben und Werk*, Łódź 1988, S. 13-38; zum Exil s. u. a. auch M. Kłańska, *Franz Theodor Csokors Exillyrik*, [in:] *Grenzgänge und Grenzgänger in der österreichischen Literatur. Beiträge des 15. Österreichisch-Polnischen Germanistentreffens*, Hg. M. Kłańska, K. Lipiński, K. Jastal, A. Palej, Kraków 2004, S. 197-212, Biographisches bes. 197-200.

Dubrovnik der Resolution gegen die Bücherverbrennung und die Verfolgung von Schriftstellern in Nazideutschland angeschlossen, was zur Folge hatte, dass die Nazis unmittelbar nach dem 'Anschluss' Österreichs nach ihm zu fahnden begannen. Bevor sie seiner habhaft werden konnten, floh Csokor nach Polen, wo er Freunde hatte und für seine Übertragung der *Ungöttlichen Komödie* Krasińskis im Jahre 1936 mit dem Goldenen Verdienstkreuz ausgezeichnet worden war. Er lebte zuerst in Oberschlesien, dann in Pruszków bei Warschau, von wo er nach Ausbruch des Zweiten Weltkriegs wiederum fliehen musste, zusammen mit polnischen Einwohnern der polnischen Hauptstadt. Für die Dauer des Krieges erhielt er sogar einen polnischen Pass. Sein Erlebnisbericht *Als Zivilist im Polenkrieg* (1940) war die erste Reportagenreihe über den deutschen Überfall auf Polen 1939, die seitens der Alliierten publiziert wurde. Über die polnisch-rumänische Grenze in Zaleszczyki gelangte der Dichter zuerst nach Bukarest, floh von dort nach dem Erdbeben im Jahre 1940 nach Jugoslawien, zunächst nach Belgrad und nach einem Bombenangriff über Sarajewo und Mostar ins italienisch besetzte Split. Von dort gelangte er auf die dalmatinische Insel Korčula, in der Hoffnung, dort den Rest der Kriegszeit im Frieden verleben zu können. Dort wurde er interniert. Zuerst war es tatsächlich eine Atempause auf der Flucht, aber mit dem Partisanenkrieg begannen die faschistischen Repressalien. Der fast 60jährige Mann hat sich als Helfer der Verwundeten- und Krankenpfleger jugoslawischen Partisanen zur Verfügung gestellt. In das befreite Bari, aufs italienische Festland, evakuiert, trat Csokor bei der PWB (Psychological Warfare Branche), später als BBC-Sprecher, in die Dienste der alliierten Propaganda gegen die Kriegsteilnahme an der Seite der Nazis, die vornehmlich an Österreicher gerichtet war. Über diese Stationen seiner Kriegsodyssee berichtete er im Erlebnisband *Als Zivilist im Balkankrieg* (deutsch 1946), und nach dem Krieg vereinigte er die beiden Berichte über seine Flucht durch halb Europa in dem Band *Auf fremden Straßen.1939-1945* (1955). 1946 kehrte er in sein geliebtes Wien zurück und betätigte sich bis zu seinem Tode im Jahre 1969 als Autor und als Präsident des österreichischen P. E. N. Für viele war Csokor eine moralische Autorität, anderen war der 'Emigrant' freilich verdächtig. Er half vielen jüngeren Dichtern, sich literarisch durchzusetzen, tat viel auch für polnische Schriftsteller, z. B. Roman Brandstaetter, und die kulturellen Beziehungen zwischen Österreich und Polen, nach dem Motto des Chronisten Gallus „ne frustra panem polonicum manducarem".

Die Gründe für Csokors Interesse an christlichem Gedankengut, welches auch in der Sammlung seiner Exilgedichte *Das schwarze Schiff* (1946) deutlich zum Ausdruck kommt, würde ich in der Grenzsituation des Flüchtlings sehen, der sich, von seiner Heimat nicht nur territorial, sondern vor allem auch geistig abgeschnitten, vor die Notwendigkeit eines Neubeginns gestellt sieht und nach Orientierungsmustern sucht, wofür sich die Bibel, aber auch die humanistische antike Tradition anbieten. Das Gedicht *Das schwarze Schiff*, in dem er erstmals an die Irrfahrten Odysseus' anknüpft, hat Csokor 1938 in Warschau verfasst. Darüber hinaus würde ich einen der Orte seines Exils, die Insel Korčula, deren Hauptstadt die griechische Gründung *Korkyra melaine* war[4], sowie den anschließenden Italienaufenthalt zu jenen Faktoren rechnen, die das Antikeninteresse des Autors gefördert haben, wovon zahlreiche Stellen in *Auf fremden Straßen* zeugen, z.B. Kapitelüberschriften wie „Thalatta! Thalatta!" oder „Penthesilea auf dem Balkan"[5] oder die Reflexionen über Dalmatien als Land der Phaiaken, Landungsort der Argonauten und Ort der Auseinandersetzung des Pompeius mit den Diadochen[6] sowie über Salona/Split als eine Stätte der Vita Diocletians[7]. Auch trachtete Csokor immer danach, seinen Werken bei allen geschichtlichen Bezügen doch Aktualität und einen universellen Sinngehalt zu verleihen, wofür sich christliche und antike Symbolik besonders gut eignet.

Zum ersten Mal kommen Reflexionen über die Konfrontation zwischen antiker Götterwelt und Christentum in dem auf Korčula verfassten Drama *Kalypso* (1941/42) zur Sprache, das eine existentialistische Neudeutung des 5. Gesanges der *Odyssee* vor dem Hintergrund des Zweiten Weltkriegs enthält. Die Rollen der Nymphe Kalypso und des Götterboten Hermes, der Kalypso das Urteil der Olympier verkündet, wonach Kalypso Odysseus frei lassen und ihm bei der Vorbereitung seiner Heimkehr behilflich sein soll, werden ziemlich originalgetreu nachgebildet. Aber in das Idyll der Insel Ogygia, deren Frieden Odysseus zuerst genießt, dringt der Krieg ein. Es treten die Stymphalischen Vögel als Gesandte und Rächer des Kyklopen Polyphem auf. Odysseus besiegt sie und erinnert sich im Blutrausch seiner männlichen 'Kamp-

---

[4] Vgl. F. T. Csokor, *Auf fremden Straßen. 1939-1945*, München 1955, S. 212.
[5] *Ibidem*, S. 195, 278.
[6] Vgl. *ibidem*, S. 199.
[7] Vgl. *ibidem*, S. 203 f.

fespflicht'. Besonders nachdem ihm der Schmied des Hephaistos eine aus den eisernen Teilen der gefallenen Stymphalischen Vögel angefertigte Rüstung schenkt, ist er vom Gedanken der Rückkehr und Rache an Penelopes Freiern nicht abzubringen. Daher betrachtet Kalypso sowohl sich selbst als auch Penelope als Verliererinnen im Streit der Geschlechter: „Und trotz Hader und Elend verlangt euch nach Rache. Dagegen habe selbst ich nichts vermocht und Penelope nichts, - keine himmlische und keine irdische Frau-"[8].

Nach Csokors Auffassung – sie kommt in sehr vielen seiner Werke zum Ausdruck – steht die Frau für den Frieden, das Mütterliche, das lebensschützende Prinzip, während im unruhigen Innern des Mannes immer der Krieg und ein Streben nach Heldischem, nach Selbstbehauptung und tödlichem Spiel, nach dem Rausch des Sieges lebe. Diese Antinomie geht auf eine archetypische Teilung der Geschlechterrollen zurück. Im Schauspiel *Kalypso* wird die männliche Beschränktheit und Todessucht eigentlich zweimal überwunden: Zum einen ist an die Gestalt des blinden Sängers zu denken, der schon in den Didaskalien folgendermaßen beschrieben wird: „Nur der blinde Sänger trägt die Züge der bekannten Blindenherme, die auch als Herme Homers bezeichnet wird"[9]. Auch jene Informationen, wonach seine Verse mit geringfügigen Änderungen den einschlägigen Stellen der *Odyssee* entnommen wurden, legen den Schluss nahe, dass es sich um Homer handelt. Er arbeitet die ganze Zeit über an einem Epos über Odysseus´ Irrfahrten und scheint als Seher und schöpferischer Dichter wie Sänger die Schwächen des Männlichen überwunden zu haben, allerdings ist er blind und damit körperlich behindert, sodass er nicht kriegstauglich erscheint, welcher Umstand freilich durch seine Sehergabe wettgemacht wird. Zum zweiten kommt aber gerade ihm zu, von der Geburt Christi zu künden. Die alten Götter, die im Drama auftreten, Hermes, die Nymphe Kalypso und insbesondere ihre Gegenspielerin, die kokette, eitle Galathea, sind längst nicht mehr Gegenstand gläubiger Hingabe und kultischer Verehrung. Statt dessen hofft der Sänger, dass einst ein Mann geboren wird, der nicht nach Krieg und Rache strebt, dessen Heroismus im Selbstopfer wurzelt:

---

[8] F. T. Csokor, *Kalypso. Ein Schauspiel in sieben Vorgängen*, Wien 1946, S. 64.
[9] *Ibidem*, S. 6.

Doch vielleicht kommt aus euch einmal einer zur Welt, ein größerer Dulder als dieser, der nur unser Elend auf sich nimmt, ohne Sehnsucht nach Hader und Rache. Der braucht dann nicht dich und nicht mich, der wird dann sein eigenes Leid sein. Denn jeder, der sich überwindet und hingibt, ist mehr als ein Held aller Helden, wenn er sich klar macht wofür – [...] Für alles, was wir noch nicht wagen, zu sein! Für unsere Schwäche! Für unsere Schuld! Und damit das Leid einmal weniger wird auf dieser blutigen Erde[10].

Damit werden trotz aller Anonymität eindeutig Geburt und Selbstopfer Christi vorweggenommen – des einzigen Mannes, von dem nicht Krieg, sondern Friede kommen wird.

Der gleiche Gedanke erscheint, wiederum eher am Rande, aber dieses Mal dem Sinngehalt nach doch zentral in Csokors Drama *Caesars Witwe* (1953)[11]. Die von der Geschichtsschreibung wenig beachtete letzte Frau Gaius Julius Caesars, Calpurnia (bei Csokor ist sie bereits verwitwet), Tochter des Lucius Calpurnius Piso[12], wurde von Caesar als 18jährige im Jahre 59 v. Chr. um der Staatsräson willen geehelicht und von Anfang an vernachlässigt. Die Handlung des Dramas spielt zwischen 43 v. Ch. und 9 n. Chr. in Rom. So begegnen wir Calpurnia, die im Prolog 34 Jahre alt sein müsste, als einer schwarz gekleideten Matrone mit Schleier, welche die Trauer seit dem Tode Caesars nicht ablegt und keinen Anteil am geselligen Leben Roms nimmt. Sie wird zum einen als ein ‚kleiner Mensch' dargestellt, als Privatmensch inmitten geschichtlicher Wirren, anderseits aber als starke Persönlichkeit, die Julius Caesar (in ihren Augen das Ideal eines Mannes) die Treue hält. Auch wird sie als freundliche Hausherrin gezeigt, wohlwollend dem Gesinde gegenüber, und dem späteren Dichter Horaz rettet sie voller Generosität das Leben, obwohl er ein politischer Gegner ihres Mannes war. Das Vorspiel spielt nämlich während „der römischen 'Nacht der langen Messer'"[13] während der vom Triumvirat Octavian Augustus',

---

[10] *Ibidem*, S. 64.

[11] Obwohl dieses Drama später als der zur Trilogie *Olymp und Golgatha* (1954) gehörende *Pilatus* (1947) entstanden ist, behalte ich die Reihenfolge jener Anordnung bei, die Csokor für seine „Trilogie einer Weltwende" bestimmte: eine Chronologie innerhalb der dargestellten Welt, die zugleich logische Verknüpfungen beschreibt.

[12] Vgl. A. K r a w c z u k, *Gajusz Juliusz Cezar*, Wrocław–Warszawa–Kraków 1972, S. 90.

[13] So P. W i m m e r, *Der Dramatiker Franz Theodor Csokor*, Innsbruck 1981, S. 224.

Marc Antonius' und Lepidus' angeordneten Proskriptionen gegen Caesars angebliche Mörder, in Wahrheit gegen politische Gegner, die 2000 Männer, darunter Cicero das Leben gekostet haben. Auch der junge Horaz, der sich im Jahre 43 voller jugendlichen Enthusiasmus der republikanischen Armee Brutus' angeschlossen hatte[14], war von den Verfolgungen betroffen. Der historische Horaz hat sich bei der Niederlage der Schlacht bei Philippi durch Flucht gerettet und ist wahrscheinlich 41 v. Chr. nach Rom zurückgekehrt, nach der Verkündigung der politischen Amnestie durch die Triumviren. Csokor erfindet, um Calpurnia zu charakterisieren, eine Szene, in der sie den irrtümlich in ihrem Haus in Rom jenseits des Tiber Schutz Suchenden aus humanitären Gründen beherbergt und ihn als angeblichen Sklaven zusammen mit dem römischen Legaten ausschickt, Caesars blutiges Sterbegewand dem Augustus zu übergeben, was die beste Tarnung für den Verfolgten ist. Calpurnia erschrickt über den blutigen Terror in Rom und missbilligt ihn eindeutig, obwohl er als Rache für ihren ermordeten Gatten präsentiert wird.

Im 1. Akt sehen wir sie inmitten des Gesindes während der Saturnalien am Tage der Einweihung der 'Ara Pacis', jenes Altars in Rom, der den Augusteischen Frieden verewigen soll. Es muss dies das Jahr 8 n. Chr. sein, zumal der sterbende Horaz erneut die Nähe Calpurnias sucht. Der Dramatiker legt dem todkranken Dichter harte Worte gegen die unmenschliche Politik des Augustus in den Mund. Jenen vergleicht er mit Cäsar, wobei der Ermordete viel höher eingeschätzt wird. Der Sterbende nimmt Calpurnia das Versprechen ab, in seinem Namen Augustus die Wahrheit ins Gesicht zu sagen, was er selber nicht mehr gewagt bzw. zeitlich nicht mehr geschafft hatte. Da er ihr aus der Seele spricht, zieht sich Calpurnia feierlich an und sucht im 2. Akt Augustus auf – wie das Herrscherpaar annimmt, um Augustus ihre Glückwünsche auszusprechen, in Wirklichkeit aber, um ihm die Wahrheit zu sagen.

Dabei bedient sich Csokor des für ihn typischen Gegensatzes zwischen der Frau als der Guten, Sanften, das Leben Schützenden und dem rücksichtslosen Mann, dem das Leben eines einzelnen Menschen nichts bedeutet. Csokor spitzt aber diesen dramatischen Konflikt zu, indem er Augustus sich in dessen Entgegnung als Fürsten des Friedens inszenieren lässt. Calpurnia wirft ihm die 2000 Proskribierten vor, aber auch den Mord an zwei unschuldigen Söhnen Cleopatras, dem Sohn Cae-

---

[14] Vgl. S. Stabryła, *Wstęp*, [in:] Horacy, *Dwadzieścia dwie ody*, tłum. A. Ważyk, Wrocław 1991, S. 28 f.

sars, Caesarion, und dem von Pompeius. Sie erwähnt dabei ihre unerfüllte Mutterschaft, die sie bei Cäsarion hätte ausleben können, wenn Augustus ihn nicht umgebracht hätte. Auch Marc Antons und Ciceros Tod wirft sie ihm vor.

Augustus bleibt aber unbeeindruckt von diesen Anschuldigungen, er behauptet sogar, viel mehr Missetaten begangen zu haben als jene, von denen Calpurnia weiß: „Ja, ich tat mehr solcherart, viel mehr, als du ahnst, ich fälschte, ich log und betrog, alles Dinge, die dein erlauchter Julius Caesar, das lautere Herz, niemals vermocht haben würde. Genügt dir das nicht?"[15] Als Calpurnia, die Augustus schon in dessen äußerer Kostümierung, auf Koturnen und geschminkt, lächerlich fand, ihm vorwirft, er sei ein Usurpator, einer, der sich Caesars Attribute zuschreibe und doch ein jämmerlicher Schwächling und Blutsäufer sei, der sich freilich selbst die Hände nicht beschmutze, hält ihr Augustus – damit ist der Höhepunkt des Dramas erreicht – die Imago eines Friedenfürsten entgegen: Caesar habe in seinem Taten- und Ruhmesdrang den Osten beherrschen, ein Weltreich begründen wollen, das zu erobern und aufrechtzuerhalten „Millionen der Unseren gefallen wären", ein Weltreich, das einen Jahrhunderte lang andauernden Krieg unvermeidlich machen würde: „Ich ließ zweitausend Politiker töten – und seit zwanzig Jahren genießen wir Frieden, und für zwanzig weitere steht er in Sicht. Überlege, was mehr wiegt!"[16].

Calpurnia entgegnet darauf:

Ein einzelner – und mit ihm fiel ein Stern, der nicht der deiner Blutlisten war und deiner mordenden Horden. Und ob du dadurch aus der Stadtherrschaft Rom ohne Krieg einen Weltstaat gemacht hast – er wollte weit mehr! Wie er uns Gesetze und Zeit zu erneuern verstand, so suchte er auch eine weisere Ordnung, die nicht bloß die Menschen unserer Provinzen in Römer verwandelt hätte, sondern unsere Römer zu Menschen im Reich seines Planes. Und vielleicht lebte unter jenen zweitausend einer, dem viel Größeres noch zu erreichen bestimmt war, weil er über Ordnung, Milde und Recht hinausgelangt hätte – [...] nach etwas, das unser flüchtiges Sein an das Ewige bindet, in das wir vergehen und dem wir entstammen und das dabei immer um uns bleibt[17].

[15] F. T. Csokor, *Caesars Witwe. Ein Stück in einem Vorspiel und drei Akten*, Wien 1954. Als Manuskript gedruckt, S. 48.
[16] *Ibidem*, S. 49.
[17] *Ibidem*, S. 64.

Augustus verlangt, dass ihm Calpurnia solch einen Menschen zeigen möge, dann würde er seine alte Kraft wiederfinden und diesem Menschen sein Rom übergeben. Calpurnias Entgegnung macht die Prophezeiung noch deutlicher, man denkt dabei auch an Vergils Vorausdeutung auf die Geburt eines Kindes, das Frieden und das Goldene Zeitalter bringen werde, in der man ebenfalls eine Ankündigung der Geburt Christi sah (4. Ekloge)[18]:

> Wie sollte ich das? Etwa ist er noch gar nicht geboren, oder gibt es ihn, wächst er erst irgendwo am Rand deines Reiches, ein Knabe, ein Kind – doch er könnte in uns endlich etwas erwecken, das uns das, was wir wünschen, als Eitelkeit zeigt, und was wir missachten, als das uns Erwünschte. Und vielleicht findet sogar dann das Leid einen Sinn und der Tod und unser erblindeter Himmel mit seinen verwesenden Göttern, und man muß nicht am Ende voll Grauen und Ekel in das nackte Nichts hineinstarren wie ich jetzt[19].

In der Konstruktion des Dramas wird diese Ahnung und Hoffnung auf solche Weise umgesetzt, dass Calpurnia zunächst, in Anwesenheit der Oberpriesterin der Vestalinnen, große Todesangst, innere Leere und eine Empfindung der Sinnlosigkeit zeigt. Sie will sich nicht auf die Tugenden einer römischen Matrone verpflichten lassen, bezeichnet sich als leidende Kreatur, als „ein Stück Fleisch, das erstickt und sich fürchtet"[20], was auf eine sehr überzeugende Weise die Todesfurcht versinnbildlicht. Dann aber sieht sie, trotz ihrer Behauptung, dass der Himmel – hier ist offenbar der Olymp gemeint – leer ist, jemanden, der ihr wieder Zuversicht selbst im Tode einflößt: „Ja – etwas naht sich – es neigt sich mir zu – alles war Lüge auf Erden – nur das nicht –"[21] Sie bezeichnet dieses etwas als „ein Menschengesicht", was offensichtlich eine Anspielung auf die menschliche Natur Christi ist.

Kontrapunktisch dazu wird sie nach ihrem Tode von Augustus selbst zur Göttin erhoben, und ihre Bitte, dass man nach ihrem Tode nur Feldfrüchte opfern möge, wird nicht erhört. Die Pointe bildet das Gespräch

---

[18] Vgl. S. Stabryła, *Wergiliusz. Świat poetycki*, Wrocław–Warszawa–Kraków 1983, S. 86-88. Stabryła macht allerdings darauf aufmerksam, dass nichts darauf hindeutet, dass mit jenem Kind tatsächlich Christus gemeint ist.

[19] F. Th. Csokor, *Caesars Witwe...*, S. 49.

[20] Vgl. *ibidem*, S. 65.

[21] *Ibidem*, S. 71.

zweier Leichenwäscherinnen. Die Frauen unterhalten sich völlig respektlos über die gewaschenen Leichen, in denen sie keine großen Menschen mehr sehen, ja sie kommen auf die einfachen, kleinen Leute zu sprechen, die für diese Großen als Soldaten fielen. Doch eine der Frauen bemerkt, dass die tote Calpurnia so aussieht, „als täte sie warten auf etwas –" und behauptet „die hat was gesehen [...]". Dieser Glaube Calpurnias wird dem harten Schicksal der kleinen Leute und besonders Frauen im römischen Reich entgegengesetzt. Während die erste Leichenwäscherin beinahe marxistisch äußert: „Ich glaube an Prügel, an Elend, an Hunger und Krieg, und dass dabei wir immer den kürzeren ziehen, wir Weiber", erwidert die andere: „Ich will gar nicht denken. Nur glauben. Und dabei warten auf etwas. Wie die---"[22].

Damit wird der ausgehöhlte Glaube an die antiken Götter oder zu Göttern erhobenen Herrscher durch eine christliche Ahnung ersetzt, eine Hoffnung, die dem Leben einen Sinn zu verleihen vermag, der sich selbst in der Stunde des Todes bewährt. Es geht Csokor nicht um die persönlichen Qualitäten Caesars und des Augustus, die wohl ziemlich willkürlich entgegengesetzt werden, sondern offensichtlich um die Gegenüberstellung der 'großen Männer' dem Christus, wobei die Frau aufnahmefähiger für die neue christliche Idee ist als der Mann. Neben der Zuspitzung der Gegensätze in Gestalt des Augustus und Calpurnias haben wir es mit dem Kontrast zwischen der heidnischen Götterwelt und dem Christentum zu tun, wobei eigentlich nicht mehr so sehr der Olymp, sondern die Hybris der Herrscher Roms, sich selbst zu Göttern zu machen, dem christlichen Glauben entgegengesetzt wird.

Das nächste Drama, das Csokor für seine Trilogie *Olymp und Golgatha* bestimmte, ist die 1947 in Rom entstandene, 1954 veröffentlichte Szenenfolge *Pilatus*. In einem ausführlichen Vorwort zu diesem Stück reflektiert der Verfasser über die Möglichkeiten, sich in der heutigen Zeit mit dem Themenkreis der Karwoche auseinander zu setzen. Er schreibt:

Göttliche Personen als dramatische Figuren handelnd oder auch nur redend auf der Bühne zu zeigen, bleibt heutzutage stets anfechtbar. Die Naivität des Mittelalters durfte das in ihren Mysterienspielen noch wagen, weil damals der Mensch – und mit ihm der Dichter – eine ihm zustehende Bedeutung als Träger und Vollstrecker eines überirdischen

---

[22] Vgl. *ibidem*, S. 74 f.

Willens vertreten konnte. /.../Hingegen kann ihn /den Menschen unserer Zeit – M.K./ die szenisch vorgeführte W i r k u n g /Sperrung – F.Th.C./ des Göttlichen auf die Epoche, darin es sich manifestierte, und was sich daraus dann bis auf unsere Zeit ergab, zum Zweifel an seinem eigenen Zweifel diesem Göttlichen gegenüber bewegen[23].

Wie stark ihn bei der Wahl des Christus-Stoffes das Erlebnis des Zweiten Weltkriegs und seines Exils beeinflusste, zeigt sich, wenn man Csokors Gedichte aus der Sammlung *Das schwarze Schiff* betrachtet und feststellt, dass mehrere dieser Gedichte Episoden des Evangeliums reflektieren: So thematisieren die von zwei Gemälden Caravaggios in italienischen Kirchen inspirierten Gedichte „Die Berufung des Matthaeus" und „Thomas der Zweifler" Geschehnisse um die beiden Apostel[24], während „Barrabas" und „Ehe dieser Mann..." Rollengedichte sind, die vom Standpunkt des israelitischen Pöbels, der von Pilatus fordert, er möge Barrabas frei lassen und Christus kreuzigen, argumentieren.[25] Schließlich ist das „Pfingstgedicht"[26] zu nennen, ein Exilgedicht, in dem das lyrische Ich von sich selbst in der 2. Person verlangt, alles hinter sich zu lassen und wegzugehen. Es enthält als Motto den Hinweis auf den Passus 21,18 im Evangelium des Johannes, der sich überraschenderweise als jene Episode entpuppt, in welcher der auferstandene Christus Petrus sein Martyrium prophezeit. [27]

Der Hauptgedanke Csokors – in diesen Gedichten wie in dem noch zu behandelnden Drama – ist, dass man nicht Christi Schüler, also Christ, werden kann, ohne sein Leben grundsätzlich zu ändern, alles hinter sich zu lassen und Christus zu folgen. Davon handelt das größtenteils im Milieu der römischen Besatzer Jerusalems spielende Drama *Pilatus*. Das zweite Problem ist die Idee einer messianischen Herrschaft

---

[23] *Ibidem*, S. 3.

[24] Das Gedicht *Die Berufung des Matthaeus* wird mit dem Hinweis auf das Evangelienzitat „Matthaei 8,9" und der Information „Zu dem Bilde Michelangelo Caravaggios in der Kirche S. Luigi die Francesci in Rom" versehen, das „Thomas der Zweifler" mit dem analogen Hinweis auf „Johannis 24" und dem Hinweis auf die Uffizien in Florenz als die Stätte, wo er das einschlägige Bild Caravaggios gehen hat. Vgl. F. T. C s o k o r, *Auch heute noch nicht an Land. Briefe und Gedichte aus dem Exil*, Hg. F. R. R e i t e r, Wien 1993, S. 357-358.

[25] *Ibidem*, S. 342, 348, das letztere völlig aktualisiert.

[26] *Ibidem*, S. 340.

[27] Vgl. *Die Bibel. Nach der Übersetzung Martin Luthers*, Stuttgart 1985, Das Neue Testament, S. 139.

Jesu, welche die Juden, sogar die meisten seiner Jünger, als weltliche Herrschaft und vor allem als Sieg über die Okkupanten deuten, während nur sehr wenige Jesus als den „Messias des Leidens"[28] anzuerkennen vermögen. In dieser Darstellung der politischen Lage Judäas als eines von Römern okkupierten Landes und des Barrabas samt Gefolgschaft als einer Partisanenbewegung[29] wird eine Vergegenwärtigung des Stoffes vollzogen, den Csokor selbst als universal betrachtet, mit überzeitlicher Geltung versehen; gleichwohl will er besondere Parallelen zwischen biblischem Geschehen einerseits und andererseits Partisanenkrieg, Kollaboration und Besatzung im Europa des Zweiten Weltkriegs hervorheben.

Gemäss den Regieanweisungen erscheint Christus zu keinem Zeitpunkt auf der Bühne, es wird lediglich über Christus gesprochen, z.t. sogar im Modus der antiken *Teichoskopia*: Zeugen seines Todes berichten beinahe simultan von dem Geschehen auf Golgatha.

Die Handlung spielt an einem Tag, offensichtlich am Karfreitag, Schauplatz ist im ersten und letzten Bild das Landhaus des Pilatus am Ölberg. Neben Pilatus und seiner Frau, die hier mit einem Vornamen, und zwar dem römischen „Claudia", versehen wird sowie dem Hohenpriester Annas, dem Fürsten Herodes und Barrabas treten einige weitere biblische Gestalten als *dramatis personae* auf: Jünger Christi und Josef von Arimathäa. Eine besondere Rolle spielt der an einer anderen Stelle der Evangelien auftretende „reiche Jüngling" (Mt 19,16-26, Mk 10,17-27, Lk 18,18-27). Im Drama ist er ein Stammgast Pilatus', der Horaz liest und römische Bildung besitzt (er spricht fließend Latein). Die von ihrem Mann vernachlässigte Frau des Pilatus flirtet mit ihm und möchte seine Gesellschaft nicht missen. Csokor schließt also an die biblische Überlieferung an. Diese besagt, dass der reiche Jüngling sich von seinem Besitztum nicht zu trennen vermochte, wie Jesus es verlangte. Im Drama freilich ist er dauerhaft von Christus fasziniert und bittet Pilatus, Jesus frei zu lassen. Weiter hilft er Josef von Arimathäa, Jesu Leichnam vom Kreuz abzunehmen und zu begraben. Schließlich zieht er doch die geforderten Konsequenzen: In der letzten Szene

---

[28] F. T. Csokor, *Pilatus. Fünf Bilder*, Wien 1954, S. 3 (*Vorwort*).

[29] Csokor spricht im Vorwort von einer „nationalistische/n/ Untergrundbewegung (die «Sikarier»), den «Werwölfen» jener Zeit", wie Josephus Flavius sie schildert. Durch diese Identifizierung begeht der Dichter einen bewussten Anachronismus, indem er die jüdischen Aufständischen in der Nähe der nazistischen Werwölfe platziert, was freilich eine sehr gewagte Zusammenstellung ist. *Ibidem*, S. 4.

nimmt er voller Freude Abschied von Pilatus und dessen Frau und berichtet ihnen, er habe sein ganzes Gut den Jüngern Jesu geschenkt und sich diesen angeschlossen.

Der „reiche Jüngling" ist eine von Nebenfiguren im Drama, die im Stande sind, Jesu Botschaft von der notwendigen Umkehr im Leben anzunehmen und ihre Folgen zu tragen. Dass diese Umkehr ihm Freude und inneren Frieden bringt, wird deutlich sichtbar. Die zweite solche Figur ist der römische Hauptmann Longinus, ein geradliniger Kriegsinvalide, der einen Arm und auch seinen Vater im Dienste der Römer verloren hat. Pilatus mag Longinus sehr, besonders, seitdem dieser jüdische Unruhen in der Stadt Jerusalem niedergeschlagen hat. Nachdem Longinus das Kreuz bewacht und Christi Sterben mit angesehen hat, quittiert er den Dienst bei den Römern und entsagt damit einer viel versprechenden Karriere. Auch ihm wurde innere Umkehr im Zeichen Christi zuteil. Von Pilatus gefragt, ob er sich Christi Jüngern anschließen werde, gibt er zur Antwort, dass ihm seine bisherige Laufbahn leider hinderlich daran sei, von nun an werde er aber friedlich und zurückgezogen auf einem Landgut leben.

Hinsichtlich der Fabel und des Titelhelden stützt sich Csokor zum Teil auf die Evangelien und auf den jüdischen Historiographen Josephus Flavius. Seine Deutung der Figur des Pilatus fällt aber wohlwollender aus. Der historische Pilatus hat nach Josephus Flavius römische Fahnen mit den Bildnissen des Kaisers in die Stadt hineintragen lassen, und zwar heimlich in der Nacht.[30] Csokor verbindet diesen Vorgang mit dem Geschehen der Karwoche. Bei ihm ist es aber nicht Pilatus, der römische Feldzeichen überall, auch im Tempel, aufstellen lässt, wo sie von Juden als heidnischer Kultusgegenstand angebetet werden sollen, was begreiflicherweise einigen Aufruhr stiftet, sondern ein Befehl aus Rom, der bei Pilatus zuerst Bestürzung hervorruft. Zunächst spielt er sogar mit dem Gedanken, Christus an die Spitze seiner Legionen zu stellen und gegen den halb irrsinnigen Tiberius auf Rom zu marschieren, aber sein Prätor Felix lacht ihn aus, denn es sei ein absurder Gedanke, Christus die weltliche Herrschaft über das Römische Reich aufzubürden.

Csokors Pilatus ist ein vornehmer, kultivierter Römer, der sich seiner Frau entfremdet hat und sich im feindseligen Jerusalem verlassen und einsam fühlt. Es gibt zwar Juden, die mit ihm verkehren und 'kol-

---

[30] Vgl. *Encyklopedia biblijna*, red. P. J. Achtemeier, Warszawa 1999, S. 950.

laborieren' – das betrifft vor allem jüdische Priester und den Herodes –, doch Pilatus verachtet sie und am liebsten würde er nichts von ihnen wissen. Er ist fast ein Intellektueller, der logisch denkt und sich von keinen Vorurteilen lenken lässt. Das ist freilich eine sehr günstige Auslegung der biblischen Figur. Csokors Pilatus tut alles, um Jesus die Freiheit zu verschaffen – wie übrigens auch seine Frau Claudia, der „reiche Jüngling" und sogar der im Auftrag des Pilatus stehende Herodes –, aber dieser lässt sich weder heimlich aus dem Gefängnis befreien noch begnadigen. Die Gründe für diese Weigerung werden nicht ausdrücklich genannt, aber der Leser kommt zu dem Schluss, dass Jesus so handelt, um den Willen seines himmlischen Vaters zu erfüllen und das ihm auferlegte und freiwillig angenommene Opfer zu tragen. Verschiedentlich behaupten mehrere Figuren des Dramas, dass, wenn Jesus sich befreien ließe, sein Name und seine Botschaft gleich in Vergessenheit geraten würden. Erst sein Lebens- und Todeszeugnis könne bewirken, dass dies nicht geschieht.

So denken auch die zunächst erschrockenen und verunsicherten Jünger Christi, die anfangs planen, sich Barrabas und seinen Banden anzuschließen, um gegen die römischen Okkupanten zu kämpfen. Nur Johannes versteht die Idee des Meisters und warnt, dass Jesus ihnen auferlegt habe, ihre einzige Waffe im Kampf solle die Liebe sein. Der Zweifler Thomas meint, Christus habe verspielt, dennoch sollten die Jünger seine Lehre bewahren, um die Welt zu verändern:

Und er –? Was hat er uns gehalten? Es sind keine Engel gekommen für ihn, aber auch keine Menschen, und das war viel schlimmer! Uns wollte er ändern, das ist ihm missglückt, weil er nicht anders war als wir. Doch seine Lehre müssen wir wenigstens retten, damit wir die Welt durch sie ändern, denn das hat sie in sich [...][31].

Schließlich fasst Petrus, den die Gewissensbisse aufgrund seines Verrats zunächst innerlich gelähmt hatten, auf Bitten der Jünger hin den Entschluss, diese weiter zu führen und die Lehre Christi zu verbreiten – selbst wenn es mit einem Martyrium enden sollte. Auch Judas erscheint in diesem Drama als einer, der durch seine Tat Jesus besonders nahe steht. Csokor schlägt eine Lesart vor, die mittlerweile bei der Deutung dieser Gestalt eines Erzverräters in der Literatur vorherrscht: Dieser ist

---

[31] F. Th. Csokor, *Pilatus. Fünf Bilder...*, S. 24.

als notwendiges Werkzeug der Passion legitimiert.[32] So ist Judas von seinen Gewissensqualen wegen des Verrats an Jesus nicht zu befreien. Dieser wollte unbedingt sterben, und er, Judas, musste das Werkzeug der Vorsehung sein. Von allen verachtet und beseelt von seinem Wunsch, sich mit Jesus im Tode zu vereinigen, bringt er sich um.

Nicht beeinflusst sind vom Tod Jesu Barrabas, dem das Leben geschenkt wird, und seine Kämpfer. Er nimmt Jesus ‚nicht für voll', empfindet zwar etwas Mitleid, verachtet Jesus aber wegen dessen vermeintlicher Schwäche: Jesus wage nicht, den Kampf mit den Römern aufzunehmen. Hier wird die Unvereinbarkeit der beiden Messiasvorstellungen deutlich: Auf der einen Seite stehen der an seine göttliche Sendung glaubende Jesus und seine Gefolgsleute, auf der anderen Seite steht die Mehrheit des jüdischen Volkes. Es erhofft und erwartet einen weltlichen, bewaffneten, starken Messias.

Pilatus wird, wie es in der früheren christlichen Geschichtsschreibung zu geschehen pflegte[33], durch Csokor von der Schuld an Christi Tode weitestgehend entlastet. Der Dramatiker führt die traditionelle Szene der Handwaschung und den Alptraum der Frau des Pilatus an, die diesen anfleht, Christus nicht zu verurteilen. Pilatus äußert mehrmals den Gedanken, dass der Ältestenrat, der Sanhedrin, Jesus preisgegeben habe, weil seine korrupte Herrschaft es notwendig mache, das Volk niederzuhalten. Das ist freilich eine sehr ungerechte Darstellung, die sogar über die Evangelien hinausgeht. In der historischen Wirklichkeit durften die Juden im besetzten Land selbst keine Todesurteile fällen, deswegen haben sie Jesus zu Pilatus geschleppt, daher wurde er auch nicht zum jüdischen Steinigungstod, sondern zum römischen Kreuzestod verurteilt.[34] Bei Csokor sieht sich Pilatus gezwungen, das Todesurteil zu fällen, weil die Juden an sein Karrieredenken appellieren, mit dem Hinweis, dass Jesus sich als Gottes Sohn ausgegeben habe, während doch der römische Kaiser Gott sei – das wäre eine Blasphemie, die nicht einmal die Evangelien als Aussage der Juden anführen. Nur deren erster Teil ist dort zu finden: Die Mitglieder des Sanhedrin erpressen

---

[32] Vgl. G. Langenhorst, *Zeugen, Helfer und Täter – zu den Gestalten der Passionsgeschichte*, [in:] *Die Bibel in der deutschsprachigen Literatur des 20. Jahrhunderts*, Hg. H. Schmidinger, Bd. 2: *Personen und Figuren*, darin das Unterkapitel *Judas – Apostel, Freund Jesu, Verräter?*, Mainz 1999, S. 515-524.

[33] Vgl. *Encyklopedia biblijna...*, S. 950 f.

[34] Vgl. H. Biedermann, *Leksykon symboli*, Übers. v. J. Rubinowicz (Orig. *Knaurs Lexikon der Symbole*, München 1989, 1994, 1998),Warszawa 2001, S. 171.

Pilatus. So sieht er keine Möglichkeit, Jesus zu begnadigen, versucht ihn aber zur Flucht zu bewegen, was Jesus freilich störrisch missachtet. Trotz der nach der Schoah gefährlichen Tendenz, den Juden im Theater weiterhin die Schuld am Tode Christi zuzuweisen, lässt Csokor gleichzeitig die metaphysische Erklärung gelten, Jesus habe seinem Tode nicht ausweichen dürfen, weil dieser ja von der göttlichen Vorsehung im Plan der Erlösung beschlossen worden war.

Der eigentliche Protagonist des Dramas ist der darin nie *in persona* erscheinende Christus. Pilatus, die Titelfigur, ist sein Gegenspieler, angeblich sozial, national und politisch hoch über ihn gestellt, aber wie wir wissen, beinahe ohne Bedeutung im Vergleich mit diesem größten Revolutionär der Welt. Pilatus wäre bereit, nicht mehr Tiberius als Herrscher anzusehen, sondern Jesus, doch ist er nicht bereit, sein Leben zu ändern. Er ändert sich zwar insofern, als er liebenswürdig zu seiner Frau spricht, aber die Forderung, er möge sein Leben ändern, wird von ihm selbst ironisch kommentiert:

Wenn dieser Mann Jesus jemals geträumt hat, er kann durch sein Beispiel und durch seinen Tod etwa das Antlitz der Erde verwandeln – unser Fleisch, unsere Knochen verwandelt er nicht, und über Propheten, Kreuze und Erdbeben /nämlich nach Christi Tod – M.K./ weg beherrscht uns in Ewigkeit Küche und Bett! Davon haben die Götter von gestern gelebt, und auch kein künftiger Gott wird das ändern[35].

So bietet er in seinem Materialismus eine Parabel für den heutigen Menschen, der, auch wenn er sich als Christ betrachtet, meist über den eigenen Alltag und die Befriedigung seiner Bedürfnisse nicht hinausschaut. Pilatus äußert gegenüber Felix, ihm sei einen Augenblick lang zu Mute gewesen, als sei ein Lichtstrahl in sein Leben gefallen; als sei er im Stande, sein Leben zu ändern, aber jetzt ist dieser Augenblick vorbei. Er rafft sich auf, den für die Juden blasphemischen Befehl der Kaiseranbetung durch die okkupierte Provinz auszuführen, den er aus Rom bekommen hat. Dabei glaubt er im Hauptmann Longinus ein gehorsames und getreues Werkzeug zu finden. Als dieser antwortet, das Beispiel Christi habe ihm aufgegeben, seinem bisherigen Leben zu entsagen, seufzt Pilatus "Ich wollte, ich dürfte dir folgen"[36] und gibt zu

---

[35] F. T. Csokor, *Pilatus. Fünf Bilder...*, S. 61.
[36] *Ibidem*, S. 68.

verstehen, dass er eine unerklärliche Angst empfindet. Natürlich könnte er Jesus ebenso gut Folge leisten wie der alte Hauptmann Longinus, aber dafür müsste er sich von seinem Karrieredenken, von seiner Bequemlichkeit und familiären Rücksichten befreien, wozu er nicht fähig ist. Daher gestaltet ihn Csokor als einen in seinem Innern modernen ‚Jedermann', der zwar das Gute sieht, sich aber nicht von ihm lenken lässt.

In der Welt des *Pilatus* waren die antiken Götter kein Glaubensgegenstand mehr, höchstens ein Mittel, das Staatswesen aufrechtzuerhalten, oder eine leere Konvention, sodass die römischen Kaiser auf die Idee verfielen, sich selbst an die Stelle der Götter zu setzen. Bei Csokor siegt Golgatha eindeutig über den Olymp, und zwar mehr durch das Leben als durch die Worte Christi. Es ist offensichtlich, dass Csokor sich mit dieser Problematik angesichts des Zweiten Weltkriegs, seines Exils und des Kalten Krieges besonders intensiv auseinandersetzte. Aber auch später bezog er häufig Anregungen aus der Bibel und der Geschichte im Übergang von der heidnischen Antike zum Christentum, indem er z.B. in Dramen wie *Hebt den Stein ab!* (1957) den Lazarus-Stoff modernisierte, oder in *Das Zeichen an der Wand* (1962) das „Mene tekel fares" zu einer Warnung an die nazistischen Massenmörder umfunktionierte oder im Titel der Sammlung von Erzählungen *Der zweite Hahnenschrei* (1959) Petri Versagen thematisierte.

Csokors spätes Drama *Die Kaiser zwischen den Zeiten* (1965) bezieht sich auf eine viel spätere Epoche als *Pilatus*, auf die große Zeitenwende, als Kaiser Constantin mit seinem Toleranzedikt das Christentum legalisiert. Auch hier findet eine Gegenüberstellung statt zwischen den alten Göttern, für die der Koloss von Rhodos und dessen Sprengung steht, und dem Christentum, das mit dem Blutzeugnis der Gläubigen seine Wahrheit behauptet. Gleichzeitig geht es um die Kontroverse zwischen Kaiser Constantin, der eigentlich trachtet, das Christentum unschädlich zu machen, indem er es legalisiert und es so der Kraft seiner Märtyrer beraubt, und dem lebensmüden Dioclitianus, der abgedankt hat, seinen Spargel züchtet und nun betroffen erfährt, dass ein einfacher Mann, ein christlicher Bauer, für ihn, Dioclitianus, betet und sein Leben für ihn zu opfern bereit ist, damit Gott Dioclitianus frühere Untaten verzieht. Der Knabenkaiser Honorius verzichtet nun auf die Krone zugunsten seiner Schwester[37], weil ihn das christliche Opfer er-

---

[37] Kaiser Honorius war Sohn des Theodosius, lebte in den Jahren 384-423 n. Chr.,

schüttert hat. Er verbietet die unmenschlichen Gladiatorenspiele und möchte Gottes Stimme hören, die vorher nicht zu ihm sprach. Aber der christliche Hauptmann belehrt ihn: „Majestät – wenn ich Gott verstünde – wie könnte ich glauben an ihn?"[38].

Selbst Alexander der Große aus dem letzten Werk, das Csokor kurz vor seinem Tod abgeschlossen hat, *Der Alexanderzug* (1969)[39], der jüdische Priester und ihre Religion mit Hochachtung behandelt, wird von dem alten Rabbiner zum Werkzeug des alleinigen Gottes erklärt, was später insofern in Erfüllung geht, als er in Csokors Version nicht wirklich stirbt, sondern als ein anonymer, kleiner Mann den Menschen dienen will.

Csokor lässt in Übereinstimmung mit dem Lauf der Geschichte Golgatha über Olymp siegen, verschweigt aber nicht, dass in dem Augenblick, wo das Christentum Staatsreligion wird, erste Anzeichen des Verfalls festzustellen sind, dass nämlich auch diese Religion missbraucht werden wird. Sein letztes Wort ist daher der Mensch in einer stillen, friedlichen, aber, wenn nötig, zum Martyrium bereiten Daseinsweise, welche die Wahrheit der Lehre Christi bezeugt und für deren Kontinuität bürgt. Csokors eigener katholischer Glaube scheint (wie der Glaube anderer Intellektueller des 20. Jahrhunderts) von Zweifeln und Bedenken nicht frei zu sein, doch er hebt sich über die Zweifel hinaus, in epistemischer Selbstbescheidung und erkennt vor allem in der christlichen (eigentlich judeochristlichen) Ethik einen Beweis für die Geltung der Religion. Vielleicht ist hier auch Tertullians, in der Moderne recht häufig zitiertes *credo quia absurdum* einschlägig.

Die Metonymie „Olymp" steht bei Csokor für die griechisch-römische Mythologie als Gegenstand des Glaubens und Kultus', darüber hinaus aber für die Antike schlechthin. Sie wird nicht als Ganzes dem Christentum gegenübergestellt. Davon zeugen Gestalten wie der blinde Sänger in *Kalypso* oder Calpurnia in *Cäsars Witwe*, die christlichen Geist und den Monotheismus wenigstens teilweise vorwegnehmen.

---

seit 395 war er Kaiser. Seine Abdankung wurde von Csokor offensichtlich erfunden. Die erwähnte Schwester war seine Halbschwester Galla Placidia, die der historische Honorius tatsächlich verdächtigte, sie wolle ihn vom Thron stürzen. Vgl. A. Krawczuk, *Poczet cesarzy rzymskich. Kalendarium cesarstwa rzymskiego*, Warszawa 2004, S. 795-828.

[38] F. T. Csokor, *Die Kaiser zwischen den Zeiten. Ein dramatisches Diptychon mit einem Prolog und einem Epilog*, Wien–Hamburg 1965, S. 56.

[39] Früherer Titel (Nach der Information der Witwe des Neffen Csokors wegen Einspruch geändert): *Alexander*, Wien–Hamburg 1969.

Csokor hat eher Persönlichkeiten wie den Heroen Odysseus im Blick, den angeblichen Friedensfürsten Augustus, der sich in Wahrheit durch Rücksichtslosigkeit und Machtgier auszeichnet, den Relativisten *ante litteram* Pilatus, der, obwohl er Christi Größe ahnt, sein Leben nicht zu ändern bereit ist, aber auch Kaiser Konstantin, der nur deshalb das Christentum anerkennt, weil er es seiner Kraft berauben möchte. Meist sind jene Figuren, die christliche Werte vertreten oder vorwegnehmen, Frauen, die nach der traditionellen Auffassung Csokors bestimmt sind, Leben zu geben und zu bewahren, also etwa Kalypso, Calpurnia, aber auch die Frau des Pilatus. Im Diptichon *Die Kaiser zwischen den Zeiten*, das ohne eine weibliche Hauptfigur auskommt, kommt der junge Kaiser Honorius – entgegen historischen Tatsachen – dieser Haltung immerhin nahe. Im Alexanderdrama ist es ausnahmsweise umgekehrt, eher wird Alexander selbst zu einem Werkzeug des Göttlichen als seine Mutter, eine rücksichtslose, machthungrige Frau. Csokor legt dabei keinen Wert auf die historischen Wahrheit: Über Calpurnia wissen wir wenig, und der junge Kaiser Honorius verfuhr offensichtlich nicht so, wie Csokor ihn darstellt, doch beide eignen sich in Csokors Sicht als Vehikel für die christliche Idee der Nächstenliebe.

IOSEPHUS KORPANTY
CRACOVIAE POLONORUM

Stanislao amico carissimo

VERGILIANA

I. HORATIANUM ILLUD *MOLLE ATQUE FACETUM* QUID SIGNIFICET

Horatius in satura I 10 scripsit Camenas rure gaudentes Vergilio *molle atque facetum* adnuisse (v. 44-45). Iam Quintilianus incertus disputavit, quid verba illa significarent[1]. Anno 1914 Carolus Newell Jacksonus disputationem doctam publici iuris fecit[2], qua demonstrare studuit Horatium eclogas Vergilianas tenui genere dicendi compositas esse putavisse. Contigit illi, ut id persuaderet Wolfgango Buchwald, qui in Thesauro Linguae Latinae adiectivi *mollis,e* significationibus concinnandis explicandisque operam dedit. Qui in columna 1377 disputationem Jacksoni testatus est et scripsit: *de genere dicendi vel compositionis[3] pertinet ad stilum remissum, tenuem, nihil duri asperique habentem.* Deinde

---

[1] Inst. orat. VI 3, 20

[2] Molle atque facetum, Harvard Studies in Classical Philology, XXV, 1914, p. 117-137.

[3] Clara voce moneo compositionem oratorum, non poetarum propriam fuisse, cf. Quint. Inst. orat. IX 4, 116 *ergo quem in poemate locum habet versificatio, eum in oratione compositio*; cf. ibid. 16 *confiteor paene ultimam oratoribus artem compositionis, quae quidem perfecta sit, contigisse.* Compositio a Romanis dicebatur iucunda, grata, honesta, probabilis, a vulgari usu remota, fracta, dura, aspera, varia, severa, tarda, supina, effeminata, enervis, sed numquam mollis. Praetermitti a me non potest testimonium Quintiliani de medio dicendi genere hoc: ibid. XII 10, 60 *medius hic modus et tralationibus crebrior et figuris erit iucundior, egressionibus amoenus, compositione aptus, sententiis dulcis*; cf. quoque Cic., orat. 182 *compositio ... tota servit gravitati vocum et suavitati.*

attulit locos e scriptis auctorum Romanorum, imprimis autem Ciceronis, petitos, quibus Jacksonus in sua opinione argumentanda usus est.
Sed legentes omisit docere, qui singulis locis adiectivo *mollis* sensus
attribuendi essent. Equidem haud scio, an illis sicut mihi scrupulus et
dubitatio iniciatur!

Persuasit igitur Jacksonus Buchwaldo, sed mihi non persuasit, quamquam non ignoro Ciceronem de genere dicendi disputantem poetarum
quoque mentionem fecisse[4], Quintilianum autem dicendi genera Menelai, Nestoris et Ulixis facundia a Homero concessa illustravisse[5]. Quin
etiam non sum nescius in commentariis, quibus Vergilii carmina ab antiquis instructa sunt, singulis operibus unum quoddam dicendi genus at-
tribui[6], *Bucolicis* nimirum genus tenue[7]. Sed Quintilianum testem dabo,
qui scripsit trium generum doctrinam varietati formarum dicendi, quae
innumerabiles essent, minime satisfacere: *Sed neque his tribus quasi*
formis inclusa eloquentia est. Nam ut inter gracile validumque tertium
aliquid constitutum est, ita horum intervalla sunt atque inter haec ipsa
mixtum quiddam ex duobus medium est, quoniam et subtili plenius ali-
quid atque subtilius et vehementi remissius atque vehementius inveni-
tur, ut illud lene aut ascendit ad fortiora aut <ad> tenuiora summitti-
tur. Ac sic prope innumerabiles species reperiuntur, quae utique aliquo
momento inter se differant (Inst. orat. XII 10, 66-67).

---

[4] Cf. orat. 109 *An ego Homero Ennio reliquis poetis et maxime tragicis conceder-*
em, ut ne omnibus locis eadem contentione uterentur crebroque mutarent, nonnumquam
etiam ad cotidianum genus sermonis accederent, ipse nunquam ab illa acerrima con-
tentione discederem?

[5] Cf. Inst. orat. XII 10, 64. Cf. quoque Gellius, NA VI 14, Cic., orat. 109, Dionys.
Halic., Demosth. 220, 5 U.-R., Ps. Demetr., de eloc. 37, Anonym., De vita Homeri
72-73.

[6] Quod tamen commentariorum auctores sine dubio inepte excogitaverunt, cum
antiqui putarent oratores aut scriptores aut poetas, qui prepon observarent, non uno
tenore dixisse, sed orationem variavisse atque orationis formam ex omnibus mixtam
perfectam laudavisse. Talis autem oratio non est concessa nisi Demostheni, Homero et
Vergilio. Cf. Hermog., de ideis 279, 22 R. U.-R.

[7] Cf. Servius in Buc. I 2, III 1. Cf. quoque praefationem *Bucolicis* praemissam:
„Tres sunt enim [scil. characteres] humilis, medius, grandiloquus, quos omnes in hoc
invenimus poeta. Nam in Aeneide grandiloquum habet, in Georgicis medium, in Bucolicis humilem"; ap. Probum, Comment. in Verg. Buc. et Georg. III 2, p. 327. – Sed
cum dicendi generibus ab antiquis imprimis tragoedia et comoedia coniuncta est (cf.
Cic., orat. 67 sq, Brut. 177). Est, cur moneam genus dicendi subtile ad probandum
aptissimum visum esse. Vergilius Bucolicorum auctor legentes potius delectare studuit,
quod munus generis dicendi modici proprium fuit.

Jacksonus multos locos multorum scriptorum antiquorum excussit, sed pro argumentandi fundamento non sumpsit nisi paucos locos Ciceronianos. Primum M. Calidium nominavit, quem Tulli verbis utens oratorem Atticum fuisse censuit rationem dicendi *mollem et pellucentem* secutum[8]: Brut. 274-6 *sed de M. Calidio dicamus aliquid, qui non fuit orator unus e multis, potius inter multos prope singularis fuit: ita reconditas exquisitasque sententias[9] mollis et pellucens vestiebat oratio. nihil tam **tenerum** quam illius comprensio verborum, nihil tam flexibile, nihil quod magis ipsius arbitrio fingeretur, ut nullius oratoris aeque in potestate fuerit: quae primum ita pura erat ut nihil liquidius, ita libere fluebat ut nusquam adhaeresceret; nullum nisi loco positum et tamquam in vermiculato emblemate, ut ait Lucilius, structum verbum videres; nec vero ullum aut **durum** aut insolens aut humile aut [in] longius ductum; ac non propria verba rerum, sed pleraque translata, ... erant autem et **verborum et sententiarum illa lumina, quae vocant Graeci schemata, quibus tamquam insignibus in ornatu distinguebatur omnis oratio** ... totumque dicendi **placidum et sanum** genus. quod si est optumum **suaviter** dicere, nihil est quod melius hoc quaerendum putes ... duo summe tenuit, ut et rem inlustraret disserendo et animos eorum qui audirent devinciret **voluptate**[10]... nec erat ulla vis atque contentio, 277 tam solute egisset, tam leniter, tam oscitanter.* – Quid ex eis, quae summa, ut mihi quidem videbatur, attuli, elici possit? Calidius, credo, oratores Atticos imitatus est eos, qui ornatiore stilo usi essent. Cicero tradidit Atticos dissimillimos inter se fuisse[11]. Illud *mollis oratio* non pertinet ad genus dicendi tenue, sed una cum ceteris adiectivis et adverbiis a Cicerone adhibitis facit, ut credamus Calidii orationem coloribus suavem, placidam, voluptuosam[12] fuisse.

---

[8] Ego plura quam Jacksonus (op. cit. p. 120) Ciceronis verba attuli, quia magni momenti esse mihi visa sunt. Vir doctus putavit illud *pellucens* illustrari verbis *liquidius* et *nec ... insolens*, illud *mollis* autem pertinere ad *libere fluebat ... durum*. Ego puto caput disputationis esse *molle duro* oppositum.

[9] „Reconditae exquisitaeque sententiae" ab oratore Attico alienissimae sunt! Cf. Suet., Aug. 86, 1 *Genus dicendi secutus est elegans et temperatum vitatis sententiarum ineptiis atque concinnitate et „reconditorum verborum", ut ipse dicit, „fetoribus"; praecipuamque curam duxit sensum animi quam apertissime exprimere*, Plin., Epist. II 3, 2-3 *sensus reconditi occursant, verba – sed qualia! – quaesita et exculta ... pugnat acriter, colligit fortiter, ornat excelse.*

[10] Cf. adn. 11.

[11] Cf. Brut. 284 sqq.

[12] Cf. Cic., de orat. I 259 *A quibus enim nihil praeter voluptatem aurium quaeritur, in eis offenditur*, III 219 *aliud voluptas, effusum, lene, tenerum, hilaratum ac remissum,*

Deinde Jacksonus monuit Ciceronem in *Bruto* (132) scripsisse Lutatium Catulum historicum[13] *molli et Xenophonteo genere sermonis* usum esse. Illud te, lector candide, velim tenere Arpinatem de Catulo oratore et historico iudicavisse. Mea quidem sententia non est, cur dicamus *molli sermone* genus dicendi necessario significari[14]. Vir doctus addidit Aulo Gellio teste Catulum genus dicendi humile secutum esse, sed loco, quem indicavit, legimus haec: XIX 9, 10 *versus cecinit Valerii Aeditui, veteris poetae, item Porcii Licini et Q. Catuli, quibus mundius, venustius, limatius, tersius Graecum Latinumve nihil quicquam reperiri puto*. Itaque Gellius de Catulo poeta iudicavit, de stilo eius autem tacuit. Jacksonus lectores rogavit, ut insuper duos locos Ciceronianos con-

---

part. orat. 72 *Et quoniam in his causis omnis ratio fere ad voluptatem auditoris et ad delectationem refertur, utendum erit eis in oratione singulorum verborum insignibus quae habent plurimum suavitatis: id est ut factis verbis aut vetustis aut translatis frequenter utamur.*

[13] Sed e locis, quos p. 125 in adnotatione attulit (Gellius, NA XIX 9, 10, Cic., de orat. III 29), conici non potest Catulum tenui genere dicendi usum esse. Cf. Cic., de orat. II 58 *Denique etiam a philosophia profectus princeps Xenophon, Socraticus ille, post ab Aristotele Callisthenes, comes Alexandri, scripsit historiam, et is quidem rhetorico paene more; ille autem superior leniore quodam sono est usus, et qui illum impetum oratoris non habeat, vehemens fortasse minus, sed aliquanto tamen est, ut mihi quidem videtur, dulcior.* Quo loco Ciceronem puto de genere dicendi aperte non iudicavisse. – A.H. Mamoojee edocuit haec: „While both (*id est suavis et dulcis*) serve to characterize similarly such writers and orators of the „middle style", yet they can be differentiated by two particularities. In the first place, *dulcis* conforms with the particularity manifested in the description of sounds, in that it has the potential of a pejorative colouring, which can be realized by the addition of a clearly depreciatory term. In the following example, *suavis* appertains to a diction embellished with ornaments excessively and ubiquitously applied: *Ita sit nobis igitur ornatus et suavis orator ... ut suavitatem habeat austeram et solidam, non dulcem atque decoctam* (Cic., de orat. III 103). *... Dulcedo* does not share with *suavitas* the status of a formal technical term, which identifies a type or genus of diction and delivery" – „Suavis" and „dulcis" – A Study of Ciceronian Usage, Phoenix 35, 1981, p. 230.

[14] Cf. Cic., orat. 52-3 *sed id mihi quaerere videbare, quod genus ipsius orationis optimum iudicarem: rem difficilem ... nam cum est oratio mollis et tenera et ita flexibilis ut sequatur quocunque torqueas, tum et naturae variae et voluntates multum inter se distantia effecerunt genera dicendi ... elaborant alii in lenitate et aequabilitate et puro quodam et quasi candido genere dicendi; ecce aliqui duritatem et severitatem ... sequuntur; quodque paulo ante divisimus, ut alii graves alii tenues alii temperati vellent videri, quot orationum genera esse diximus totidem oratorum reperiuntur,* Quint. Inst. orat. IV 5, 15 *quia quaedam, etiam si ipsa sunt dura, in id tamen valent, ut ea molliant quae sequentur,* XI 1, 90 *verborum autem moderatione detrahi solet si qua est rei invidia: si asperum dicas nimium severum, iniustum persuasione labi, pertinacem ultra modum tenacem esse propositi: plerumque velut ipsos coneris ratione vincere, quod est mollissimum,*Tacit., Hist. IV 44, 8 *monuit sermone molli et tamquam rogaret.*

ferrent. Quorum primo, scil. de orat. II 7, nihil de Catulo, loco autem altero (ibid. III 29) legimus: *Quid iucundius auribus nostris umquam accidit huius oratione Catuli? quae est pura sic, ut Latine loqui paene solus videatur, sic autem gravis, ut in singulari dignitate omnis tamen adsit humanitas ac lepos.* Illis *gravis* et *dignitas* cogimur, ut potius de stilo gravi cogitemus.

Sequitur, ut locum a Jacksono allatum tractem hunc: Cic., de orat. II 95 *alia quaedam* **dicendi molliora ac remissiora** *genera viguerunt.* Ego nego tenue genus dicendi Ciceronem in mente habuisse. Primum apud nullum auctorem Romanum genus illud dicendi adiectivo **mollis** nuncupari[15], deinde multis locis edocemur adiectivo, de quo ago, multisque aliis colorem[16] seu naturam atque rationem orationis denominari

---

[15] Romani usi sunt adiectivis his: *tenuis, attenuatus, gracilis, siccus, lenis, humilis, remissus, summissus, languidus, subtilis, enucleatus, acutus, argutus.* Etiam numero plurali a Cicerone adhibito prohibemur, quominus de uno genere dicendi cogitemus.

[16] Cf. Cic., de orat. III 25, 26-28 *et si hoc in his quasi mutis artibus est mirandum et tamen verum, quanto admirabilius in oratione atque in lingua? Quae cum in isdem sententiis verbisque versetur, summas habet dissimilitudines; non sic, ut alii vituperandi sint, sed ut ii, quos constet esse laudandos, in dispari tamen genere laudentur. atque id primum in poetis cerni licet, quibus est proxima cognatio cum oratoribus ...* **suavitatem** *Isocrates, subtilitatem Lysias, acumen Hyperides, sonitum Aeschines, vim Demosthenes habuit ... quis eorum non egregius? tamen quis cuiusquam nisi sui similis? gravitatem Africanus,* **lenitatem** *Laelius,* **asperitatem** *Galba, profluens quiddam habuit Carbo et canorum, 34 nonne fore ut, quot oratores, totidem paene reperiantur genera dicendi? ... si paene innumerabiles sint quasi formae figuraeque dicendi specie impares genere laudabiles ... 96 ornatur igitur oratio* **genere** *primum et quasi* **colore quodam et suco** *suo. Nam ut* **gravis***, ut* **suavis***, ut erudita sit, ut liberalis, ut admirabilis, ut polita, ut sensus, ut doloris habeat quantum opus sit, non est singulorum articulorum, 199 sed si* **habitum** *etiam orationis et quasi* **colorem** *aliquem requiritis, est et plena quaedam, sed tamen* **teres***, et* **tenuis***, non sine nervis et viribus, et ea, quae particeps utriusque generis quadam mediocritate laudatur,* Brut. 129 *luculentus patronus: asper maledicus, genere toto paulo fervidior atque commotior,* 164 *multa in illa oratione* **graviter***, multa* **leniter***, multa* **aspere***, multa* **facete** *dicta sunt,* orat. 20-21 *Tria sunt omnino genera dicendi; quibus in singulis quidam floruerunt, peraeque autem, id quod volumus, perpauci in omnibus. Nam et* **grandiloqui***, ut ita dicam fuerunt cum ampla et sententiarum gravitate et maiestate verborum,* **vehementes** *varii copiosi graves, ad permovendos et convertendos animos instructi et parati – quod ipsum alii* **aspera tristi horrida** *oratione neque perfecta atque conclusa, alii levi et instructa et terminata – et contra* **tenues** *acuti, omnia docentes et dilucidiora, non ampliora facientes, subtili quadam et pressa ratione limata, in eodemque genere alii callidi sed impoliti et consulto rudium similes et imperitorum, alii in eadem ieiunitate concinniores, idem faceti, florentes etiam et leviter ornati,* 127 *ut et pro reis multa* **leniter** *dicantur et in adversarios* **aspere***,* Quint. Inst. orat. II 8, 4 *ita praeceptorem eloquentiae, cum sagaciter fuerit intuitus cuius ingenium presso limatoque genere dicendi, cuius* **acri gravi dulci aspero nitido urbano** *maxime gaudeat, ita se commodaturum singulis ut in eo quo quisque eminet provehatur,* VI 5,

summam, quam quidam animo molli[17] praediti secuti sunt: off. I 129 *Quibus in rebus duo maxime sunt fugienda, ne quid effeminatum aut molle et ne quid durum aut rusticum sit,* fin. III 41 *sequitur magna contentio, quam tractatam a Peripateticis mollius – est enim eorum consuetudo dicendi non satis acuta propter ignorationem dialecticae,* Tusc. IV 38 *mollis et enervata putanda est Peripateticorum ratio et oratio, qui perturbari animos necesse dicunt esse, sed adhibent modum quendam, quem ultra progredi non oporteat,* div. I 67 *O poema tenerum et moratum atque molle!,* Fam. VI 14, 2 *ex oratione Caesaris, quae sane mollis et liberalis fuit,* orat. 49 *aut molliet dura,* 64 *mollis est enim oratio philosophorum et umbratilis nec sententiis nec verbis instructa popularibus nec vincta numeris sed soluta liberius; nihil iratum habet nihil invidum nihil atrox nihil miserabile nihil astutum; casta verecunda virgo incorrupta quodam modo. itaque sermo potius quam oratio dicitur*[18], Quint., Inst. orat. IV 3, 9 *si quid erit asperum, praemolliemus, quo facilius aures iudicum quae post dicturi erimus admittant,* X 2, 19 *nihil est enim tam indecens quam cum mollia dure fiunt,* XI 1, 84 *mollienda est in plerisque aliquo colore asperitas* orationis, ut Cicero de proscriptorum liberis fecit, XI 1, 90 *verborum etiam moderatione detrahi solet si qua est rei inuidia: si asperum dicas nimium severum, iniustum persuasione labi, pertinacem ultra modum tenacem esse propositi: plerumque velut ipsos coneris ratione vincere, quod est mollissi-*

---

5 *tum omnes colores, aspere an leniter an etiam summisse loqui expediat* (cf. Cic., de orat. II 337 *qui (scil. mores civitatis) quia crebro mutantur, genus quoque orationis est saepe mutandum).*

[17] Cf. Cic., Tusc. V 46 ... *disserebat: qualis cuiusque animi adfectus esset, talem esse hominem; qualis autem homo ipse esset, talem esse eius orationem,* Seneca, Contr. 2, praef. 2 *vultus dicentis lenis et pro tranquillitate morum remissus. –* Digna, quae afferantur, sunt Ladislai Madyda, viri doctissimi, verba: „De arte poetica post Aristotelem exculta" (Cracoviae Polonorum 1948) p. 147: „Videbant enim (scil. antiqui artis iudices) formas litterarias una cum moribus singulorum auctorum nasci totque formas speciales quot auctores ideoque putabant artem unam quidem, sed species mille eius esse". Quod ad auctores Graecos pertinet, cf. Arist., AP 1449 a 4; 1448 b 24; 1456 a 6; Ps. Demetr., de eloc. 296 sq.; Dionys. Halic., Demosth. 36 p. 208 U.-R., Isocr. 3 p. 60 U.-R. (de materia et argumenti electione!; cf. Ps. Longin. 15, 3), Plut., De recta ratione aud. 45 b. Dionysius (de comp. verb. 21 p. 94 sq. U.-R.) putavit compositionis differentias in speciales et generales divisas esse. Differentiae autem generales ita inter se dinoscuntur, ut genus severum (αὐστηρός), elegans (γλαφυρός) et temperatum vel mixtum (εὔκρατος) conspici possit, quod ad auctores a Horatio in Sat. I 10 enumeratos eorumque opera aliquatenus quadrat!

[18] Quem locum Jacksonus argumenti loco attulit.

mum[19], Seneca, Contr. 7, 4, 6 *Latro dixit pro matre summisse et leniter agendum ... aiebat itaque verbis quoque horridioribus abstinendum quotiens talis materia incidisset; ipsam orationem ad habitum eius, quem movere volumus, adfectus molliendam.* Facere non possum, quin etiam adiectivum ***remissus*** tractem[20]. Reputes tecum velim, lector candide, locos hos: Cic., Pro Sestio 115 *veniamus ad ludos; facit enim, iudices, vester iste in me animorum oculorumque coniectus ut mihi iam licere putem remissiore uti genere dicendi*, Cael. 33 *Sed tamen ex ipsa quaeram prius utrum me secum severe et graviter et prisce agere malit, an remisse et leniter*[21] *et urbane. Si illo austero more ac modo ...*, de orat. I 255 *Neque enim hoc te, Crasse, fallit, quam multa sint et quam varia genera dicendi, id quod haud sciam an tu primus ostenderis, qui iam diu multo dicis remissius et lenius*[22] *quam solebas; neque minus haec tamen tua gravissimi sermonis lenitas, quam illa summa vis et contentio probatur; multique oratores fuerunt, ut illum Scipionem audimus et Laelium, qui omnia sermone conficerent paulo intentiore numquam, ut Ser. Galba, lateribus aut clamore contenderent,* II 183-184 *Sed genus hoc totum orationis in eis causis excellit, in quibus minus potest inflammari animus iudicis acri et vehementi quadam incitatione. non enim semper fortis*[23]

---

[19] *Mollis* pertinet quoque ad vocem (Cic., de orat. III 41; 98), numerum (Cic., orat. 40), concursum vocalium (ibid. 78), tralationes (ibid. 85), rhythmos (Quint., Inst. orat. IX 4, 79), actionem (ibid. XI 3, 129).

[20] *Remissus* sicut *mollis* ad animum refertur, cf. e.g. Caes. civ. I 21 *remisso et languido animo,* II 14 *nostris languentibus atque animo remissis*, Cic., Arch. 16 *remissio animi*; cf. quoque Verr. II 4, 76 *nihilo remissius atque etiam multo vehementius instare*, Mur. 52 *remissior in petendo*, Tusc. II 47 *est in animis omnium fere natura molle quiddam, demissum, humile, enervatum quodam modo et languidum*, III 12 *sed est naturale in animis tenerum quiddam atque molle.* Cf. quoque Sen., Lucil. 115, 2 *oratio cultus animi est ... non est ornamentum virile concinnitas.*

[21] Cf. Cic., orat. 99 *Ille enim summissus, quod acute et veteratorie dicit, sapiens iam; medius suavis; hic autem copiosissimus, si nihil est aliud, vix satis sanus videri solet. Qui enim nihil potest tranquille nihil leniter ... facete dicere ... furere apud sanos ... videtur.*

[22] Quae adverbia idem significare credo. Adiectiva *lenis* et *remissus* infra multis locis leguntur.

[23] Est, cur addam orationem fortem ad materiam, genus dicendi et actionem pertinere! Cf. Cic., Brut. 268 *L. autem Lentulus erat fortis orator ... ut plena esset animi et terroris oratio*, de orat. III 32 *videtisne, genus hoc quod sit Antoni? forte, vehemens ... acre, acutum ... acriter insequens, terrens.* Illud *forte, vehemens* non solum ad dicendi genus, sed etiam ad materiam orationis referri potest.

*oratio quaeritur, sed saepe **placida, summissa**²⁴, **lenis,** quae maxime commendat reos. ...et hoc vel in principiis vel in re narranda vel in perorando tantam habet vim, si est **suaviter** et cum sensu tractatum, ut saepe plus quam causa valeat,* II 193 *Cum aetate exacta indigem / liberum lacerasti, orbasti, exstinxti; neque fratris necis, / neque eius gnati parvi, qui tibi in tutelam est traditus – flens ac lugens dicere videbatur. quae si ille histrio, cotidie cum ageret, tamen recte agere sine dolore non poterat, quid Pacuvium putatis in scribendo **leni animo ac remisso** fuisse? Fieri nullo modo potuit. Saepe enim audivi poetam bonum neminem – id quod a Democrito et Platone in scriptis relictum esse dicunt – sine **inflammatione animorum** exsistere posse et sine quodam adflatu quasi **furoris,*** II 211-215 *Et ut illa altera pars orationis, quae probitatis commendatione boni viri debet speciem tueri, **lenis,** ut saepe iam dixi, atque **summissa,** sic haec, quae suscipitur ab oratore ad commutandos animos atque omni ratione flectendos, **intenta et vehemens** esse debet. sed est quaedam in his duobus generibus, quorum alterum **lene,** alterum **vehemens** esse volumus, difficilis ad distinguendum similitudo; nam et ex illa **lenitate,** qua conciliamur eis, qui audiunt, ad hanc vim **acerrimam**²⁵, qua eosdem excitamus, influat oportet aliquid, et ex hac vi non numquam **animi aliquid** inflandum est illi **lenitati;** neque est ulla **temperatior** oratio quam illa, in qua **asperitas contentionis** oratoris ipsius **humanitate** conditur, **remissio autem lenitatis quadam gravitate et contentione** firmatur ...qua re qui **aut breviter aut summisse** dicunt, docere iudicem possunt, commovere non possunt; in quo sunt omnia,* III 30 *Quid, noster hic Caesar nonne novam quandam rationem attulit orationis et dicendi genus induxit prope singulare? Quis umquam res praeter hunc **tragicas** paene **comice, tristis remisse, severas hilare, forensis scaenica prope venustate** tractavit atque ita, ut neque iocus magnitudine rerum excluderetur nec **gravitas facetiis** minueretur?,* III 102 *quam **leniter,** quam **remisse,** quam **non actuose,*** III 219 *aliud **vis, contentum, vehemens, imminens** quadam incitatione **gravitatis** ... aliud **voluptas, effusum, lene, tenerum, hilaratum ac remissum,*** Brut. 314 *omnia **sine remissione,** sine varietate, **vi summa** vocis et totius corporis **contentione** dicebam,* Orat. 59 *brachii proiectione **in contentionibus,** contractione **in remissis,*** Rhet. Her. III 23 *Sermo est oratio*

---

²⁴ *Summissus,a,um* et *summisse* idem significare atque *remissus,a,um* et *remisse* locis quibusdam, quos attuli, perpensis facile mihi concedes.
²⁵ Cf. Cic., Brut. 317 *quorum alter remissus et lenis ... alter, ornatus acer.*

remissa *et finitima cotidianae locutioni*, Plin., Epist. III 1, 9 *interim au-*
dit **legentem remissius aliquid et dulcius**, Quint., Inst. orat. IX 2, 91-92
Remissius *et pro suo ingenio pater Gallio: „dura, anime, dura: here*
fortior fuisti". Confinia sunt his celebrata apud Graecos schemata, per
quae **res asperas mollius** *significant. Nam Themistocles suasisse existi-*
matur Atheniensibus ut urbem apud deos deponerent, quia **durum** *erat*
dicere ut relinquerent; et qui Victorias aureas in usum belli conflari
uolebat ita declinauit, uictoriis utendum esse, X 2, 23 ...*ut, si* **asperitas**
iis placuit alicuius, hanc etiam **in leni ac remisso** *causarum genere non*
exuant: si **tenuitas aut iucunditas**, *in* **asperis gravibusque** *causis pon-*
deri rerum parum respondeant: cum sit diversa non causarum modo
inter ipsas condicio, sed in singulis etiam causis partium, sintque alia
leniter, *alia* **aspere**, *alia* **concitate** *alia* **remisse**; *alia docendi alia mo-*
vendi gratia dicenda, XII 10, 71 *Non unus* **color** *prohoemii narrationis*
argumentorum egressionis perorationis servabitur. Dicet idem ***gravi-***
ter severe acriter vehementer concitate copiose amare, *idem* **comiter**
remisse subtiliter blande leniter dulciter breviter urbane, *non ubique*
similis sed ubique par sibi, Ps. Quint., decl. min. 260, 7 *Haec ego for-*
tius dixi, quia <cetera> **remissurus sum**, P. Rutilius Lupus, Schemata lexeos I 16 *Item: At hic omnium sceleratissimus, novo more atque*
exemplo alieni facinoris vindex, ipse confidentissime non criminibus,
sed armis reum lacessere conatus, conatus? **nimium remisse** *loquor*,
Seneca, Controv. III praef. 7 *Omnia ergo habebat quae illum ut bene*
declamaret instruerent: phrasin non vulgarem nec sordidam sed elec-
tam, genus dicendi non **remissum aut languidum** *sed* **ardens et con-**
citatum, *non lentas nec vacuas explicationes, sed plus sensuum quam*
verborum. Locis supra allatis satis superque demonstravi atque ostendi
illa *dicendi remissiora genera* similiter atque *mollia* vulgo ad genus dicendi tenue non pertinere[26].

Postremo Jacksonus, ut opinionem suam de iudicio Horatiano con-
firmaret, attulit locum hunc: Cic., Brut. 38 *hic primus (scil. Demetrius*
Phalereus) inflexit orationem et eam **mollem teneramque** *reddidit et*
suavis, *sicut fuit, videri maluit quam* **gravis**, *sed* **suavitate** *ea, qua per-*
funderet animos, non qua perfringeret; [et] tantum ut memoriam con-

---

[26] Quamquam nonnumquam fit, ut pertineant, cf. e.g. Cic., orat. 99 *ille enim sum-*
missus, quod acute et veratorie dicit, sapiens iam, medius suavis, hic autem copio-
sissimus ...Est, cur addam Ciceronem, si unum, scil. tenue dicendi genus, in mente
habuisset, numero plurali non fuisse usurum.

cinnitatis[27] *suae, non, quemadmodum de Pericle scripsit Eupolis, cum delectatione aculeos etiam relinqueret in animis eorum, a quibus esset auditus*[28]. Primum moneo Ciceronem de genere dicendi medio in *Oratore* disputavisse haec: 91 *Uberius est aliud aliquantoque robustius quam hoc* **humile** *de quo dictum est,* **summissius** *autem quam illud de quo iam dicetur* **amplissimum**. *hoc in genere nervorum vel minimum,* **suavitatis** *autem est vel plurimum. est enim* **plenius** *quam hoc* **enucleatum**, *quam autem illud* **ornatum copiosumque summissius**. *huic omnia dicendi ornamenta conveniunt plurimumque est in hac orationis forma* **suavitatis**[29] *in qua multi floruerunt apud Graecos, sed* **Phalereus Demetrius** *meo iudicio praestitit ceteris; cuius oratio cum* **sedate placideque** *liquitur tum illustrant eam quasi stellae quaedam tralata verba atque mutata. tralata dico, ut saepe iam, quae per similitudinem ab alia re aut* **suavitatis** *aut inopiae causa transferuntur*[30]. His verbis opinio de Demetrio stili humilis studioso facile refutatur. Est, cur addam Demetrium – ut Ciceronis utar verbis – processisse in solem et pulverem non ut e militari tabernaculo, sed ut e Theophrasti doctissumi hominis umbraculis (Brut. 38). Catharina Augustyniak recte coniecit Theophrastum medium et mediocre dicendi genus Thrasymacheae locutionis exemplo descripsisse atque omnium optimum iudicavisse[31]. Ut eorum, quae supra disputavi, summam faciam, iterum dico Horatium in suo iudicio nobili de genere dicendi minime cogitasse, sed generalem materiae atque orationis colorem placidum, lenem, mollem[32] in mente habuisse.

---

[27] Cf. Cic., orat. 83-84, Brut. 287 *in ipsa ... concinnitate puerile,* Sen., Lucil. 115, 2 *non est ornamentum virile concinnitas.*

[28] Jacksonus (op. cit. p. 126) monuit Ciceronem putavisse Demetrii et Democharis culpa factum esse, ut grande dicendi genus tenui atque humili cederet. Cf. quoque Cic., Brut. 285 *Demetrius ille Phalereus ... at est floridior ... quam Hyperides quam Lysias,* **natura** *quaedam aut voluntas ita dicendi fuit.*

[29] Cicero oratorem genus medium secutum suavi et affluenti ornatu solo privat, cf. orat. 79.

[30] Quod ad suavitatem pertinet, cf. adn. 12. – Cf. quoque Cic., orat. 94 *haec frequentat Phalereus maxime, suntque dulcissima,* de off. I 3 *Demetrius Phalereus ... orator parum vehemens, dulcis tamen.* Vide iterum adn. 12.

[31] Cf. De tribus et quattuor dicendi generibus quid docuerint antiqui, Varsaviae 1957, p. 7.

[32] Macrobius etiam filum, id est genus dicendi, molle nominavit, cf. VI 3, 9 *Nemo ex hoc viles putet veteres poetas, quod versus eorum scabri nobis videntur. Ille enim stilus Enniani saeculi auribus solis placebat et diu laboravit aetas secuta, ut magis huic molliori filo adquiesceretur.*

Quod ad illud *facetum* pertinet, Jacksonus attulit locos Ciceronianos hos: orat. 87 *huic generi orationis* (scil. generi dicendi tenui) *aspergentur etiam sales, qui in dicendo nimium quantum valent; quorum duo genera sunt, unum facetiarum, alterum dicacitatis,* 20 *in eodem genere* (scil. tenui) *alii callidi, sed impoliti et consulto rudium similes et imperitorum, alii in eadem ieiunitate concinniores, id est faceti, florentes etiam si leviter ornati.* Credidit igitur Jackson humilis dicendi generis solius sales vel facetias proprias fuisse. Quae opinio facillime refutari potest locis e *Bruto* Ciceroniano allatis his: 105 *oratorem et volubilem et satis acrem atque eundem et vehementem et valde dulcem et perfacetum fuisse dicebat,* 143 *erat summa gravitas, erat cum gravitate iunctus facetiarum et urbanitatis oratorius, non scurrilis lepos,* 158 *vehemens et interdum irata et plena iusti doloris oratio, multae et cum gravitate facetiae; quodque difficile est, idem et perornatus et perbrevis,* 164 *multa in illa oratione graviter, multa leniter, multa aspere, multa facete dicta sunt,* 186 *nemone Philippum, tam suavem oratorem tam gravem tam facetum his anteferret,* 198 *haec cum graviter tum ab exemplis copiose, tum varie, tum etiam ridicule et facete explicans,* 273 *quam eius actionem multum tamen et splendida et grandis et eadem in primis faceta et perurbana commendabat oratio. graves eius contiones aliquot fuerunt, acres accusationes.* Moneo genus dicendi grande adiectivis significari solitum esse etiam his: vehemens, grave, copiosum, ornatum, acre, grandiloquum. Igitur videmus oratores omnibus tribus dicendi formis utentes facetiis orationem suam variavisse. Si quis ex me quaerat, quid illud *facetum* significet, equidem sentio Venusinum festivitatem Maronis lepidam urbanamque in mente agitavisse.

In animum induxi de ceteris iudiciis Horatianis quoque breviter disputare. Revoco Venusinum, priusquam de *Bucolicis* Vergilianis iudicaret, scripsit Fundanium fabulas elegantiae plenas composuisse: Sat. I 10, 40-2 *arguta meretrice potes Davoque Chremeta / eludente senem comis garrire libellos / unus vivorum, Fundani*[33]. Hoc unum moneo non esse, cur de genere dicendi a Fundanio adhibito cogitetur. Deinde

---

[33] Sat. I 10, 40-42; cf. Cic., Brut. 132 *orationis... comitas*, de orat. II 182 *verborum comitas*, off. I 109 *comitas sermonis*, II 48 *quantopere conciliet animos comitas adfabilitasque sermonis*, Gellius, NA II 22, 27 *summa cum elegantia verborum totiusque orationis comitate atque gratia denarravit*, IX 3, 2 *quin lepide comiterque pleraque et faceret et diceret*, XIX 1, 13 *placide et comiter*. – *Comitas* saepe *severitati* opponitur, cf. Cic., Brut. 148-149, orat. 34, Lael. 66, opponitur etiam *gravitati*, cf. Gellius, NA II 5, 12.

legimus: *Pollio regum / facta canit pede ter percusso* (ibid. 42-3), id est Pollio trimetro iambico tragoediam componit. Terentianus Maurus iambum pedem virilem, acrem nominavit[34]. Idem de oratione Asiniana concludendum est. Est, ut hoc loco Servii adnotatiunculam ad Vergilii eclogam VI 5 factam afferam: *sane 'cum canerem reges et proelia' et 'deductum dicere carmen' quidam volunt hoc significasse Vergilium, se quidem **altiorem** de bellis et regibus ante bucolicum carmen elegisse **materiam**, sed considerata aetatis et ingenii qualitate mutasse consilium et arripuisse **opus mollius**, quatenus vires suas **leviora** praeludendo ad **altiora** narranda praepararet.* Illud *opus mollius* procul dubio materiam vel argumentum molle, quietum significat. Denique ad L. Varii Rufi mentionem transeo, quem Horatius acrem poetam nominavit, carmen epicum forte[35] fuisse putavit (ibid. 43-44) . Utroque adiectivo genus dicendi grande significatum esse inter omnes constat, sed ego puto Horatium, ut Pollionem et Varium Vergilio *Bucolicorum* auctori opponeret, iterum de colore atque ratione orationis summa illorum poetarum iudicium protulisse, quod paucis locis allatis demonstrare conabor[36]: Rhet. Her. III 23 *contentiost **oratio acris** et ad confirmandum et ad confutandum adcommodata*, Cic., de orat. I 231 *orationem ... **fortem et virilem**,* II 35 *Quis cohortari ad virtutem **ardentius**, quis a vitiis **acrius** revocare, quis vituperare improbos **asperius**,* III 106 ***acrem** ... incusationem,* 32 *genus ... **forte, vehemens**,* Brut. 86 *is in dicendo **ardentior acriorque** esset,* 135 *Quintus etiam Caepio, vir **acer et fortis**,* 221 ***fortis** vero actor et vemens,* 268-269 ***fortis orator** ... effrenatus et **acer nimis**,* 271 *compositum dicendi genus et **acre** et expeditum,* 273 ***acres** accusationes,* 317 ***acrem** enim oratorem, **incensum**,* orat. 99 *gravis **acer ardens**,* part. orat. 14 *singula argumenta ... vehementer proponit, conclu-*

---

[34] De metris 1383; cf. Quint., Inst. orat. IX 4, 136 *Aspera contra iambis maxime concitantur, non solum quod sunt e duabus modo syllabis eoque frequentiorem quasi pulsum habent, quae res lenitati contraria est,* 140 *itaque †tragoediae ubi recesset adfectatus etiam tumor rerum et† spondiis atque iambis maxime continetur,* 141 *aspera vero et maledica ... etiam in carmine iambis grassantur.*

[35] Cf. Quint., Inst. orat. X 2, 19 *Tum in suscipiendo onere consulat vires suas ... ne cui tenue ingenium erit sola velit fortia et abrupta, cui forte quidem sed indomitum amore subtilitatis et vim suam perdat et elegantiam quam cupit non persequatur.*

[36] Qui loci ad oratores pertinent, sed unam artem rhetoricam et oratoribus et poetis fuisse quis neget? Quamquam Hermogenes scripsit poetas propria elocutione uti (de ideis 393 R.). Cum autem δεινότητα tractaret, animadvertit vim illam tum imprimis apparere, cum scriptor omnibus dicendi generibus atque formis recte utatur (de ideis 369 R.).

dit **acriter**, Hor., Sat. I 4, 45-47 *idcirco quidam comoedia necne poema / esset, quaesivere, quod* **acer spiritus** *ac vis / nec verbis nec rebus inest*, 10, 14-15 *ridiculum* **acri** */* **fortius** *et melius magnas plerumque secat res*, II 1, 1 *in satura ... nimis* **acer**, Epist. II 1, 50 *Ennius ...* **fortis**[37], Quint., Inst. orat. II 8, 4 *genere dicendi ...* **acri** *graui dulci aspero nitido urbano*, V 13, 24 **acri et vehementi** *... oratione*, VIII 3, 6 *ornatus ...* **virilis et fortis** *et sanctus sit nec effeminatam levitatem et fuco ementitum colorem amet*, IX 4, 98 *Sic enim fit* **forte** *„criminis causa",* **molle** *„archipiratae",* IX 4, 120 *... satis* **forte**, *quid severum, quid iucundum sit intelligent*, Sen., Lucil. 100, 10 *non est* **fortis** *oratio eius, quamvis elata sit ... sit aliquid oratorie* **acre**, *tragice grande, comice exile*, 114, 22 *illo (scil. animo) sano ac valente oratio quoque robusta,* **fortis**, **virilis** *est*, Gellius, NA VI 3, 12 *principio ... nimisque* **acri** *et obiurgatorio usus sit*, 53 **fortius** *atque vividius potuisse dici non videntur*, X 3, 1 **fortis ac vehemens** *orator ...* **acrior** *... M.Tullio*, XI 13, 10 *in tam* **fortis facundiae** *viro*, XVIII 7, 4 **fortiter** *dicere*, Tacit., dial. 18 *agere enim* **fortius** *iam et audentius volo*[38]. Credo me satis superque demonstravisse Horatium de genere dicendi a Fundanio, Pollione, Vario et Vergilio adhibito minime cogitavisse.

II. DE TURNO OBSERVATIONES ALIQUOT

Iam dudum quaeri solet, qua re Aeneas Turnum occiderit. Responderi potest vel hoc modo: „a fato factum est, ut Turnus periret"[1]. Quo responso audito cogimur, ut sciscitemur, cur Vergilius Rutulorum ducem vitiis multis affectum depingeret. Ignotus poeta dixit: *Sui cuique mores fingunt fortunam hominibus*[2], quod multis locis Vergilianis quoque comprobari potest. Iuppiter Mercurium mittit, ut Dido, *fati nescia, animum mentemque benignam* in Teucros accipiat[3]. Sed regina, quam Aeneas de fato edocuisset, primo amori renuntiare non vult, deinde, ut videtur, renuntiat et non petit nisi *tempus inane ... requiem spatiumque furori* (IV 433). Sed Aenea sine mora iter ingrediente mortem sibi consciscere sta-

---

[37] Horatius sine dubio *Annales* Ennianos in mente habuit.
[38] Cf. quoque adn. 19; Cic., Brut. 177 *aliquot orationes, ex quibus sicut ex eiusdem tragoediis lenitas eius sine nervis perspici potest.*
[1] Cf. Aen. X 622-627.
[2] Scaen. Rom. Poesis Fragm. Ribbeck[3], Ex inc. fab. frg. LXII.
[3] Aen. I 299; 304.

tuit. Didone mortua Poeta misericors scripsit: *nam quia nec fato merita nec morte peribat, / sed misera ante diem subitoque accensa furore. / nondum illi flavum Proserpina vertice crinem / abstulerat Stygioque caput damnaverat Orco*[4]. Digna, quae afferantur, sunt etiam Iovis verba haec: *sua cuique exorsa laborem / fortunamque ferent* (X 111-112).

Sed redeamus ad Turnum. Qui si aequus, sobrius et sapiens fuisset, certe intellexisset se frustra fato resistere et Aeneae permisisset, ut Laviniam uxorem duceret. Inter vitia Turni propria eminet **audacia**[5], quae nonnumquam virtutem vel fortitudinem[6] laudabilem significat, sed saepius arrogantiam, temeritatem, ferociam[7], quae vitia fiduciam vel confidentiam[8] sequuntur. Per audaciam fit, ut Turnus consilii atque sapientiae expers sortes neglegat: XI 133-134 *nil me fatalia terrent ... responsa deorum*[9]. Neglegit etiam prodigia (VII 58)[10]. Quin etiam *suis fatis* confidit (XI 136-137), id est, ut conici potest, suis virtutibus bellicis, quibus superiorem se Troianis fore sperat. Navibus Troianis in nymphas versis Rutuli stupuerunt atque metu sunt perculsi, sed Turnus tanto miraculo motus non est: IX 126 *at non audaci Turno fiducia cessit*[11]. Adhortatur populares suos et reprehendit, falso explicans ea, quae viderunt. Simile quoddam narratur libro X (260-269) et Turnus iterum animo certus fidensque (v. 276) suos ad pugnam incendit vocans: *au-*

---

[4] IV 696-99. Cf. quoque Aen. I 18, II 34, VI 882, VIII 398-399.

[5] Cf. Liv. XXVI 3, 4 *suum cuique ingenium audaciam aut pavorem facere*. Audaciae metus contrarius est (cf. quoque Tacit., Hist. II 49, 19).

[6] Cf. Cic., part. orat. 81 *fortitudinem audacia imitatur*.

[7] Cf. Caes., civ. III 25 *adhibita audacia et virtute*; Cic., red. sen. 19 *audaciam virtute ... esse superandam*; Sest. 92, Sallust., Cat. 3, 4 ... *pro virtute audacia ... vigebant*.

[8] Cf. Cic., Tusc. IV 80 *Et si fidentia, id est firma animi confisio, scientia quaedam est et opinio gravis non temere adsentientis, metus quoque est diffidentia expectati et impendentis mali*, inv. II 165 *audacia, quae fidentiae ... finitima est*, Apul. de Plat. 2, 4; 2, 5; Cato M. Dierum dictarum... frg 22 ed. Malcovati ... *inimici mei ... mirari eorum audaciam atque confidentiam*; Liv. XXV 37, 12 *unde tanta audacia, tanta fiducia sui*, Suet., Vesp. 8, 2 *milites pars victoriae fiducia, pars ignominiae dolore ad omnem licentiam audaciamque processerant*. Servius recte animadvertit fiduciam pro audacia a veteribus positam esse, cf. in Georg. IV 445 et in Aen. II 61. Cf. quoque Cic., inv. II 164-165. – Turnus auxilio Iunonis fretus est, quae tamen fata vincere non valet, cf. Aen. VII 438-440. Aeneas talis audaciae vacuus est, cf. XII 187-188.

[9] Erroris conscius non fit nisi morte imminente: XII 894-895. Turnus Mezentii similis fit (VII 648, VIII 7 *contemptor deum*), qui impie dicit: X 773-774 *dextra mihi deus et telum ... nunc adsint!*

[10] Qua re perniciem parari Romani crediderunt, cf. Liv. V 32, 6 sq; 51, 5-7.

[11] „Fiducia rerum" Rutulorum quoque propria est, cf. Aen. IX 188.

dentes Fortuna[12] *iuvat* (v. 284). Sed Romani vulgo credebant Fortunam plerasque res ex libidine sua agitare[13]. Caesar scripsit fortunam in re militari multum posse[14] narravitque milites suos a Fortuna desertos salutis spem in virtute posuisse[15]. Cicero autem putavit fortes non solum a Fortuna, ut est in vetere proverbio, sed multo magis a ratione adiuvari (Tusc. II 11). Pacuvius philosophorum sententiam revocavit, qui crederent nullam esse Fortunam miseram, sed per temeritatem[16] fieri, ut homines malis opprimerentur[17]. Idem Cicero putavit: part. orat. 115 *audaciam temeritati, non prudentiae esse coniunctam*[18]. Digna, quae afferantur, sunt Livii verba haec: XXXV 32, 13 *meritorumque in universam Graeciam T. Quincti admonuerunt: ne temere eam nimia celeritate consiliorum everterent; consilia calida et audacia prima specie laeta, tractatu dura, eventu tristia esse.* Est, cur addam audaciam prope furorem apud scriptores Romanos prodire*[19].

Aeneas Turno dixit: XII 948-949 *Pallas ... poenam scelerato ex sanguine sumit.* Audacia apud multos auctores Romanos cum scelere coniuncta est[20], sed etiam cum cupiditate[21]. Cupido idem significat atque cu-

---

[12] Fortuna dea est (a Graecis Tyche vocata) aut vis quaedam, quae, ut Petronii verbis utar, supra homines negotia curat. Nomen, de quo ago, utrum a littera grandi, an a minuta initium capere debeat, variat.

[13] Cf. Cic., inv. I 106; Rhet. Her. IV 27, Sen. Lucil., 91, 15 *Itaque formetur animus ad intellectum patientiamque sortis suae et sciat nihil inausum esse fortunae, adversus imperia illam idem habere iuris quod adversus imperantis, adversus urbes idem posse quod adversus homines.*

[14] Gall. VI 30, 2; 35, 2.

[15] Gall. V 34, 2.

[16] Temeritas idem atque audacia significare potest.

[17] Inc. fab. XIV v. 372-374 ed. Klotz.

[18] Cf. quoque Trag. Fragm. Inc. fab. XXXI 58-59 ed. Klotz *quod ni Palamedi perspicax prudentia / istius percepset malitiosam audaciam* (prudentiae definitiones apud Cic., inv. II 160, fin. V 16), Cic., Rosc. Amer. 68 *nisi prorupta audacia, nisi tanta temeritas*, Cat. II 25, Phil. III 18, Sallust., Iug. 7, 5, Hirt., Gall. VIII 8, 1, Liv. VI 24, 9. Cf. Cic., Fam. I 10, 1 *praesertim cum his temporibus audacia pro sapientia liceat uti.* Servius in Aen. XII 730 vidit Latinos prudentes Turno timuisse, qui audacia incitatus Aenean inferior armis provocasset.

[19] Cic., Cat. I 31, Ovid., Met. III 623-624.

[20] Cf. e.g. Cic., Rosc. Amer. 12; 17; 28; 35; 75, Phil. III 13, V 42, IX 15, X 8.

[21] Cf. e.g. Cic., Quinc. 79, Rosc. Amer. 12; 28, Verr. II 5, 32; 189, Quint., Inst. orat. V 10, 34. Cf. quoque Cic., fin. II 115 *is qui ... decernit non cum ea parte animi, in qua inest ratio atque consilium, sed cum cupiditate id est cum animi levissima parte ... De levitate cf. Caesar, Gall. II 1, 3, Cic., Cluent. 135 de ... levitate et inconstantia,* Flacc. 6 *qua levitate ... qua audacia,* 66 *... in hominum levitatem, inconstantiam, cupiditatem,* Sest. 36 *levitatem audaciamque pertimui,* 141 *exemplis iracundiae levitatisque,*

piditas et legitur apud Vergilium loco gravissimo: Aen. IX 757-761 *et si continuo victorem ea cura subisset, / rumpere claustra manu sociosque immittere portis, / ultimus ille dies bello gentique fuisset. / sed furor ardentem caedisque insana cupido / egit in adversos.* Venit in mentem Ciceronis verborum, quae ad rem a Vergilio narratam referri possunt: off. I 63 *verum etiam animus paratus ad periculum, si sua cupiditate, non utilitate communi impellitur, audaciae potius nomen habeat, quam fortitudinis.*

Audacia primum est vitium, quod Turno a poeta attributum est, cum Allecto ad Ardeam appropinquaret (VII 409). Dux primo resistit ei Troianos venire nuntianti et ad pugnam hortanti (VII 419-434), sed Allecto Erinyos faciem induitur et facem iuveni sub pectore figit, qua re fit, ut ille amentia, amore ferri, scelerata insania belli et ira afficiatur[22]. Quaeri potest, utrum propter audaciam id factum sit, an non? Fortasse Allecto tantum aperuit solvitque id, quo iam in animo Turni latebat? Estne igitur dux in crimen belli excitandi vocandus? Plerique adnuunt, sed res ea potius in medio relinquenda esse videtur[23]. Non est obliviscendum bellum illud fato nescio quo contigisse (Aen.VI 86 sqq).

Dum *audaciam* tractamus eamque (*nimiam*) *fiduciam* intellegimus, animum advertimus ad adiectivum *ferox* et nomina *ferocitatis* ac *ferociae*. *Ferox* enim sonare potest idem atque audax[24]. Latinus rex Turnum verbis alloquitur his: XII 19 *o praestans animi iuuenis, quantum ipse feroci uirtute exsuperas.* Quo loco, ut e toto verborum contextu conici

---

Pis. 57 *levitatis est ... umbras etiam falsae gloriae consectari*, 61 *levitate et cupiditate commoti*, Phil. VI 4 *quo (scil. rapuit) levitas, quo furor*, Tusc. IV 50 *vide ne fortitudo minime sit rabiosa sitque iracundia tota levitatis*, off. I 90 *... superbiam magnopere, fastidium arrogantiamque fugiamus. Nam ut adversas res sic secundas immoderate ferre levitatis est praeclaraque est aequabilitas ...*, Gellius, NA VI 11, 1 *,,levitatem" ... pro inconstantia et mutabilitate dici audio.*

[22] VII 456-462 *sic effata facem iuveni coniecit et atro / lumine fumantis fixit sub pectore taedas. / olli somnum ingens rumpit pavor, ossaque et artus / perfundit toto proruptus corpore sudor. / arma amens fremit, arma toro tectisque requirit: / saevit amor ferri et scelerata insania belli, / ira super*; cf. Lucr. III 303-304 *nec nimis irai fax umquam subdita percit / fumida.*

[23] Cf. N. Horsfall (ed.), A Companion to the Study of Virgil, Mnemosyne/Supplementum 151, 1995, p. 155-161.

[24] Ferox significare potest idem atque fortis, e.g. Aen. I 263.

214

potest, rex ducem laudat[25]. Sed saepius *ferocia* et *ferocitas*[26] sensu ad *audaciam* et *superbiam* accedunt[27]. Non est certe omittenda Turni **superbia**[28]. Cum Rutulus Pallantem occidisset, Aeneas eum caede nova superbum quaerit (X 514-515). Cato Maior in oratione *Pro Rhodiensibus* habita prope *superbiam* posuit fere idem significantem *ferociam*, dicens vitia hominum rebus secundis crescere[29]. E Sallustii verbis apparet superbiam contrariam esse continentiae et aequitati (Cat. 2, 5)[30]. Seneca coniungit superbiam cum temeritate caeca[31], Plinius eam humanitati opponit[32]. Dicere possis ad Turnum pertinere Livii verba haec: IX 34, 22 *uirtutem in superbia, in audacia, in contemptu deorum hominumque ponis.* Memoria te, lector candide, denique velim tenere Anchisen cecinisse Romanorum futurum esse *parcere subiectis et debellare superbos* (VI 853).

Grave Turni vitium **violentia** quoque est[33], quam Vergilius nulli nisi Rutulorum duci propriam attribuit. Dolendum est, quod nemo scrip-

---

[25] Cf. Liv. IX 6, 13 ... *Romanam virtutem ferociamque.*

[26] Cf. Servius in Aen. XII 8 *Turnus ruet in mortem ferocitate conpulsus.*

[27] Ferocia apud auctores Romanos socia occurrit nominum horum: superbia (Plaut., Amph. 213, Liv. I 53, 9, Plin., Pan. 14, 1, Tac., Hist. IV 19, Gellius, NA VI 3, 16, Curtius Ruf. VII 11, 23), arrogantia (Cic., agr. II 91, Att. X 11, 13), impotentia (Cic., Fam. IV 9, 3), ferocitatem autem comitantur: audacia (Cic., Vat. 2; 23), pertinacia (Cic., Cael. 77), insolentia (Cic., Marc. 16).

[28] Cf. quoque Aen. X 21-22 *tumidusque secundo / Marte ruat.*

[29] Cf. Plaut. Stich. 300 *secundas fortunas decent superbiae*, Tac., Ann. XI 17 *secunda fortuna ad superbiam prolapsus.* Cf. quoque Sallust. Iug. 14, 11 *audacia scelere atque superbia sese ecferens*, Cic., Verr. II 5, 32 *Hunc tu igitur imperatorem esse defendis, Hortensi? Huius furta, rapinas, crudelitatem, superbiam, scelus, audaciam rerum gestarum magnitudine atque imperatoriis laudibus tegere conaris?*

[30] Cf. quoque Val. Max. de superbia et inpotentia IX 5, 1, Liv., Perioch. I b *nam cum impotenter se gerendo Tarquinius Superbus ... Est, cur afferatur Ciceronis locus hic:* inv. II 164 *continentia est, per quam cupiditas consilii gubernatione regitur.* Arpinas arrogantis esse putavit Fortunam incusare: inv. II 178 *nam fortunam quidem et laudare stultitia est et vituperare superbia est.* Turnus Fortunae volubilitatem incusavit: XI 425-426 *multos alterna revisens / lusit et in solido rursus Fortuna locavit.*

[31] Const. sap. II 9, 3.

[32] Paneg. 3, 4. Cf. Gellius, NA XV 21, 1 *... ferocissimos et inmanes et alienos ab omni humanitate.*

[33] Affinis atque communis est *ardor.* Praecipue digna, quae afferantur sunt verba haec: IX 184-185 *Nisus ait: „dine hunc ardorem mentibus addunt, / Euryale, an sua cuique dues fit dira cupido?".* Ardor multis locis prodit libro XII: 3; 55; 71; 101; 325. Cf. Aen. X 514, Alterc. Hadr. et Epict. 59, 2 *in iuvene ardor*, Tac., dial. 2, 1 *ardore iuvenili*, Hist. II 76 *si quid ardoris et ferociae miles habuit*, Cic., div. I 61 *irarum ardor*, Tusc. V 3 *habet ardorem libido, levitatem laetitia gestiens*, Phil. XIII 18 *quo se furore, quo ardore ... ad caedem ... rapiebat*, Liv. I 10, 3 *pro ardore iraque*, V 41, 4 *sine ira,*

torum Romanorum de violentia disseruit et tribus tantum locis Vergilianis de eius natura quaedam discimus[34]. Libro IX v. 58 legimus Turnum viam ad Troianorum castra ferentem *per avia* quaerere. Servius annotavit violentiam Turni manifestam esse, quod *viam per avia nullus requirit.* Turnus cum leone a Vergilio eo consilio comparatus est, ut violentia Rutuli et feritas[35] appareret (X 454). Drances Latino regi suadet, ne Turni violentia impediatur, quominus Laviniam Aeneae in matrimonium det (XI 354). Quibus verbis fit, ut violentia Turni exardescat (XI 376). Quod iterum fit, cum Turnus intellexisset se posci, ut cum Aenea pugnaret (XII 1-9). Paulo post Latinus Turnum admonet, ut matrimonio supersedeat et mortem effugiat; sed frustra admonet, nam violentia Turni verbis regis aegrescit (XII 45-46). Turnus aliquamdiu silet et denique vocis compos dicit se morte laudem assequi velle (XI 47-49). Itaque violentia quoque factum est, ut dux periret. Digna, quae hoc loco afferantur, sunt Silii Italici verba haec: Pun. I 560 *et fractis rebus uiolentior ultima uirtus.*

Pauca dicenda sunt de **amentia** Turni. Sed cave putes eum mentis captum esse. Maximi momenti sunt versus 460-462 libri VII, de quibus iam supra tractavi. Turnus amens, id est furiosi similis, arma quaerit[36], scelerata insania belli et ira[37] afficitur. Postea, cum Turnus pugnatur, amens significat fere idem atque ardens, accensus, commotus, incitatus, commotione sui nesciens[38].

---

sine ardore animorum.

[34] Est, cur afferam alia nomina, quae violentiam comitantur: *audacia* (Cic., Phil. VI 6, Liv. III 41, 2, Gellius NA XX 1, 8), *superbia* (Liv. III 39, 4, Suet., Cal. 26, 4), *saevitia* (Sen., provid. V 5, 1), *furor* (Cic., Phil. XII 26), *dolor* (Gellius NA XII 5, 3), *ira* (Liv. VIII 33, 19).

[35] Cf. Lucr. III 296, Ovid., Mt I 238-239.

[36] Idem facit Aeneas (II 314).

[37] De ira peripatetici alia atque stoici docuerunt. Ita utpote affectus naturalis ab Aristotele non est reprehensus, cf. Eth. Nic. III 8, 10 sqq, IV 5, 3, VII 6, 1 sqq. Vergilius Epicureos, fortasse Philodemum, qui de ira disputavit, secutus est. Putavit igitur humanum esse irasci, sed cavendum, ne ex ira atque vindicta voluptas peteretur. Turnus procul dubio in Pallante occidendo longe aliter se gessit (cf. X 490-499; 500-505). Idem sentio atque N. Horsfall (op. cit. p. 202-3), qui contendit διάθεσιν Aeneae bonam esse. Qua re fieri, ut ille ira non afficiatur nisi re quadam gravi adductus, cf. Aen. II 316, X 813, XII 108, 494, 499, 946. Cf. quoque Lucr. III 307-311 *quamvis doctrina politos ... quin proclivius hic iras decurrat ad acris,* Cic., Tusc. IV 43 sqq., Sen., de ira I 9, 2; 12, 5; 17, 1; de ira in re militari I 11, 1-8; I 11, 12 *quid opus est ira, cum idem proficiat ratio,* provid. IV 12, 6 *quantum est effugere maximum malum, iram, et cum illa rabiem, saevitiam, crudelitatem, furorem, alios comites eius adfectus!*

[38] Cf. Aen. VII 623-5, Cic., Tusc. IV 35-37; 82. Apud Livium prodeunt *furor atque*

Gravissimum de Turno iudicium protulit Aeneas: X 500-505 *quo nunc Turnus ovat spolio gaudetque potitus.* / *nescia mens hominum fati sortisque futurae / et servare* **modum** *rebus sublata secundis!* / *Turno tempus erit magno cum optauerit emptum / intactum Pallanta, et cum spolia ista diemque / oderit.* De modo, quem nunc breviter tractabo, auctores Romani disputaverunt haec: Cic., de off. I 93-94: *Sequitur ut de una reliqua parte honestatis dicendum sit, in qua verecundia et quasi quidam ornatus vitae, temperantia et modestia omnisque sedatio perturbationum animi et rerum modus cernitur*[39]; Tusc. III 24 *voluptas gestiens, id est praeter modum elata laetitia*; Seneca, Lucil. 39, 5 *Nec inmerito hic illos furor vexat; necesse est enim in immensum exeat cupiditas quae naturalem modum transilit*; 88, 29 *Temperantia voluptatibus imperat, alias odit atque abigit, alias dispensat et ad sanum modum redigit*; 95, 30 *Non privatim solum sed publice furimus. Homicidia conpescimus et singulas caedes: quid bella et occisarum gentium gloriosum scelus? Non avaritia, non crudelitas modum novit.*

Sed per **furorem**[40] potissimum factum est, ut Dido, Amata et denique Turnus vitam amitterent. Inter omnes constat apud Vergilium furorem non esse morbum mentis, quo qui affectus sit, nullorum facinorum teneri vulgo putatur. Furor affectio est, perturbatio vel cupido immodica, cui homines quidam succumbentes in propositis suis assequendis perseverant, quamvis fatis id facere manifeste vetentur. A Servio Penthesilea *furens* dicitur, quia *maiora viribus audet*, id est fato obsistere conatur (ad Aen. I 491). Contraria furori pietas est, quam Aeneas colit[41], quamvis acerba ei ferenda sint. Est, ut moneam libro II (v. 316) filium Veneris furore bellico aliquamdiu affici, qui tamen ab illo Turni furore impio remotissimus est[42].

De furoris natura quaerenti mihi verborum Publilii Syri in mentem venit: F 13 *furor fit laesa saepius patientia.* Quae sententia a Vergilio comprobatur: furore afficiuntur ei, quorum res adversum animi senten-

---

amentia (XXVIII 27, 6); cf. XXXVII 20, 8 *et qui Pergami erant amentiam magis quam audaciam credere esse...* Quintilianus amentiae opponit rationem (Inst. orat. IX 3, 62), Cicero prudentiam (Ep. Brut. XXIII 9).

[39] Cf. ibid. I 17.

[40] De furore iam multis annis ante disputavi, nunc quaedam adicere in animo habeo. Cf. J. Korpanty, Furor in der augusteischen Literatur, Klio 67, 1985, p. 248-257.

[41] Ex eo, quod eam Diomedes laudat ac ad pacem cum Troianis faciendam hortatur, conicimus Turni impietatem propriam esse. Cf. XI 292. Cf. Latini regis verba haec: XI 31 *arma impia sumpsi.*

[42] Cf. quoque XII 946-947 *furiis accensus et ira / terribilis.*

tiam procedant[43]. Qua re fit, ut patientia debilitata ratio animusque malis affectibus superentur. Turni patientiam, si quam omnino habuit, Allecto impugnat: VII 421-428 *Turne, tot incassum fusos patiere labores, / et tua Dardaniis transcribi sceptra colonis? / rex tibi coniugium et quaesitas sanguine dotes / abnegat, externusque in regnum quaeritur heres. / i nunc, ingratis offer te, inrise, periclis; / Tyrrhenas, i, sterne acies, tege pace Latinos. haec adeo tibi me, placida cum nocte iaceres, / ipsa palam fari omnipotens Saturnia iussit.*

Servius Didonem amore furentem commentans scripsit: IV 68-69 *furor est Amor, in quo nihil est stabile.* Sunt apud auctores Romanos duo loci de stabilitate tractantes, quos mihi afferri placet. Quorum primo *patientia* quoque occurrit: Val. Max. III 3, 1 (de patientia) *Egregiis uirorum pariter ac feminarum operibus fortitudo se oculis hominum subiecit patientiamque in medium procedere hortata est, non sane infirmioribus radicibus stabilitam aut minus generoso spiritu abundantem, sed ita similitudine iunctam, ut cum ea vel ex ea nata uideri possit,* Cic., fin. III 50 *et quod virtus stabilitatem, firmitatem, constantiam totius vitae complectatur*[44].

Videamus de Turno amore atque cupiditate[45] capto: XII 70-71 *illum turbat*[46] *amor figitque in virgine vultus / ardet in arma magis.* De eis,

---

[43] Cf. Cic., inv. II 163 *Patientia est honestatis aut utilitatis causa rerum arduarum et difficilium voluntaria ac diuturna perpessio,* part. orat. 77 *in rebus autem incommodis est ibidem duplex; nam quae venientibus malis obstat fortitudo, quae quod iam adest tolerat et perfert patientia nominatur. Quae autem haec uno genere complectitur, magnitudo animi dicitur;* 81 *et patientiam (scil. imitatur) duritia immanis,* Horat., Carm. I 24, 19-20 *sed levius fit patientia / quidquid corrigere est nefas,* Ovid., Am. III 11a, 1 *multa diuque tuli, vitiis patientia victast,* Sen., de ira II 14, 3 *saepe itaque ratio patientiam suadet, ira vindictam,* clem. I 1, 3 *contumacia, quae saepe tranquilissimis quoque pectoribus patientiam extorsit,* Lucil. 91, 15 *Itaque formetur animus ad intellectum patientiamque sortis suae et sciat nihil inausum esse fortunae, adversus imperia illam idem habere iuris quod adversus imperantis,* Servius, In Aen. II 336-337 *erynis impatientia animi, hoc loco quae in furorem impellit,* IV 434 *non habet in adversis patientiam, nisi qui dolere consuevit* (cf. Aen. IV 433-434: *tempus inane peto, requiem spatiumque furori / dum mea me victam doceat fortuna dolere*). Patientia et fortitudo saepe propter se prodeunt (Cic., fin. I 49; 31; Tusc. II 53, Quint., Inst. orat. II 7, 24, Sen., v. beat. 25, 6) item patientia et moderatio (Cic., Phil. X 7; 14).

[44] Cf. quoque Cic., Tusc. IV 31, off. I 47, amic. 65; 100, Sen., v. beat. V 3, Lucil. 71, 26-9.

[45] Quam, ut videtur, testantur v. 715-722 libri XI.

[46] Cf. VIII 4 et XI 451-452 *exemplo turbati animi concussaque vulgi / pectora.* Quam rem sequuntur *irae, saevitia* et *trepidatio.* Cf. Cic., topica 64 *Cadunt etiam in ignorationem atque imprudentiam perturbationes animi.*

quae ex animo conturbato sequantur, Cicero docet: Tusc. III 15 *contur-batus animus non est aptus ad exequendum munus suum. Munus autem animi est ratione bene uti; et sapientis animus ita semper adfectus est, ut ratione optime utatur; numquam igitur est perturbatus. At aegritudo perturbatio est animi: semper igitur ea sapiens vacabit*[47]; IV 76 *pertur-batio ipsa mentis*[48] **in amore** *foeda per se est. Nam ut illa praeteream, quae sunt furoris...* Adiectivum *turbidus* omitti non potest, quod saepe Turno violenti, furioso, impatienti et inconsiderato attribuitur. Quo fit, ut ille de rebus suis male iudicet et spem inanem alat: X 647-648 *tum vero Aenean aversum ut cedere Turnus / credidit atque animo spem tur-bidus hausit inanem*[49]. Libro XI Turnus *exsultatque animis et spe iam praecipit hostem* (v. 491). „Exsultatio" a Romanis cum furore, audacia et nimia fiducia coniungebatur[50].

Nominibus, quae furorem comitantur, diligenter perpensis multa discimus. Nomina dico haec: *rabies*[51], *dolor*[52], *audacia*[53], *amentia*[54], *in-sania*[55], *insana libido*[56], *mentis ad omnia caecitas* (et similia)[57], *ira*[58],

---

[47] Cf. Cic., off. I 17; 66; 69; 102-103; 135; fin. I 45-47, Tusc. III 9-10; 24-25; IV 11-22; 39; 47, Horat., Sat. I 1, 106-107, Sen., Lucil. 39, 5; 88, 29; 94, 65; 95, 30.

[48] Cf. Cic., Pis. frg 3 *Perturbatio istum mentis et quaedam scelerum offusa caligo et ardentes Furiarum faces excitaverunt*, 46 *homines consceleratos inpulsu deorum terreri furialibus taedis ardentibus, sua quemque fraus, suum facinus, suum scelus, sua audacia de sanitate ac mente deturbat*; cf. Verg. Aen. VII 456-457.

[49] Cf. IX 57, XII 10, 671.

[50] Cf. e.g. Trag. Fragm. Inc. fab. ed. Klotz LXVII 125, Cic., Sest. 95, Philipp. XIII 29.

[51] Catull. 63, 38, Verg., Aen. V 801-802, Ovid., Trist. II 150, Tac., Hist. I 63, Lu-can. IV 240, VII 551, X 61; 529-530, Florus epit. I 34.

[52] Cic., Tusc. III 11, Apul., Met. VIII 8.

[53] Cic., Rosc. Am. 62, Verr. II 5, 139, Cat. I 1, Liv. XXV 4, 5, XXVIII 22, 14.

[54] Cic., Rosc. Am. 62, Verr. II 5, 139, Quint. fr. II 15, 2, Lucr. IV 1117, Liv. XXVIII 27, 8, Quint., decl. maior. 18, 9; cf. Aen. XII 599-601.

[55] Cic., Tusc. III 11; cf. III 8 sq., IV 52, Sen., Lucil. 18, 14 *inmodica ira gignit insaniam*. Bellum inter Troianos et Latinos excitatum bellum civile dici potest; cf. Sen., benef. I 10, 2 *in ... publicam ibitur bellorumque civilium insaniam*.

[56] Calp. Flacc., Decl. exc. 23, 23.

[57] Cic.,Tusc. III 11, Hor. Epod. 7, 13, Verg.,Aen. I 348-50, II 244, Val. Max. IX 2, 5.

[58] Cic., Tusc. IV 52; 77, Verg., Aen. II 316, XII 831-832, Horat., Epist. I 2, 62, Quint., Inst. orat. VII 4, 31, Sen., Lucil. 18, 14 *tam ex amore nascitur, quam ex odio*, 18, 15 *ingentis irae exitus furor est, et ideo ira vitanda est non moderationis causa, sed sanitatis.*

iracundia[59], *concitatio*[60], *impatientia*[61], *impotentia*[62], *crudelitas*[63], *saevitia*[64], *scelus*[65], *improbitas*[66], *nefas*[67]. Sed nomina furori contraria omitti non possunt: *resipisco*[68], *sanitas*[69], *pudor* (= *continentia, patientia*)[70], *constantia*[71], *ratio*[72], *prudentia*[73], *consilium*[74]. Locis quibusdam *furiae* idem atque *furor* significant, e.g. cum de Didonis et Turni furore amatorio sermo est[75] vel de bellantibus, qui furore poenae sumendae sanguinolento afficiuntur[76]. *Furias* sicut *furorem* dolor et ira comitantur[77] atque insania[78]. Itaque in universum dici potest per vitia, quibus Turnus affectus sit, fieri, ut homines ratione, consilio, temperantia priventur atque caeci in exitium ruant.

---

[59] Cic., Tusc. III 11, Plin., Paneg. 43. Cf. Cic., inv. II 19 ... *ostendere, quanta vis sit amoris, quanta animi perturbatio ex iracundia fiat.*

[60] Quint., Inst. orat. VII 4, 31.

[61] Serv., In Aen. II 337.

[62] Horat., Carm. I 37, 20-23.

[63] Quint., Inst. orat. IX 2, 41, Val. Max. IX 2, 5.

[64] Verg., Aen. I 148-153, I 294-295.

[65] Cic., Verr. II 5, 139, Quint., Inst. orat. IX 2, 40.

[66] Cic., Rab. perd. 22.

[67] Verg., Aen. VII 386.

[68] Calp. Flacc., Decl. exc. 31, 2-3.

[69] Calp. Flacc., Decl. exc. 31, 5-6.

[70] Cic., Verr. II 4, 41, Liv. XXV 4, 5.

[71] Cic., Cat. II 25; cf. Tusc. III 9.

[72] Cic., Cat. I 22, Ovid., Met. VII 10-11, XIV 701; cf. Cic., inv. II 164 *temperantia est rationis in libidinem atque in alios non rectos impetus animi firma et moderata dominatio. Eius partes continentia, clementia, modestia. Continentia est, per quam cupiditas consilii gubernatione regitur*; fin. I 47 *temperantia est enim quae in rebus aut expetendis aut fugiendis ut rationem sequamur monet.*

[73] Cic., Verr. II 5, 85, Fam. X 23, 1.

[74] Verg., Aen. VII 406-407, Prop. I 1, 6-7, Serv., in Aen. I 299, VII 406-407. Cf. Cic., inv. I 26 *consilium est aliquid faciendi aut non faciendi excogitata ratio*, Horat., Carm. III 4, 65-68 *vis consili expers mole ruit sua / vim temperatam di quoque provehunt / in maius; idem odere viris / omne nefas animo moventes.*

[75] Cf. Aen. IV 376, XII 668.

[76] Cf. Aen. VIII 494-495, XII 101.

[77] Cf. Aen. VIII 219-220, 228-230, 494, 500-501, XII 946.

[78] Cf. XII 667-8; cf. quoque II 407 *furiata mente Coroebus*, II 588 *furiata mente ferebar.*

III. DE ARTE RHETORICA IN *AENEIDIS* EPILOGO CONSPICUA

Cum epilogum carminis celeberrimi diligenter mecum reputarem, veniebat in mentem praeceptorum rhetoricorum, quae referri possunt ad sermonem illum brevem ducum, quorum Aeneas accusator vel iudex dici potest, Turnus autem reus[1]. Itaque in animum induxi quaestionem illam examinandam suscipere. Primus verba facit Turnus, cuius, ut humilem supplicemque decet, oratio humilis tenuisque est[2]. Rutulorum dux primum insinuatione vel praeteritione[3] utitur. Nam illo *merui* (v. 931) ambigue facinus profitetur id agens, ne Aeneae animus ad Pallantem caesum referatur. Et id, quod petit, assequitur, cum filius Veneris multo post demum balteo viso Pallantis reminiscatur. Quae cum ita sint, Turni causa in genere turpi ponenda est[4]. Rutulus malefacto vel malefactis praetermissis misericordiam movere conatur.

Turnus vulnere gravi accepto *humilis supplexque* est[5], nullum manet vestigium veteris superbiae, audaciae, violentiae. Qui oris habitus conquestionis vel commiserationis munere fungi videtur, cum Rutulo Aeneas statim deleniendus mitigandusque sit. Cicero adulescens putavit virtutem, magnificentiam, gravitatem et auctoritatem ad misericordiam movendam efficaciores esse quam humilitas et obsecratio (inv. I 109).

---

[1] Cf. Servius, in Aen. XII 931 (de Turno) *secundum artem agit rhetoricam.* – Moneo certamen a Rutulis spectari.

[2] Cf. Quint., Inst. orat. IX 4, 102 *Sciendum vero in primis quid quisque in orando postulet locus, quid persona, quid tempus: maior enim pars harum figurarum posita est in delectatione. Ubi vero atrocitate invidia miseratione pugnandum est, quis ferat contrapositis et pariter cadentibus et consimilibus irascentem flentem rogantem?* – *cum nimia in his rebus cura verborum deroget adfectibus fidem, et ubicumque ars ostendatur, veritas abesse videatur.*

[3] Cf. Rhet. Her. IV 14 *Et omnino non modo id quod obest, ... satius est praeterire*; Lausberg § § 280-281, 882-886.

[4] Rhet. Her. I 9 *Deinceps de insinuatione aperiendum est. Tria sunt tempora, quibus principio uti non possumus, quae diligenter sunt consideranda: aut cum turpem causam habemus, hoc est cum ipsa res animum auditoris a nobis alienat ...*; Quint., Inst. or. IV 1, 44 *Illud in universum praeceperim, ut ab iis, quae laedunt ad ea quae prosunt refugiamus.*

[5] Cf. Cic., inv. I 22 *si prece et obsecratione humili ac supplici utemur*, I 109 *in quo orantur modo illi, qui audiunt, humili et supplici oratione, ut misereantur*; Cf. Aen. XII 934 *Dauni miserere senectae*, Caes., Gall. II 28, 3 *... ut in miseros ac supplices usus misericordia videretur, diligentissime conservavit.* Cf. quoque Seneca, Controv. I 1, 12 *scio quam acerbum sit supplicare exteris.*

Turnus protendit *oculos dextramque precantem* (v. 930)[6]. Oculi et manus protenta ad actionem sive pronuntiationem pertinent, de qua Crassus apud Ciceronem dixit haec: de orat. III 213 *actio, inquam, in dicendo una dominatur. Sine hac summus orator esse in numero nullo potest, mediocris hac instructus summos saepe superare.* Orator similiter atque artifex scaenicus oculis, voce et gestu agit[7]. Oris tamen oculorumque munus est praecipuum: Cic., de orat. III 221-223 *Sed in ore sunt omnia. In eo autem ipso dominatus est omnis oculorum ... animi est enim omnis actio et imago animi voltus indices oculi. Nam haec est una pars corporis, quae, quot animi motus sunt, tot significationes et commutationes possit efficere ... oculos autem natura nobis ... ad motus animorum declarandos dedit ... is (scil. voltus) autem oculis gubernatur*[8]. Ex illo *precans* facile conici potest, quid Turnus oculis suis significaverit. Quod autem ad manum pertinet, satis est Quintiliani verba afferre: Inst. orat. XI 3, 85-86 *Manus vero, sine quibus trunca esset actio ac debilis, vix dici potest quot motus habeant, cum paene ipsam verborum copiam persequantur. Nam ceterae partes loquentem adiuvant, hae, prope est ut dicam, ipsae locuntur. An non his poscimus ... supplicamus ... confessionem, paenitentiam ... ostendimus?* Fortasse Turnus, quem poeta animo sibi finxit, in ea re quoque praecepta rhetorum secutus est?[9]

Nunc ad deprecationem[10] transeo, de qua Arpinas: inv. I 15 *deprecatio est cum et peccasse et consulto peccasse reus se confitetur et tamen*

---

[6] Zeugma est, cf. Tac., Ann. II 29, 6 *manus ac supplices voces ad Tiberium tendens.* Cf. Ovid., Am. I 2, 10 *porrigimus victas ad tua iura manus*, Met. II 477 *stravit humi pronam; tendebat bracchia supplex*, III 721-722 *dextramque precantis / abstulit*, V 214-215 *atque ita supplex / confessasque manus obliquaque bracchia tendens*, VI 261-264 *Ilioneus non profectura precando / bracchia sustulerat ... / parcite...*

[7] Cf. Cic., de orat. III 214 *Quae sic ab eo esse acta constabat oculis, voce, gestu, inimici ut lacrimas tenere non possent.*

[8] Cf. quoque Cic., Brut. 87, orat. 60, Quinct. 47, Verr. II 3, 5; 4, 148, dom. 59; 101; 133, Mil. 33, Cael. 49, Balb. 49, Mur. 49.

[9] Cf. Cic., de orat. III 220 *Omnis autem hos motus subsequi debet gestus, non hic verba exprimens scaenicus, sed universam rem et sententiam non demonstratione sed significatione declarans ... manus autem minus arguta, digitis subsequens verba non exprimens; bracchium procerius proiectum quasi quoddam telum orationis.* Turno puto gestum ad benevolentiam captandam aptum esse eum, quem Quintilianus libro XI, 3, 96-97 descripsit. Animadvertas velim Turnum sibi non constare, cum dextram *precantem* protendat et se *non deprecari* dicat.

[10] Cf. Lausberg § 192; cf. Rhet. Her. IV 19, Caes. Gall. VII 40, 7, Cic., Mur. 58, Flacc. 24, Rab. perd. 31. – Latinus monuit Turnum supplicium iustum debitumque daturum esse (VII 596-7); cf. Cic., inv. II 138, rep. III 26, leg. II 13; 16, Pis. 43; 99.

ut ignoscatur postulat; quod genus perraro potest accidere[11]. Turnus dicit: *equidem merui* (v. 931), quod interpretor fere hoc modo: „profecto culpam admisi"[12]. Sed quam culpam profiteatur, non liquet. Igitur Rutulorum dux delicto quodam admisso dicit veniam a se non peti (v. 931: *nec deprecor*[13]) nec se excusat[14]. Fortasse praeceptum sequitur eius modi: Cic., inv. I 21 *Nam ab iratis*[15] *si perspicue pax et benivolentia petitur, non modo ea non invenitur, sed augetur atque inflammatur odium* (cf. v. 938 *ne tende odiis*). Sed tamen statim Aenean rogat, ut Dauni patris causa sibi ignoscat. Cuius rei quoque mentionem fecit Cicero: *cum videaris non uti deprecatione, uti tamen* (inv. II 104). Itaque Turnus concessione et deinde deprecatione utitur[16].

---

[11] Idem legitur in Rhet. Her. II 25: *Deprecatione utemur, cum fatebimur nos peccasse neque id inprudenter aut fortuito aut necessario fecisse dicemus et tamen ignosci nobis postulabimus.* Cf. Cic., de orat. II 339 *deprecatio, quod est infirmum sed non numquam utile.* – *Precatio* idem significat atque *deprecatio.*

[12] Aliter Servius: *ego quidem occidi mereor.* Servii interpretationem a multis hodie probari non ignoro. Sed verbum *merendi* apud auctores Latinos sine adverbiis *bene* vel *male* occurrit et e contextu, qui nunc dicitur, toto sensus coniciendus est, cf. e.g. Aen. VI 664 *qui ... sui memores alios fecere (scil. bene) merendo* (cf. Ovid., Trist. I 2, 95, Fasti IV 239). De Turno rem longe aliter se habere quis neget? Simili modo nomen meriti diversa significat, cf. e.g. Ovid., Am. III 3, 16 *alterius meriti cur ego damna tuli,* Fast. I 483 *non meriti poenam pateris*; cf. quoque Ulp., Dig. 28, 4, 2 *malum meritum.* Etiam alia quaestionis solutio sese offert: illud *merui* accusativo *poenam* (cf. e.g. Ovid., Met. III 654; C. Renger, *Aeneas und Turnus. Analyse einer Feindschaft.* Stud. zur klass. Philol. 11, 1985, p. 90-91) vel etiam *scelus* suppleri potest. Cf. quoque Aen. IV 547 *quin morere ut merita es,* VII 307 *quod scelus aut Lapithis (scil. merentibus) tantum aut Calydone merente?* Servius ad loc. annotavit: „*scelus*" *pro poena posuit.*

[13] Illud *nec deprecor* significare puto idem atque *sed tamen non deprecor.* Cf. quoque Gellius, NA VII 16, 3 „*deprecor*" ... *quod significat* „*valde precor*" *et* „*oro*" *et* „*supplico*", *in quo* „*de*" *praepositio ad augendum et cumulandum valet,* „*Excerpta ex Grilli commento in primum Ciceronis librum de inventione*", ed. Halm, 601, 31 *insinuatio... fit ... dissimulatione, quando te benivolentiam fingis non petere et in ipso mereris, quia non petis; ea autem fit duobus modis: aut cum te dicis non meritum esse quod petieris, et, dum dissimulas, in hoc ipso petis, ut* „*equidem merui, nec deprecor, inquit*".

[14] Afferre possit causas, de quibus tractatur in Rhet. Her. II 39: *Item vitiosum est id, quod vulgarem habet defensionem, hoc modo:* „*Iracundia deductus peccavit aut adulescentia aut amore*". *Huiuscemodi enim deprecationes si probabuntur, inpune maxima peccata dilabentur.* Amor flagrans, quo Turnus Laviniam prosecutus est, causa fuit gravis, cur fato resisteret. Cum Aenean rogaret, ut sibi parceret, dixit *tua est Lavinia coniunx* (v. 937). Servius scripsit: *quae (scil. Lavinia) fuerat causa certaminis.* Sed potius dicendum est Turnum eam causam pretendisse.

[15] Cf. XII 938-939, ubi de Aeneae ira et acerbitate sermo est.

[16] Cf. Cic., inv. II 94 *Concessio est per quam non factum ipsum probatur a reo, sed ut ignoscatur, id petitur. Cuius partes sunt duae: purgatio et deprecatio* (cf. Rhet. Her.

223

Turnus igitur, cum se victum esse confessus esset[17] atque Laviniam Aeneae tradidisset, conquestione[18] usus est atque Aenean rogavit, ut sibi vitam concederet. Filius Veneris mentione Dauni facta animo motus est atque cunctari coepit. Servius ad Aen. XII 940 scripsit: *cunctantem flectere sermo coeperat*[19]. Verbum flectendi saepe termini technici munus explet, praecipue in scriptis rhetoricis. Cicero putavit eum, qui flectere aliquem vellet, vehementi oratione uti necesse esse, ut odium et iracundia[20] mollirentur, sed Turnus supplex, humilis, vulnere accepto orator vehemens esse non potest.

Turnus vocabulis *clementiae* vel *misericordiae* non utitur[21]. In scriptis rhetoricis saepissime de misericordia tractatur, cf. e.g. Rhet. Her. II 9 *defensoris proprius locus est, cum misericordiam captat*[22]. Sed loco, de quo agimus, clementia omittenda non est, cum Seneca illam definierit hoc modo: clem. II 3,1 *Clementia est temperantia animi in potestate ulciscendi vel lenitas superioris adversus inferiorem in constituendis poenis.* Utrumque nomen legitur apud auctores Latinos et idem fere

---

I 24, II 23), II 104 *Deprecatio est in qua non defensio facti, sed ignoscendi postulatio continetur.*

[17] Verba *victum tendere palmas/ Ausonii videre* (v. 936-937) misericordiae movendae causa protulit.

[18] Cf. Cic., inv. I 106, Rhet. Her. III 24.

[19] Cf. XII 45-46 *haudquaquam dictis violentia Turni / flectitur; exsuperat magis aegrescitque medendo.* Est, cur addam Latinum de Italis in pugna occisis mentionem fecisse (v. 35-36).

[20] Cf. de orat. II 205-206, orat. 69 *probare necessitatis est, delectare suavitatis, flectere victoriae; nam id unum ex omnibus ad optinendas causa potest plurimum. Sed quot sunt officia oratoris tot sunt genera dicendi ... vehemens in flectendo.*

[21] Ceterum et nomen et adiectivum *misericors* in hexametro dactylico adhiberi non possunt. De clementia et misericordia quid sapientes disputaverint, non esse meum puto in hac dissertatiuncula quaerere. Sed cum quidam Aenean Stoicum minutatim fieri credant, moneo tantum Ciceronem Graecos secutum docuisse perturbationes, e.g. misericordiam, luctum, maerorem, dolorem, in sapientem non cadere (cf. Tusc. IV 16-22, fin. III 35). Alia erat Academicorum opinio (cf. Cic., Lucull. 135). Afferam Arpinatis verba, quae ad Aenean quodammodo referri possunt: Tusc. IV 31-32 *itaque in hominibus solum (perturbationes) exsistunt ... Inter acutos autem et inter hebetes interest, quod ingeniosi, ut aes Corinthium in aeruginem, sic illi in morbum et incidunt tardius et recreantur ocius, hebetes non item. Nec vero in omnem morbum ac perturbationem animus ingeniosi cadit; non enim in ulla ecferata et inmania; quaedam autem humanitatis quoque habent primam speciem, ut misericordia, aegritudo, metus.*

[22] Cf. II 50, III 23; 24, IV 39, Cic., inv. I 106-107, II 51; 56. Turnus, ut iam dixi, ipse causam suam defendit.

significat[23]. *Misericordia* occurrit socia nominum horum: *humanitas*[24], *liberalitas*[25], *mansuetudo*[26], *lenitas*[27]. Digna, quae afferatur est locutio *deprecari misericordiam* (Cic., Planc. 3)[28]; fortasse nomen illud subaudiendum est post Turni verba *nec deprecor?* Quibus verbis Turnus adiungit: *utere sorte tua* (v. 932), quae verba interpretanda esse puto ita: „utere facultate a fato tibi data", id est „victor, vulneratum trucida". Et hic casus a rhetoribus tractatur . Auctor *Rhetoricae ad Herennium* scripsit: *Misericordia commovebitur auditoribus, si variam fortunarum commutationem dicemus* (II 50), is sine dubio sensus inest verbis *utere sorte tua.* Sed his verbis prolatis Turnus vulneratus misericordiae Aeneae se committit, ignotus autem rhetor Romanus docet porro haec: ... *si supplicabimus et nos sub eorum, quorum misericordiam captabimus, potestatem subiciemus* (ibid.)[29].

Turnus, ut iam supra scripsi, quamquam dicit *nec deprecor*, tamen rogat, ut vita sibi Dauni patris causa concedatur et ingeniosissime Aenean clarissimum ob pietatem erga patrem cultam appellat[30]. Rutulus revera idem fecit, quod oratores Romani, quod e.g. Cicero fecit, cum Marci Caelii patrem in iudicium venire iussisset atque dixisset haec: 79-80 *Quod cum huius vobis adulescentiam proposueritis, constituitote ante oculos etiam huius miseri senectutem qui hoc unico filio nititur, in huius spe requiescit, huius unius casum pertimescit; quem vos supplicem vestrae misericordiae, servum potestatis, abiectum non tam ad pedes quam ad mores sensusque vestros, vel recordatione parentum vestrorum vel liberorum iucunditate sustentate, ut in alterius dolore vel pietati vel indulgentiae vestrae serviatis. Nolite, iudices, aut hunc iam natura ipsa occidentem velle maturius exstingui volnere vestro quam*

---

[23] Cf. e.g. Apul. de deo Socr. 34, 20, Cic., red. sen. 17, Gellius, NA VI 3, 18, Plinius, NH XI 145, Sen., benef. V 9, 2, VI 29, 1.

[24] Cf. Cic., Cat. IV 11, Flacc. 24, Mur. 6, Lig. 29, Quint., Inst. orat. VI 1, 22, P. Rutilius Lupus, Schem. lex. II 9, Sen. benef. III 7, 5, V 9, 2; 20, 5, VI 29, 1.

[25] Cf. Caes., Epist. Fam. frg 6, Sen., benef. V 9, 2.

[26] Cf. Cic., Mur. 90. Sulla 93, Sallust., Cat. 34, 1.

[27] Cf. Cic., Mur. 6, Sulla 1; 92, de orat. I 53.

[28] Cf. P. Rutilius Lupus op. cit. I 20 *nihil enim valebat assidua pro fratre ac misericors deprecatio* (*misericors* hoc loco significat „qui misericordiam movet").

[29] Cf. Rhet. Her. IV 39, ubi *permissio* tractatur. Hoc loco quoque misericordia captatur.

[30] Cf. Aen. VI 687-688 *venisti tandem, tuaque exspectata parenti / vicit iter durum pietas.*

suo fato ... Conservate parenti filium, parentem filio, ne aut senectutem iam prope desperatam contempsisse ... videamini[31].

Pietas erga propinquos, praecipue autem pietas filii erga patrem a Romanis maximis laudibus celebrabatur. Filii erga patres pii Aeneae vocabantur[32]. Turnus verbis usus est his: *miseri te si qua parentis*[33] / *tangere cura potest, oro (fuit et tibi talis / Anchises*[34] *genitor) Dauni miserere senectae*[35] */ et me, seu corpus spoliatum lumine mavis*[36], */ redde meis* (v. 932-936). Libro I *de inventione* (106 sqq) Cicero, cum de conquestione tractaret misericordiam[37] movente, locos communes subiecit. Audias velim locum hunc: *septimus (scil. locus) per quem ad ipsos qui audiunt convertimus et petimus, ut de suis liberis aut parentibus aut aliquo, qui illis carus debeat esse, nos cum videant, recordentur*[38]. Locus XV docet non de nostris, sed de eorum, qui cari nobis esse debeant, fortunis conquerendis[39]. Locus XI ad Turnum referri potest, qui rogat, ut corpus suum Rutulis sepeliendum reddatur (ibid. 109). Videmus igitur Turnum in omnibus verbis prolatis artem rhetoricam secutum esse. Ad finem Cicero suadet, ne orator animis legentium commotis in conquestione moretur, cum, quemadmodum Apollonius dixit, „lacrima nihil citius arescat„ (ibid. 109). Est, cur addam verbis *seu ... mavis* Turnum Aeneae occisori invidiam facere intendisse[40].

---

[31] Cf. Rhet. Her. IV 51, Cic., inv. I 103, Font. 48-49, Flacc. 106, Cat. IV 23, Planc. 103, Mur. 88-90, Mil. 102.

[32] Cf. Rhet. Her. IV 46 *Ex contrario, ut si quem impium, qui patrem verberarit, Aenean vocemus.*

[33] V. 932 *parentis* – genetivus subiectivus vel obiectivus esse potest. Fortasse verbis his *miseratio* latet, cf. Cic., de orat. III 107 *alii autem habent deprecationem aut miserationem*; Quint., Inst. orat. VI 1, 23 *plurimum tamen valet miseratio, quae iudicem non flecti tantum cogit, sed motum quoque animi sui lacrimis confiteri. Haec petetur aut ex iis quae passus est reus, aut iis quae cum maxime patitur, aut iis quae damnatum manent* (quod ad Turnum pertinet, ex eis, quae Turno mortis damnato patrem eius manent). Cf. Serv., in XII 933 *ut duo dicat: et habuisti patrem et pater es.*

[34] Cf. Cic., de orat. II 211 *iam misericordia movetur, si is qui audit adduci potest, ut illa quae de altero deplorentur, ad suas res revocet, quas aut tulerit acerbas aut timeat, ut intuens alium crebro ad se revertatur.*

[35] Turnus in Euandrum crudelis dixit: X 443 *cuperem ipse pater spectator adesset.*

[36] Servius putavit Turnum interpositione, id est verbis insertis, usum esse, ne rem viro forti pudendam petere videretur. Cf. Cic., Rab. perd. 37 *nihil aliud iam orat atque obsecrat nisi uti ne se legitimo funere ... privetis.*

[37] Cf. Rhet. Her. III 23-24.

[38] Inv. I 108; cf. locum 12, ibid. 109; part. orat. 56; Rhet. Her. IV 51.

[39] Inv. I 109; cf. Rhet. Her. II 50.

[40] Cf. Rhet. Her. I 8, Quint., Inst. orat. IV 2, 113-114, XI 3, 63; 171.

Maximi momenti sunt Turni verba postrema, quae, nisi fallor, argumentationis et brevissimae perorationis munere funguntur: *vicisti et victum tendere palmas / Ausonii videre; tua est Lavinia coniunx, / ulterius ne tende odiis* (v. 936-938)[41]. Turnus argumentatur Aenean nulla cogi necessitate, ut se occidat. Si id faciat, culpam admittat[42]. Auctor *Rhetoricae ad Herennium* de deprecatione tractans scripsit: *si nihil ab eo periculi nobis futurum videbitur, si eum missum fecerimus* (II 25). Rutulus vulnere gravi impeditus argumentatione et peroratione utitur simplici atque ornamentis vacua. Sed et res ipsa ad exornandum parum apta esse videtur[43]. Opera danda est odiis, quae deprecatione et defensione mitigantur[44]. Odium a Romanis misericordiae opponebatur, itaque Turnus, cum odio mitigando operam daret, misericordiam rogavit[45]. Revoco multas Ciceronis orationes, e.g. orationem pro Quinctio habitam, quibus ille perorans iudices vel Caesarem imperatorem aliquid rogavit.

Rutulorum dux, cum Aeneae animum ad pietatem erga patrem revocavisset atque se Troiano periculo non fore docuisset, effecit, ut ille, quamvis „acer in armis", id est animo inimicissimus et gladio uti paratus esset, delenitus fractusque dextram contineret. Sine dubio animum eius misericordia subire coepit. Sed oculis coniectis in balteum, quo Turnus triumphans Pallantem caesum spoliavit[46], iterum dolore[47] saevo affectus, deinde autem furiis vel indignatione atque ira[48] accensus est[49].

---

[41] Turnus praecepta artis oratoriae sequitur, cf. Cic., part. orat. 4 *ad impellendos animos ... principium et peroratio*, 15 *perorationes etiam ad misericordiam conferendae*, orat. 122 *post omnia perorationem inflammantem restinguentemque concludere*, topica 98 *peroratio ... cuius effectus hic debet esse, ut aut perturbentur animi aut tranquillentur.* Idem dici potest de Aeneae verbis postremis. Cf. Cic., inv. II 164 *clementia, per quam animi temere in odium alicuius inferioris concitati comitate retinentur*, Tusc. IV 21 *odium ira inveterata.*

[42] Cf. e.g. Cic., inv. I 15 *Purgatio est, cum factum conceditur, culpa removetur. Haec partes habet tres, imprudentiam, casum, necessitatem*; P. Rutilius Lupus, op. cit. I 20, Rhet. Her. II 28, ubi ostenditur, cur Ulixes Aiacem interfecerit, Seneca clem. I 11, 4 sq.

[43] Cf. Rhet. Her. II 30 sqq.

[44] Cf. Cic., inv. I 30, de orat. I 53, II 206, part. orat. 28, topica 99.

[45] Cf. Cic., de orat. I 53, II 238, Cat. I 16.

[46] Servius ad v. 941: *Et sciendum balteum habuisse Turnum ad insultationem et iactantiam, non ad utilitatem.*

[47] Cf. Aen. VIII 500-501 *quos iustus in hostem / fert dolor.*

[48] Cf. VIII 50 *et merita accendit Mezentius ira.* Cf. quoque Cic., Tusc. IV 21 *... ut ira sit libido poeniendi eius, qui videatur laesisse iniuria.*

[49] Cf. Plin., Epist. II 11, 6 *Favor et misericordia acres et vehementes primos impetus habent, paulatim consilio et ratione quasi restincta considunt.*

Ad hunc locum quoque rhetores adhibere possumus! Orator enim in auditorum animis affectus contrarios excitat: aut misericordiam aut iram[50], iracundiam, indignationem, odium: Rhet. Her. III 24 *amplificatio est oratio, quae aut in iracundiam inducit aut ad misericordiam trahit auditoris animum*; IV 51 *hoce genere exornationis vel indignatio vel misericordia potest commoveri*; Cic., inv. II 56 *communes loci ... qui ... aut misericordiae captandae ... aut a misericordia deterrendi*[51] *causa sumuntur*, de orat. II 189 *non ... umquam ... dolorem aut misericordiam aut invidiam aut odium*[52] *dicendo excitare volui*[53]. Igitur Aeneas, cum facinoris a Turno admissi legentes admonuisset, effecit, ut ei maleficum odio prosequerentur et poena mortis dignum putarent[54]. Dici potest Aenean conclusionis parte usum esse, quae indignatio vocatur (Cic., inv. I 98).

Quaeramus, quibus rationibus Aeneas usus sit, ut Turnus poena iusta affectus esse videretur. Primam rationem ipse poeta subiecit, cum Pallantem puerum (v. 943)[55] fuisse iterum scripsisset. Gravissima sunt Ae-

---

[50] Cf. Quint., Inst. orat. III 8, 12 *Adfectus ut quae maxime postulat: nam et concitanda et lenienda frequenter ira, et ad metum, cupiditatem, odium, conciliationem inpellendi animi*.

[51] Cf. Cic., Tusc. IV 18 *Misericordia est aegritudo ex miseriis alterius iniuria laborantis; nemo enim parricidae aut proditoris supplicio misericordia commovetur*.

[52] Cf. Cic., inv. I 30 *et (ut) odium statim defensio mitiget*, de orat. I 53 *quis enim nescit maxime vim existere oratoris in hominum mentibus vel ad iram aut ad odium aut dolorem incitandis vel ab hisce isdem permotionibus ad lenitatem misericordiamque revocandis?*, II 206, part. orat. 28, 128, topica 98-99.

[53] Cf. quoque Cic., de orat. II 206; 214, topica 99, part. orat. 58, Cat. I 16, Deiot. 40, Sallust. Cat. 51,1; 4, Nepos, Dion X 2, Livius XXIV 26, 15, XXXVII 49, 3, Quint., Inst. orat. XII 10, 62, Sen., prov. III 17, 4, Curtius Rufus IX 3, 2.

[54] Cf. Cic., inv. II 51 *Certus autem locus est accusatoris, per quem auget facti atrocitatem, et alter, per quem negat malorum misereri oportere*, de orat. II 202 *tum, qui scelus fraudemque nocentis possit dicendo subicere odio civium supplicioque constringere*, Rhet. Her. I 8 *In odium rapiemus, si quid eorum spurce, superbe, perfidiose, crudeliter, confidenter, malitiose factum proferemus*. Cf. quoque Cic., inv. I 48 *Commune est quod homines vulgo probarunt et secuti sunt, huiusmodi... ut supplicum misereatur*.

[55] Cf. Aen. VII 574-575 *caesosque reportant / Almonem puerum...*; cf. quoque Cic., de orat. I 228 *itaque, cum et invidia et odio populi tum Galba premeretur, hisce eum tragoediis liberatum ferebat; quod item apud Catonem scriptum, esse video: nisi pueris et lacrimis usus esset, poenam eum daturum fuisse*, Brutus 90 *isque se tum eripuit flamma, propter pueros misericordia populi commota*, Rhet. Her. IV 33 *Quid? Cum tibi pueri ad pedes volutarentur, misericordia motus es?*, 65 „*Heus*", *inquit*, „*Gorgia pediseque puerorum, absconde pueros, defende, fac, ut incolumis ad adulescentiam perducas*".

neae verba genus dicendi grande redolentia haec: *tune*[56] *hinc*[57] *spoliis indute meorum*[58] */ eripiare mihi?* (v. 947-948). Quibus verbis sine dubio argumentatio latet, in responso subaudiendo „tu mihi non eripieris" latet conclusio. Illud *spoliis* ad *corpus spoliatum lumine* (v. 935) referendum est. Cum adnominatione[59] rem nobis esse puto, qua Aeneas vim ornatumque oratorium quaerit, ut Turnum sibi vita privandum esse plane ostendat. Pluralis *meorum* amplificatio est[60]. Verbo illo usus filius Veneris dixit Pallantem sibi propinquum atque carum fuisse. Puer ille iam primo aditu Aeneae dextra suae dextrae iuncta amicitiam societatemque contraxit (VIII 124). A patre suo aetate confecto Troiani ducis tutelae traditus est, ut militiam tolerare disceret (VIII 515-517). Dici potest Aenean Euandro patri successisse atque ab eo obsecratum esse, ut se et filium ulcisceretur[61]. Itaque Troianus fidei[62] pietatisque colendae causa Turnum occidere coactus est. Summa conclusionis meae est haec: Turnus pietate Aeneae erga Anchisen usus est, ut vitam suam servaret, sed pietate herois illius erga Euandrum et Pallantem factum est, ut occideretur[63]. Auctor *Rhetoricae ad Herennium* docuit haec: III 4 *Iustitiae*[64]

---

[56] Cf. e.g. Cic., Pis. 31 *Tune etiam inmanissimum ac foedissimum monstrum ausus es meum discessum illum testem sceleris et crudelitatis tuae in maledicti et contumeliae loco ponere?*

[57] Adverbium hoc loco significat „ob eam rem", i.e. „ob Daunum senem".

[58] Cf. Aen. II 586-587 *iuvabit ... cineres satiasse meorum.* Cf. quoque Cic., inv. I 103.

[59] Cf. Rhet. Her. IV 29 sqq. Audi praecipue verba haec: 32 *Quomodo igitur, si crebro his generibus utemur, puerili videmur elocutione delectari, item, si raro interseremus has exornationes et in causa tota varie dispergemus, commode luminibus distinctis inlustrabimus orationem.*

[60] Cf. Cic., part. orat. 27 *est enim amplificatio vehemens quaedam argumentatio.*

[61] Cf. XI 177-181. De ultione cf. Aen. II 575-576, III 638, IX 422-423, XI 590.

[62] Infra de iustitia tractatur, itaque moneo fidem saepe iustitiae coniunctam esse, e.g. Cic., inv. I 3, off. III 79, part. orat. 78.

[63] Recte Servius in v. 940: *Nam (scil. Aeneas) et ex eo, quod hosti cogitat parcere, pius ostenditur, et ex eo, quod eum interemit, pietatis gestat insigne.* Cf. Ovid., Fasti V 569 *cum pia sustulit arma.*

[64] Iustitia a Romanis definiebatur modo hoc: Cic., fin. V 67 *iustitia in suo cuique tribuendo (scil cernitur).* Cf. Aen. I 544-545 *rex erat Aeneas nobis, quo iustior alter / nec pietate fuit,* Cic., Phil. XI 37 *aut impii, quorum contra furorem iusta arma cepimus,* rep. III 35 *Illa iniusta bella sunt, quae sunt sine causa suscepta. Nam extra ulciscendi aut ... causam bellum geri iustum nullum potest,* Ovid., Fasti V 571 *hinc stanti milite iusto,* Suet. Aug. 21 *nec ulli genti sine iustis et necessariis causis bellum intulit,* Illud te velim tenere iustitiam cum pietate coniunctam esse, cf. e.g. Cic., nat. deor. II 153 *pietas, cui coniuncta iustitia est,* rep. VI 16 *iustitiam cole et pietatem, quae cum magna in ... propinquis...,* inv. II 160-161, fin. V 65. E locis supra allatis atque multis aliis conici potest Turnum ab Aenea pio iustoque occisum esse.

partibus utemur, si aut innocentium aut supplicium misereri dicemus oportere; si ostendemus bene merentibus gratiam referri convenire; si demonstrabimus ulcisci male meritos oportere, si fidem magnopere censebimus conservandam ... si societates atque amicitias studiose dicemus coli convenire. Ad epilogi finem Aeneas dicit Turnum non a se, sed a Pallante immolari[65] atque poena sceleris[66] affici[67] (v. 948-949). Dux Troianus, *furiis accensus et ira terribilis*[68] (v. 946-947), a poeta *fervidus* vocatur[69]. Digna, de qua tractetur, est repetitio *Pallas ... Pallas* (v. 948)[70]. In *Rhetorica ad Herennium* verba afferuntur, quibus nomen Scipionis iteratur (IV 19). Quae de vi atque usu huius exornationis leguntur, ad Aeneae consilium optime quadrant: *Haec exornatio cum multum venustatis habet tum gravitatis et acrimoniae plurimum. Quare videtur esse adhibenda et ad ornandam et ad exaugendam orationem* (ibid.). Haec habui de arte rhetorica in Aeneidis epilogo conspicua, quae disputarem.

---

[65] Cf. Edith und Gerhard Binder: Vergil, Aeneis 11. und 12. Buch, adnot. ad XII 161 et 930-938. – Simili sermone religioso utitur Cicero: Cat. I 27 *summo supplicio mactari*, 33 *aeternis suppliciis ... mactabis.*

[66] Cf. Aen. II 535-9 *„at tibi pro scelere"*, exclamat, *„pro talibus ausis / di, si qua est caelo pietas quae talia curet / persolvant grates dignas et praemia reddant / debita, qui nati coram me cernere letum / fecisti... "*, Ovid., Fasti V 567-575 (de Octaviano Caesaris ultore). Animum advertas velim praecipue ad v. 575 *Mars, ades et satia scelerato sanguine ferrum* (cf. Aen. XII 949).

[67] Cf. Rhet. Her. II 25 *Loci communis: de humanitate, fortuna, misericordia, rerum commutatione. His locis omnibus ex contrario utetur, qui contra dicet, cum amplificatione et enumeratione peccatorum.*

[68] Cf. Cic., Phil. II 65 *cuius (scil. Pompei) virtute terribilior erat populus Romanus exteris gentibus, iustitia carior.*

[69] Cf. de Pandaro, cuius fratrem Turnus occidit: IX 736 *...mortis fraternae fervidus ira,* cf. 722. Hercules Cacum persequens *fervidus ira* est (VIII 230).

[70] Cf. Aen. X 442-443 *solus ego in Pallanta feror, soli mihi Pallas / debetur.*

Classica Cracoviensia
XI, 2007

ADAM KUBIŚ
KRAKÓW

LE NOM DE MARTYR

Nous voulons étudier, dans cet article, la discussion concernant l'évolution du sens du mot *mártys*[1].

---

[1] Pour les brèves indications bibliographiques et un compte rendu de cette discussion voir: W. HELLMANNS, *Wertschätzung des Martyriums als eines Rechtfertigungsmittels in der altchristlichen Kirche bis zum Anfange des vierten Jahrhunderts* (*Inaugural--Dissertation*), Breslau 1912, p. 1, n. 4. – G. KRÜGER, *Zur Frage nach der Entstehung des Märtyrertitels*, ZNW 17 (1916) 264, n. 1. – H. STRATHMANN, *Der Märtyrer. Ein Bericht über neue Untersuchungen zur Geschichte des Wortes und der Anschauung*, ThLBl 37 (1916) 337-343; 353-357. – K. HOLL, *Pseudómartys*, Hermes 52 (1917) 301, n. 1. – M. RACKL, *Ist der Tod fürs Vaterland ein Martyrium?* (*Separatabdruck aus der Christlichen Schule 8. Jahrgang [1917]* Heft 4), Eichstätt 1917, p. 14, n. 1. – I. POHLE, *Soldatentod und Märtyrertod*, p. 11, n. 1. – F. DORNSEIFF, *Der Märtyrer: Name und Bewertung*, ARW 22 (1923-1924) 133, n. 1; 134. – H. DELEHAYE, *Sanctus. Essai sur le culte des saints dans l'antiquité* (*Subsidia hagiographica*, 17), Bruxelles 1927, pp. 74-75, n. 1; 95-108. IDEM, *Les origines du culte des martyrs*, Bruxelles [2]1933, p. 23, n. 1. – W. VON CHRISTS, *Geschichte der griechischen Literatur* (*Umgearbeitet von W. Schmid und O. Stählin*), II/2 (München [6]1924), p. 1247, n. 2. – M. VILLER, *Martyre et perfection*, RAM 6 (1925) 3-5, n. 1. – E. HOCEDEZ, *Le concept de martyr*, NRTh 55 (1928) 81-99. – H. LIETZMANN, *Mártys, dans Pauly-Wissowa* 14 (1930) 2045-2046. – F. KATTENBUSCH, *Compte rendu de H. DELEHAYE, Sanctus*, ThLZ 56 (1931) 81-87. – G. RAUSCHEN-ALTANER, B., *Patrologie*, Freiburg i.Br. [10-11]1931, p. 160. – J. MADOZ, *El amor a Jesucristo en la Iglesia de los mártires, dans Estudios eclesiasticos* 12 (1933) 329, n. 1. – R.-P. CASEY, *Note V. Mártys*, dans F.-J. FOAKES JACKSON and K. LAKE, *The Beginnings of Christianity*, part I, vol. 5: *The Acts of the Apostles* (éd. K. Lake and H.-J. Cadbury), London 1933, p. 31, n. 1. – G. BARDY, *La vie spirituelle d'après les trois premiers siècles*, Paris 1935, p. 3, n. 1. – H.-F. VON CAMPENHAUSEN, *Die Idée des Martyriums in der alten Kirche*, Göttingen [2]1964, pp. 20-55. – H. KOCH, *Compte rendu de H.-F, VON CAMPENHAUSEN, Die Idee des Martyriums in der alten Kirche*, ThLZ 62 (1937) 141. – R. ASTING, *Die Verkündigung des Wortes im Urchristentum*, Stuttgart 1939, pp. 705-709. – I.-F. SHERMANN, *The Nature of Martyrdom*, Paterson 1942, p. 17. – K. STENDAHL, *Martyr. Ordet och Saken. En Forskningsöversikt, dans Svensk Teologisk Kvartalskrift* 27 (1951) 28-44. – K. BIHLMEYER-TÜCHLE, H., *Kirchengeschichte*, Teil I:

On sait que ce mot sert, dans le langage chrétien, depuis la moitié du IIe siècle, à désigner des témoins spéciaux, c'est-à-dire ceux qui ont versé leur sang pour le Christ. Mais avant d'avoir cette signification, le mot a subi un changement de sens essentiel, car il signifiait primitivement simple témoin[2].

Au XXe siècle on entreprit de sérieuses recherches afin de découvrir le lien qui unit l'idée fondamentale de témoin à celle de mort sanglante subie par ceux qui portent le titre de martyr. Bien que J.-B. Lightfoot l'ait déjà énoncé dans ses grandes lignes[3], F. Kattenbusch, en 1903, par un article intitulé «Der Märtyrertitel» provoqua une vive

---

Das christliche Altertum, Paderborn ¹²1951, p. 78. – E. GÜNTHER, *Zeuge und Märtyrer*, ZNW 47 (1956) 145-147. – B. DE GAIFFIER, *Réflexions sur les origines du culte des martyrs, dans La Maison-Dieu* 52 (1957) 19-25. – W. BAUER, *Griechisch-Deutsches Wörterbuch zu den Schriften des Neuen Testaments und der übrigen urchristlichen Literatur*, Berlin ⁵1958, pp. 976-978. – A. WIFSTRAND, *Martyr, dans* Svensk Teologisk Kvartalskrift, 34 (1958) 262-269. – N. BROX, *Zeuge und Märtyrer. Untersuchungen zur Zeugnis-Terminologie (Studien zum Alten und Neuen Testament*, 5), München 1961, pp. 114-129; 132-153; 183-192.

[2] «Die erste Urkunde, in der die Bezeichnung *mártys* als ausschliesslicher Ehrentitel der Blutzeugen Christi (*mártys tou Christou*) erscheint, ist das Martyrium Polykarps. Die Erinnerung an die ursprüngliche Bedeutung des Wortes ist hier vollständig verschwunden», KRÜGER, *Zur Frage nach der Entstehung des Märtyrertitels*, p. 267. – «Nous disons que le mot 'martyr', 'la mort pour la foi', apparaît vers 150, car *les Actes de saint Polycarpe* montrent que le mot est déjà entré dans l'usage», DE GAIFFIER, *Réflexions sur les origines du culte des martyrs*, p. 24, n. 17. – Tous les auteurs sont d'accord à ce sujet. Pour en citer quelques-uns: M.-M. HASSATT, *Martyr, dans The Catholic Encyclopedia* 9 (1910) 736. – HELLMANNS, *Wertschätzung des Martyriums als eines Rechtfertigungsmittels in der altchristlichen Kirche*, pp. 1-2. – R. REITZENSTEIN, *Bemerkungen zur Martyrienliteratur. I. Die Bezeichnung Märtyrer, dans Nachrichten von der Gesellschaft der Wissenschaften zu Göttingen (Phil.-hist. Klasse)* 3 (1916) 417. – DELEHAYE, *Sanctus*, pp. 79-80. – MADOZ, *El amor a Jesucristo en la Iglesia de los mártires*, p. 329, n. 1. – CAMPENHAUSEN, *Die Idee des Martyriums in der alten Kirche*, pp. 27; 46-47; 51-53. – H.-W. SURKAU, *Martyrien in jüdischer und frühchristlicher Zeit* (FRLANT, 54), Göttingen 1938, p. 133. – SHERMAN, *The Nature of Martyrdom*, p. 10. – M. BARTH, *Der Augenzeuge. Eine Untersuchung über die Wahrnehmung des Menschensohnes durch die Apostel*, Zollikon-Zürich 1946, p. 359, n. 375. – F. PASCHKE, *Märtyrer.* II. *Christliche Märtyrer*, RGG 4 (³1960) 589. – BROX, *Zeuge und Märtyrer*, pp. 156; 222; 227-228; 233. – *L'affirmation de P. ALLARD, répétée même dans la 7e édition de son oeuvre Dix leçons sur le martyre*, Paris 1930, p. 6, est inacceptable. La voici: «Vous voyez comment, même avant la fin de l'âge apostolique, le mot martyr avait pris un sens tout à fait précis. On l'applique désormais à celui qui a confessé le Christ non seulement par la parole, mais encore par le sang».

[3] J.-B. LIGHTFOOT, *The Apostolic Fathers*, part I, vol. 1: S. Clement of Rome, London 1890, p. 26.

discussion à ce sujet[4], discussion qui atteignit son maximum d'intensité au cours des années 1914-1918, en Allemagne. De grandes autorités scientifiques y prirent part: K. Holl[5], P. Corssen[6], D.-A. Schlatter[7], R. Reitzenstein[8], H. Strathmann[9], L. Wohleb[10], O. Krüger[11], H. Doergens[12]. Elle donna, par moments, l'impression d'une mêlée[13]. Passé ce temps, les recherches ont continué sans interruption, bien que plus rares et bien que la polémique ne fût pas aussi violente. Les derniers travaux qui nous soient connus sont ceux de N. Brox

---

[4] F. KATTENBUSCH, *Der Märtyrertitel*, ZNW 4 (1903) 11-127. – M. VILLER appelle cet article fondamental, *Martyre et perfection*, p. 4, n. 1 et célèbre, *Les martyrs et l'Esprit*, RSR 14 (1924) 550. – «Die Bedeutung dessen, was nach urchristlichem Verständnis ein 'Zeugnis' ist, trat erst eigentlich durch die seinerzeit sehr lebhafte Kontroverse über die Entstehung und Bedeutung des Märtyrertitels ans Licht. Sie wurde in dieser Zeitschrift von F. Kattenbusch, der zuerst die Problematik des Märtyrertitels in aller Scharfe erkannt hatte, eröffnet», GÜNTHER, *Zeuge und Märtyrer*, p. 145. – G. RAUSCHEN- -ALTANER, B. font erreur en écrivant dans leur Patrologie, p. 160: «Der Streit um den Begriff mártys eröffnete K. Holl». – Cf. BROX, *Zeuge und Märtyrer*, p. 13.

[5] K. HOLL, *Die Vorstellung vom Märtyrer und die Märtyrerakte*, NJKAP 33 (1914) 521-556. IDEM, *Der ursprüngliche Sinn des Namens Märtyrer*, NJKAP 37 (1916) 253-259. IDEM, *Pseudómartys*, pp. 301-307. – Pour la dernière fois, K. HOLL est revenu sur cette question, en 1921, à l'occasion d'une autre étude. *Der Kirchenbegriff des Paulus in seinem Verhältnis zu dem der Urgemeinde, dans Sitzungsberichte der Preussischen Akademie der Wissenschaften zu Berlin* (*Phil.-hist. Klasse* 1921), pp. 920-947.

[6] P. CORSSEN, *Begriff und Wesen des Märtyrers in der alten Kirche*, NJKAP 35 (1915) 481-501. IDEM, *MARTYS und PSEUDOMARTYS. Eine Betrachtung über 1 Kor 15*, NJKAP 37 (1916) 424-427. IDEM, *Über die Bildung und Bedeutung der Komposita pseudoprofētēs, pseudómantis, pseudómartys. Eine Erwiderung*, Sokrates 72 (1918) 106-114.

[7] D.-A. SCHLATTER, *Der Märtyrer in den Anfängen der Kirche* (BFChTh, 19), Gütersloh 1915.

[8] R. REITZENSTEIN, *Historia monachorum und historia lausiaca. Eine Studie zur Geschichte des Mönchtums und der frühchristlichen Begriffe Gnostiker und Pneumatiker* (FRLANT, 24), Göttingen 1916, pp. 85ss.; 257. IDEM, *Bemerkungen zur Martyrienliteratur. I. Die Bezeichnung Märtyrer*, pp. 417-467. IDEM, *Der Titel Märtyrer*, Hermes 52 (1917) 442-452.

[9] STRATHMANN, *Der Märtyrer*, pp. 337-343; 353-357.

[10] L. WOHLEB, *Compte rendu de K. Holl, Die Vorstellung vom Märtyrer und die Märtyrerakte; Der ursprüngliche Sinn des Namens Märtyrer et P. Corssen, Begriff und Wesen des Märtyrers in der alten Kirche; MARTYS und PSEUDOMARTYS*, WKF 33 (1916) 967-971.

[11] KRÜGER, *Zur Frage nach der Entstehung des Märtyrertitels*, pp. 264-269.

[12] H. DOERGENS, *Zur Geschichte des Begriffes 'Martyr'*, dans *Der Katholik* 21 (1918) 205-208.

[13] DELEHAYE, *Sanctus*, pp. 74-75.

(1961)[14] et de H. Kraft (1961)[15]. «Diverses solutions ont été imaginées, dit H. Delehaye, les unes se tenant presque exclusivement sur le terrain de la spéculation, les autres entièrement bâties sur les textes»[16]. N. Brox les divise en trois groupes, selon la base qu'elles prennent comme point de départ. Il distingue ainsi des solutions qui reposent soit sur le Nouveau Testament[17], soit sur l'Ancien Testament et le judaïsme[18], soit sur la littérature païenne, spécialement stoïcienne[19]. Notons toutefois que ce classement avait déjà été employé[20].

Après avoir précisé le problème de la nomenclature martyrologique, nous présenterons les solutions les plus importantes suivant le schéma élaboré par N. Brox. Mais il y a une différence entre sa présentation et la nôtre. Cette différence concerne le nombre des hypothèses, ici plus considérable, comme aussi la manière de les présenter. Notre présentation n'est donc pas une sorte de compte rendu des opinions martyrologiques de l'auteur, comme celle de N. Brox, mais seulement une mise en relief du processus qui, selon lui, fait évoluer le sens du mot *mártys*. Les références bibliographiques concernant chaque hypothèse, dans lesquelles on trouvera, entre autres choses, une critique des explications proposées, sont contenues dans les notes. Nous présentons à part, comme solutions particulières, les opinions de P. Corssen, H. Delehaye

---

[14] Outre l'oeuvre citée [cf. n. 1, p. 6], il faut mentionner encore un article de N. BROX, 'Zeuge seiner Leiden.' *Zum Verständnis der Interpretation Ign.* 11, 2, ZKTh 85 (1963) 218-220.

[15] H. KRAFT, *Zur Entstehung des altchristlichen Märtyrertitels, dans Ecclesia und Res publica* (K.D. Schmidt zum 65. Geburtstag), éd. G. KRETSCHMAR und LOHSE, B., Göttingen 1961, pp. 64-75.

[16] DELEHAYE, *Sanctus*, p. 74.

[17] «Erklärungen des Mrtyrertitels aus dem neutestamentlichen Sprachgebrauch», BROX, Zeuge und Märtyrer, pp. 114-131.

[18] «Erklärungen des Märtyrertitels aus dem Judentum», Ibid., pp. 132-173.

[19] «Erklärungen der christlichen Märtyrerbegriffe aus hellenistischer Begrifflichkeit», Ibid., pp. 175-195. – Cela ne signifie pas que les hypothèses appartenant à l'un de ces groupes ne contiennent aucun élément d'un autre groupe. Quelques-unes acceptent l'influence de diverses idées d'origine variée. Le classement est quand même justifiable en raison du rôle décisif joué par les éléments propres à chaque groupe.

[20] DELEHAYE, *Sanctus*, pp. 96-106. – HOCEDEZ, *Le concept de martyr*, pp. 81-99 passim. – K. STENDAHL, *Martyr. Ordet och Saken. En Forskningsöversikt*, pp. 29-36, distingue cinq groupes des solutions typiques: 1. «Det hellenistiska lösningsförsöket», pp. 29-30; 2. «Det juridiska lösningsförsöket», p. 30; 3. «Ögonvittne till uppstandelsen», p. 30; 4. «Det bibelteologiska», pp. 31-32; 5. «Det dogmatiskt-kyrkohistoriska lösningsförsöket», pp. 33-36.

et N. Brox parce qu'elles n'entrent dans aucune des catégories mentionnées précédemment. Nous concluons par quelques observations.

1. Le problème de la nomenclature martyrologique

Avant tout, esquissons les étapes de l'évolution par laquelle a passé
le mot *mártys*. Sur la base d'une analyse précise des textes des Pères de
l'Eglise et de ceux de l'Ecriture Sainte, H. Delehaye en donne un bon
résumé[21]. «Il désigne d'abord, dit-il, les témoins attitrés de la vie et de la
résurrection du Christ: les Apôtres. Le Seigneur lui-même est appelé le
témoin fidèle. Lorsque les Apôtres et les contemporains du Sauveur ont
disparu, le titre passe à ceux qui attestent la vérité du christianisme en
donnant, dans des circonstances périlleuses, des preuves d'un attache-
ment inébranlable à leur croyance. En un temps où ce témoignage en-
traîne fréquemment la mort, l'appellation finit par être réservée à ceux
qui scellent de leur sang la confession de la foi»[22].

Mais cela ne suffit pas. Il faut se demander quelle idée évoquait le
mot *mártys* dans *l'antiquité,* au sein du christianisme aussi bien qu'en
dehors. S'agissait-il de «témoin» au sens historique? Ou au sens juridique? Quelle loi a présidé à cette évolution du langage et sous quelle
influence s'est-elle produite? De quoi et à qui les martyrs rendaient-ils
témoignage? Quel rôle jouait la mort subie par eux?

Voici comment F. Kattenbusch précisa cette question et la soumit
à l'étude des savants. «Un témoin est une personne spécialement qua-
lifiée pour certifier aux autres l'existence d'un fait dont elle possède la
connaissance. Mais quelle connaissance possédaient les martyrs, que
n'avaient pas les autres chrétiens? Ensuite, à qui s'adressait leur témoignage? Au juge? Mais on ne voit pas qu'ils aient fait connaître aux
juges des choses dont les confesseurs n'aient pas témoigné. Comment
se fait-il que, s'ils sont relâchés après leur confession, ils ne méritent
pas le titre de martyrs? Dira-t-on que leur témoignage s'adressait aux
chrétiens? Pourquoi et comment? Apparaissent-ils comme des hommes
qui connaissent plus et mieux que les simples fidèles? La mort par elle-
même ne constitue pas le témoin; comment donc le fait de subir la mort

---

[21] DELEHAYE, *Sanctus*, pp. 76-95.
[22] Ibid., p. 95. – Cf. CASEY, *Mártys*, pp. 36-37. – SHERMAN, *The Nature of Martyrdom*, pp. 3-7; 9-17.

constitue-t-il le martyr?»[23] Tel est le problème qui a suscité une grande controverse.

2. La controverse au sujet du nom de martyr

A. *Les solutions basées sur le Nouveau Testament*
Cherchons d'abord dans le Nouveau Testament les indications qui peuvent nous aider à trouver une solution. Au mot *mártys* avec ses dérivés se rattachent là de multiples questions. Quel est son contenu? Est-ce que *mártys* signifie exclusivement un témoin de la parole? Est-ce que ce nom peut être donné aussi à ceux qui souffrent et même meurent pour le Christ?[24] Les hypothèses suivantes veulent montrer comment la terminologie du Nouveau Testament conduit à la nomenclature martyrologique chrétienne; elles essaient de découvrir le lien qui unit l'une à l'autre[25]

---

[23] «Das Wort mártys bedeutet an sich nichts anderes als 'Zeuge'... Wer selbst dabei gewesen als etwas geschah, wer den Rechtsgrund für einen Anspruch jemandes kennt und anderen mitteilen kann, wer versichern darf in einer Angelegenheit ein 'Wissender' zu sein, ist der mártys. Was wissen denn die Märtyrer vor anderen Christen? Wem sind sie Zeugen? Dem Richter? Aber ich wüsste nicht, dass sie irgendwo diesem etwas kundtun, mitteilen, was die homologētai confessores, nicht 'bezeugten'... Aber wenn sie, nachdem sie ihr Zeugnis über sich und ihre Brüder abgegeben haben, vom Richter frei gelassen werden, gelten sie nicht als mártyres. Sie empfangen auch dann Ehren bei den Ihrigen, aber gerade der Zeugentitel wird ihnen dann bei diesen nicht zu Teil. Sind die Märtyrer vielleicht den Christen selbst Zeugen? Aber wofür? Erscheinen sie ihnen wirklich als solche, die mehr 'wissen' und bekunden können, als die einfachen pistoí? Das Sterben allein macht niemand zum mártys. Wiefern macht das besondere Sterben des Märtyrers diesen zu einem mártys? Handelt es sich bei dem Titel um eine Erweiterung des Grundsinns dieses Wortes?... Und um welchen erweiterten Sinn mag es sich eventuell handeln?», KATTENBUSCH, *Der Märtyrertitel*, pp. 111-112. – La traduction est donnée dans HOCEDEZ, *Le concept de martyr*, pp. 92-93. – Cf. DELEHAYE, *Sanctus*, p. 96. – DORNSEIFF, *Der Märtyrer: Name und Bewertung*, p. 133. – BROX, *Zeuge und Märtyrer*, p. 13.

[24] A ce sujet voir: R. SCHIPPERS, *Getuigen van Jesus Christus in het Nieuwe Testament*, Franeker 1938, avec les comptes rendus par E. STAUFFER, ThLZ 65 (1940) 16-18 et par O. CASEL, ALW 1 (1950) 345-348. – BARTH, *Der Augenzeuge*, pp. 272-286. – J. BICHON, *Le témoignage, dans Foi et vie* 50 (1952) 489-503. – S. DE DIÉTRICH, *You are my Witnesses, dans Interpretation. A Journal of Bible and Theology* (Richmond-Virginia) 8 (1954) 273-279.

[25] BROX, *Zeuge und Märtyrer*, pp. 113; 117; 129-130; 188-189; 232-233. – «Das kann man sagen, dit J. Smemo, wie strittig auch sonst die Frage sein mag, inwieweit schon dem Neuen Testament der Begriff des Blutzeugen bekannt war», *Der Zeugnischarakter der christlichen Verkündigung, dans Zeitschrift für systematische Theologie* 13 (1936) 503.

Les réponses sont très nombreuses. Pratiquement, les auteurs sont d'accord sur un seul point, à savoir qu'une explication de la question se trouve dans le Nouveau Testament. Mais sur tout le reste, leurs vues sont divergentes. Jusqu'à quel point le langage du Nouveau Testament est-il martyrologique? Quelles idées ont contribué à son développement dans ce sens? Quelle méthode faut-il appliquer dans les recherches? Vaste problème qui suscite bien des divergences entre les savants.

Aux solutions de F. Kattenbusch, H.-F. von Campenhausen, R. Asting, R.-P. Casey, H. Strathmann, E. Günther, S. Giet, mentionnées par N. Brox, nous ajoutons celles de H. Hocedez, E. Peterson, J.-E. Sherman, H. Kraft, en les présentant par ordre chronologique.

Selon F. KATTENBUSCH, dans cette recherche pour déterminer le motif qui a fait du mot *mártys* un terme réservé exclusivement aux hommes morts pour la foi, le témoignage des martyrs possède une importance décisive; il constitue chez eux une marque distinctive. Cependant, il ne s'agit pas d'un témoignage basé sur la connaissance, mais sur leur souffrance et leur mort[26]. Mais comment ce témoignage se produit-il? Par ses souffrances et par sa mort le martyr imite parfaitement le Christ et il le rend sensible parce qu'il montre ce que Jésus était et ce qu'il est. Le martyr, reproduisant en lui même l'image du Christ, devient de cette façon son témoin. Alors *mártys = eikōn*[27].

Ce sens semble trop restreint pour E. HOCEDEZ. A son avis, le mot *mártys* devint le nom des martyrs grâce à l'influence de multiples facteurs. Voici à ce sujet ses propres paroles: «D'abord, dans la généralité des cas, l'exécution était précédée d'un interrogatoire et partant d'une

---

[26] «Est ist nach dem bisherigen wohl für sicher anzunehmen, dass dasjenige, wovon die Märtyrer ihren Titel erhalten haben, die 'martyría', die für sie das spezifische Merkmal ist, nicht auf dem Gebiete der redemässigen Bekundungen, der 'Mitteilungen', zu suchen ist. So bleibt nur das Gebiet dessen übrig, was sie erlebten und taten. In ihrem Leiden als solchem, ihrem Sterben in seinen besonderen Kennzeichen muss ihre martyría gegeben sein», KATTENBUSCH, *Der Märtyrertitel*, p. 122.

[27] «Ist der 'Märtyrer' nicht ein mártys Jēsou oder Christou, weil er eben diesen 'vor Augen rückt', jedem gewissermassen 'zeigt', kundmacht, was Jesus war und ist. Also *mártys = eikōn*?», Ibid., p. 126. – Pour les remarques à l'adresse de F. Kattenbusch voir: HOLL, *Die Vorstellung vom Märtyrer in ihrer geschichtlichen Entwicklung, dans Gesammelte Aufsätze zur Kirchengeschichte*. II. *Der Osten*, Tübingen 1928, pp. 70; 72, – REITZENSTEIN, *Bemerkungen zur Martyrienliteratur*. I. *Die Bezeichnung Märtyrer*, pp. 421-424. – STRATHMANN, *Der Märtyrer*, pp. 337-339. – DELEHAYE, *Sanctus*, pp. 104-106. – HOCEDEZ, *Le concept de martyr*, pp. 81-89 passim. – ASTING, *Die Verkündigung des Wortes im Urchristentum*, pp. 705-706. – STENDAHL, *Martyr. Ordet och Saken. En Forskningsöversikt*, p. 29. – BROX, *Zeuge und Märtyrer*, pp. 114-116; 234-235.

confession de foi, ce qui naturellement suggérait l'idée de témoignage en faveur du Christianisme; ensuite, le souvenir des promesses de
Jésus-Christ, assurant que le Saint-Esprit inspirerait les accusés dans
leurs réponses, promesses dont les chrétiens voyaient souvent la réali-
sation, donnait à leur confession une valeur particulière; l'impression
produite par leur courage sur les assistants, enfin les textes évangéli-
ques qui prédisent que les chrétiens seront traduits devant les tribunaux
en vue du témoignage [...]. tous ces faits expliquent l'appellation de
martyrs – témoins»[28]. Ensuite, par un glissement dans l'idée de martyr,
le mot «témoin» est devenu l'unique nom pour le désigner. Il commen-
ça à prendre, peu à peu, la signification de témoignage d'action, et sa
signification primitive de témoignage oral disparut complètement avec
le temps. Phénomène très important pour la nomenclature martyrologique. «On en sera venu, ce semble, fait remarquer E. Hocedez, d'abord
à concevoir le martyre comme un témoignage d'action, ensuite le sens
se sera restreint au témoignage par la mort»[29]. Du reste, l'idée de la par-
faite imitation du Christ dans le martyre, universelle dans l'Eglise primitive, précipitait aussi l'évolution dans le même sens[30].

Le processus de cette évolution est donné par R.-P. CASEY. En met-
tant en lumière quelques significations néotestamentaires du mot *mártys,* il montre comment a pu se développer l'idée chrétienne du martyre[31]. Il attache une particulière importance aux écrits de saint Jean,
parce qu'ils contiennent le passage du témoignage de la parole au témoignage d'action. Les miracles de Jésus et la vertueuse vie des fidèles y constituent une preuve de la vérité chrétienne. Chez saint Jean, ce
genre de témoignage n'est pourtant pas lié à la mort. Mais le rappro-
chement existe déjà dans les Epîtres de saint Paul (1 Tm 2, 5 ss.; Heb
12, 1)[32]. Grâce aux persécutions, les martyrs devinrent les témoins par
excellence. Leur témoignage consistait dans la mort et influençait plus
profondément les païens que le témoignage de la parole. Par suite, le

---

[28] HOCEDEZ, *Le concept de martyr*, p. 200. – Cf. *ibid.*, p. 97.
[29] Ibid., p. 201.
[30] Ibid., pp. 201-202.
[31] CASEY, *Mártys*, p. 31.
[32] «In the Johannine writings we have observed the transition from a testimony of
words to a testimony of deeds. The miracles of Jésus and the virtuous conduct of the
faithful are evidence of Christian truth. Nevertheless the element which became consti-
tutive in the Christian conception of *mártys,* viz. that the witness offers evidence not by
living but by dying, is not yet present. It appears in two passages, one in the Epistle to
the Hebrews, the other in I Timothy», Ibid., p. 36. – Cf. *ibid.*, pp. 34-35.

nom *mártys,* qui au début désignait les témoins d'action aussi bien que les témoins de la parole, fut réservé aux premiers – c'est-à-dire aux martyrs – comme le titre leur étant propre, bien qu'on l'appliquât aussi, par occasion, aux seconds[33].

Pour E. Peterson, au contraire, les martyrs doivent leur titre uniquement à l'assistance de l'Esprit Saint reçue devant le tribunal. Voici son argumentation. «Le même sort échoit en partage au disciple et au maître... que l'on ait traîné Jésus devant le tribunal des juges juifs et païens, alors on laissera entrevoir aux apôtres le même destin. Pourtant il est une autre situation que les paroles de Jésus mettent en particulière évidence: c'est la situation qui donne naissance au mot 'martyr'. En effet, lorsque les disciples comparaissent devant la justice, le souci peut leur venir, de ce qu'ils diront, de la façon dont ils auront à se justifier. Ils ne doivent en aucune façon se préoccuper de cela. L'Esprit Saint, l'Esprit du Père parlera par leur bouche; ainsi leur parole sera plus qu'un simple discours de justification, elle sera un témoignage devant la justice, et ils deviendront donc des témoins, c'est-à-dire, si nous nous servons du mot issu du grec, des martyrs»[34].

Ce n'est pas l'avis de H.-F. von Campenhausen qui croit trouver la plus ancienne attestation du sens technique du nom de martyr chez saint Luc et surtout dans l'Apocalypse de saint Jean[35], L'Apocalypse, selon lui, donne le nom *mártys* de fait aux vrais martyrs, c'est-à-dire aux hommes qui ont versé leur sang pour confirmer leur témoignage (Ap 1, 5; 2,

---

[33] Ibid., pp. 36-37. – Pour appuyer son affirmation, R.-P. Casey ne donne aucune référence à la tradition ecclésiastique. – Voir à ce sujet les remarques de N. Brox, *Zeuge und Märtyrer,* p. 117.

[34] «So besteht denn zwischen dem Apostel und Jesus eine ganz enge Beziehung... Hat man Jesus vor das Tribunal judischer und heidnischer Richter geschleppt, so wird den Aposteln dasselbe Geschick in Aussicht gestellt. Doch eine Situation wird in den Worten Jesu noch besonders hervorgehoben: es ist die Situation, aus der heraus es zur Entstehung des Wortes 'Märtyrer' gekommen ist. Wenn nämlich die Jünger vor Gericht stehen, kann ihnen die Sorge kommen, was sie sagen werden, wie sie sich zu verantworten haben. Sie sollen sich keine Gedanken darüber machen. Der Heilige Geist, der Geist des Vaters, wird aus ihnen sprechen und ihr Wort über eine blosse Verteidigungsrede hinaus zu einem Zeugnis gegen Juden und Heiden machen, so dass sie, die vor Gericht Zeugnis ablegen, nun zu Zeugen, das heisst griechisch Märtyrern, werden», E. Peterson, *Zeuge der Wahrheit (der Märtyrer und die Kirche),* dans Idem, *Theologische Traktate,* München 1951, pp. 171-172. – La traduction française de R. Lahaye, dans *Dieu vivant* 5 (1946) 23. – Cf. Stendahl, *Martyr. Ordet och Saken. En Forskningsöversikt,* pp. 41-43.

[35] Campenhausen, *Die Idee des Martyriums in der alten Kirche,* p. 53. – Cf. ibid., pp. 29-33; 41-45.

13; 3, 14; 11, 3; 17, 6)[36]. Les martyrs ont obtenu ce titre parce qu'ils sont des témoins par excellence. En mourant, ils se sont mis hors de l'ambiguïté de la vie. La mort a fait une indissoluble et irrévocable union entre leur témoignage et leur vie. De cette manière, ils se sont accomplis dans le rôle de témoins pour toute l'éternité. Et ceci vaut non seulement pour eux-mêmes, mais aussi pour le monde qui les a persécutés, car ce crime subsistera jusqu'au dernier jour[37]. La conception de témoin du sang a donc été créée par la rencontre de deux idées: celle du témoignage porté, à l'exemple du Christ, par les chrétiens devant le monde, et celle de l'accomplissement définitif de l'homme par la mort[38]. Dans la préface de la deuxième édition de son oeuvre, en 1964, H.-F. von Campenhausen avoue que les travaux de H. Strathmann et plus encore ceux de N. Brox imposent à sa solution quelques retouches. Il estime toutefois qu'elle reste encore la meilleure[39], même aujourd'hui.

R. ASTING y apporte de nouvelles lumières. Selon lui, les notions de *mártys* au sens de prédicateur et *mártys* comme témoin par le sang, sont étroitement reliées entre elles parce que les prédicateurs étant par fonction des témoins spéciaux, grâce à leur mission de prêcher la parole,

---

[36] «Das Wort mártys, Zeuge, das in den übrigen johanneischen Schriften überhaupt fehlt, taucht auch in der Offenbarung nur fünfmal auf und wird dann allerdings jedesmal auch mit besonderem, feierlichem Nach-druck verwendet. Es wird tatsächlich nur für die Zeugen gebraucht, die für ihr Zeugnis auch gestorben sind, also die Blutzeugen, die Märtyrer», Ibid., p. 44.

[37] «Noch steht die Christenheit, soweit sie lebt, diesseits der letzten Entscheidung. Nur die Märtyrer sind durch ihr Sterben schon jetzt der Zweideutigkeit des Lebens für immer entnommen und das in einer Weise, die die Verbindung ihres Zeugnisses und ihrer Person unauflöslich und unwiderruflich gemacht hat. Sie haben den Satan, der sie verklagen wollte, überwunden "durch des Lammes Blut und durch das Wort ihres Zeugnisses und haben ihr Leben nicht geliebt bis an den Tod". Sie sind damit zu Zeugen schlechthin geworden, weil sie in ihrem Zeugenberuf gar nicht mehr versagen können und gewissermassen als Zeugen vollendet und verewigt sind. Das gilt aber nicht bloss für die einzelnen Märtyrer, sondern auch für die Welt, die sie verfolgt hat und ihr Zeugnis nicht ertragen konnte. Gerade jetzt kann sie ihren Mund, nicht mehr stopfen, ihr Zeugnis steht fest, und auch die Schuld derer, die ihr Blut vergossen haben, steht unverrückbar fest bis zum Tage des nahen, furchtbaren Gerichts», Ibid., pp. 45-46.

[38] «Die Vorstellung des Blutzeugen entsteht also dadurch, dass der Gedanke des Zeugnisses, das die Christen nicht anders wie Christus selbst in der Welt vertreten, zusammentrifft mit dem Gedanken an die ewige und endgültige Vollendung durch den Tod», Ibid., p. 46.

[39] *Ibid.*, Vorwort zur neuen Auflage. – Voir aussi: GÜNTHER, *Zeuge und Märtyrer*, p. 147. – STENDAHL, *Martyr. Ordet och Saken. En Forskningsöversikt*, pp. 33-36. – Chez BROX voir: *Zeuge und Märtyrer*, pp. 91; 97; 101; 104; 115ss.; 121; 150; 152; 199ss.; 213ss.; 215ss.; 237.

devinrent ordinairement, au temps des persécutions, des témoins par le sang. En voici la raison. On sait que toutes les persécutions étaient dirigées en premier lieu contre les chefs de la communauté chrétienne, qui étaient aussi, en règle générale, les prédicateurs de la parole divine. Les simples fidèles avaient plus de chance d'échapper à la persécution et, de fait, ils survivaient pour la plupart. C'est pourquoi il se forma une distinction entre ces deux groupes. Bien que tous les chrétiens eussent dû mourir, effectivement c'étaient les prédicateurs qui perdaient la vie, devenant ainsi des témoins par le sang. Dans ce contexte historique, Jésus, le premier, obtient le titre de *mártys,* puis les Apôtres et enfin les supérieurs et prédicateurs qui furent tués à cause de leur profession de foi en lui[40].

Un élément décisif à la solution du problème est pour E. GÜNTHER, la notion de «témoignage apocalyptique» qui est dérivé du prophétisme israélite (das apokalyptische Bezeugen)[41]. Ce témoignage est un avertissement donné par la prédication publique de la pénitence devant les tribunaux, avertissement fondé sur la connaissance d'une révélation de Dieu, qui en constitue le contenu. Les personnes rendant ce témoignage sont des élus de Dieu. En qualité de témoins, elles se présentent comme des réalités célestes aussi bien que terrestres, intervenant soit auprès de Dieu, soit dans le monde, puisqu'elles attestent sur la terre la révélation venue du ciel, et attestent devant le ciel le péché des hommes. Conscientes de la révélation qu'elles avaient reçue et de leur autorité, elles rendent témoignage par la parole. C'est pourquoi le témoignage

---

[40] «Dies will also besagen, dass *gerade diejenigen, die in besonderem Sinn Gottes und Christi 'Zeugen' auf Grund ihrer Verkündigung waren, auch 'Blutzeugen' werden...* Auf diese Weise geht eine direkte Linie von *mártys* in der Bedeutung 'Verkünder' zu *mártys* in der Bedeutung 'Blutzeuge'»*, ASTING, *Die Verkündigung des Wortes im Urchristentum*, p. 711. – Cela n'en exclut pas toutefois d'autres éléments d'origine juive ainsi que païenne. Ibid., pp. 709-710; 712. – Cf. GÜNTHER, *Zeuge und Märtyrer*, p. 147. – BROX, *Zeuge und Märtyrer*, p. 232.

[41] «Der Ursprung dieses Titels muss in einer ganz anderen Richtung gesucht werden: es ist das von mir herausgefundene 'apokalyptisches Bezeugen', das sich aus dem prophetischen Zeugnis herausgebildet hat», GÜNTHER, *Zeuge und Märtyrer*, p. 153. – E. Günther a publié pour la première fois son hypothèse en 1941. Mais le livre '*Mártys. Die Geschichte eines Wortes*, Hamburg 1941', concernant ce sujet, a été presque complètement détruit par les bombes au temps de la guerre. Quelques exemplaires épargnés se trouvent dans les bibliothèques universitaires d'Allemagne et à l'étranger. L'article cité ci-dessus constitue un résumé fait par l'auteur de cette oeuvre. – Cf. ibid., pp. 147-148. – A Rome, nous n'avons pas trouvé le livre de E. Günther dans les plus importantes bibliothèques. C'est pourquoi nous nous contentons du texte abrégé.

apocalyptique, vu du côté de son contenu, fait la liaison avec le langage commun qui exprime l'action de témoigner. Mais ses représentants ne s'appellent pas encore «témoins» ou «témoins de Dieu». Or voici que cette notion de témoignage apocalyptique possède, selon E. Günther, des éléments communs avec celle de martyre. Ce sont la marque de l'appartenance céleste ainsi que terrestre, le fait d'être élu et celui d'être en procès (der Charakter des Himmlisch - Irdischen, des Erwähltseins und des Forensichen). L'unique différence entre ces notions est l'absence de connection avec la langue commune dans le cas de la nomenclature martyrologique. En celle-ci la mort devient un facteur décisif[42]. La prédication de Jésus adopte la terminologie de «témoigner», jusqu'alors insuffisamment comprise. Cette terminologie est ensuite en usage chez les témoins de la résurrection du Christ. Enfin, Jésus-Christ seul – qui est le prototype du témoin apocalyptique (et cela reste très important pour notre sujet) – a été nommé *mártys* par l'Apocalypse[43].

Vers la même époque, l'idée de l'imitation de Jésus a commencé, de plus, à faire sentir son influence sur l'appellation de «martyr», car au moment des persécutions on voulait donner un nom spécial à ceux qui avaient souffert à l'exemple du Christ[44]. Mais pour que le mot *mártys* passât du sens de témoignage apocalyptique à celui de témoignage martyrologique, il a fallu que la mort elle-même devînt un témoignage. Et cela se fit au cours de la discussion avec le docétisme. Contre cette hérésie la mort du Christ devint le témoignage de la réalité de son corps.

---

[42] «Inhalt dieses 'apokalyptischen' Bezeugens mit seinem forensischen Charakter ist die vor dem Gericht warnende Busspredigt, die sich auf das besondere Wissen um die göttliche Offenbarung gründet. Träger dieses Bezeugens können nur von Gott Erwählte sein, die als solche himmlisch-irdische Grössen sind: sie empfangen ihre Offenbarung im Jenseits, um sie auf Erden zu 'bezeugen' oder sie legen im Himmel 'Zeugnis' ab von dem sündigen Tun der Menschen. Das Substantiv 'Zeuge' oder 'Zeuge Gottes' scheint nicht nachweisbar zu sein. Der Zusammenhang mit der Allgemeinsprache ist in der Struktur durchaus gewahrt: der Hauptsinn ist 'Redezeugnis', der Nebensinn des einen besonderen Offenbarungswissens, mit dem sich der Gefühlswert des Autoritativen verbindet. Es fällt schon hier die Ähnlichkeit mit dem Märtyrertitel auf: gemeinsam ist beiden Trägern des *martyrein* der Charakter des Himmlisch-Irdischen, des Erwähltseins und des Forensichen. Der Unterschied zwischen beiden Arten des Gebrauchs von *martyrein* besteht darin, dass im 'apokalyptischen' Wortgebrauch der Zusammenhang mit der Allgemeinsprache immer noch gewahrt bleibt, während dieser Zusammenhang bei dem *martyrēsai* des Märtyrers vollständig fehlt und der Tod für den Sprachvollzug entscheidend wird», Ibid., pp. 153-154. – Cf. Ibid., pp. 155-156.

[43] Ibid., p. 154.

[44] Ibid., p. 153.

242

Et cet événement accomplit le passage du nom *mártys* du Christ aux martyrs, ses imitateurs les plus fidèles. Il semble que le martyre de saint Polycarpe l'ait introduit pour la première fois[45]. La solution de notre problème, chez H. STRATHMANN, est la même s'il s'agit de la méthode, que celle de H.-F. von Campenhausen. La différence entre leurs opinions concerne seulement des détails[46]. Selon H. Strathmann, le Nouveau Testament, et en particulier l'Apocalypse, contiennent les germes (Ansätze) de la nomenclature martyrologique chrétienne. Le mot *mártys* commence à y prendre une teinte martyrologique (Ap 11, 7; 12, 11)[47]. Dans l'Apocalypse, en effet, méritent exclusivement le nom de *mártys* ceux qui, engagés dans la prédication de l'évangile, ont subi la mort. Pour être témoin, il ne suffit pas de mourir pour la foi, il faut la prêcher et confirmer son témoignage par la mort. Le prédicateur qui meurt pour attester la doctrine qu'il prêche s'appelle «un témoin fidèle» parce qu'il est uniquement témoin, et dans toute l'acception du terme, c'est-à-dire qu'il est seulement témoin[48]. Au IIe siècle, sous la pression des persécutions, ces germes se développèrent. Avant tout, disparaît le souvenir que le mot *mártys* ne désignait autrefois que les personnes contraintes à rendre témoignage à la vérité de l'évangile ou celles qui, de fait, le rendaient. Par conséquent, désormais obtenaient le titre de témoin tous ceux qui avaient rendu leur témoigna-

---

[45] «Der Übergang von dem alten Bedeutungsinhalt des 'apokalyptischen' Zeugen zu dem erstmalig im Polykarpmartyrium auftauchenden neuen 'Märtyrer' kann nur aus ganz konkreten, historisch nach dem Prinzip 'nomina sunt sequentia rerum' zu ermittelnden sachlichen Voraussetzungen erschlossen werden, niemals aber aus allgemeinen sprachlichen Erwägungen. Dieser Übergang ist nun so erfolgt, dass im Zuge der Auseinandersetzung mit der doketischen Häresie Christi Tod speziell als ein 'Zeugnis' bezeichnet wird», Ibid., p. 156. – Cf. ibid., p. 157. – E. GÜNTHER écrit des comptes rendus de son oeuvre, ibid., pp. 158-161. – N. BROX prend en considération l'hypothèse de E. Günther à plusieurs reprises. Voir: *Zeuge und Märtyrer*, pp. 114, n. 2; 122-127; 129; 131, n. 51; 151; 159; 191s.; 197; 230; 233.

[46] BROX, *Zeuge und Märtyrer*, p. 117.

[47] STRATHMANN, *Mártys*, ThW 4 (1942) 507.

[48] «Nicht jeder beliebige Christ, der seines Glaubens wegen stirbt, heisst hier *mártys*. Der Name bleibt denen vorbehalten, die als werbende Zeugen evangelistisch tätig sind. Dabei spielt aber der Gedanke des historischen Tatsachenzeugen keine Rolle mehr. Zeuge ist, wer die Wahrheit des Evangeliums werbend bekundet. Aber nicht mehr jeder, der das tut, heisst *mártys*. Der Ausdruck wird für die vorbehalten, die den letzten Ernst dieses ihren Zeugentums durch Erleiden des Todes unter Beweis gestellt haben. Das sind 'treue Zeugen' und nur treue Zeugen sind Zeugen im Vollsinne, wahre Zeugen, dh. sie allein sind 'Zeugen'», Ibid., p. 500.

ge sous quelque menace, parce que seul un tel témoignage était consi-
déré comme témoignage achevé[49].

Le lieu où le développement de l'idée martyrologique s'est accom-
pli fut l'Asie Mineure. Il est hors de doute que la terminologie nouvelle
existait au milieu du IIe siècle à Smyrne. Le Proche-Orient, patrie de
l'Apocalypse qui en contenait les premiers germes, la créa[50].

J.-E. SHERMAN distingue quatre phases dans l'usage du mot *mártys*[51].
Bien que l'Ecriture Sainte, à son avis, ne contienne pas d'indications
certaines pour l'application du terme *mártys* aux personnes souffrant
pour le Christ (Act 22, 10; Ap 2, 13; 11, 3 7; 17, 6), elle a donné toutefois l'élan (the impetus) pour les nommer ainsi (Act 13, 9-14; Heb 11,
26 35; Ap 6, 9-11; 20, 4)[52]. En outre, J.-E. Sherman essaie de justifier
le titre de «témoin» pour ceux qui ne sont pas Apôtres, par voie de ré-
flexion théologique. En conclusion, il trouve le fondement de l'actuelle
nomenclature martyrologique dans le fait que le martyr est un témoin
par excellence, à savoir en sacrifiant sa vie, le martyr sollicite l'adhé-

---

[49] «Im 2. Jhdt werden die Ansätze fortgeführt, die sich im NT, vor allem im joh
Schriftenkreis finden. Das war, wie diese Ansätze selbst, die Wirkung der Verfolgungs-
nöte, welche über die christliche Gemeinde hingingen. Nicht nur der vulgäre Sprachgebrauch mit seinen verschiedenen Verwendungsmöglichkeiten lebte dabei, wie selbstverständlich ist, fort, sondern auch der ältere spezifisch christliche, wonach das werbende
mündliche Zeugnis für die Wahrheit des Evangeliums gemeint ist. Nur entschwindet
die Erinnerung daran, dass ursprünglich an solche gedacht war, die in besonderer Weise
dieses werbende Zeugnis auszurichten beauftragt waren oder es doch tatsächlich aus-
richteten. Jetzt werden die Begriffe auf jeden aufgewandt, der auch nur gelegentlich,
aber unter Bedrohung, das Zeugnis abgibt, weil nur dieses Zeugnis als 'vollendet' gilt»,
Ibid., p. 511.

[50] Ibid., p. 512. – Pour les remarques concernant la position de H. STRATHMANN
voir: E. ESKING, *Das Martyrium als theologisch-exegetisches Problem,* dans *In memoriam Ernst Lohmeyer,* éd. von W. SCHMAUCH, Stuttgart 1951, pp. 228-229. – S. GIET,
L'origine du nom de martyr, dans *Mélanges en l'honneur de Monsieur Andrieu (Revue des sciences religieuses. Volume hors série),* Strasbourg 1956, p. 182, n. 5. – GÜN-
THER, *Zeuge und Märtyrer,* pp. 147; 158. – PASCHKE, *Märtyrer. II. Christliche Märtyrer,*
pp. 588-589. – BROX, *Zeuge und Märtyrer,* pp. 17; 99, n. 72; 103; 114s.; 117-122; 140;
173; 236.

[51] Le premier usage est celui qu'en fit Jésus. *Mártys* y signifie les Apôtres (Jn 5,
27). Dans le second usage apostolique, le titre était appliqué à celui qui avait été un
témoin de la vie, la mort et la résurrection de notre Seigneur ou qui avait possédé la
mission divine de prêcher l'évangile (Act 1, 22; 1 Cor 15, 8 14-15). Au temps de la
troisième phase, on observe le passage de la signification générale 'témoin' au 'témoin
souffrant' (Mt 10, 18; 23, 34; Mc 18, 19; Lc 21, 13 16 17; Jn 15, 26ss.; Act 5, 41; 9, 16).
La quatrième phase fit une restriction de l'usage 'témoin souffrant' au 'témoin mort'
pour le Christ. SHERMAN, *The Nature of Martyrdom,* pp. 3-5; 7-17.

[52] Ibid., pp. 4-6.

sion (the assent) de l'auditeur, ce que ne fait pas le confesseur ni le témoin au sens général du mot[53].

Pour S. Giet, dans l'évolution de la signification du mot *mártys,* le
début de cette évolution est le moment le plus important[54]. Ce point de
départ est, à son avis, non seulement étymologique, mais aussi dialectique et polémique[55].

Le mot *mártys* change de sens déjà dès les Actes des Apôtres. Au
chapitre VI, l'auteur donne le nom de témoins à ceux qui lapident Etienne, mais au chapitre XXII, c'est Etienne mis à mort qui est qualifié de
témoin. Alors les Actes transfèrent le titre de témoin des accusateurs à
la victime, des juifs persécuteurs aux chrétiens persécutés[56]. Dès lors,
les pseudo-témoins ce sont les juifs, non les chrétiens (Act 22, 20; 1 Tm
6, 13; Ap 2, 13; 17, 6)[57]. Cet état de la question est confirmé aussi, selon
S. Giet, par l'Epître de Clément de Rome aux Corinthiens. Il enseigne
que les juifs et les chrétiens ne peuvent simultanément avoir la vérité et
le bon droit, parce que ces derniers seuls sont les témoins véritables[58].

Bien que le nom de *mártys* ne soit pas, au commencement, appliqué
exclusivement aux victimes, il a commencé en ce temps à leur être réservé. Pour qu'il se fixe au sens de témoin du sang il a fallu deux siècles[59].

Après avoir prêté attention au mot et au concept de *mártys* dans le
Nouveau Testament, H. Kraft conclut qu'il n'y signifie pas un martyr[60].

---

[53] «There is a fundamental reason why a witness who suffers unto death for Christ
should be called a martyr instead of being styled a confessor or being given some other
similar title. It is because the martyr is a witness *par excellence.* By sacrificing his life
he seeks the assent of his hearer. A confessor, or witness in the generic sense, does not
do this», Ibid., pp. 27-28, – Cf. ibid., pp. 17-26.

[54] Giet, *L'origine du nom de martyr,* pp. 182; 187.

[55] «Le point de départ de l'évolution qui aboutira à notre mot *martyr,* n'est donc
pas d'ordre purement étymologique: il est dialectique et polémique», Ibid., p. 185.

[56] Ibid., pp. 182; 187.

[57] Ibid., pp. 182-185; 186-187.

[58] Ibid., pp. 185-186. – Cf. *Der Klemens-Brief* 45, 3-4, dans K. Bihlmeyer, *Die
apostolischen Väter (Sammlung ausgewählter kirchen- und dogmengeschichtlicher
Quellenschriften, 1),* Tübingen 1924, p. 59.

[59] «Ce titre n'est pas encore exclusivement réservé aux victimes qui ont scellé
de leur sang leur témoignage; et il n'a pas d'autre signification que celle de témoin; il
mettra deux siècles à se fixer au sens de martyr. Pourtant son évolution sémantique n'en
paraît pas moins dès lors commandée tout entière par le débat dialectique institué autour
du procès capital du premier des martyrs», Ibid., p. 187. – Voir aussi chez Brox, *Zeuge
und Märtyrer,* pp. 127-128.

[60] Selon H. Kraft, le témoin signifie dans le Nouveau Testament, malgré quelques
nuances chez S. Luc, non seulement un homme attestant la résurrection du Christ, mais

Pour qu'il prenne cette signification, il faudra beaucoup de temps et, en réalité, *mártys* doit son sens martyrologique à deux idées: la tentation (Versuchung) et l'imitation (Nachfolge)[61]. Voici d'abord la tentation. Il s'agit de la tentation du prophète au moment de l'appel à sa mission prophétique. A ce moment, les prophètes auraient voulu, pour éviter la douleur, se soustraire à cette mission. Le démon était leur vrai ennemi parce qu'il leur montrait les souffrances sous une forme exagérée afin de les détourner du devoir. Cette conception de la tentation mit en relief l'action de témoigner devant les tribunaux. Au temps des persécutions, l'arrestation se changeait en vocation, l'audition en tentation, le gouverneur en incarnation de Satan et la confession de foi en témoignage, qui n'était pas une prédication, mais une réponse confirmant l'appartenance à la communauté chrétienne. Un exemple de ce passage nous est donné dans le témoin Antipas de Pergame (Ap 2, 13)[62]. En outre, il faut souligner l'influence de l'imitation du Christ au sens de mystère. Par la souffrance on voudrait égaler le Christ souffrant. Les martyrs faisaient partie de ceux qui avaient achevé l'imitation dans la mort. C'est pourquoi la passion du Christ servait de modèle pour le martyre, et les récits parlant des martyrs essayaient de montrer une ressemblance entre eux et le Christ. L'hérésie montaniste fut cause, probablement, que le titre de «témoin» ne fut plus appliqué aux prophètes. Et l'on commençait aussi à distinguer entre confesseurs et martyrs. Plus ou moins vers le milieu du IIe siècle, le titre fut réservé aux martyrs accomplis[63].

B. *Les solutions basées sur l'Ancien Testament*

Cette longue évolution du sens donné au terme *mártys,* n'avait-elle pas déjà été amorcée dans l'Ancien Testament?

---

aussi celui qui croit à la sienne. Les actes de la puissance et la souffrance constituent ses signes distinctifs. De plus, il y a une continuité entre la signification mentionnée du témoin et le prophétisme de l'Ancien Testament. Elle est surtout visible dans la connexion de la souffrance avec la mission chez les prophètes. *Zur Entstehung des altchristlichen Märtyrertitels*, pp. 65-72.

[61] «Damit haben wir wohl festgestellt, was 'mártys' in neutestamentlicher Zeit bedeutete, haben aber noch lange nicht den christlichen Märtyrerbegriff... Vielmehr sind noch zwei Vorstellungsgruppen dazugekommen, bevor der Zeugentitel seinen martyrologischen Sinn erhalten konnte: der Gedanke der 'Versuchung' und der der 'Nachfolge'», Ibid., p. 72. – Cf. Ibid., p. 64.

[62] Ibid., pp. 73-74.

[63] Ibid., pp. 74-75.

Nous présentons ici seulement trois opinions: celle de K. Holl, D.-A. Schlatter, F. Dornseiff. L'énumération correspondante de N. Brox ne recouvre point la nôtre, car elle contient aussi les hypothèses de H.-W. Surkau et de P. Corssen[64]. L'explication de P. Dornseiff est seulement mentionnée par lui, mais dans un autre contexte[65]. Il nous a paru nécessaire de modifier le schème de N. Brox. H.-W. Surkau ne s'occupe pas directement de la controverse relative au nom de martyr. C'est pourquoi nous passons sous silence ses réflexions[66]. Nous mettons les opinions de P. Corssen dans un autre groupe, c'est-à-dire parmi les solutions particulières, parce que les motifs par lesquels il justifie le nom de martyr sont tout différents[67]. P. Dornseiff cherche les origines du sens martyrologique de *mártys* dans le Deutéro-Isaïe[68]. Dès lors, il convenait de le mettre à sa place propre. A vrai dire l'hypothèse de K. Holl n'appartient pas non plus à ce groupe parce qu'elle comprend des éléments du groupe basé sur le Nouveau Testament[69].

Les solutions susdites partant de l'usage du mot *mártys* dans l'Ancien Testament, en particulier chez les prophètes, essaient de montrer par quelle transition il a été appliqué aux martyrs chrétiens. Les différences qu'elles présentent entre elles concernent particulièrement l'ex-

---

[64] Brox, *Zeuge und Märtyrer,* pp. 141-143.

[65] Ibid., p. 146.

[66] «Die Arbeit hat also nicht die Aufgabe, in den Streit um die Bedeutung des Märtyrer-Titels einzugreifen, sondern nimmt nur gelegentlich dazu Stellung, Surkau, *Martyrien in jüdischer und, frühchristlicher Zeit*, p. 7, n. 1. – Pour H.-W. Surkau le vocabulaire 'mártys', au sens de témoin par le sang, se développa au sein du christianisme. Il entra dans le langage chrétien graduellement avec l'état des martyrs. Ibid., pp. 136; 141-144. – Mais les affirmations de H.-W. Surkau indiquant l'influence sur l'idée martyrologique chrétienne ainsi que sur les premiers récits de martyres suggèrent aussi cette influence dans le développement du sens 'martys'. Ibid., pp. 7-8; 82-134 et en particulier, pp. 135-141. – Cf. *Compte rendu de* H.-W. Surkau par P. Devos, *Martyrien in jüdischer und frühchristlicher Zeit*, AnBoll 57 (1939) 136-138. – Brox, *Zeuge und Märtyrer*, pp. 142s.; 146; 150-153; 164.

[67] D'ailleurs N. Brox place la solution de P. Corssen parmi celles qui sont liées à l'Ancien Testament seulement à cause de sa polémique avec K. Holl. «Er soll hier angeführt werden, obwohl seine Arbeiten nicht unmittelbar in der Linie der übrigen, an dieser Stelle besprochenen Beiträge liegen. Das ist darum angebracht, weil Corssen seine Ansichten in direkter Auseinandersetzung mit Holl vorträgt», Brox, *Zeuge und Märtyrer*, p. 141.

[68] Dornseiff, *Der Märtyrer: Name und Bewertung*, pp. 134-139.

[69] Brox, *Zeuge und Märtyrer*, p. 132.

plication de la manière dont s'opère cette transition. Est-ce qu'elles atteignent leur but?[70] Voici les réponses proposées.

K. HOLL s'est engagé dans la discussion sur la signification du mot *mártys* à quatre reprises[71]. Selon lui, le mot a signifié, à l'origine du christianisme, l'homme qui avait vu le Christ ressuscité et qui pouvait rendre témoignage de ce fait. C'est pourquoi *mártys,* dans la première communauté chrétienne, fut un nom d'honneur pour les Apôtres, nommés *témoins de Dieu* (1 Cor 15, 15). Ils attestaient la résurrection de Jésus, oeuvre de la toute-puissance divine, en vertu de leur propre expérience[72]. Ensuite, dans l'Eglise primitive (Act 22, 15 20; Ap 2, 13; 17, 6) le titre *mártys* fut transféré aux témoins par le sang parce que les premiers chrétiens étaient persuadés que les martyrs, au moment de leur mort, voyaient le Ressuscité et le monde suprasensible. Le privilège de les contempler était accordé seulement à ceux qui donnaient réellement leur vie pour Jésus. Par suite, la distinction entre martyrs et confesseurs remonterait aux origines chrétiennes[73]. En outre, K. Holl rattache l'em-

---

[70] Ibid., pp. 132-140; 146; 172-173.

[71] Cf. ci-dessus, p. 7, n. 5. – K. HOLL a réimprimé ces articles dans *Gesammelte Aufsätze zur Kirchengeschichte. II. Der Osten,* Tübingen 1928, successivement: *Der Kirchenbegriff des Paulus in seinem Verhältnis zu dem der Urgemeinde,* pp. 44-67; *Die Vorstellung vom Märtyrer und die Märtyrerakte in ihrer geschichtlichen Entwicklung,* pp. 68-102; *Der ursprüngliche Sinn des Namens Märtyrer,* pp. 103-109; *Pseudómartys,* pp. 110- 114. Désormais nous citons le texte de cette dernière édition.

[72] HOLL, *Die Vorstellung vom Märtyrer und die Märtyrerakte in ihrer geschichtlichen Entwicklung,* p. 70. – A ce sujet le texte de S. Paul contenu dans 1 Cor 15, 15 a pour K. Holl une importance particulière. H.-F. VON CAMPENHAUSEN donne une bonne caractéristique d'une discussion sur son exégèse entre K. Holl, R. Reitzenstein, P. Corssen et G. Krüger. *Die Idée des Martyriums in der alten Kirche,* pp. 28-29, n. 4. – Cf. aussi à ce sujet H. GRASS, *Ostergeschehen und Osterberichte,* Göttingen 1956, p. 265. – BROX, *Zeuge und Märtyrer,* pp. 132-133.

[73] «Aber in derselben Apostelgeschichte findet sich der Name auch schon -- wie übrigens ausserdem noch in der Apokalypse 2, 13; 17, 6 – als Bezeichnung für die Märtyrer verwendet. Act 22, 15 und 20 stehen beide Bedeutungen hart nebeneinander. Daraus ergibt sich ein zwingender Schluss. Wenn der Name *mártys* tatsächlich zu einer Zeit, in der der ursprüngliche Sinn des Wortes noch lebendig war, auf die Märtyrer überging und sogar zum auszeichnenden Titel für sie wurde, so kann das nur unter der Bedingung erfolgt sein, dass auch die Märtyrer als Zeugen der Auferstehung Christi galten... Demnach bestand in der urchristlichen Gemeinde die Überzeugung, dass dem Märtyrer in der entscheidenden Stunde die Gabe verliehen werde, die überirdische Welt und den Herrn, zu dem er sich bekannte, mit Augen zu sehen. Dadurch wurde sein Bekenntnis ein Reden aus unmittelbarer Anschauung heraus... Daraus scheint hervorzugehen, dass die Begnadigung durch eine Offenbarung als auf diejenigen Fälle eingeschränkt galt, bei denen es sich um Leben und Tod handelte. Die Abstufung zwischen Märtyrer und Bekenner würde dann bis in die Urgemeinde hinaufreichen», HOLL, *Die Vorstellung*

ploi du mot *mártys*, pris dans le sens de témoin par le sang, au judaïsme
où *mártys tou theou* fut le titre pour désigner les prophètes (Ap 11, 3
ss.)- La chrétienté primitive n'a attribué le nom de prophètes qu'aux
martyrs; c'est donc que ceux-ci l'ont pris de ceux-là. En restant fidèle
au sens littéral, l'Eglise lui donna toutefois un nouveau contenu[74].
Dans le même sens, D.-A. SCHLATTER affirme que le martyre était la
marque essentielle (wesentliches Merkmal) et la partie intégrante (Bestandteil) du prophétisme juif. En conséquence, le martyre avait, dans le
judaïsme, un caractère religieux et faisait partie du témoignage rendu
à Dieu. Cela fut décisif pour la dénomination des martyrs[75]. L'Eglise
avait continué cette tradition. D'abord les Apôtres furent nommés *mártyres* parce qu'ils étaient considérés comme les témoins de Dieu dans
la controverse juridique (Rechtsstreit) avec le monde[76]. Ensuite, ce titre

---

vom Märtyrer und die Märtyrerakte in ihrer geschichtlichen Entwicklung, p. 71. – Cf.
Ibid., p. 73.

[74] «Tatsächlich konnte ich aus Apok. 11, 3ff belegen, dass *mártys tou theou* der
spätjüdische Titel für den Propheten gewesen ist. Die Urchristenheit übertrug also den
zu ihrer Zeit gebräuchlichen Namen für den Propheten auf diejenigen, die ihr für sie
grundlegende Offenbarung Gottes verkündeten. Sie erfüllte den Ausdruck *mártyres tou
theou* mit einem neuen Inhalt; aber sie konnte zugleich dem Wortsinn von *mártyres*
erst recht treubleiben: ihre *mártyres* waren Zeugen im vollen Sinn, d.h. Augenzeugen;
sie bezeugten eine Gottestat, die sie im eigentlichen Sinn gesehen hatten», HOLL, *Der
ursprüngliche Sinn des Namens Märtyrer*, pp. 104-105. – Cf. IDEM, *Die Vorstellung
vom Märtyrer und die Märtyrerakte in ihrer geschichtlichen Entwicklung*, pp. 79,81. –
Presque tous les auteurs, intéressés à la question, ont critiqué l'hypothèse de K. Holl.
F. KATTENBUSCH l'a rejetée avant même sa naissance. *Der Märtyrertitel*, pp. 115-122.
Nous passons sous silence les auteurs avec lesquels K. Holl avait polémiqué personnellement et que nous avons mentionnés dans les notes: 6, 7, 8, 9, 10, 11, 12, pp. 7-8 ci-
dessus. Entre autres, nous indiquons: DORNSEIFF, *Der Märtyrer: Name und Bewertung*,
p. 134. – CHRISTS, *Geschichte der griechischen Literatur*, p. 1247, n. 2. – DELEHAYE,
Sanctus, pp. 101-103. – HOCEDEZ, *Le concept de martyr*, p. 99. – LIETZMANN, *Mártys*,
p. 2045. – CAMPENHAUSEN, *Die Idee des Martyriums in der alten Kirche*, pp. 2; 3, n. 2;
28-29, n. 4; 31, n. 7; 32-33. – ASTING, *Die Verkündigung des Wortes im Urchristentum*,
p. 707. – GÜNTHER, *Zeuge und Märtyrer*, p. 145. – STENDAHL, *Martyr. Ordet och Saken. En Forskningsöversikt*, p. 30. – BROX, *Zeuge und Märtyrer*, pp. 51; 63; 132-139;
146. – Il semble que J. LEBRETON en écrivant: «Il est très remarquable que la mystique
chrétienne apparaisse d'abord dans ces héros: ils sont témoins du Christ, non seulement
parce qu'ils souffrent pour lui, mais parce qu'ils lui sont unis par leurs souffrances et
qu'ils le contemplent», appartient aux adeptes de K. Holl. Voir: IDEM, *Tu solus sanctus.
Jésus Christ vivant dans les saints (Etudes de théologie mystique)*, Paris 1948, p. 210.

[75] SCHLATTER, *Der Märtyrer in den Anfängen der Kirche*, p. 18.

[76] «Die Zuteilung des Martyriums an den Propheten setzt sich in der Kirche darin
fort, dass es zum ständigen Bestandteil des Apostelbildes wird», Ibid., p. 20. – Cf. ibid.,
pp. 21; 71-72, n. 49.

avait appartenu à ceux qui étaient morts pour la foi. La communauté chrétienne, en effet, avait conscience de continuer l'oeuvre des prophètes. La ressemblance avec eux devenait particulièrement évidente chez les victimes des persécutions. C'est pourquoi les personnes qui avaient subi la mort, à l'exemple des prophètes, obtinrent leur nom, c'est-à-dire *mártys*[77].

Comment s'est opéré ce développement de la signification du mot *mártys?*

F. Dornseiff en trouve une explication chez le Deutéro-Isaïe (43, 9 12; 44, 8)[78]. Juda et les juifs y sont présentés avec le caractère de témoins de Dieu. Ils peuvent constater les actes et la force de Jahvé, comme devant des tribunaux. Ils peuvent aussi affirmer par serment que Jahvé a réalisé ses prophéties. C'est pourquoi *mártys,* dans la tradition judéo-chrétienne, est devenu l'expression technique pour une preuve scripturaire. Le martyr était un témoin prouvant la venue du Messie[79]. Dans le Nouveau Testament, est contenue aussi, de l'avis de F. Dornseiff, la formation du nouveau sens de *mártys* ainsi que sa liaison avec le langage du Deutéro-Isaïe. Déjà chez saint Luc (Le 21, 13) il faut entendre *martýrion* comme signifiant la mort du témoin (Zeugentod)[80]. Puis, au temps des persécutions, le souffrant, témoin de Dieu, se trans-

---

[77] «Den Grund, weshalb erst die Christenheit, nicht auch die Judenschaft ihre Hingerichteten 'Zeugen Gottes' nannte, suche ich darum nicht darin, dass visionäre Vorgänge nur bei den Christen eingetreten seien, sondern darin, dass die beiden Gemeinschaften ihr Verhältnis zur früheren Zeugenschar, zu den Propheten, verschieden auffassten. Während jedes Glied der jüdischen Gemeinschaft unter den Propheten steht, nimmt die Gemeinde Jesu für ihr Bewusstsein das Werk der Propheten in der Welt wieder auf und diese Ähnlichkeit wird vor allem dann lebhaft empfunden, wenn der Bekenner wieder, wie es einst der Prophet tat, auf dem Kampfplatz stirbt», Ibid., p. 22. – Cf. ibid., p. 40. – Pour les remarques à l'adresse de D.-A. Schlatter voir: Reitzenstein, *Bemerkungen zur Martyrienliteratur. I. Die Bezeichnung Märtyrer*, p. 247. – Strathmann, *Der Märtyrer*, pp. 353-355. – Asting, *Die Verkündigung des Wortes im Urchristentum*, pp. 708-709. – Günther, *Zuge und Märtyrer*, p. 146. – Stendahl, *Martyr. Ordet och Saken. En Forskningsöversikt*, p. 29. – Brox, *Zeuge und Märtyrer*, pp. 138; 139s.; 146.

[78] «Mir scheint der Keim der Bedeutungsentwicklung von Zeuge vor Gericht zum glaubensstarken Bekenner seiner Überzeugung, der auch dafür den Tod erleidet, im Deuterojesaja zu liegen, jenem unbekannten Propheten der Kyroszeit, der den messianischen Gedanken so stark beeinflusst, ja geradezu selbst geprägt hat», Dornseiff, *Der Märtyrer: Name und Bewertung*, p. 134.

[79] Ibid., p. 135.

[80] Ibid., pp. 135-138.

forma en confesseur de la foi qui scelle de son sang l'affirmation de ses convictions. Le témoin de la parole devient un témoin par les actes[81].

C. Les solutions basées sur les idées helléniques

Parallèlement à l'influence judaïque, l'hellénisme n'a-t-il pas aussi joué son rôle dans l'origine du mot *mártys?*

Aux hypothèses faisant appel à l'influence de la littérature grecque appartiennent seulement les opinions de J. Geffcken et de R. Reitzenstein. Celle de J. Geffcken, en 1910, n'a eu aucune répercussion. Plus tard, en 1916, elle fut reprise et approfondie par R. Reitzenstein. Sous cette forme, elle fit naître de multiples observations critiques.

Parlant de l'influence des récits consacrés aux héros païens sur les Actes des martyrs, J. Geffcken a exprimé aussi son opinion relative à l'origine du terme. Il le rencontre pour la première fois chez Epictète; *mártys* et ses dérivés reviennent en effet souvent dans les écrits du philosophe. Inutile donc de chercher ailleurs. Cette solution suppose évidemment l'origine philosophique du concept de martyre que J. Geffcken accepte sans restriction[82].

---

[81] Vielmehr lag die Tendenz dahin, dass der Zeuge Gottes leidet, seit den Ebed-Jahweliedern und ihrer Leidensmystik vor und wurde durch die Verfolgungen ausschlaggebend für den Wortsinn. Bedeutungswandel (in der Richtung einer Fixierung der emphatischen Verwendung) ist auch hier dem Sachwandel parallel. Der Wortzeuge wird zum Tatzeugen», Ibid., p. 138. – Les remarques à l'adresse de F. Dornseiff voir: Delehaye, *Sanctus*, p. 76, n. 1. – Günther, *Zeuge und Märtyrer*, p. 146. – Lietzmann, *Mártys*, p. 2046. – Brox, *Zeuge und Märtyrer*, p. 146.

[82] «Aber viel bedeutsamer, ja meines Erachtens von entscheidender Wirkung ist eine andere Anschauung des Epiktet, die nun heidnische und christliche Martyrien aufs festeste verbindet: das Wort *mártys*, das die meisten Menschen nur aus dem christlichen Sprachgebrauche kennen, hat rein philosophischen Ursprung... Hier also, hier allein haben wir den Ursprung des Begriffes, das Urbild von des Märtyrers Wesen. Der antike Philosoph vor dem Tyrannen, der Christ vor dem Proconsul sind die Söhne der gleichen Überzeugung, aber der ältere Sohn ist der Philosoph», J. Geffcken, *Die christlichen Martyrien, Hermes* 45 (1910) 495-496. – Cf. ibid., pp. 493-494; 497; 500; 505. – Les remarques à l'adresse de J. Geffcken voir: Krüger, *Zur Frage nach der Entstehung des Märtyrertitels*, pp. 267-268. – Strathmann, *Der Märtyrer*, pp. 339-340. – Delehaye, *Sanctus*, pp. 96-100. – Hocedez, *Le concept de martyr*, p. 95. – Asting, *Die Verkündigung des Wortes im Urchristentum*, p. 707. – Günther, *Zeuge und Märtyrer*, pp. 145-146. – Stendahl, *Martyr. Ordet och Saken. En Forskningsôversikt*, pp. 29-30. – Brox, *Zeuge und Märtyrer*, pp. 135; 183-184; 187-192 *passim.*

Mais les théologiens n'ayant pas fait assez cas des justes observations de J. Geffcken[83], R. REITZENSTEIN les reprend avec une terminologie plus précise et plus étendue[84]. Selon lui, la désignation (Bezeichnung) *mártys* n'est pas d'origine chrétienne. Les auteurs comme saint Ignace d'Antioche, celui du Pasteur d'Hermas et les gnostiques évitent de l'employer, et tout l'Occident latin est d'accord avec eux[85] R. Reitzenstein estime que l'influence juive ainsi que l'influence hellénique sur ce point ont été déterminantes et il le fait voir dans le Nouveau Testament et dans la tradition ecclésiastique du IIe siècle[86]. Pour commencer par l'influence des conceptions juives, il note que *mártys* ou *mártys tou Christou* signifie simplement un messager de Dieu confessant devant les autorités ou devant la foule sa foi en Jésus-Christ (Mt 10, 17; Mc 13, 9 ss.; Lc 12, 11; Act 22, 18 20; Ap 1, 2 5; 2, 13; 3, 14; 6, 9; 11,3 7; 12, 11 17; 17, 6; 19, 10; 20, 4). *Mártys* y apparaît donc en étroite relation avec *kēryx* (Le 24, 46; Act 1, 8; 10, 39 43) et sert de titre d'honneur (Le 21, 12 13-15; Act 6, 10)[87]. Dans la tradition grecque, on appelle *mártys* le héros dont la conduite courageuse en face des tyrans ou du peuple, entraînant avec elle la souffrance et parfois la mort, constituait un témoignage à la vérité de sa religion[88]. Cette conception d'origine hellénique, comme dit R. Reitzenstein, influença la conception judéo-chrétienne car de là précisément provient l'idée que le chrétien rend témoignage à Dieu par son attitude et par sa patience[89]. Déjà, dans

---

[83] REITZENSTEIN, *Historia monachorum und historia lausiaca*, p. 86.

[84] «Terminologisch genauer und im ganzen umfassender bearbeitet die Frage R. Reitzenstein», BROX, *Zeuge und Märtyrer*, p. 184.

[85] «Ich habe a.a.O. betont, dass die Bezeichnung *mártys* für Märtyrer nicht urchristlich sein kann, weil sie nicht allgemein-christlich ist. Ignatius, der Hirt des Hermas, und einzelne Gnostiker meiden sie, und mit ihrem Sprachgebrauch stimmt der lateinische Westen im wesentlichen überein», REITZENSTEIN, *Der Titel Märtyrer*, p. 450. – Cf. IDEM, *Bemerkungen zur Martyrienliteratur. I. Die Bezeichnung Märtyrer*, pp. 419-421.

[86] «..., betone ich von Anfang an, dass uns hierbei das schönste Ergebnis lexikalischer Untersuchungen von vornherein abgeschnitten wird, im Wortgebrauch den Kampf und das Zusammenfliessen zweier verschiedener Denkarten der jüdischen und hellenistischen, nachzuweisen», REITZENSTEIN, *Bemerkungen zur Martyrienliteratur. I. Die Bezeichnung Märtyrer*, p. 424. – Cf. ibid., pp. 462; 466.

[87] Ibid., pp. 418; 429-437; 444; 466.

[88] Ibid., pp. 445-449; 454; 466. – IDEM, *Historia monachorum und historia lausiaca*, pp. 86-87.

[89] «...: auch für Epiktet und alle Stoiker wird der Sendbote Gottes erst durch die Leiden zum *mártys,* und andererseits ist auch im Christentum der *mártys* ursprünglich nur der Gesandte, der Bote; selbst bei der Umbildung des Begriffes kann von einer

les Epîtres pastorales les mots *martýrion, martyreîn* sont mis en rapport avec la souffrance et même avec la mort (1 Tm 6, 11 ss.; 2 Tm 1, 8; 4, 7). L'influence de la conception philosophique est apparente aussi, par exemple, chez Hégésippe et dans la lettre des Eglises de Vienne et de Lyon aux Eglises d'Asie et de Phrygie[90].

Le fait que la mort constitue pour le martyre chrétien un élément nécessaire, bien qu'elle exprimât aussi *apódeixis* (achèvement) dans la pensée hellénique, doit son explication toutefois à l'influence du thème de l'imitation du Christ[91].

D. Les solutions particulières

Enfin, il nous faut mentionner, s'opposant à cette double influence biblique et hellénique, trois théologiens selon lesquels l'origine du titre de martyr serait due à des facteurs tout à fait différents.

Les opinions de P. Corssen, H. Delehaye et N. Brox, que nous allons présenter, ont un élément commun. Elles excluent l'origine biblique ou hellénique du titre de martyr parce que d'autres facteurs, à leur avis, ont déterminé son évolution. Pour P. Corssen, le procès des martyrs fut dé-

---

Notwendigkeit des Sterbens auch beim christlichen *mártys* zunächst nicht die Rede sein. Es ist klar, wie die judenchristliche und die heidnisch-hellenistische Vorstellung einander nahe gekommen sind. Dass die erste von der zweiten wirklich beeinflusst ist, muss endgültig der Gesamtton der Stellen, in welchen der jüngere christliche Sprachgebrauch zuerst erscheint, wenigstens dem Philologen beweisen... sie beweisen zwingend: die hellenistische Martyrienliteratur und die hellenistische Vorstellung hat hier das Christentum beeinflusst. Ihr entstammt zunächst der ganze Gedanke, dass der Christ durch das mutige Verhalten und die *hypomonē* Zeugnis für seinen Gott ablegt», REITZENSTEIN, *Bemerkungen zur Martyrienliteratur. I. Die Bezeichnung Märtyrer*, pp. 448-449. – IDEM, *Historia monachorum und historia lausiaca*, pp. 87-88. – IDEM, *Der Märtyrertitel*, p. 450.

[90] REITZENSTEIN, *Bemerkungen zur Martyrienliteratur. I. Die Bezeichnung Märtyrer*, pp. 417; 437-442. – Cf. EUSEBE DE CESARÉE, *Histoire ecclésiastique II*, 23: *SourcesChr* 31, 85-90. – IDEM, *Histoire ecclésiastique V*, 1: *SourcesChr* 41, 6-23.

[91] Ibid., pp. 429; 439; 449-450 et en particulier, p. 451. – Sur l'opinion de R. Reitzenstein, voir: KRÜGER, *Zur Frage nach der Entstehung des Märtyrertitels*, pp. 267-268. – STRATHMANN, *Der Märtyrer*, pp. 355-357. – DORNSEIFF, *Der Märtyrer: Name und Bewertung*, pp. 134; 137-139. – HOCEDEZ, *Le concept de martyr*, p. 95. – LIETZMANN, *Mártys*, p. 2046. – ASTING, *Die Verkündigung des Wortes im Urchristentum*, pp. 707-708. – GÜNTHER, *Zeuge und Märtyrer*, p. 146. – STENDAHL, *Martyr. Ordet och Saken. En Forskningsöversikt*, p. 30. – BROX, *Zeuge und Märtyrer*, pp. 101; 134; 137; 184-188; 192. – Nous passons sous silence les auteurs avec lesquels R. Reitzenstein a polémisé personnellement, c'est-à-dire K. HOLL, D.-A. Schlatter, P. Corssen (Cf. p. 7, les notes: 5, 6, 7 ci-dessus).

cisif. H. Delehaye parle d'un arbitraire de la langue. N. Brox considère la polémique antidocétique comme cause principale de cette évolution. De l'avis de P. Corssen, les martyrs doivent leur nom à la profession de foi devant les tribunaux[92]. Il tire cette conclusion du fait que l'Eglise primitive ne distinguait pas nettement entre martyrs et confesseurs. Les uns et les autres s'appelèrent *mártys*. Ce titre fut réservé aux martyrs à l'époque seulement où furent terminées les grandes persécutions[93]. Cela fut possible, selon P. Corssen, parce que la confession de foi pendant l'interrogatoire, étant jointe souvent aux tortures et à la mort même, avait été considérée comme un témoignage rendu au Christ[94].

Pour montrer que la profession de foi posséda vraiment le caractère de témoignage rendu au Christ, il donne, entre autres, une preuve très curieuse. La voici. Le chrétien était esclave du Christ. Dès lors, selon l'antique coutume, il se présente à tout le monde devant les tribunaux comme son témoin[95].

H. Delehaye a pris part à la discussion concernant l'évolution du sens du mot *mártys,* en 1921, et il a répété son opinion en 1927[96]. Toutes les hypothèses, en particulier celles de J. Geffcken et R. Reitzenstein, K. Holl, F. Kattenbusch, il les considère comme insuffisantes[97]. A son

---

[92] «Das also leidet keinen Zweifel, dass die Märtyrer ihren Titel von ihrem Bekenntnis vor Gericht bekommen haben», Corssen, *Begriff und Wesen des Märtyrers in der alten Kirche*, p. 488.

[93] Ibid., pp. 484; 485-487.

[94] «Das Martyrium beginnt mit der Verhaftung, die gewöhnlich nach einem vorläufigen Verhör und Bekenntnis vor der örtlichen Obrigkeit erfolgte. Seinen Höhepunkt hat es in dem Bekenntnis, das vor dem mit dem Schwertrecht ausgestatteten Beamten abgelegt und häufig durch die Foltern, immer aber durch darauf folgende Strafen erprobt wurde. Dieses Bekenntnis wird geradezu Zeugnis, Martyrium, *martyría* genannt», Ibid., p. 487. – Ailleurs parle P. Corssen: «Das Martyrium ist, wie ich schon sagte, ein einheitlicher Vorgang, der verschiedene Stufen durchlief. Der Tod ist nur die Folge und die Bekräftigung des Bekenntnisses. Was der Mund vor Gericht bekannt hat, das bezeugt sozusagen im Tode der ganze Leib», Ibid., p. 493.

[95] Ibid., p. 489. – Les remarques à l'adresse de P. Corssen voir: Strathmann, *Der Märtyrer*, p. 335. – Wohleb, *Compte rendu de K. Holl et P. Corssen*, pp. 967-971. – Dornseiff, *Der Märtyrer: Name und Bewertung*, p. 134. – Asting, *Die Verkündigung des Wortes im Urchristentum*, p. 709. – Günther, *Zeuge und Märtyrer*, p. 146. – Brox, *Zeuge und Märtyrer*, pp. 141-142. – Nous passons sous silence K. Holl et R. Reitzenstein (Cf. les notes: 5 et 8 ci-dessus, p. 233) parce que P. Corssen a polémisé avec eux directement.

[96] H. Delehaye, *Martyr et confesseur*, AnBoll 39 (1921) 20-49. Cet article a été réimprimé par l'auteur dans *Sanctus*, pp. 74-108. – Nos citations sont empruntées à ce dernier texte.

[97] Ibid., pp. 96-106.

avis, il est impossible de trouver la solution du problème dans l'étymologie du mot; il faut plutôt la chercher dans l'histoire. «Les dernières recherches, dit-il, dont le titre de martyr a fait l'objet, voudraient saisir le moment où *mártys* est parvenu à sa dernière étape et montrer le lien qui unit le concept primitif de témoin à celui de l'homme qui meurt pour le Christ. Autant vaudrait essayer de fixer le sillage du navire dans les eaux. Oserait-on soutenir qu'au moment de prendre sa place définitive dans le vocabulaire chrétien *mártys* ne fût pas déjà dépouillé de son sens premier et réduit à l'état de terme décoloré? Cela n'est pas simplement possible, mais vraisemblable, car telle est la loi ordinaire du développement linguistique. N'espérons donc pas qu'un document aussi instable et aussi capricieux que le langage nous apprenne si le martyr est censé être un témoin, et de quelle manière il justifie ce titre. C'est l'histoire qui nous le dira et non pas l'étymologie»[98]. Pour confirmer son point de vue H. Delehaye cite un exemple emprunté chez P. Peeters. Il s'agit du mot «tank» qui, pendant la première guerre mondiale, en quelques jours, a changé tout à fait sa signification primitive de «recevoir» pour devenir un mot technique, à savoir: «char d'assaut». Cet exemple démontre, selon P. Peeters, «qu'un terme usuel peut, en un temps très court, prendre dans le monde entier une signification entièrement neuve, sans rapport connu avec son sens premier. Il suffit que l'on sache nettement à quel objet il se rapporte»[99]. Dès lors, la vie des mots n'est pas réglée par la logique. Il s'ensuit qu'un arbitraire est possible aussi dans le changement de signification pour le mot *mártys*[100].

---

[98] Ibid., pp. 107-108.

[99] P. Peeters, *Les traductions orientales du mot MARTYR. Note complémentaire à l'article précédent*, AnBoll 39 (1921) 52, n. 1.

[100] A notre avis, H. Delehaye a ouvert de nouvelles et intéressantes perspectives dans la discussion sur la nomenclature martyrologique chrétienne. Pour la première fois, il a explicitement indiqué l'histoire comme clef devant fournir la solution du problème. Ses affirmations ont été acceptées en totalité par E. Hocedez, *Le concept de martyr*, pp. 81-89; 198-208. – F. Kattenbusch croit que H. Delehaye suit bien les traces de l'évolution dans le mot *mártys*, mais il faut y reconnaître aussi, avec P. Corssen et les autres philologues, l'influence des idées grecques. *Compte rendu de H. Delehaye*, pp. 85-86. – Pour K. Holl, l'opinion de H. Delehaye est arbitraire parce qu'«aucune langue ne transfère le terme d'un objet à l'autre sans qu'il existe une ressemblance entre eux. *Der Kirchenbegriff des Paulus in seinem Verhältnis zu dem der Urgemeinde*, pp. 51-52, n. 2. – R. Asting dit que l'étude de H. Delehaye est objectivement importante, bien qu'elle ne donne pas de résultats certains. *Die Verkündigung des Wortes im Urchristentum*, p. 709. Il est remarquable enfin que N. Brox la passe sous silence. – Cf. aussi: Günther, *Zeuge und Märtyrer*, p. 146. – Stendahl, *Martyr. Ordet och Saken. En Forskningsöversikt*, pp. 28-29.

La plus récente et, pensons-nous, méthodiquement la meilleure oeuvre au sujet de la nomenclature martyrologique chrétienne est celle de N. Brox. L'auteur a réexaminé encore une fois tous les textes de l'Ecriture Sainte ainsi que les parallèles helléniques concernant ce thème. Il constate que ni l'Ancien Testament avec le judaïsme[101], ni le Nouveau Testament[102], ni enfin la langue greque[103] ne donnent aucun fondement pour le sens technique du mot *mártys,* à savoir celui de témoin par le sang. En conséquence, toutes les solutions cherchant de ce côté la réponse à la question ne présentent pas de résultats certains[104] N. Brox lui-même suppose que le nom de martyr tire son origine d'autres conceptions et, par suite, a d'autres causes. Ces causes sont la polémique contre le docétisme et la notion du témoignage d'action connue dans le grec profane[105]. Au temps de la polémique avec les docètes, qui ne voulaient voir dans le corps du Christ qu'une apparence, le martyre des fidèles servait à prouver la réalité de ce corps, et leurs souffrances démontraient la vérité de la passion de Jésus. N. Brox affirme de plus que cette argumentation se trouve vraisemblablement déjà chez saint Ignace d'Antioche. La thèse est confirmée, à son avis, par saint Irénée. Saint Ignace et saint Irénée voient dans le martyre l'acte du témoignage en faveur de la réalité de la passion de Jésus-Christ. L'homme qui subit la mort joue, à leurs yeux, un rôle de témoin[106]. Mais il faut voir dans

---

[101] Brox, *Zeuge und Märtyrer*, pp. 18-23; 115-173; 196; 237 et en particulier, p. 172.

[102] Ibid., pp. 41-42; 68-69; 91-92; 104; 106-109; 196; 230-231; 232-233; 237 et en particulier, p. 113.

[103] Ibid., pp. 17-18; 175-182; 193-195; 196; 235-236; 237 et en particulier, p. 192. – Cf. la note 112, p. 259 ci-dessous.

[104] «Bei der Besprechung der Monographien wurde deutlich, wie alles, was darüber hinaus zu dieser Überbrückung versucht wurde, Vermutung bleibt und man das Problem durch sehr vage Hypothesen als gelöst ansieht», Ibid., pp. 232-233.

[105] «...; andererseits deuten die Ergebnisse daraufhin, dass in dieser negativen Feststellung gleichzeitig die Art und Weise sichtbar wird, wie der Titel auf anderem Wege und auf Grund anderer Vorstellungen gebildet wurde, wahrscheinlich nämlich aus einem gelegentlichen, der frühen Kirche sich bietenden Anlass, wie wir ihn in der antidoketischen Polemik erblickten und der für uns möglicherweise gar nicht mehr mit Sicherheit greifbar ist. Dabei sind die sprachlichen Voraussetzungen durch den im profanen Griechisch bekannten und auch gebräuchlichen Begriff des Tatzeugnisses gegeben», Ibid., p. 237.

[106] «Den doketischen Irrlehrern wurde – vielleicht zum ersten Male von Ignatius – das Martyrium der Christen als Beweis für die Leidensfähigkeit Christi und die Tatsächlichkeit seines Leidens vorgehalten. Es ist leicht vorstellbar, dass es daraufhin als *martyría* und *martýrion,* der Märtyrer als *mártys* bezeichnet wurde, obwohl wir

cet argument, selon N. Brox, une certaine influence de la notion de témoignage par les actes, notoire dans l'antiquité païenne. En ce temps,
la façon de penser et de vivre, les discours, et même le sort malheureux
du philosophe, par exemple chez Epictète, étaient considérés comme un
témoignage d'action rendu à la vérité de la doctrine[107]. De même, c'est
grâce à l'usage permanent que le mot *mártys* put devenir un terme technique signifiant les témoins par le sang, bien que l'idée créant sa signification (wortbedeutungsbildende Idee) et le caractère de témoignage
(Zeugnischarakter) lui eussent été donnés par hasard. Le fait que le mot
mártys restera également en usage pour désigner les témoins de la parole peut être expliqué par l'influence des littératures juive et païenne
parce que, tout comme celles-ci, la littérature chrétienne présentait les
martyrs comme de grands orateurs, et par conséquent comme les témoins de la parole. Dans ces circonstances, il est facile de comprendre
leur rattachement au nom nouveau[108].

Puis, dans la première moitié du deuxième siècle, en Asie Mineure,
il faut chercher la formation du titre de martyr. Sa diffusion est due
à l'Apocalypse, alors que, l'oeuvre étant déjà connue, on commençait à interpréter martyrologiquement le sens des textes correspon-

---

für den terminologischen Niederschlag dieser schon bei Ignatius anzutreffenden Anschauung vor Irenäus keinen Beleg besitzen», Ibid., p. 234. – Cf. ibid., pp. 211-215;
222-225; 234-235; 236. – Cf. IGNACE D'ANTIOCHE, Smyr 5, 1: *SourcesChr* 10, 158; 159.
– IRENÉE, *Contre les Héresies* III, 18, 5: *SourcesChr* 34, 319-323.

[107] «Der Wortsinn, den wir hier zur Erklärung heranziehen, ist nicht der spezielle
des Philosophenzeugen bei Epiktet, auf den sich Reitzenstein und Geffcken berufen,
sondern eine Anwendung des Wortes und ein Begriff, der allgemein ist und sich unter
anderem eben auch – und zwar in einer besonderen Prägung – bei Epiktet findet: der
Begriff des Tatzeugen. Wie dort etwa die Lebensweise des Philosophen, seine Reden
und seine Gesinnung, unter Umständen auch sein widriges Schicksal Zeugnis ablegen
für die Wahrheit seiner Lehre, so ist für Ignatius und Irenäus das Ereignis des Martyriums unmittelbar Zeugnisakt, der die Echtheit des Leidens Christi bestätigt», Ibid.,
p. 236. – Cf. ibid., pp. 175-195.

[108] «War der Terminus auf diese Weise zum martyrologischen Gebrauch gekommen, was für den Bereich Kleinasiens anzunehmen ist [...], so bedurfte es keines besonderen Umstandes, sondern lediglich des ständigen Gebrauches, um diesen neuen
Zeugenbegriff im Sinne des Blutzeugen technisch und 'abgeschliffen' werden zu lassen
in der Art, dass die wortbedeutungsbildende Idee und der Zeugnischarakter nur noch
unreflektiert darin enthalten waren bzw. gar nicht mehr mitgedacht wurden. Dass andererseits bald schon in der Literatur aus den Märtyrern grosse Redner und Zeugen des
Wortes werden, ist leicht verständlich, da sich diese Vorstellung aus heidnischen und
jüdischen Martyrien mit dem neuen Namen verbinden konnte. Der gleiche Terminus
bezeichnet ja noch den Träger der Botschaft», Ibid., p. 235. – Cf. ibid., pp. 230-231;
236.

dants, c'est-à-dire qu'on pensait au langage de l'Apocalypse en attribuant au Christ et aux martyrs le nom de mártys[109].

3. Les remarques finales

Que conclure? Nous pensons d'abord que les paroles de H. Delehaye, bien qu'elles aient été écrites il y a 80 ans, ne perdent pas leur actualité et qu'elles peuvent bien caractériser toute la discussion sur le nom de martyr. Le grand savant bollandiste dit «qu'au cours de la controverse, on a souvent répété les mêmes choses, bien que des arguments sans portée ont inutilement compliqué la discussion; qu'une exégèse subtile à l'excès n'a guère contribué à l'éclairer. Et puis, il n'est que trop vrai que ceux qui ont dit leur avis sur la matière n'ont pas tous au même degré le don de la clarté. Pour les suivre partout où ils vous mènent, il faudrait être bien sûr de ne pas s'être mépris sur leur pensée»[110].

Nous pensons ensuite que le grand nombre d'hypothèses basées sur les conceptions et le vocabulaire de l'Ecriture Sainte, en particulier du Nouveau Testament, témoignent de leur faiblesse et de leur insuffisance. Pour O. Michel, le fait que nous ne pouvons, sans plus (ohne weiteres), chercher le titre postérieur de martyr dans le Nouveau Testament est même un des plus importants résultats de la discussion[111]. En effet, il n'y a pas d'auteurs qui soient en totalité d'accord au moins sur l'une d'entre ces hypothèses.

---

[109] Ibid., pp. 235; 236. – Sur la position de N. Brox, voir: S., *Compte rendu de N. Brox, Zeuge und Märtyrer*, ZKTh 86 (1964) 492. – J.-P. Audet, *Compte rendu de N. Brox, Zeuge und Märtyrer*, RB 69 (1962) 618-619.

[110] Delehaye, *Sanctus*, p. 75. – Cf. De Gaiffier, *Réflexions sur les origines du culte des martyrs*, p. 25. – Stendahl, *Martyr. Ordet och Saken. En Forskningsöversikt*, pp. 43-44.

[111] «Die philosophische und religionsgeschichtliche Bedeutung der Begriffe *martyreîn, martyría* und *mártys* hat zahlreiche Einzeluntersuchungen veranlasst, manche umständige Konstruktion ist versucht worden, die ihrer Beantwortung harren. Es sind allerdings auch bestimmte Resultate erzielt worden, die wir nicht so schnell wieder preisgeben werden. Als eines der wichtigsten möchte ich anführen, dass der spätere kirchliche Märtyrerbegriff nicht ohne weiteres im Neuen Testament gesucht werden darf», O. Michel, *Zum 'Märtyrer'-Problem*, dans *Theologische Blätter* 17 (1938) 87, – «Es wäre irreführend», dit M. Barth, «den altkirchlichen Märtyrerbegriff, der den Tod oder ein fast zum Tode führendes Martyrium eines Christen für seinen Glauben als die Voraussetzung seiner Bezeichnung als Zeuge anzusehen scheint, schon im Neuen Testament suchen oder ins Neue Testament eintragen zu wollen», *Der Augenzeuge*, p. 283. – Cf. ibid., p. 284.

Les solutions qui s'appliquent à trouver dans la littérature philo-sophique, et spécialement stoïcienne, l'existence d'une terminologie semblable au langage de l'Eglise persécutée ne peuvent, de l'avis de N. Brox, résister à la comparaison avec l'usage et les faits chrétiens. Une influence directe reste difficile à prouver[112]. Le fait qu'elles furent abandonnées par la suite est donc très significatif. Mais les solutions basées sur l'hellénisme, observe ailleurs N. Brox, semblent toutefois plus proches du centre de la question que les précédentes, cherchant à faire le pont entre les témoins de la parole et le titre de martyrs, car el-les supposent une anticipation du témoignage d'action par rapport à la naissance du nom de témoins par le sang[113].

S'il s'agit d'hypothèses particulières, il faut distinguer. Celle de P. Corssen est fausse dans sa méthode[114], mais *les solutions proposées par H. Delehaye et N. Brox semblent indiquer une juste voie vers la solution du problème.* A leur avis, l'énigme de la nomenclature mar-tyrologique chrétienne peut être éclairée uniquement par la situation historique de l'Eglise dans la première moitié du second siècle. Nous croyons que ces solutions sont complémentaires. Pour H. Delehaye, le martyre, dans le langage courant, était devenu purement et simplement synonyme de mort pour le Christ sans plus éveiller d'attention au sens étymologique. N. Brox affirme quelque chose de plus. Il essaie de trou-ver dans la polémique antidocétique le moment, le lieu et avant toute la raison du sens technique, celui de témoin par le sang, du mot *mártys.* Cette solution a donc quelque chose de commun avec celle de E. Gün-

---

[112] DELEHAYE, *Sanctus*, pp. 96-100. – HOCEDEZ, *Le concept de martyr*, p. 95. – BROX, *Zeuge und Märtyrer*, pp. 175-182. A la page 182 il écrit: «Dagegen findet sich in der zeitgenössischen philosophischen Literatur zwar eine Terminologie, die zumindest einige wichtige Züge mit dem Wortgebrauch der Märtyrerkirche gemeinsam hat; hier aber ist es schwierig, einen direkten Einfluss wahrscheinlich zu machen».

[113] «Offenbar ist der Lösungsversuch aus dem Hellenismus darum dem Kern der Frage näher, weil er davon ausgeht, dass der Prägung des Märtyrertitels der Begriff des Tatzeugen vorausgeht, und nicht der Märtyrerbe griff in doch recht unnatürlicher Weise vom Wortzeugnis her verstanden und bezeichnet wird, das ihm, wenn nicht fremd, so doch secundär ist», BROX, *Zeuge und Märtyrer*, p. 189.

[114] «Es ist ausser diesen Kritiken noch etwas sehr Entscheidendes bei dem von Corssen vorgeschlagenen Weg eines Lösungsversuches zu beachten. Es liegt ein methodischer Fehler darin, von einem Sprachgebrauch der Märtyrerkirche auszugehen, der *mártys* im technisch-martyrologischen Sinn wohl kennt (offenbar aber nicht einmal das immer), mit dem Wort jedoch, geradeso gut und ebenso oft Menschen bezeichnet, die nur gelitten oder gar nur vor Gericht bekannt haben, wie es im 2. und 3. Jahrhundert der Fall war», BROX, *Zeuge und Märtyrer*, p. 142.

ther. N. Brox comme E. Günter sont d'accord sur le fait que la polémique contre les docètes a joué un certain rôle dans le changement de la signification du mot *mártys*. Ils diffèrent toutefois au sujet de l'importance qu'il faut lui attribuer. Pour N. Brox, ce rôle est décisif et presque unique. Pour E. Günter, il se limite à achever une longue évolution préparée par la notion du témoignage apocalyptique[115].

Enfin, une constatation. La question reste toutefois ouverte parce que les sources s'y référant sont peu abondantes[116]. Par suite, les solutions de H. Delehaye et de N. Brox contiennent de même certaines suppositions qui les rendent discutables. Après 60 ans de discussion, nous pouvons donc répéter les paroles par lesquelles F. Kattenbusch termine ses propres considérations: «Dans une certaine mesure, le titre de martyr comme tel reste une énigme»[117]. «Mais, quelles que soient encore les divergences, dit B. de Gaiffier, ces études ont l'avantage de montrer le rôle considérable du 'martyr' dans l'implantation de la foi chrétienne»[118].

A l'époque postérieure, «en ce qui concerne le terme martyr, dit H.-A.-M. Hoppenbrouwers, nous ne décelons aucune trace de développement dans l'emploi de ce mot. Le langage des chrétiens l'a emprunté au grec et, en tant qu'emprunt, ce mot signifie, dès le début, le chrétien qui a donné sa vie pour la foi; il ne garde aucune trace de l'idée de témoin... Martyr est donc *un terme* technique; mais, en même temps, son emploi présente un certain jeu, une certaine élasticité»[119].

---

[115] Cf. n. 45 ci-dessus, p. 19.

[116] «Wegen der spärlich fliessenden einschlägigen Quellen steht die Erforschung der Entstehung des christlichen Märtyrertitels – trotz ihrer nunmehr über 50-jährigen Geschichte – noch heute in einem Stadium, das nicht als erledigtes Kapitel der altchristlichen Wort- und Begriffsgeschichte bzw. Martyrologie gelten kann», BROX, *'Zeuge seiner Leiden'*, pp. 218.

[117] «In gewissem Masse aber ist und bleibt der Märtyrertitel doch als solcher ein Rätsel», KATTENBUSCH, *Der Märtyrertitel*, p. 127. – La traduction française donnée par DELEHAYE, *Sanctus*, p. 74.

[118] DE GAIFFIER, *Réflexions sur les origines du culte des martyrs*, pp. 24-25.

[119] H.-A.-M. HOPPENBROUWERS, *Recherches sur la terminologie du martyre de Tertullien à Lactance*, Nijmegen 1961, p. 207. – Cf. ibid., p. 208. – L'auteur y a examiné les termes qui, à l'époque de Tertullien à Lactance «désignaient le martyr et le martyre, ainsi que les épithètes qu'on décernait aux martyrs ou futurs martyrs», Ibid., p. 2.

***

La lecture de la littérature relative au martyre de la seconde moitié du XXe siècle ainsi que celle des dernières années permet à la constatation que la problématique du nom de martyr n'existe plus. Les deux guerres mondiales, en parliculier celle de la deuxième, imprimées par des idéologies totalitaires – nationaliste et communiste – ont fait des millions des victimes innocentes, en grande majorité des „martyrs" laïques"[120]. D'où provient l'épanouissement de la littérature hagiographique louant ces héros, très souvent inconnus (l'exemple – les soldats).

S'il s'agit du martyre chrétien, au sens strict de ce mot, il se pose la question plutôt de sa signification théologique[121]. Le nombre énorme des martyrs chrétiens nous montre la chaîne ininterrompue des persécutions et des souffrances qui accompagnent l'Eglise du Christ sur la terre jusqu'à l'heure actuelle et un choix héroïque des disciples fidèles préférant la mort, même la cruelle, au reniement de la foi. Et, c'est pour cette raison, il y a la question de la signification théologique de leur sacrifice. Les derniers temps le pape Jean Paul II montre cela, d'une manière exhaustive dans l'encyclique „Veritatis splendor" [122]. Mais, des études concernant ce problème n'appartient pas au thème posé par l'auteur, présenté au dessus dans l'article, à ce sujet.

Abréviations

ALW	–	Archiv für Liturgiewissenschaft
AnBoll	–	Analecta Bollandiana
ARW	–	Archiv für Religionswissenschaft
BFChTh	–	Beiträge zur Förderung christlicher Theologie

---

[120] Ks. K. Kościelniak, *Dżihad. Święta wojna w Islamie*, Kraków 2002; H. Maier, *Politische Märtyrer? Erweiterungen des Märtyrerbegriffs in der Gegenwart*, "Stimmen der Zeit" 5 (2004), p. 291-305.

[121] Pour tous les aspects de la problématique théologique du martyre chrétien vois: A. Kubiś, *La théologie du martyre au vingtième siècle*, Roma 1968. Cette monographie sert à la Congrégation pour les Saints comme une aide dans les procès de béatifications et de canonisations des martyrs.

[122] "Insegnamenti di Giovanni Paolo II" 16 (1993) 2, p. 156-274, Ch. Andreas, R. Batlogg, *Alfred Dalp – Märtyrer und Prophet*, "Stirmmen der Zeit" 9 (2007), p. 577-578; idem, *Die unvollkommenen Heiligen*, "Stirmmen der Zeit" 11 (2007), p. 711-722.

FRLANT	–	Forschungen zur Religion und Literatur des A. und des N. Testaments
Hermes	–	Hermes. Zeitschrift für klassische Philologie
NJKAP	–	Neue Jahrbücher für das klassische Altertum und Pädagogik
NRTh	–	Nouvelle revue théologique
RAM	–	Revue d'ascétique et de mystique
RB	–	Revue biblique
RGG	–	Die Religion in Geschichte und Gegenwart
RSR	–	Recherches de science religieuse
SourcesChr	–	Sources chrétiennes
Sokrates	–	Sokrates. Zeitschrift für das Gymnasialwesen
ThLBl	–	Theologisches Literaturblatt
ThLZ	–	Theologische Literaturzeitung
ThW	–	Theologisches Wörterbuch zum Neuen Testament
WKF	–	Wochenschrift für klassische Philologie
ZKTh	–	Zeitschrift für katholische Theologie
ZNW	–	Zeitschrift für die neutestamentliche Wissenschaft und die Kunde der älteren Kirche

Classica Cracoviensia
XI, 2007

TOMASZ POLAŃSKI
KRAKÓW

THE DESTRUCTIVE FORCE OF ROMAN CENSORSHIP. A RETROSPECTIVE VIEW ACROSS THE *LIMES*

The compilation of this article was made possible thanks to a generous scholarship from the Andrew Mellon Foundation at the W. Albright Institute of Archaeological Research, Jerusalem 2006/7.

The subject of the Roman imperial censorship has already been discussed in many works, which range from chapters in the standard Roman histories or commentaries to Tacitus or Suetonius to more specialized and detailed studies. In this paper I am going to refer to four of them: Forbes' paper *Books for Burning* (1936), Cramer's extensive study, which focuses on the period from Augustus to Caligula (1945), Richter's paper which discusses the phenomenon of intellectual inner emigration, a phenomenon familiar to all the citizens of George Orwell's world of Central and Eastern Europe (1961); and a book by Wolfgang Speyer, *Büchervernichtung und Zensur des Geistes bei Heiden, Juden und Christen* (1981), of inestimable value for the Central and East European intellectuals[1]. Forbes' paper offers a selection of cases of book-burning in the Graeco-Roman history appended with a number of concise remarks. Cramer's account is extensive and rich in details, which is important if we are going to discuss judicial trials in their political context. This last work is a sort of exact and exhaustive catalogue of cases in the early Julio-Claudian period. Speyer's book, which I greatly praise, is a real and penetrating study. Although not as exact as Cramer's paper in terms of facts, nevertheless it offers a synthetic overview of related materials which include the Ancient Near East, the

---

[1] Cf. a valuable and inspiring study by G. Binder (1993).

Biblical tradition, and the Graeco-Roman Pagan and Christian chapters. The latter subject discussed in its Nestorian, Chalcedonian, Monophysite, Arian and Manichean aspects, makes up the most captivating part of the book[2].

Let me begin with a number of relatively well documented cases of oppression of men of letters in the formation period of the Roman centralised political system, that is the time of Augustus and Tiberius, who laid the foundations for the institution of state censorship in Rome, and collect the main facts concerned, that is names of authors and their books, in a catalogue appended with some key historical and legal factors directly related to the persons under discussion.

In 26 BC Cornelius Gallus, the prefect of Egypt and an outstanding elegiac poet in one person was accused of treason. Anticipating the investigation and trial he committed suicide in order to avoid humiliating and cruel treatment, execution and the subsequent confiscation of his property. It is a well known case of enforced suicide. Regardless of whether he was charged with real or forged offences, his case had a clearly political context. He was a high-ranking state official endowed with substantial political influence and executive power. We can legitimately suspect that his conflict with Octavian Caesar was related to the power struggle within the framework of the newly constructed, highly centralised government. However, Gallus' case incidentally happened to be the first to show us clearly the devastating power of imperial censorship in the making. Only single verses of his well-loved and widely read poems survived. They were evidently destroyed not in one act of book-burning, but through a long process of harassment and subsequent destruction as a result of the *damnatio memoriae* indictment imposed on the dead poet. We learn time and again that such cases frequently had ramifications. In this particular case the censor's fingers proved to be proverbially long. The lofty praise of Gallus, which occupied the

---

[2] S. Koster, *Die Invektive in der griechischen und römischen Literatur*, "Beiträge zur Klassischen Philologie" Vol. 99, 1980; R. Bauman, *Impietas in principem. A Study of Treason against the Roman Emperor with Special Reference to the First Century AD*, "Münchener Beiträge zur Papyrusforschung und antiken Rechtsgeschichte" 67, 1974; G. Boissier, *L'opposition sous les césars*, Paris 1900; on legal aspects: F. Duerr, *Die Majestatsprozesse unter dem Kaiser Tiberius*, Heilbronn 1880; R. Rogers, *Criminal Trials and Criminal Legislation under Tiberius*, Middletown 1935. *American Philological Association Monographs*, Vol. 6; W. Allen, *The political atmosphere of the reign of Tiberius*, "Transactions of the American Philological Association" 62, 1941, p. 1 f.

concluding part of Vergil's *Georgics* in the first edition of 30 BC was removed from the epic on the order of Augustus. The edition of 26 BC did not include the celebrated passage in honour of Vergil's friend and outstanding Latin poet[3]. In this way Vergil learnt the lesson of inescapable choice between friendship and loyalty to the emperor.

Despite his military and political successes, Augustus met with opposition of various types. It included the inner Republican opposition as well as the anti-Roman resistance of the Orientals. Defiance expressed itself in different literary forms, of which the invective, historical writings and oracular poetry became the most popular. We learn of Timagenes, a Greek historian of Syrian descent, who was enslaved in Alexandria and transported to Rome, eventually gaining the status of a *libertus* there. He did not try to conceal his anti-Roman resentment and even ventured on a critique of the *princeps* himself and the members of his family. Seneca the Elder portrayed him as a man of vitriolic and abusive language (*homo acidae linguae qui nimis liber erat, Contr.* X, 5, 22). For some time Timagenes enjoyed the favours of Augustus, but later fell from grace and was eventually removed from the circle of court intellectuals. However, he managed to find refuge in the house of Asinius Pollio, the founder of a public library and art gallery, and strong enough to protect his new client[4].

A certain Iunius Novatus was fined and exiled for an anti-Augustan literary invective, which was allegedly written by Agrippa Posthumus and had the form of a letter addressed to Augustus in person[5].

A ban on the publication of the *acta senatus* recorded in the *populi acta diurna* since 59 BC on[6] exemplified one more symptom of the changing political reality marked by the growing strangulation of freedom of speech and writing. Speyer aptly summed up the process in the following words: 'Der Weg von Caesars Alleinherrschaft zu Prinzipat und Dominat ist durch eine wachsende Strenge gegen die Gegner der neuen Staatsform gekennzeichnet'[7]. However, a really ominous event

---

[3] Speyer 1981: 59; Serv., *ad Verg. ecl.* 10, 1.

[4] Cramer 1945: 165 f; Seneca, *de ira* III 23, 5-6; Speyer 1981, p. 58; R. Laqueur, *Timagenes* 2, *RE* 6A, Vol. 1, 1936, 1064, p. 61 f.

[5] Suet., *Augustus.* 51, 1; Cramer 1945, p. 163 f.; Speyer 1981, p. 58; H. Volkmann, *Zur Rechtsprechung im Principat des Augustus*, "Münchner Beiträge zur Papyrusforschung und antiken Rechtsgeschichte" Vol. 21, 1969, No. 2, p. 86 f., following Speyer 1981, p. 58 (n. 75); Forbes 1936: 115.

[6] Suet., *Augustus* 36, 1; Suet., *Caesar.* 20; Cramer 1945: 161 (n. 16).

[7] Speyer 1981: 57.

took place in 12 BC when Augustus, as the newly appointed *pontifex maximus,* used his religious power to publicly burn around 2000 scrolls and codices, the so called *fatidici libri,* that is mainly anti-Roman and anti-Augustan oracular and prophetic writings, probably mainly of Oriental origin. We will never know their content. We can only suspect that in some points they are reflected in the *Sibylline Oracles,* the anti-Roman weapon of the Orient, as H.Fuchs writes in his *Geistiger Widerstand gegen Rom* (1938). The motivation behind the book-burning was religious. As the high priest, Augustus was allegedly going to select and save the authentic *Sibylline Oracles,* which were subsequently deposited on two gilded shelves in the cellar under the Templum Apollinis on the Palatine Hill (Suet. *Aug.*31,1)[8]. As aptly observed by Cramer, those events 'preceded by only two decades the introduction of the burning of secular writings by the secular government'[9]. Augustan lawyers dug up from the ancient and venerable past two legal formulas which in the future were to play the role of legal grounds in literary treason proceedings: 1) the law of *lèse majesté* (*crimen laesae maiestatis*), 2) the formula from the *XII Tablets* to suppress defamatory writings[10]. When combined together with the accusation of *perduellio,* high treason, they could lead, and frequently did, to something like a 'literary death-sentence.' The sentence lay in the hands of the *princeps* himself and the Senate, which played the role of a supreme court. In this way the newly established centralised system was to protect the person of the *princeps* regarded as synonymous with the state, *l'état c'est moi*[11]. This legal combination and its interpretation seemed to be a confusing novelty for some contemporaries. Their feeling of shock can still be observed in a number of commentaries e.g. in Tacitus' *Annals: nam legem maiestatis reduxerat, cui nomen apud veteres idem, sed alia in iudicium veniebant, si quis proditione exercitum aut plebem seditionibus, denique male gesta re publica maiestatem populi Romani minuisset: facta arguebantur, dicta inpune erant. Primus Augustus cognitionem de famosis libellis specie legis eius tractavit'* (p. 39) (*Ann.* I 72) ('Augustus restored the law of violated majesty. The name of the law was the

---

[8] Speyer 1981: 27; Cramer 1945: 167 f.; Forbes 1936: 119.

[9] Cramer 1945: 168.

[10] Cic., *de Rep.* IV 12 (cf. Augustinus, *de civitate Dei* II 9): 'si quis occentavisset sive carmen condidisset, quod infamiam faceret flagitiumve alteri [...]'; Cramer 1945: 169 f.

[11] Cf. Speyer 1981: 57.

same as in times of old, but different subject matters, indeed, now came under its jurisdiction, such as the betrayal of an army, inciting the common people to sedition, or, generally. maladministration in public office. Deeds had been prosecuted, words had been immune. Now Augustus was the first to make this law cover slanderous writings.') The legal machinery was ready at hand. It was perfected and sharpened by the incessant chain of trials against secular and religious writers and poets in the 1ˢᵗ century AD and later. Certain historical events accelerated the process and stimulated developments. The years AD 6-8 brought famine to Italy and the military disaster in the Teutoburger Forest, a calamity which cast a long shadow on Roman history. To complete the picture, the deep conflict within the imperial family can be added to the list of disasters. As usual in such circumstances, the frightened authorities began the search for those guilty, and as usual foreigners were blamed first and expelled from the city of Rome (Suet.*Aug*.42,3). But the authorities did not stop their search in this point. Titus Labienus, a historian and rhetorician, a die-hard Republican, and soldier of the long-lost political cause of Pompey, fitted the bill perfectly. Seneca the Elder, who used to attend Labienus' historical recitations, wrote that the author was a passionate speaker and ardent partisan of Pompey: *animus...violentus, qui Pompeianos spiritus nondum in tanta pace posuisset* (*Contr.* X pr. 5). Seneca also remembered that Labienus sometimes skipped long passages of his *Annals,* remarking that these omitted passages should be read after his death. Seneca concluded that these extracts 'must have been exemplary for their spirit of freedom, if he himself was afraid to read them in public' (*Contr.* X, 8)[12]. Nobody at the court cared himself that Pompey had been dead for six decades. In addition, the selected victim was a poor man and unpopular writer, a lonely fighter with no authority behind him[13]. Labienus died voluntarily walled up in the tomb of his ancestors[14]. His death is yet another case of enforced suicide. His

---

[12] 'Quanta in illis libertas fuit, quam etiam Labienus extimuit?' (Seneca, *Contr.* X 8).

[13] 'summa egestas erat, summa infamia, summum odium' (Seneca, *Contr.* X pr. 4). Seneca admitted that Labienus was an ingenious and courageous speaker (*magnus orator*). He expressed it in the following and not altogether sympathetic way: 'libertas tanta, ut libertatis nomen excederet' (Seneca, Contr. X pr. 5). The meaning of 'abusing freedom of speach' under a dictatorship is not easy to define.

[14] The date of his death cannot be exactly determined. Cf. Cramer 1945: 172 f. suggested AD 6-8; Cassius Dio dated the first book-burning on AD 12 (56, 27, 1). Tacitus wrote that it was Cassius Severus whose books were burnt on Augustus' order according to the new law of *lèse majesté* (*Ann.* I 72).

Annals were sentenced to the stake by the *senatus consultum*. The sentence shocked the intellectual circles in Rome, as reflected in Seneca's words on the 'novel and unusual way of indicting punishment upon scholarship' (*Contr.X* pr.5)[15]. Echoes of Labienus' death reverberated in the rhetorical schools, where the subject of book-burning went into the set of standard recitations under the cover of a surrogate topic, e.g. 'Cicero considers whether he should burn his writings, as Anthony promises him his life if he does so' (the 7th *Suasoria* by Seneca the Elder).

Labienus' demise encouraged other private prosecutors, who accused another ardent Republican, this time an outstanding lawyer and teacher of rhetoric, Cassius Severus[16]. His bitter and ironical comment on Labienus' trial became notorious and was used as a pretext for proceedings against him for the offence of *lèse majesté*: *nunc me vivum uri opportet qui illos* (sc.the books of Labienus) *edidici* (*Contr. X* pr. 8) (They must burn me alive, because I have learnt them by heart). Cassius Severus was taken to the senatorial court, where his books were sentenced to the stake and their author exiled to the island of Crete[17]. Severus' case became symptomatic, because he had to face a renewed trial in AD 24, when he was exiled for a second time to the rocky island of Seriphos, and his property confiscated. The Senate imposed the fire and water indictment. In other words, he was cursed, exiled and anathemized. 'An Ovid might whine from his Euxine exile of Tomi for an imperial pardon, but a Cassius Severus did not ask for mercy,' Cramer remarked[18]. Cassius Severus died after 25 years of exile. The tacitean epitaph was composed with its author's idiosyncratic brevity: *bonisque exutus, interdicto igni atque aqua, saxo Seripho consenuit* (*Ann.*IV, 21) (His property was confiscated and he died in poverty banished to the rocks of Seriphos)[19]. Cassius Severus was sentenced to a prolonged death in a barren land in loneliness and poverty, at the mercy of his

---

[15] effectum est enim per inimicos ut omne eius libri conburerentur; res nova et inusitata de studiis sumi (Seneca, *Contr.* X pr. 5).

[16] Tacitus held him in high esteem (Tac., *Dial.* 19, 26); his preeminence corroborated by other Roman authors, Pliny the Elder *HN* VII 55; Jerome, *Chronica*, Abr. 2048; Quintilianus X 1, 116. (Inst. or.)

[17] Cramer (1945) dated the trial to AD 8; Cassius Dio dated it to AD 12 (56, 27, 1).

[18] Cramer 1945: 177.

[19] Cf. Cramer 1945: 175 f.; T. Froment, *Un orateur républicain sous Auguste, Cassius Severus*, "Annales de la faculté des lettres de Bordeaux" Vol. I, 1879; Brzoska *RE* III 1899, c. 1744, No 89-c. 1749. (n. 65); Cramer 1945, p. 175 f.

guards. Both Titus Labienus and Cassius Severus were of humble birth (Tac.*Ann*. IV, 21). It was a question of literature, of word, not power, in which neither victim had any share. 'Professors were the first to feel the heavy hand of the imperial government'[20]. Their trials were probably regarded by the authorities as test cases. They paved the way for the trials of importance, the trials of men and women from the aristocratic circles, who were the Emperor's real and dangerous adversaries.

Tiberius, the perfector of the political ideas of Octavian, went a step further and drew the final logical conclusion from the 'legal achievements' of his stepfather's lawyers. He triggered the first death sentence imposed on a man of letters for his writings, a real 'literary death-sentence'. The case might have been labelled comic and banal if it had not been genuinely fatal and ominous. One Clutorius Priscus, a poet, was rewarded for an elegiac epitaph on Germanicus by the *princeps* himself in AD 19. When two years later Tiberius' son Drusus fell seriously ill Clutorius in anticipation of the prince's imminent death composed an epitaph in memory of Drusus in advance and proved to be so stupid as to read it to some women from the aristocratic circles. He was denounced and taken to court, where he was sentenced to death by an almost unanimous vote of the venerable Fathers and promptly executed[21]. Drusus died two years later. Tacitus appended the case of Clutorius with his usual bitter and ironic comments, recalling the arguments which were put forward by Clutorius' defenders (*Ann.*, III 50).

Clutorius' trial had a snowballing effect. In AD 23 the poet Aelius Saturninus was sentenced to death and hurled from the Capitol for some verses which offended Tiberius (Cassius Dio 57, 22, 5)[22]. In AD 35 another poet, Sextus Paconianus, was strangled in prison for the same reason, *ob carmina in principem factitata* (Tac., *Ann.* VI 39). A respected professor of rhetoric, frequently mentioned in Seneca the Elder's guide to the world of Roman rhetoric, Votienus Montanus, was accused of *lèse majesté* (AD 24/5) and exiled to the Balearic Islands, where he died in AD 27[23]. Votienus can be viewed as a victim of a well-known practice of many cruel regimes, an exemplary case of how they deal with adversaries who enjoy widespread popular sympathy. They are at

---

[20] Cramer 1945: 172.
[21] Cramer 1945: 186 f.; cf. Cassius Dio 57, 20, 3.
[22] Speyer 1981: 64; Cramer 1945: 188.
[23] Tac., *Ann.* IV 42; Hier., *Chronica*; Abraham 2043; Seneca, *Contr. passim*; Cramer, 1945: 188 f.

first sentenced to imprisonment, which is actually followed by a 'secret death-sentence', and later executed when the tide of public interest subsides. 'A secret death-sentence' became a *terminus technicus* in the Polish judicial practice in the 1950s and was probably not coincidentally applied to e.g. Professor Wacław Lipiński, a well-known lecturer in Modern History at the University of Warsaw. Votienus Montanus is a good candidate for a prototype to illustrate this sort of judicial practice.

However, it was not Votienus Montanus' but two other trials of literary men which have come to be regarded as emblematic for the reign of Tiberius. We find in Suetonius' *Vitae* the following words: *omne crimen pro capitali receptum, etiam paucorum simpliciumque verborum. Obiectum est poetae, quod in tragoedia Agamemnonem probris lacessisset, obiectum et historico, quod Brutum Cassiumque ultimos Romanorum dixisset* (*Tib.* 61, 3) (Every crime was treated as punishable with death sentence, even the utterance of a few simple words. A poet was charged with having slandered Agamemnon in a tragedy and a writer of history of having called Brutus and Cassius the last Romans). In these words Suetonius referred to the double trial of the tragedian Mamercus Aemilius Scaurus, a member of the ancient *gens Aemilia*[24], and the accusation against the historian Aulus Cremutius Cordus, author of a Roman history. It is still not clear when exactly Mamercus' first trial took place. He was prosecuted either in AD 24/5 or 32. Although he was accused of *crimen maiestatis* he was nevertheless acquitted (Tac., *Ann.* VI 9). This time the Senate and *princeps* satisfied themselves with the sentence imposed on Scaurus' seven orations, which were subsequently burnt according to the *senatus consultum* (Seneca, *Contr.* X pr. 2-3). It is interesting to observe that this time Seneca the Elder did not seem to feel any regret or compassion. Quite on the contrary, he remarked with malice that *bene cum illo ignis egeret* (it was good that those orations were cast into the fire) (Seneca, *Contr.* X pr. 3). Tacitus on his part made the reason of Scaurus' acquittal only too clear: *nam quotusquisque adfinitatis aut amicitiae tot inlustrium virorum expers erat* ? (who did not know and live on friendly terms with so eminent men?) (Tac., *Ann.* VI 9).

---

[24] Consul suffectus in AD 21; *CIL* Vol. IV, No. 1553, p. 99; *CIL* Vol. VI, No. 2023 b, p. 461, l. 16; Cramer 1945: 189; Tac., *Ann.* VI 29; Seneca, *de beneficiis* IV 31, 3-5.

The second time, however, Scaurus was accused by Macro, the omnipotent *praefectus praetorio*. Macro sued Scaurus for literary treason. The accusers adduced as evidence the content of Scaurus' tragedy *Atreus* and literally cited a selection of quotations with abusive meanings directed against Agamemnon, which allegedly referred to Tiberius (Tac., *Ann.* VI 29)[25]. It is important to remember that Scaurus' drama was once recited before Octavian who did not find any offence in it (Suet., *Tib.* 61, 3). This time Scaurus had no illusions. Anticipating the verdict, he committed suicide together with his wife (Tac., *Ann.* VI 29).

In AD 25 Seianus and his clients sued the historian Aulus Cremutius Cordus for the crime of *lèse majesté*. The indictment postulated that Cordus in his *Annals* praised Cassius Longinus and Marcus Brutus, by which he offended the People and the Senate, and also that in his historical writings the accused had not shown the required degree of respect for Caesar and Augustus (Cassius Dio, 57, 24, 2-3)[26]. It was the history of the late Republican period which was suppressed[27]. The accusation had a personal background: Seianus' hatred as suggested by the well-informed Seneca the Younger (*Cons. ad Marciam* 22, 4)[28]. The grounds might have been quite trivial. Seneca the Younger called the accusers savage dogs fed by their master on human blood (*Cons. ad Marciam.* 22, 5)[29]. Cordus' *Annals* served as the grounds for the charges. Tacitus concluded concisely that Cordus had starved himself to death before the conviction (Tac., *Ann.* IV 35). Cordus did not ask for mercy[30]. Seneca described his death drawn out over a period of sev-

---

[25] detuleratque argumentum tragoediae a Scauro scriptae, additis versibus, qui in Tiberium flecterentur (Tac., *Ann.* VI 29); Suet., *Tiberius.* 61, 3; Cassius Dio 58, 24, 4-5.

[26] Tac., *Ann.* IV 34: 'Cremutius Cordus postulatur, novo ac tunc primum audito crimine, editis annalibus laudatoque M.Bruto C.Cassium Romanorum ultimum dixisset'; Suet., *Tiberius.* 61, 3: quod Brutum et Cassium ultimos Romanorum dixisset; G. Columba, *Il processo di Cremuzio Cordo*, "Atene e Roma" Vol. 4, 1901; Speyer 1981: 65; Cramer 1945: 191 f.; C. Cichorius, *RE* sv.; Richter 1996: 299 f.

[27] Cf. Seneca, *Suasoriae* 6, 19; 23; Suet., *Augustus* 35, 2.

[28] Seianus could not forgive him some critical remarks over his statue in the restored theatre of Pompey (*Cons. ad Marciam* 22, 4).

[29] 'Acerrimi canes, quos ille [scil. Seianus], ut sibi uni mansuetos, omnibus feros haberet, sanguine humano pascebat, circumlatrare hominem et iam illum rumpere hiatum incipiunt' (Seneca, *Cons. ad Marciam.* 22, 5).

[30] 'Si vivere vellet, Seianus rogandus erat' (Seneca, *Cons. ad Marciam* 22, 5). Seneca seems sure that Cordus had a chance to avoid the death sentence if he had humiliated himself and begged Seianus for mercy.

eral days in isolation in a dark room in his villa (*Cons. ad Marciam*. 22, 6). There was no doubt that it was yet another case of enforced suicide in the face of a death-sentence followed by tortures, humiliation and a cruel execution[31]. Seneca also wrote that it was Cordus' book which cost him life and expressed this in one of his most memorable metaphors: *libros, quos vir ille fortissimus sanguine suo scripserat* (*Cons. ad Marciam* 1, 3) (the book which Cordus wrote with his own blood). Cordus' *Annals* were condemned and burnt at the stake (Tac., *Ann.* IV 35). Seneca was sure that the book contained the historical truth (*incorrupta rerum fides*), which the persecutors were going to destroy in the flames (*Cons. ad Marciam* 1, 3). The trials of Scaurus and Cordus were similar in their essential points. The charges were based on a retrospective reading and reinterpretation of text. The *Annals* of Cremutius Cordus and the tragedy *Atreus* by Scaurus had already been published during the reign of Augustus and no charges had been raised against them at the time (Suet., *Tib.* 83, 1). After a couple of decades these literary works were reread by the prosecutors and submitted to the court as testimonies of *crimen laesae maiestatis*, that is one of the most serious charges in the Roman courts. In both cases the accused committed suicide. It was a clear case of enforced suicide in the face of an imminent death sentence. Tacitus explains the decision to commit suicide in similar situations through a simple and brutal wording: *nam promptas eius modi mortes metus carnificis faciebat, et quia damnati publicatis bonis sepultura prohibebantur, eorum, qui de se statuebant, humabantur corpora, manebant testamenta, pretium festinandi* (Tac., *Ann.* VI 29) ('For these modes of dying were rendered popular by fear of the executioner and by the fact that a man legally condemned forfeited his estate and was debarred from burial; while he who passed sentence upon himself had his celerity so far rewarded that his body was interred and his will respected' trans.J. Jackson). The only thing that was different about the two men was their personal identity. Seneca the Younger and Tacitus did not try to conceal their contempt for immoral individuals like Scaurus, while at the same time Seneca's *Consolatio ad Marciam* is in parts a eulogy of the courage and noble spirit of Cordus. Tacitus' defence speech delivered by Cordus before the senatorial court is one of the most moving and impressive examples of Roman oratory (Tac., *Ann.* IV

---

[31] 'De quo sumptum erat supplicium' (Seneca, *Cons. ad Marciam* 1, 3); 'omne crimen pro capitali receptum, in the context of Cordus' accusation (Suet., *Tiberius* 61, 3).

34-5). Tiberius and his functionaries – lawyers, magistrates, policemen, informers and agents provocateurs – completed the construction of censorship as an integral component of the imperial administrative system. Caligula added new victims to the list of the Graeco-Roman cultural losses. We know of the rhetorician Carrinas Secundus burnt at the stake for his oration *adversus tyrannos* (Dio Cassius 59, 20, 6)[32], the Stoic philosopher Canus Iulius executed on the Emperor's order (Seneca, *de tranquillitate* 14, 4-10), and an Atellanist, unknown by name, who was burnt in the middle of the amphitheatre *ob ambigui loci versiculum* (Suet., *Cal.* 27, 4)[33]. I would personally swap a comedy or two by Terence or Plautus for the drama which led this author to the stake.

From the Polish and East European contemporary history we have learned that well-known political trials involving opposition leaders tend to have far and wide ranging repercussions, a wave of secondary trials tacked on to the main case. Such trials were used to get rid of other adversaries regarded as state enemies, and in fact not at all connected with the main victims. Nero availed himself the opportunity offered by the famous trial of Piso's conspirators and sentenced a number of hostile or simply disliked writers and philosophers: C. Musonius Rufus, L. Annaeus Cornutus and Verginius Flavus were banished, while P. Clodius Thrasea Paetus, Seneca the Younger and Lucan committed suicide[34]. Thrasea Paetus opened a fatal series of prosecutions of biographers who commemorated leading personalities of the Stoic anti-imperial opposition. As aptly observed by Richter the protest was expressed in an indirect way, not in the form of outright criticism of the emperor, but through praise of the past Republican freedom and its heroic defenders[35]. In this way it was not the emperors, their officials or generals that made up the subject of those biographies but their victims[36]. Thrasea Paetus compiled a biography of Cato the Younger[37]. P. Anteius Rufus, who wrote a biography of M. Ostorius Scapula, committed suicide in AD 66 (Tac., *Ann.* 16, 14). In AD 94 Q.Iunius Arulenus Rusticus was

---

[32] Speyer 1981: 66; H. Bardon, *La littérature inconnue*, 1-2 Paris 1952-56, here: 2, p. 163.

[33] Speyer 1981: 67.

[34] *Ibidem*, p. 69.

[35] Richter 1961: 301.

[36] *Ibidem*, p. 304.

[37] P. Pecchiura, *La figura di Catone Uticense nella letteratura latina*, Torino 1965.

sentenced to death for his biographies of Thrasea Paetus and Helvidius Priscus the Elder, victim of Vespasian's regime[38]. Rusticus later became the subject of yet another Stoic biography compiled by Herennius Senecio. This biography also proved to be fatal for its author. Needless to say, their books were burnt in public places (*in comitio ac foro urerentur*, Tac., *Agricola* 2, 1)[39].

Under the reign of Domitian a historian, a playwright and a rhetorician joined the learned society of literary criminals. Maternus was prosecuted for his oration *adversus tyrannos* and sentenced to death in AD 91 (Dio Cassius 67, 12, 5)[40]. Helvidius Priscus, son of the former leader of the Stoic opposition under Vespasian, paid with his life for some verses in a *mimos* of Paris and Oenone, which allegedly referred to Domitian's divorce (AD 93: Suet. *Dom* 10, 4)[41]. Hermogenes of Tarsos, a Greek historian, was executed *propter quasdam in historia figuras* (Suet., *Dom.* 10, 1). What does 'certain phrases in his history' mean? The copyists, that is the editors, were crucified as well (*ibidem*)[42]. The execution of the publishers was a symptomatic novelty. Censorship was extending its grip, encompassing new economic, social and administrative structures. Its influence was steadily growing. Cramer wrote of an 'ageless picture of slow, but steady strangulation of the freedom of speech and writing in the early decades of the Roman principate'[43].

Roman censorship survived political upheavals and natural disasters, plagues, wars, famines and earthquakes, and every time emerged from the troubled waters full of vigor, zeal and new inspiration. It was used against the Manicheans, the Christians and other Oriental religions. Its activities reached an apogee under Diocletian. The edict against the Manicheans issued in 297 proclaimed that their religious leaders should be burnt alive and their books destroyed[44]. Mani was

---

[38] Tac., *Agricola* 2, 1; Dio Cassius 67, 13, 2; Suet., *Domitianus* 10, 3; Rogers 1960.

[39] Speyer 1981: 72; A. Sherwin-White, *The Letters of Pliny*, Oxford 1966, p. 425; Forbes 1936: 124.

[40] Bardon 1952-56, 2, 194; Speyer 1981, p. 71.

[41] Speyer 1981: 72; A. Sherwin-White, *op. cit.*, p. 491 f., 499; Plin., *Epist.* 7, 30, 5, 9, 13, 1 f.

[42] Speyer 1981: 73.

[43] Cramer 1945: 191; Cramer concluded his review with Tiberius' period.

[44] Iubemus namque auctores quidem ac principes una cum abominandis scripturis eorum severiori poenae subici, ita ut flammis iginibus exurantur (*Font. Iur. Rom.* 2, 581); A. A d a m, *Texte zum Manichäismus*, Berlin 1969; E.-H. K a d e n, *Die Edikte*

executed in Persia in 271. The offences which led him to his death are known by their titles: the *Evangelion, The Treasure of Life*, πραγματεία, *The Book of Mysteries, The Book of Giants, The Letters, The Psalms, The Prayer of My Lord, The Image, The Revelations, The Parables*[45]. They were searched for and destroyed by the joint forces of two deadly enemies: the Sassanid kings and the Roman emperors. It is all the more amazing that at least a couple of the Manichean writings were preserved by the sands of Egypt and recovered after the passage of many centuries. A similar edict against the Christians was proclaimed in 303 by Diocletian and Maximian. Eusebius of Caesarea himself witnessed a book-burning spree in a market place (*HE* 8, 2, 1)[46]. Numerous *Acta Martyrum* joined the book-burning events with the martyrdom of their owners. Felix, Bishop of Thibiuca, was beheaded after he had stoutly refused to hand over a Christian library[47]. The *Acta Eirenes, Agapes et Chiones* portray one of the Christian libraries: τοσαύτας διφθέρας καί βιβλία καί πινακίδας καί κοδικέλλους καί σελίδας γραφῶν τῶν ποτε γενομένων Χριστιανῶν (5, 1) ... τὰ δὲ γραμματεῖα τὰ προκομισθέντα ἐν τοῖς πυργίσκοις καὶ τοῖς κιβωτίοις τῆς Εἰρήνης δημοσίᾳ καήτωσαν (6,1) ('Many leaves of parchment, books, wooden tablets, codices which contained different Christian writings ... all the books were brought in quadrilateral boxes or elongated cases which belonged to Eirene and publicly burnt')[48]. The flames devoured the entire library of Eirene.

The censorial machinery which loyally served the pagan state quickly and comfortably accommodated to the new situation during the reign of Constantine the Great. In 333 Constantine decreed that all the books of Arius should be burnt and those who kept or copied them immediately executed[49]. It is clear, then, that anonymous Roman censorship of-

---

gegen die Manichäer von Diokletian bis Justinian, [in:] *Festschrift für H. Lewald*, Basel 1953, p. 55-68; cf. Speyer 1981: 76 (n. 194).

[45] H. J. Polotsky, *Manichäische Handschriften der Sammlung A. Chester Beatty*, [in:] *Manichäische Homilien*, ed. H. Polotsky, Stuttgart 1934, p. 25.

[46] Euseb. *HE* 8, 2, 1; cf. Speyer 1981: 77 (n. 197); Forbes 1936: 120.

[47] *Pass. Felicis* 1, 15, ed. Musurillo 266 f.; *Pass. Philippi* 4, 4; *Pass. Philippi* 15-5, 4; *Pass. Saturnini* 19, ed. P. Franchi de Cavalieri, "Studi e Testi" Vol. 175, 1953; *Pass. Alex.* 14, *Acta Sanctorum collecta*, Bruxelles 1965-70; cf. C. Frend, *Martyrdom and Persecution in the Early Church*, Oxford 1965; Speyer 1981: 77 f.; Forbes 1936: 120.

[48] *Act. Agap. Iren.* 4, 2 (Musurillo 286); cf. Speyer 1981: p. 78 (n. 207).

[49] Socrates, *HE* 1, 9; Gelas. Cyz., *HE* 2, 36, 1-2 (*GCS* Gelas. 128); Sozomen, *HE* 1, 21, 4; Niceph. Call., *HE* 8, 18 (*PG* 146, 73A). Arcadius and Honorius continued the persecution – their edict of 398 passed the death penalty on those who kept Eunomius' writings. Raccared, the king of the Spanish Visigoths (586-601) ordered the destruction

ficers continued their work within the structures of the Christian empire and churches, and proved their expertise and usefulness in the fight of the orthodox faith against the heretics. They struggled in the service of orthodoxy within the structures of the Chalcedonian Church against the Monophysites; of the Nestorian Church against the Manicheans, in the Monophysite Churches against the Nestorian or Chalcedonian errors.

Now it is time for some reflections and conclusions, first of a more specifically Roman character, and secondly of a more general nature.

It seems that during the first century imperial censorship focused on four main fields of literary activities:

1) historiography, and mostly the contemporary history which recalled the tradition of the republican liberties and challenged the current state of affairs. It became remarkable for its tone of political accusation directed against the current regime, as aptly remarked by Richter[50];

2) the Stoic philosophy – grounded on the axiom of the individual's moral independence, which originates from the unchangeable cosmic laws. The Roman Stoic moralist circles were strongly influenced by the cult of Cato the Younger;

3) the theatre – with its tradition of political comedy and Sophoclean tragedy as the foundation of moral order;

4) poetry and most of all its short satirical forms which recalled the old tradition of invective, in iambic, epodic and epigrammatic verse.

Who were the enforcers of the above-mentioned indictments and edicts? Tacitus wrote his oft-cited *Libros per aediles cremandos censuere patres* (Tac., *Ann.* IV 35) (the Fathers censured the books and ordered the *aediles* to burn them) with reference to Cordus' *Annals*. The *aediles* kept busy in Rome, and local magistrates in the municipal communities (Cassius Dio, 56, 27, 1; 57, 24, 2)[51]. We also encounter *triumviri capitales* or police functionaries, *victimarii* – lower rank officers in temples[52], and *quindecimviri* (Tac., *Ann.* VI 12). Ammianus Marcellinus pictured those nameless, loyal and zealous minor officials at work in the time of the well-known Antioch trial in AD 371 of a group charged

---

of the Arian writings (*'Fredegar' Chron.* 4, 8; "Monumenta Germaniae Historica", *Scr. rer. Mer.* 2, 125).

[50] Richter 1961: 299.
[51] Cramer 1945: 171; Forbes 1936: 123.
[52] Speyer 1981: 65.

with occult practices: *deinde congesti innumeri codices et acervi volu-minum multi sub conspectu iudicum concremati sunt ex domibus eruti variis* (29, 1, 41) ('Then, innumerable writings and many heaps of volumes were hauled out from various houses and under the eyes of the judges were burned' trans. G. Goold). Referring to Cremutius Cordus indictment in AD 24, Cramer aptly remarked that his personal enemy Seianus died in AD 31, and Tiberius in 37: 'By the time, the magistrates of the provincial towns and the *aediles* of Rome had doubtless completed their task'[53]. It was not the immediate efficiency of dictatorial regimes which was the most harmful and noxious for books, as their prolonged bureaucratic destructiveness spanned such a long period of time. We should not underestimate the role played by the lower-rank officials, who were occupied with the sleuthing side of the censorial business. These people were systematic, patient and painstaking. Their job was not a matter of anger or fury. They had to justify their profession and its usefulness for the state. They sustained living of their families, they had their professional ambitions. They were 'ordinary' people. The word 'bureaucratic' in the title of this paper points to Roman censorship as an integral component of the legal and administrative system of the Empire. The process of book destruction was not completed at the stake. Books were subsequently removed from libraries. A letter from Octavian Augustus to the chief librarian, Pompeius Macer, throws some light on this sort of censorial activity (Suet., *Iul.* 56, 7)[54]. The very possession of proscribed books, as well as reading and copying them was also regarded as a crime (Suet., *Cal.* 16, 1)[55]. The *Annals* of Cremutius Cordus were saved by his daughter Marcia: *mansuerunt occultati et editi* (Tac., *Ann.* IV 35). Seneca the Younger praised her courage and determination (*Cons. ad Marciam* 1, 2-3). Pliny the Younger wrote of the *metus temporum* (our time marked by fear) in reference to banned, secretly preserved and copied books (Pliny *Epist.* 7, 19, 6). Pliny specifically referred to another brave woman, Fannia, daughter of Thrasea Paetus, who salvaged a copy of Herennius Senecio's praise in honour of Helvidius Priscus[56].

---

[53] Cramer 1945: 194.
[54] Speyer 1981: 62.
[55] Cramer 1945: 171; Suet., *Caligula* 16, 1: 'scripta sentaus consultis abolita requiri et esse in manibus lectitarique permisit [sc. Caligula]'; Seneca, *Cons. ad Marciam* 1, 3-4; Cassius Dio 57, 24, 4.
[56] Speyer 1981: 72.

Quintilianus referred to a new edition of Cremutius Cordus (10, 1, 104), which proves that after a century or so the *Annals* were still popular, and that the activities of censorship to annihilate them proved ineffective. The new version was a mutilated, bowdlerized edition, to update Quintilian's phrase. It replaced an integral edition which was current in *samizdat* circulation. The result was that the book disappeared from the historical memoirs. Thus we are introduced to one of the most sophisticated methods of slaughtering a book. If you can't beat'em join 'em: if you can't stop it being read, bring it out in an expurgated version. Smoothing out its unpalatable truths is synonymous with the soft killing. Tacitus coined handy jingle to describe this practice. He labelled Cato's censured edition *Cato non quidem melior sed tamen securior* (*Dial.* 3, 2).

The Roman emperors and their men learnt to use a wide range of tools to keep the literates under control. Sometimes they resorted to political trials, sometimes to judicial murder, at times to killing in cold blood. But you do not have to slay all the poets one by one to achieve your goals. It is enough to eliminate one or another, and this is enough to influence the minds of the rest, to frighten them and teach them to control their tongues more carefully in future. Augustus merely removed Timagenes from his court. That mild lesson of loyalty and reticence was well understood by the Roman intellectuals and poets, who quickly learnt how to please and compliment the Emperor. Vergil removed the praise of his once close friend Lucius Gallus from his *Georgics*. Curiatius Maternus introduced many changes into his book after a public recitation and the ensuing criticism from a group of high ranking officials (Tac., *Dial.* 2, 1; 3, 2)[57]. In this way the process of self-censorship emerged with his inherent inclination to degenerate into more or less eager and eloquent flattery and servility. Human meanness must be added to the colours of this picture, as its inseparable and structural element. Seneca the Elder confided that the charges against Labienus were fabricated by his personal enemies (*Contr.* X pr.5)[58], making the ironical remark that later the accuser's books were also burnt at the stake (*Contr.* X pr. 7)[59]. Seneca consoled himself with a wise, religious

---

[57] *Ibidem*, p. 63.
[58] 'effectum est enim per inimicos ut omnes eius libri conburerentur' (Seneca, *Contr.* X pr. 5).
[59] Cramer 1945: 173; Speyer 1981: 60.

reflection: *sunt dii immortales lenti quidem sed certi vindices generis humani et magna exempla in caput invenientium regerunt, ac iustissima patiendi vice quod quisque alieno excogitavit supplicio saepe expiat suo* (*Contr.*X pr.6) ('The immortal gods are slow but sure to punish the human race. They make severe penalties recoil on the heads of their devisers – by a well-merited exchange of suffering, what a man has worked out to punish others often comes home to roost on himself' trans. M. Whiterbottom). The rhetorician Tuscus was instrumental in the prosecution of Mamercus Aemilius Scaurus. Cramer was over cautious to waver about Tuscus' role in Scaurus' trial. Seneca the Elder put it unambiguously: *Tuscus ille qui Scaurum Mamercum... maiestatis reum feceret* (*Suas.* 2, 22: that Tuscus who accused Scaurus of the crime of *lèse majesté*). I have already mentioned the poet Anteius Rufus, who was prosecuted for the praise of Ostorius Scapula. Antistius Sosianus, one of his friends, appeared in court as a witness of prosecution. He had secretly stolen his friend's correspondence and writings and delivered them to police officials (Tac.*Ann.* 16, 14). All the above examples remind us that all the time we are present in the Graeco-Roman intellectual circles and not among the *latrones* who prowled about in the Roman suburbs or Italian countryside. If you want to charge an intellectual in court for writing or speaking you have to use another intellectual. That is the usual way to deal with this sort of offender.

There is something fatalistic about the history of Roman censorship. Once installed and set in motion, it brought about some imperceptible changes in human minds. The above-mentioned cases are illustrative of the metamorphosis of the intellectual into the voluntary official – the super-grass representative of the censorial machinery. The world of censorship is like a trap, a Hephaistus' net, an intellectual labyrinth. There seems to be no way out for those it catches. Tacitus observed this historical and cultural phenomenon in strikingly bitter and self-accusing words: *dedimus profecto grande patientiae documentum; et sicut vetus aetas vidit, quid ultimum in libertate esset, ita nos, quid in servitute, adempto per inquisitiones etiam loquendi audiendique commercio, memoriam quoque ipsam cum voce perdidissemus, si tam in nostra potestate esset oblivisci quam tacere* (*Agricola* 2) ('Assuredly we have furnished a signal proof of our submissiveness; and even as former generations witnessed the utmost excesses of liberty, so have we the extremes of slavery; wherein our "inquisitors" have deprived us even of the give and take of conversation. We should have lost memory itself as well as voice, had forgetfulness been as easy as silence').[60] One of the most dangerous consequences of censorship is that at some stage it begins to work without external stimulation. It works of its own inner energy, a *perpetuum mobile*. This phenomenon, well illustrated by many examples from the history of late Roman and Byzantine censorship, has recently been described yet again by a former top-rank Polish communist censor Tomasz Strzyżewski, who in the 1970s managed to smuggle out to Sweden some vital secret materials concerning the Polish censorship. About four hundred years after the trials of Titus Labienus and Anteius Rufus, Bishop Theodoret of Kyros (410-17), whose writings were censured by the Council of Ephesus, boasted about the confiscation and destruction of 200 volumes of Tatian's *Diatessaron*[61]. Wirszubski aptly observed that freedom is an inner phenomenon[62]. Censorship is an external force for as long as we do not yield to its pressure. Once we surrender it becomes an inner factor, a component of our minds. Like that tiny fragment from the smashed mirror, to use a metaphor drawn from the East European *samizdats*, it falls into the human heart and makes itself at home there. Whoever wrote that was absolutely right.

Some remarks on Roman censorship are still needed to make my commentary complete. It should not be forgotten that censorship was tightly interconnected with the imperial patronage of the arts and literature. Augustus was notorious for his good taste in literary and artistic matters. The circle of poets and writers he managed to gather around himself was awe-inspiring. His restoration and building programme in Rome is responsible for Suetonius' impressive archaeology of the city of Rome incorporated in Augustus' biography. This archaeology included theatres, temples and libraries. Tiberius enjoyed the friendship of a number of leading intellectuals of his period, such as Theodorus of Gadara. His activities as an art collector with a sophisticated taste are worthy of a separate study. They can be matched only by Hadrian. Domitian restored Roman libraries and sponsored poetic championships like the *agon Capitolinus* or *Albanus*[63]. He was notorious for his generosity.

---

[60] Cf. Petersmann 1991: 1805 (on the role played by Tacitus as a high ranking official of Domitian's regime).

[61] Speyer 1981: 146.

[62] Wirszubski 1968: 168.

[63] Speyer 1945: 70.

Roman censorship had its lasting victories. I have mentioned two Greek historians, Timagenes of Alexandria and Hermogenes of Tarsos. They are representative of a whole branch of the Greek late Hellenistic anti-Roman historiography. In this realm Roman censorship won a permanent and almost total victory. We lost the Greek historians of Mithridates VI. The subject was once discussed by H. Fuchs in his *Geistiger Widerstand gegen Rom*. J. Gauger retrieved some pieces of this once influential intellectual tradition of the anti-Roman historiography in his paper which discussed some related passages from Phlegon's *Memorabilia*[64]. J. Deininger collected every piece of anti-Roman historiography and rhetoric which originated in Mainland Greece and carried out the task with laborious exactitude in his interesting book *Der politische Widerstand gegen Rom in Griechenland 217-86 v.Chr.* (1971). We know only of the names of two historians of Hannibal: Silenus and Sosylos (Cronelius Nepos, *Hannibal* 13, 3). There is little chance that we shall ever recover more than just scattered fragments from the tradition once adhered to by the historians of the Achaean League, the Seleucids, Cleopatra VII, or Zenobia, or read the *History of the Jewish War* compiled by Justus of Tiberias. They appear to have been lost forever. There is also little hope that the writings of the Latin anti-Caesarian opposition will ever be retrieved and saved from oblivion. They circulated only in narrow aristocratic circles. This also applies to Greek anti-Roman historians who worked in gradually diminishing circles, mainly in the Greek Orient. After the successive catastrophes of the Hellenistic monarchs they gradually lost their patrons, copyists, libraries and political protection.

It is also interesting to observe that personal invectives had a chance to survive. Suetonius preserved for us many of the piquant stories about Augustus, Tiberius or Caligula. The *Annals* of Cremutius Cordus were still present on the book market after a hundred years or so in a mutilated version. They must have contained ponderous arguments of a universal nature directed against the political system and still valid criticism of the ruling class. It may be interesting for a French reader to know that Marquise de Custine's *Diary of the Journey to Russia in 1839* was banned from publication in totalitarian Poland before 1989. It was regarded as subversive and dangerous to the Polish Communist state. Thus, a personal invective had a chance to avoid annihilation and obli-

---

[64] Gauger 1980.

vion, a more serious approach did not. The latter was clearly a challenge to deeper political and cultural patterns.

What were the choices open to the writers and poets who happened to live within the borders of the Roman empire? One way of dealing with censorship was to hold one's tongue and keep silent. Another – to write secretly for oneself, that is to escape into inner emigration. Another – to adjust to the rules dictated by censorship, and yet another – to hide under the cloak of anonymity. The last two ways were chosen by many and gradually drained and dried up the Roman state-sponsored intellectual élites. One of the results of censorship activities in the Imperial period was the phenomenal and breath taking development of the anonymous apocryphal literature in the Imperial period. We still have at our disposal many works from that spacious *samizdat* universe, eg. the *Sibylline Oracles*, the Egyptian Demotic, Greek and Coptic prophetic writings, the apocryphal *Gospels, Letters, Acta* etc., which document a flourishing world of essentially anonymous literature. Many of them are secondary works in terms of the art of letters. But a number of them are creations of a high quality. This is the experience of a reader of the Coptic *Life of Joseph the Carpenter* or the *Gospel of St. Thomas*. It is by far no coincidence that two genii of the Roman world in the first century, St. John and St. Paul, were prosecuted and subsequently sentenced by Roman judges, one to exile, and one to death.

Many centuries have passed since the Roman censorship started its systematic, institutional procedures of investigation, punishment and destruction, and we are still finding new evidence of its oppressive activities. The censorship of the Christian empire turned against the pagan books. Porphyry was censured and burnt again and again for a century or so. The wave of destruction also washed up his critics, those who quoted him in their Christian apologies. 'Dieses Unternehmen ist auch weitgehend gelungen,' Speyer concluded bitterly[65]. However, there is new phenomenon symptomatic of the Christian empire: the persecution of heretic writings by a religious orthodoxy. I have already said that in AD 333 Constantine decreed that Arius' and all the Arian books should be burnt, and their authors and copyists executed[66]. We know that Arius died in suspicious circumstances, in all likelihood by assassination. Arcadius and Honorius followed the line and in 398 imposed the death

---

[65] Speyer 1981: 135.
[66] *Ibidem*, p. 149.

penalty on those who kept the writings of Eunomius and Montanists[67]. In 536 Justinian stated in one of his edicts that the hand of the copyist or calligrapher who ventured to rewrite Severus of Antioch's books should be cut off. [68] We have a list of heretic books from the 6th century, the *monocanon* compiled by Ps. Photius[69]. Bishop Rabbula of Edessa (+436) obliged his clergy to search for and hand over or destroy heretic books[70]. So much for some selected censorship activities of the Nicean or Chalcedonian church administrative structures.

I have already said that there was something fatalistic about the history of Roman censorship. The same can be said of the Roman censorship in its Christian garb. The writings of Diodorus of Tarsus were labelled heretic and subsequently searched for and destroyed both by the Great Church and the Arians[71]. Pisentius of Coptos, an Egyptian writer, predicted the final destruction of all the Chalcedonian canons and writings together with their authors and readers. They would all perish by fire on the order of the orthodox Roman Emperor[72]. A well-known and respected Monophysite theologian, Philoxenus of Mabbug, destroyed in private the homilies of his theological adversary Joannes and burnt his other books in a public place in Antioch[73]. The iconoclasts turned against the writings of pro-iconic theologians. We learn of some thirty codices defending icon veneration burnt in Phocaea[74]. Maximus the Confessor was recalled from exile in Thrace and charged for a second time with new 'theological crimes.' His tongue was torn out so that he might not speak any longer, his hand severed off, so that he might not write another word more. Tacitus' wise remark that *facta arguebantur, dicta inpune erant* (*Ann.* I 72) still remained unrelated to the practice of the Roman and Byznatine law. Speyer aptly observed that 'der Mittel der Büchervernichtung wurde ebenso wie das der literarischen Fälschung von allen und gegen alle angewendet'[75].

If we put together some dispersed facts and realize that after a long exile in Egypt Nestorius died, like Cassius Severus, in extreme poverty;

---

[67] *Ibidem*, p. 150.
[68] *Ibidem*, p. 151.
[69] *Ibidem*, p. 143.
[70] *Ibidem*, p. 144.
[71] *Ibidem*, p. 159.
[72] *Ibidem*.
[73] *Ibidem*.
[74] *Ibidem*, p. 160.
[75] *Ibidem*, p. 158.

that the Christians of Gaza in 402 after the seizure of the temple of Mar-
nas carried out a search for pagan books, house by house, exactly like
Diocletian's police officials had searched for Christian writings[76], and
that the Roman bishops, Gelasius I (492-6) and Hormizdas (514-23),
continued to burn books only changing the place of execution (Gelasius
preferred the square in front of S.Maria Maggiore to the Forum Romanum, while Hormizdas used the precinct in front of S.Giovanni in Lat-
erano), the following question arises. Is censorship perhaps an atavistic,
instinctive and anthropological factor deeply embedded in the human
mind? Ernst Cassirer would say that thick layers of magical thinking
and *taboo* have piled up on us for hundreds of millennia, while rational
thinking, our enlightened *ratio*, amounts to a thin and transparent film
on the deep sediment of mankind's long and unknown history. Rational thinking, according to Cassirer, has only been developing for the
past 25 centuries, while magical thinking has existed for millennia. Its
beginnings are so ancient that they remain beyond the reach of myth.
We might say that censorship shows its face through the transparent
layers of rational thinking, the face of a primaeval deity that prevails
over human minds. In fact time and again in ancient censorship and
book destruction we come across religious contexts. This is a subject
for a separate study. Let us limit ourselves to a few examples which
are illustrative of the phenomenon. The Egyptians supplied their dead
with written guides to the underworld. This practice was still alive in
the Graeco-Roman and Coptic Egypt. Although it was rare in Graeco-
Roman world we know of an Orphic grave which revealed the Der-
veni Papyrus (4th/3rd c.BC). The Rabbis and Pharisees in the early period of Judaism cherished and preserved all volumes of Holy Scripture,
even if they were worn out, for religious reasons. They used to bury
them with the body of a highly respected teacher or walled them up,
or placed them in a secret compartment of their synagogues (*genitsa*).
The *Sibylline Oracles* were kept in concealment under the Temple of
Jupiter Capitolinus, and were accessible only to the *decemviri* (Dionys.
Halic., *Antiquitates* .4, 62, 5f.). After a fire in 83 BC they were collected
once again and placed in a secret cellar of the Temple of Apollo on the
Palatine Hill (Suet.*Aug.* 31, 1). Zacharias the Rhetorician tells us the
story of one Paralios who was possessed by a demon. When he burnt
a book which contained some demoniac names he was immediately

---

[76] Marc Diac., *vita Porphyrii* 71.

healed[77]. It is clear, then, that the book was endowed with religious properties, whether divine or demoniac. Speyer refers time and again to the religious aspects of book-burning. The very ritual of destruction was strongly influenced by religious thinking and magic. Alexander of Abonuteichos publicly burnt the writings of Epicure in a fire of figwood and cast the ashes into the sea (Luc. *Alexander*). Innocent I decreed that the condemned books of the Pelagians were to be trodden underfoot and then destroyed in the flames[78]. Certain instinctive, primaeval acts like annihilation by the elements – water, the sea, a precipice – recur time and again in ancient and modern descriptions.

I have repeatedly referred to the lasting victories of the thousands and thousands of mainly anonymous, laborious and zealous minor imperial bureaucrats. They deprived us and probably once for all of the *Annals* by Cremutius Cordus and Titus Labienus, of the full unexpurgated edition of Vergil's *Georgica*, the elegies of Gallus, the original Greek writings by Theodorus of Mopsuestia or Origen. We can legitimately feel distrustful of the integrity of what we label the precious classical tradition, the subject of our studies. The question arises how far it has departed from its original shape. Consequently the literary heritage we have at our disposal is a substantially mutilated and reduced once complete Greek and Roman library, which offers us a bowdlerized, well-groomed tradition, accommodated to the hard political realities, deeply reshaped to serve teaching purposes in the schools and the training of future imperial functionaries. Much of its original temperament, conflicts, doubts, opposition, defiance, disagreement, rebellion or stubborn resistance was gradually blunted and destroyed.

The police and censorship officers had many skills, as well as time and official backing behind them, nonetheless every human activity is burdened with imperfection. Librarians and editors soon discovered that if not all at least many censorship officials were not really very careful readers, that they only looked at the book covers and titles. Courageous and determined librarians could use this discovery to save books for future readers. *De Dogmatibus* and *Adversus Arianos* by Didymus the Blind, condemned by the Council of Constantinople in 553, were identified between the pages of the ever orthodox and safe Basil the Great's

---

[77] Speyer 1981: 170.
[78] *Ibidem*, p. 152.

Adversus Eunomium[79]. Father Kyriakos, the superior of Laura Calamos, discovered two Nestorius' homilies in a collection of homilies which he borrowed from Bishop Hezychius of Jerusalem[80]. The united powers of the Christian empires in the West and East practically annihilated the writings of Theodorus of Mopsuestia, who was proclaimed a 'Nestorian' and heretic. The Council of Constantinople in 553 was particularly destructive as regards the Patristic literature. Fortunately enough, Christianity crossed the borders of the Empire. The Nestorian libraries of Mesopotamia and Ethiopia turned out to be beyond the reach of imperial censorship. As a result many writings by Theodorus survived in Syriac, including his opus magnum *de incarnatione*, rediscovered in Serta, in Iraq, in the early 20th century and subsequently lost during the First World War[81]. The Church History of Zacharias the Rhetorician was preserved in Syriac translation as a part of the *Edessan Chronicle*. The third part of the Monophysite oriented *Church History* compiled by John of Ephesus was fortunately incorporated by an anonymous learned compiler known as Ps. Dionysius of Tell-Mahre in his *Chronicle*[82]. Many Greek writings survived in Coptic versions in the remote monasteries or church libraries of Egypt. Constantinople never managed to control Upper Egypt as firmly as Asia Minor or even Western Syria. Syrian and Ethiopian libraries still guard some of their treasures and secrets from the Western world. We can be sure that further research will bring to light 'new' forgotten books which were once current in Greek Christendom. I personally feel the loss of Cremutius Cordus' *Annals* or the Greek History of Hermogenes of Tarsus particularly regrettable. I would love to know the wording, style and phraseology of the Stoic anti-Caesarian writings, the words of protest of the weak directed against the powerful, which must have been expressed in the biography of Thrasea Paetus by Herennius Senecio. If one day you hear of the rediscovery of Hermogenes' *History* or Cordus' *Annals*, let me know about it. I will be deeply thankful for the information.

---

[79] Altaner, Stuiber 1990: 384.
[80] Speyer 1981: 153.
[81] Altaner, Stuiber 1990: 433.
[82] *Pseudo-Dionysius of Tel-Mahre, Chronicle. Part III*, ed. W. Witakowski, Liverpool 1996.

Bibliography

Altaner B., Stuiber A., 1990, *Patrologia*, tłum. P. Pachciarek, Warszawa.

Bardon H., 1952-56, *La littérature latine inconnue* 1-2, Paris.

Binder G., 1993, *'Augusteische Erneuerung': Kritische Anmerkungen zu einem Schlagwort der Klassischen Altertumswissenschaften im 20. Jahrhundert*, hg. Ch. Neumeister *Antike Texte in Forschung und Schule. Festschrift Willibald Heilmann*, Frankfurt am Main, p. 279-299.

Cramer F., 1945, *Bookburning and censorship in ancient Rome. A chapter from the history of freedom of speech*, "Journal of the History of Ideas", Vol. 6, No. 2, p. 157-196.

Deininger J., 1971, *Der politische Widerstand gegen Rom in Griechenland 217-86 v. Chr.*, Berlin.

Forbes C., 1936, *Books for the Burning*, "Transactions and Proceedings of the American Philological Association" Vol. 67, p. 114-125.

Fuchs H., 1938, *Der geistige Widerstand gegen Rom*, Berlin.

Gauger J., 1980, *Phlegon von Tralleis, 'Mirab. III'. Zu einem Dokument geistigen Widerstandes gegen Rom*, "Chiron" 10, p. 221-261.

Petersmann G., 1991, *Der 'Agricola' des Tacitus: Versuch einer Deutung*, "Aufstieg und Niedergang der römischen Welt" II, 33.3, p. 1785-1806.

Richter W., 1961, *Römische Zeitgeschichte und innere Emigration*, "Gymnasium" 68, p. 286-315.

Rogers R., 1960, *A Group of Domitianic Treason-Trials*, "Classical Philology" Vol. 55, No. 1, p. 19-23.

Speyer W., 1971, *Die literarische Fälschung im heidnischer und christlichen Altertum*, München.

Speyer W., 1981, *Büchervernichtung und Zensur des Geistes bei Heiden, Juden und Christen*, Stuttgart.

Wirszubski C., 1968, *Libertas as a political idea at Rome during the late Republic and early Principate*, Cambridge.

Classica Cracoviensia
XI, 2007

JOANNA PYPŁACZ
KRAKÓW

THE TERRIBLE AND THE SUBLIME
SOME NOTES ON SENECA'S POETICS

The Sources of the Sublime – a Theoretical View

The most important ancient theorist of the sublime is, of course, Pseu-do-Longinus, who wrote the famous treatise Περί ὕψους, which means *On the Sublime*. Although the author of the treatise never gives a defi-nition of the sublime[1], it is also quite clear that he does not really need to do so[2].

As James Hill rightly points out, while ὕψος, i. e. the sublime, is *an abstract idea* and *cannot be directly defined*, we can nevertheless describe *its Gestalt* and *its archetypal figuration, as it were*[3]. There is, however, one very good, short but extremely adequate "description" of the sublime which wholly compensates for the lack of a definition, and whose author is Edmund Burke, the modern successor of Pseudo-Longinus. According to Burke, the essential factor which is responsi-ble for the sublime is *a passion similar to terror* which is invoked by a "sublime" object:

Having considered terror as producing an unnatural tension and certain violent emotions of the nerves, it easily follows [...] that what-ever is fitted to produce such a tension, must be productive of a passion similar to terror, and consequently must be a source of the sublime, though it should have no idea of danger connected with it[4].

---

[1] J. J. Hill, *The Aesthetic Principles of the "Peri Hupsous"*, "Journal of the History of Ideas" Vol. 27, 1966, No. 2, pp. 265-266.

[2] '[...] nowhere does his work presuppose the necessity for explicit definition', *ibidem*, p. 266.

[3] *Ibidem, passim*.

[4] E. Burke, *A Philosophical Enquiry into the Origin of our Ideas of the Sublime*

The author of another "description" of the sublime, which is complementary to that of Burke, is Immanuel Kant: *we may look upon an object as fearful, and yet not be afraid of it, if, that is, our estimate takes the form of our simply picturing to ourselves the case of our wishing to offer some resistance to it, and recognizing that all such resistance would be quite futile*[5].

The representations of great and terrible things in art, in this case in literature, fulfil that condition. The reader can fully experience the sublime by means of his imagination. Many modern authors have composed their works in accordance with these principles, among them Edgar Allan Poe[6] and M. R. James, who have treated feelings of terror and horror as the main sources of some particular pleasure for their readers.

A poet or a novelist owes that power solely to language, as it is nothing else but words that excite the reader's imagination and produce emotional reactions. And the critic who has drawn attention to this extraordinary power of language is once again Burke[7].

It is quite interesting that Burke's conception of powerful words was based on the particular historical context of the French Revolution[8], when words suddenly began to lose their "normal" meaning only to assume a new, artificial one[9]. Looking at Burke's aesthetic ideas from this point of view, we can realize how important his discovery was.

[...] *There are no tokens which can express all the circumstances of most passions as fully as words*[10] – concludes Burke. Words can therefore help a politician to spread propaganda in the same way they can help an artist to influence the passions of his audience[11].

According to Burke, the power of painting, for example, cannot even compare with that of language, as the former lacks all the possibilities

---

and Beautiful, ed. D. Womersley, London 2004, p. 163.

[5] I. Kant, *The Critique of Judgment*, transl. and indexes J. C. Meredith, Oxford 1978, p. 110.

[6] J. M. Garrison, *The Function of Terror in the Work of Edgar Allan Poe*, "American Quarterly", Vol. 18, 1966, No. 2, part 1, p. 146.

[7] E. Burke, *op. cit.*, p. 104.

[8] See G. Armstrong Kelly, *Conceptual Sources of the Terror*, "Eighteenth--Century Studies", Vol. 14, 1980, No. 1., p. 30.

[9] S. Blakemore, *Burke and the Fall of Language. The French Revolution as a Linguistic Event*, "Eighteenth-Century Studies", Vol. 17, 1984, No. 3, p. 285; see also E. Burke, *op. cit.*, p. 196.

[10] *Ibidem, passim.*

[11] See E. Burke, *op. cit.*, p. 196.

which abound in the latter: *In painting we may represent any fine figure we please; but we never can give it those enlivening touches which it may receive from words*[12].

Here he quotes Virgil's description of the death of Priam (*Aen.* 2, 502) just to illustrate how words affect the mind and how moving an image a good poet can construct with them. This fragment of the *Aeneid* is cruel enough to evoke terror (and thus the sublime), though it is still somewhat removed from Seneca's wildness and naturalism.

The Senecan Sublime

1. Nature

a. Sublime Sceneries

As the son of a teacher of rhetoric, a philosopher, a poet and ultimately a politician, Seneca was perfectly conscious of the great power of the spoken and written word. He certainly realized how deeply and strongly language could influence people's minds and how it played on their passions, although he himself never wrote any treatise on the subject, unlike Longinus or Burke.

In his works he often expresses his opinions on the sublime in passing. A case in point is letter 41 of the *Epistulae morales*, to which Alessandro Schiesaro also draws attention[13]. The passage quoted below shows that Seneca's idea of the sublime was very similar to that of the eighteenth-century theorists, and in particular that of Burke and Schiller.

He speaks of nature as producing a strong commotion of the mind, a *religionis suspicio* which is very similar to Burke's *feeling similar to terror*:

Si tibi occurrerit vetustis arboribus et solitam altitudinem egressis frequens lucus et conspectum caeli <densitate> ramorum aliorum alios protegentium summovens, illa proceritas silvae et secretum loci et admiratio umbrae in aperto tam densae atque continuae fidem tibi numi-

---

[12] *Ibidem*, p. 197.
[13] A. Schiesaro, *The Passions in Play. "Thyestes" and the Dynamics of Senecan Drama*, Cambridge 2003, p. 127.

nis faciet. Si quis specus saxis penitus exesis montem suspenderit, non manu factus, sed naturalibus causis in tantam laxitatem excavatus, animum tuum quadam religionis suspicione percutiet. (*Epist.*, 41, 3)

It is quite clear that in his prose Seneca remains a poet. He considers philosophical and moral issues (here – the existence of God), but it is his artistic imagination that actually steers his discourse. A rather similar depiction of scenery that is mysterious and at the same time terrifying can be found in *Thyestes*, in the famous description of the grove of Atreus:

> *Arcana vetustum valle compescens nemus,*
> *penetrale regni, nulla qua laetos solet*
> *praebere ramos arbor aut ferro coli,*
> *sed taxus et cupressus et nigra ilice*
> *obscura nutat silva, quam supra eminens*
> *despectat alte quercus et vincit nemus.*
> [...]
> *Fons stat sub umbra tristis et nigra piger*
> *haeret palude; talis est dirae Stygis*
> *deformis unda quae facit caelo fidem.*
> [...]
> *nox propria luco est, et superstitio inferum*
> *in luce media regnat, hinc orantibus*
> *responsa dantur certa, cum ingenti sono*
> *laxantur adyto fata et immugit specus*
> *vocem deo solvente.* [...] (*Thy.*, 650-656; 665-667; 678-682)

As R. J. Tarrant observes, this description of the grove is very similar to that in *Oedipus*[14].

> Est procul ab urbe lucus ilicibus niger
> Dircaea circa vallis inriguae loca.
> Cupressus altis exerens silvis caput
> virente semper alligat trunco nemus,
> curvosque tendit quercus et putres situ
> annosa ramos; huius abrupit latus

---

[14] R. J. Tarrant, *Seneca's "Thyestes"*, Atlanta 1985, p. 184.

edax vetustas; illa, iam fessa cadens
radice, fulta pendet aliena trabe.

* * * * * *

amara bacas laurus et tiliae leves
et Paphia myrtus et per immensum mare
motura remos alnus et Phoebo obvia
enode Zephyris pinus opponens latus.
Medio stat ingens arbor atque umbra gravi
silvas minores urguet et magno ambitu
diffusa ramos una defendit nemus.
Tristis sub illa, lucis et Phoebi inscius,
restagnat umor frigore aeterno rigens;
limosa pigrum circumit fontem palus. (Oed., 530-547).

Here Seneca combines the depiction of a typically "sublime" scenery[15] with the motif of *locus horridus*[16] (which in accordance with
Burke's theory is also a good source of the sublime) and he moves on to
a description of the infernal spectres which haunt that place.

In her study, Victoria Tietze Larson defines a "sublime" landscape
as one in which *the beauty and grandeur of nature*[17] is noticeable, and
a *locus horridus* as a place where *nature is viewed with "religio"*[18], although she also observes that in the works of Seneca the borderline between "sublime" scenery and "horrid" scenery is often rather blurred[19].
The best example of such a place is, I think, the fragment of *Epistulae*
morales quoted above.

Modern writers such as Ann Radcliffe have very often used descriptions of landscapes as a means of inspiring fear[20], and this strategy was

---

[15] V. Tietze Larson, *The Role of Description in Senecan Tragedy*, Frankfurt am
Main 1994, p. 89.

[16] *Ibidem*, p. 87.

[17] *Ibidem*, p. 89.

[18] *Ibidem, passim.*

[19] 'Scenery of this kind appears very frequently in Senecan tragedy and may often
overlap with descriptions which I have classified as "loci amoeni" and "loci horridi",
Ibidem. [strona?]

[20] R. D. Havens, *Ann Radcliffe's Nature Descriptions*, "Modern Language Notes", Vol. 66, 1951, No. 4, p. 253.

also extremely popular in Greek and Roman antiquity. Indeed, it was Seneca who perfected it.

Like the Gothic writers, Seneca uses descriptions of landscapes to create a peculiar *atmosphere of nightmarish terror*, as Charles Segal has termed it[21]. Horrible events in his tragedies always take place in gloomy and phantasmagorical scenery. The best examples of this technique are the ῥῆσις ἀγγελική in *Thyestes* (641-788) and the narrative of the death of Hippolytus in *Phaedra* (1000-1114), to which Segal refers:

> *Est alta ad Argos collibus ruptis via,*
> *vicina tangens spatia suppositi maris;*
> *hic se illa moles acuit atque iras parat. (Phae., 1057-1059)*

This description, as Segal points out, *abruptly introduces the final phase of the disaster*[22] and emotionally prepares the reader for something dreadful which is going to happen very soon. Segal also emphasizes the fantastic character of Senecan description, which is so different from the Euripidean one which contains *objective spatial coordinates*[23].

Seneca, like Radcliffe[24], most probably never saw the places he described in his tragedies. They are all fruits of his imagination and their only purpose is to create an appropriate ambience for the terrible and sometimes macabre events he wishes to depict.

b. The Rage of Nature

Another important category of Senecan portrayals of "sublime" nature are descriptions of the weather, particularly those of storms. As Tietze Larson has pointed out, the most significant examples of the use of the storm motif are *Phae.*, 1007 ff. and *Ag.*, 431 ff.[25]. Let us look at the fragment of the second description, where the poet depicts the actions of nature itself:

---

[21] Ch. Segal, *Senecan Baroque. The Death of Hippolytus in Seneca, Ovid and Euripides*, "Transactions of the American Philological Association", Vol. 114, 1984, p. 316.

[22] *Ibidem*, p. 316.

[23] *Ibidem*.

[24] R. D. Havens, *op. cit.*, p. 252.

[25] V. Tietze Larson, *op. cit.*, p. 91.

Nox prima caelum sparserat stellis, iacent
deserta vento vela. Tum murmur grave,
maiora minitans, collibus summis cadit
tractuque longo litus ac petrae gemunt;
agitata ventis unda venturis tumet:
cum subito luna conditur, stellae latent;
nec una nox est: densa tenebras obruit
caligo et omni luce subducta fretum
caelumque miscet. [...] (*Ag.*, 465-473)

In the quotation above we can see that here Seneca has portrayed nature as an invincible power[26]. Apart from its might[27], it also has several of the other essential features of a sublime object which are listed by Burke:

1. *Tum murmur grave...* – _Suddenness_ (*A sudden beginning, or sudden cessation of sound of any considerable force, has the same power.*)[28]; _Intermittence_ (*A low, tremulous, intermitting sound* [...] *is productive of the sublime.*)[29]
2. *murmur grave; gemunt* – _Sound and loudness_ (*The noise of vast cataracts, raging storms, thunder, or artillery, awakes a great and aweful sensation in the mind* [...].)[30]
3. *collibus summis cadit; tractuque longo* – _Vastness_ (*Greatness of dimension is a powerful cause of the sublime.*)[31]
4. *cum subito luna conditur; stellae latent; nox; tenebras; caligo; omni luce subducta* – _Privation_ (*All* general *privations are great, because they are all terrible;* Vacuity, Darkness, Solitude, *and* Silence.)[32]; _Darkness_ (*Darkness is terrible in its own nature.*)[33]

---

[26] See M. Wallis, *Wybór pism estetycznych*, red. T. Pękala, Kraków 2004, pp. 39-42.

[27] I. Kant, *op. cit.*, p. 109.

[28] E. Burke, *op. cit.*, p. 123.

[29] *Ibidem*, p. 124.

[30] *Ibidem*, p. 123.

[31] *Ibidem*, p. 114.

[32] *Ibidem*, p. 113.

[33] *Ibidem*, p. 173.

Of course, the motif of a storm had been very popular with classical authors long before Seneca's times[34]. Pseudo-Longinus, who of all the ancient criticis is closest in time and in his opinions to Seneca, points out that when Homer himself described storms he chose the most dangerous of all the accompanying circumstances: ὄνπερ οἶμαι καὶ ἐπὶ τῶν χειμώνων τρόπον ὁ ποιητὴς ἐκλαμβάνει τῶν παρακολουζούντων τὰ χαλεπώτατα. (Pseud. Long., 10, 3-4).

Longinus himself considers storms a source of the sublime, which is obvious, for example, when he criticizes Herodotus for the imperfections of his description of a storm: Παρά γοῦν Ἡροδότῳ κατὰ μὲν τὰ λήμματα δαιμονιως ὁ χειμὼν πέφρασται, τινὰ δὲ νὴ Δία περιέχει τῆς ὕλης ἀδοξότερα [...] (Pseud. Long., 43, 1).

Nevertheless, Seneca, who was conscious of a long literary tradition and who was also strongly influenced by rhetoric, elaborated his own technique of creating the sublime. As we can see in *Phaedra*, in descriptions of nature his tragedies are different from those that we find in the works of his literary predecessors.

In fact, in *Epistulae morales, Oedipus, Thyestes, Phaedra* and *Agamemnon* Seneca depicts nature as a great power in the same way that Kant (II b, 101)[35] and Burke[36] do. As we can see in *Ag.*, 465-473, the qualities represented by Seneca's *descriptio loci* correspond exactly to the main features of the sublime listed by Burke. This means that the Senecan concept of the sublime in nature is closer to that of modern authors and critics.

2. The Supernatural

Another interesting question is the role of supernatural elements in Senecan tragedy. Of course, various deities and mythological creatures were always present in ancient Greek and Roman literature, but Seneca introduced some new ideas of his own which are relevant to our investigations.

To begin with, let us examine the most important scene of this kind, which is the sacrificial scene in *Oedipus* (303 f.). Manto, the daughter

---

[34] See also V. Tietze Larson, *op. cit.*, pp. 91-92.
[35] I. Kant, *op. cit.*, p. 109.
[36] E. Burke, *op. cit.*, p. 111.

of the seer Tiresias, performs the ritual of divination from the entrails of a bull in order to discover the cause of a plague which has been devastating Thebes.

At the same time, she describes in great detail the proceedings of the sacrifice to her blind father, who interprets the results in accordance with his magical wisdom. Then, suddenly, the dead bull on the altar resurrects in a mysterious manner and threatens the priests with its horns:

> *infecit atras lividus fibras cruor*
> *temptantque turpes mobilem trunci gradum,*
> *et inane surgit corpus ac sacros petit*
> *cornu ministros; viscera effugiunt manum. (Oed.,* 377-380)

The intervention of supernatural forces has always been a favourite motif of the so-called Gothic writers. Philosophy offers us a good explanation as to why it has been so popular in imaginative and "sublime" literature. All the strange things for which we cannot find an ordinary explanation are obscure, and obscurity itself is a necessary precondition for the arousal of fear[37].

The case of the resurrected bull is a good example of obscurity. The *dramatis personae* do not know why the dead animal has risen from the altar, yet it is clear that this is a sign of some kind. The fact that the characters know nothing strongly influences the mind of the reader who, although he knows the "future", is able to experience their *horror obscuritatis* by means of empathy and imagination[38].

Let us now go back to the narrative of the death of Hippolytus in *Phaedra* (1000-1114), as it is another place where Seneca has used obscurity as a means of invoking terror. At the beginning of the story there is a description of a strange storm at sea, with no wind and a serene sky:

> *Cum subito vastum tonuit ex alto mare*
> *crevitque in astra. nullus inspirat salo*
> *ventus, quieti nulla pars caeli strepit*
> *placidumque pelagus propria tempestas agit.*
> *(Phae.,* 1007-1010)

---

[37] E. Burke, *op. cit.*, p. 102.
[38] This is how he can experience the "feeling similar to terror" at a safe distance.

It has already been pointed out by Segal that *Seneca's narrative of the death of Hippolytus emphasizes the monstrous aspect of the event. It shifts from a more or less realistic human setting to a fantastic realm of changing shapes*[39]. Until the serpent emerges, the behaviour of the sea is rather extraordinary and bears the marks of a bad omen.

It is therefore quite possible, in my opinion, that Seneca has built up this description gradually, i. e. progressing from the symptoms which indicate that "something wrong is going to happen" towards a terrible revelation at the very end. This would mean that the narrative gradually shifts from the obscure to the shocking.

Let us therefore examine the structure of the messenger's speech:

1. The beginning is quite natural:
a. Hippolytus is banished from Athens (*Ut profugus urbem liquit*, v.1000).
b. He leaves the city in a chariot (*celerem...cursum explicans*, v. 1001).
2. Strange things begin to happen:
a. Suddenly the signs of an imminent storm appear, although the sky is clear and there is no wind (*cum subito...*, v. 1007; *nullus... / ventus*, v. 1008-1009; *nulla pars caeli strepit*, v. 1009).
b. There seems to be a creature which moves the waves (*nescioquid onerato sinu / gravis unda portat*, v. 1019-1020).
3. The monster slowly reveals itself:
a. It is now clear that there is a monster underneath (*qualis...vehitur... / fluctum refundens ore physeter capax*, v. 1029-1030).
b. The monster finally emerges from the sea (*Quis habitus ille corporis vasti fuit!*, v. 1035).
4. Hippolytus tries to offer resistance to the monster:
a. The monster terrifies all earthly creatures (*Tremuere terrae, fugit attonitum pecus*, v. 1050).
b. Only Hippolytus is not afraid (*solus immunis metu / Hippolytus*, v. 1054-1055).
c. He hopes to defeat the monster (*nam mihi paternus vincere est tauros labor*, v. 1067).
5. Hippolytus dies:
a. The hero loses control over his terrified horses (*inobsequentes protinus frenis equi / rapuere cursum*, v. 1088-1089).
b. Hippolytus falls off the chariot (*praeceps in ora fusus*, v. 1085).

---

[39] Ch. Segal, *op. cit.*, p. 314.

c. Now the messenger describes the terrible death of Hippolytus in great detail (vv. 1093 ff.).

As we can see, the story consists of two parts which are separated by the climax – the appearance of the sea serpent. Until that moment, the narration is rather obscure and difficult to understand. The technique used by Seneca in this passage is very similar to that used by him in the previous passage: the narration gradually progresses from total obscurity to a chilling revelation.

In *Oedipus* Seneca prolongs the audience's expectations and it is not until vv. 626 ff., when the ghost of Laius reveals the shocking truth to Creo, that the mystery is explained. The only result of the ritual of divination is the equally terrible message that another ritual should be performed – that of necromancy in order to find out who killed Laius:

> [...] *alia temptanda est via:*
> *ipse evocandus noctis aeternae plagis,*
> *emissus Erebo ut caedis auctorem indicet.* (*Oed.*, 392-394)

In *Phaedra* the revelation is made sooner, while in *Oedipus* the truth is revealed in two stages: first, we learn that another ritual has to be performed, then we hear the terrible truth directly from the mouth of Laius' ghost.

Here we can speak of Seneca's technique of *suspense and terror*[40], which is seen as a typical element of eighteenth-century prose but which, as we can see, was also used by Seneca. The best example of this is *Oedipus*, which, I would argue, is an example of a masterful use of mystery and obscurity in order to achieve the sublime.

Conclusion

As we can see, the sublime in Senecan poetry derives from two sources: the first is the invincible might of nature, while the second is the intervention of mysterious, supernatural forces. Of course, most of

---

[40] Compare: C. S c h m i t t, *Techniques of Terror, Technologies of Nationality: Ann Radcliffe's "The Italian"*, "ELH", Vol. 61, 1994, No. 4, p. 863.

the motifs used by Seneca (such as the storm and the motif of divination) are conventional, but their aesthetic purpose is quite new. The Senecan idea of the sublime is, in my opinion, surprisingly close to that of Kant and especially that of Burke. Seneca even draws on many aesthetic qualities, such as suddenness and obscurity, which are listed by Burke as being the most important sources of the sublime.

It is, of course, impossible to define such a complex aesthetic category, but if pressed to define the sublime in Seneca's tragedies, we would say that it is "a feeling similar to terror, which the reader can experience by means of empathy".

Bibliography

a. Critical editions
L. Annaei Senecae Tragoediae, ed. O. Zwierlein, Oxford 1986.

b. Studies on Seneca and ancient literature
Schiesaro A., The Passions in Play. "Thyestes" and the Dynamics of Senecan Drama, Cambridge 2003.
Segal Ch., Senecan Baroque: The Death of Hippolytus in Seneca, Ovid and Euripides, "Transactions of the American Philological Association", Vol. 114, 1984, pp. 311-325.
Tarrant R. J., Seneca's "Thyestes", Atlanta 1985.
Tietze Larson V., The Role of Description in Senecan Tragedy, Frankfurt am Main 1994.

c. Studies on modern literature
Armstrong Kelly G., Conceptual Sources of the Terror, "Eighteenth-Century Studies", Vol. 14, 1980, No. 1, pp. 18-36.
Blakemore S., Burke and the Fall of Language. The French Revolution as a Linguistic Event, "Eighteenth-Century Studies", Vol. 17, 1984, No. 3, pp. 284-307.
Garrison J. M., The Function of Terror in the Work of Edgar Allan Poe, "American Quarterly", Vol. 18, 1966, No. 2, part 1, pp. 136-150.
Havens R. D., Ann Radcliffe's Nature Descriptions, "Modern Language Notes", Vol. 66, 1951, No. 4, pp. 251-255.
Hill J. J., The Aesthetic Principles of the "Peri Hupsous", "Journal of the History of Ideas", Vol. 27, 1966, No. 2, pp. 265-274.

Schmitt C., *Techniques of Terror, Technologies of Nationality: Ann Radcliffe's "The Italian"*, "ELH", Vol. 61, 1994, No. 4, pp. 853-876.

d. Philosophy

Burke E., *A Philosophical Enquiry into the Origin of our Ideas of the Sublime and Beautiful*, ed. D. Womersley, London 2004.

Kant I., *The Critique of Judgment*, transl. and indexes by J. C. Meredith, Oxford 1978.

Wallis M., *Wybór pism estetycznych*, red. T. Pękala, Kraków 2004.

Classica Cracoviensia
XI, 2007

KURT SMOLAK
WIEN

DIE WAHRE MINERVA
ÜBERLEGUNGEN ZUR ALLUSIVEN SPRACHE IM
MEGACOSMUS DES BERNARDUS SILVESTRIS

An den Anfang der folgenden Ausführungen seien zwei auch im Kultur-
pluralismus von heute noch, zumindest im europäisch-amerikanischen
Kontext, weitgehend bekannte Zitate gestellt. Erstens: „Im Anfang schuf
Gott Himmel und Erde. Die Erde aber war wüst und wirr, Finsternis lag
über der Urflut (oder: dem Abgrund), und Gottes Geist schwebte über
dem Wasser. Gott sprach: Es werde Licht. Und es wurde Licht." (Genesis 1,1-3); zweitens: „Im Anfang war das Wort und das Wort war bei
Gott und das Wort war Gott. Im Anfang war es bei Gott. Alles ist durch
das Wort geworden, und ohne das Wort wurde nichts, was geworden ist.
In ihm war das Leben, und das Leben war das Licht der Menschen (Johannes 1,1-4)[1]. Die beiden Stellen, der Beginn des ersten alttestamentlichen Schöpfungsberichtes, des so genannten Priesterberichtes, und
die Einleitungsworte des in der neutestamentlichen Wissenschaft viel

---

[1] Die deutsch wiedergegebenen Bibelstellen werden nach der Einheitsübersetzung
der Heiligen Schrift, Stuttgart 1980, zitiert. Abweichende, für das Textverständnis und
die Exegese der patristischen Zeit oder des Mittelalters aber maßgebliche Übersetzungen sind gegebenenfalls in Klammern beigefügt. Für die dem Mittelalter zur Verfügung
stehende lateinische Bibel, und zwar die Vulgata des Hieronymus, wurde die Edition
von R. Weber, Biblia sacra iuxta vulgatam versionem, Stuttgart 1994[4], herangezogen
(unter Hinzufügung von Satzzeichen), Textvarianten der vorhieronymianischen lateinischen Übersetzungen sind an der jeweiligen Stelle angeführt. Die Vulgata-Version der
beiden Bibelstellen lautet folgendermaßen: „In principio creavit deus caelum et terram.
Terra autem erat inanis et vacua, et spiritus dei ferebatur super aquas, dixitque deus:
fiat lux, et facta est lux", beziehungsweise: „In principio erat verbum, et verbum erat
apud deum, et deus erat verbum. Hoc erat in principio apud deum. Omnia per ipsum
facta sunt, et sine ipso factum est nihil, quod factum est. In ipso vita erat, et vita erat lux
hominum".

behandelten so genannten Johannesprologs vom Beginn des vierten Evangeliums, stehen offenkundig zueinander in Beziehung. Dies zeigen allein die gleich lautenden Einleitungsworte „im Anfang" und die Hervorhebung des im eigentlichen beziehungsweise im metaphorischen Sinn zu verstehenden Lichtes[2]: Der erste Gedanke des Johannesevangeliums interpretiert den ersten Schöpfungsakt des alttestamentlichen Gottes in christologischem Sinn. Die dem zur Abfassungszeit der Priesterschrift gültigen alttestamentlichen Gottesbegriff gemäße *creatio ex nihilo* des Kosmos, dessen Ausgestaltung im Sinne des in den Hochkulturen des Vorderen Orients und der mediterranen Antike weit verbreiteten Konzepts einer Diakrisiskosmogonie, das heißt einer Weltentstehung durch trennende Abgrenzung[3], durch eine Scheidung eingeleitet wird, nämlich jene von Licht und Finsternis, wird im Johannesprolog in christologischem Verständnis interpretiert: Der Schöpfungsakt in seiner Gesamtheit erscheint als Werk des Logos, der zweiten göttlichen Person. Die viel kritisierte Übersetzung dieses semantisch weit gespannten griechischen Begriffs, der seit der vorsokratischen Epoche, konkret seit Heraklit von Ephesos, und in Fortführung von dessen Konzept seit der frühen Stoa von zentraler Bedeutung war[4], mit dem deutschen „Wort" – es sei an die Probleme erinnert, die Goethe Faust äußern lässt[5] – ist ebenso wie die lateinischen Wiedergaben mit *verbum* oder *sermo*[6], in Wahrheit weniger unzutreffend als es zunächst scheinen mag. Denn der Ansatzpunkt für die Wortwahl im Johannesprolog kann nur der mit der Formel „und Gott sprach" bei jeder Schöpfungseinheit wiederholte kreative Sprechakt Gottes im Genesisbericht sein. Da eine Differenz

---

[2] Vgl. J. Becker, *Das Evangelium des Johannes*, Würzburg 1979, S. 65-86. *Ökumenischer Taschenbuchkommentar zum Neuen Testament*, Vol. 4, Bd. 1.

[3] Die immer noch umfassendste und am besten informierende Darstellung antiker Vorstellungen von der Entstehung des Kosmos ist jene von H. Schwabl, *Art. Weltschöpfung*, [in:] *Realenzyklopädie der klassischen Altertumswissenschaft*, hg. A. F. Pauly, G. Wissowa, Stuttgart 1962, Suppl. 9, Sp. 1430-1582; vgl. ferner H. Felber, *Art. Weltschöpfung*, [in:] *Der Neue Pauly. Enzyklopädie der Antike*, hg. H. Cancic, H. Schneider, Vol. 12, 2002, Bd. 2, Sp. 463-474; F. Laemmli, *Vom Chaos zum Kosmos. Zur Geschichte einer Idee*, Basel 1962. *Schweizerische Beiträge zur Altertumswissenschaft*, Bd. 10; W. Spoerri, *Späthellenistische Berichte über Welt, Kultur und Götter*, Basel 1959. *Schweizerische Beiträge zur Altertumswissenschaft*, Bd. 9.

[4] Dazu s. das Standardwerk von M. Pohlenz, *Die Stoa. Geschichte einer geistigen Bewegung*, Göttingen 1948, S. 32-54.

[5] J. W. Goethe, *Faust*, I Verse 1224-1237, die vorgeschlagenen Übersetzungen sind Wort, Sinn, Kraft, Tat.

[6] Tertullianus, *Adversus Praxean* 7 (im Zitat von Psalm 44, 2).

von – aristotelisch-scholastisch gesprochen, δύναμιη und ἐνέργεια – innerhalb des Begriffs λόγοη der Auffassung von der Kraft des metaphysischen Willensakts entgegengesetzt ist, koinzidieren in diesem Fall Wille und Tat. Das Aussprechen des gefassten Planes bedeutet dessen unmittelbare Realisierung, es handelt sich bloß um zwei Aspekte des göttlichen Willens. Es sei allerdings bereits an dieser Stelle darauf hingewiesen, dass in dem Genesisbericht zwischen der ersten Erwähnung von Gottes Schöpfungstätigkeit, die sich auf Himmel und Erde bezieht, also auf die initiale Scheidung, die hier, anders als in paganen Chaos-Konzepten der Antike, mit dem Entstehen alles materiellen Seins aus dem Nichts identisch ist, und dem ersten Sprechakt Gottes, der erst die zweite Trennung der ersten Schöpfungseinheit betrifft, die schon erwähnte Scheidung von Licht und Dunkel, eine Zeitspanne zu liegen scheint: Dies wird nicht allein durch die narrative Stilisierung des Priesterberichts als einer historischen, da in Zeiteinheiten („Tage") gegliederten Darstellung nahe gelegt, sondern auch durch die im Kontext des ersten Schöpfungstages gemachte Angabe über den Zustand der erstgeschaffenen Großräume vor der zweiten Trennung, der Erschaffung des Lichtes durch das Aussprechen des diesbezüglichen Willens Gottes: Darauf wird noch zurückzukommen sein. Der christologischen Logostheologie des Johannesprologs gemäß musste dort übrigens folgerichtig die gesamte materielle Schöpfung mit dem sehr allgemeinen, in polarer Ausdrucksweise formulierten Satz „alles ist durch das Wort geworden, und ohne das Wort wurde nichts, was geworden ist" zusammengefasst und dem auf der Grundlage einer gängigen Metapher mit dem Begriff Leben in eins gesetzten Licht[7] untergeordnet werden. Nur so konnte das Wort als Schöpfungsmittler für alles Existente erscheinen, durch das, wie es heißt, alles geschaffen wurde.

Im griechischen Original des Johannestextes lautet die im Deutschen mit „durch", im Lateinischen mit *per* wiedergegebene Präposition διά. Dies verdient insofern Beachtung, als eben diese Präposition auch bei einem noch um die Zeitenwende viel gelesenen griechischen Autor im Zusammenhang mit der Schöpfung, und zwar in gedankli-

---

[7] Die griechischen Wörter für „Licht" und „Leben", φῶρ, ζωρ, finden sich häufig auf Anhängekreuzen im orthodoxen Kulturraum, und zwar in Kreuzform geschrieben, wobei der in beiden Wörtern identische Mittellaut nur einmal, auf dem Schnittpunkt der Kreuzbalken, erscheint (Beispiele s. http://www.gemoptions.com/rel_ orthodoxIII. htm); in der lateinischen Literatur begegnet die Wortverbindung „Lebenslicht", *lumina vitae*, z. B. bei Vergil, *Aeneis* 6, 828.

chem Anschluss an die bereits homerische Kennzeichnung von Zeus als dem „Vater der Götter und Menschen"[8] mit der Menschenschöpfung begegnet – im Übrigen steht auch im Johannesprolog der Mensch im Zentrum, da das Element ‚Licht' von der kosmischen Dimension des Genesisberichts auf den menschlichen Bereich übertragen ist. Bei dem erwähnten paganen griechischen Text handelt es sich um den dritten Vers des archaischen Lehrgedichts „Werke und Tage" des um 700 v. Chr. schreibenden Hesiod von Askra in Böotien. Auch er spricht den eben behandelten theologischen Gedanken im Prooemium seiner Lehrdichtung, also in einem vom übrigen Text abgehobenen Stück, aus. In Hesiods Darstellung ist der oberste Gott, Zeus, in einer Person Schöpfer und Schöpfungsmittler, eine Aussage, die mit jener des Johannesprologs verwandt ist. Für dessen Griechisch sprechende Rezipienten musste der christliche Text geradezu wie eine Kontrafaktur der alten paganen Gottesprädikation von der Menschenschöpfung „durch" Zeus erscheinen, weil die Präposition διά, von der unterschiedlichen Akzentstelle abgesehen, mit dem Akkusativ des Gottesnamens des Zeus, Δία, gleich lautend ist – ein Umstand, auf den bereits Hesiod abhebt, wenn er eben diesen grammatischen Fall des Gottesnamens im vorangehenden Vers an genau der gleichen Stelle positioniert und dadurch dem, wie in der Antike üblich, laut lesenden Publikum einen Deutungshinweis gibt[9]. Das Konzept des Menschenschöpfers Zeus aus dem Prooemium zu Hesiods „Werke und Tage" wurde von einem späteren Lehrdichter variierend rezipiert, und zwar ebenfalls im Prooemium zu seinem Werk. Die Rede ist von dem, in der stoischen Tradition des Zeus-Logos-Konzepts stehenden, zu Beginn des 3. Jh. v. Chr. wirkenden Aratos von Soloi in Kilikien. Er verzichtet zwar auf den Gebrauch der Präposition διά, macht aber die gleiche Aussage in dem Satz: „Wir sind sein (gemeint ist: des Zeus) Geschlecht" (Vers 5), ein Satz, den nach dem Bericht der Apostelgeschichte 17,28 sogar Paulus in seiner missionarischen Rede vor den Athener Philosophen auf dem Areopag zitierte[10] –

---

[8] Z. B. Odyssee 18, 137.

[9] Dazu s. W. J. Verdenius, *A Commentary on Hesiod, „ Works and Days "*, Leiden 1985, S. 4, v. 1-382.

[10] Dazu s. J. Jervell, *Die Apostelgeschichte*, Göttingen 1998, S. 449. *Kritisch-exegetischer Kommentar über das Neue Testament*, Bd. 3 (Vgl. Augustinus, *De Genesi ad litteram* 1, 2; Beda Venerabilis, *In Genesin* 1, 1, 3: „durch das Wort, das heißt durch den eingeborenen Sohn", „per verbum, id est per unigenitum filium"); J. A. Fitzmyer, *The Acts of the Apostles*, New York 1998, S. 610 f.; A. Weiser, *Die Apostelgeschichte*, Gütersloh 1985, S. 462. *Ökumenischer Taschenbuchkommentar zum Neuen Testament*, Vol. 5, Bd. 2.

ein erstes Anzeichen einer ‚Nutzbarmachung' eines pagan-antiken mit der Schöpfung in Zusammenhang stehenden Theologumenon durch die Christen[11]. In dem zu besprechenden Kontext besonders bemerkenswert ist aber die Tatsache, dass dieser Gedanke eine Parallele im Johannesprolog hat, in dem es in Vers 12 heißt, dass diejenigen, die den Logos „aufnehmen", die Möglichkeit haben, zu „Kindern Gottes" zu werden. Als zusätzliche Bedingung für das Erreichen dieses Zustandes führt der johanneische Erzählkomplex, in den der Prologhymnus übergeht, in Weiterführung synoptischer Aussagen (Matthäus 28,19; Markus 16,16) die Neuschöpfung in Form der Taufe „im heiligen Geist" an (Johannes 1,33), die aber infolge des Sinnzusammenhangs anders als bei jenen als synergetisch mit dem die Neuschöpfung bewirkenden Logos erscheint. Mit dem Begriff „Geist", πνεῦμα, der auch „Hauch" oder „Atem" bedeutet, ist einerseits wieder eine Verbindung zum Genesisbericht gegeben, der vom „Hauch (oder Geist) Gottes über den Wassern" spricht (Genesis 1,2), und das unmittelbar vor dem ersten schöpferischen „Sprechen" Gottes: Der Hauch oder Atem ist ja die Bedingung des Sprechens[12]. Andererseits schlägt der Begriff πνεῦμα eine Brücke zu Konzepten der paganen Philosophie, besonders der Stoa, so etwa in der bekannten Erklärung der Welt, die bei Vergil Anchises seinem Sohn Aeneas in der Unterwelt offenbart[13]; die Vorstellung hat aber auch in populär-synkretistische Weltmodelle Eingang gefunden, wie beispielsweise ein griechischer Zauberpapyrus zeigt, worin von dem die ganze Welt vom Himmel bis in die Unterwelt durchdringenden schöpferischen πνεῦμα die Rede ist[14].

Dieser kleine Exkurs sollte deutlich machen, dass in der griechischen Vorstellungswelt des Hellenismus Ansatzpunkte für eine Rezeption der Schöpfungsvorstellungen des Alten und des auf den Menschen konzentrierten Neuschöpfungs- bzw. Erlösungskonzepts des auf jenem

---

[11] S. dazu Ch. Gnilka, *Chrêsis. Die Methode der Kirchenväter im Umgang mit der antiken Kultur*, Vol. 1: *Der Begriff des ‚rechten Gebrauchs'* Basel–Stuttgart 1984; Vol. 2: *Kultur und Convertion*, Basel 1993.

[12] Vgl. die diesbezügliche Bemerkung in dem Scholion zu Aratos, *Phainomena*, 1 f., hg. J. Martin, Stuttgart 1974, S. 41.

[13] Publius Vergilius Maro, *Aeneis* 6, 724-732; s. dazu: Publius Vergilius Maro, *Aeneis*, Buch VI, erklärt von E. Norden, Leipzig–Berlin 1916, S. 310 f. (Nachdruck: Darmstadt 1968).

[14] *Papyri Graecae Magicae. Die griechischen Zauberpapyri*, Bd. 1, hg. K. Preisendanz, Stuttgart 1973, S. 110, IV 1115-1120 (zitiert bei Schwabl [o. Anm. 3] 1564).

aufbauenden und möglicherweise Griechisches bereits reflektierenden Neuen Testaments vorhanden waren, sowohl in philosophischem als auch in nicht dezidiert philosophischem Zusammenhang. Die Akteure der christlichen Schöpfungsvorstellung, der alttestamentliche Schöpfergott, das göttliche Wort, der Logos, und der Hauch beziehungsweise Geist Gottes konnten ohne große Mühe auch außerhalb der mutmaßlichen Offenbarung geortet werden, ohne freilich in der dogmatischtrinitarischen Relation zueinander. Dass übrigens das πνεῦμα Gottes von Genesis 1,2 wie an der angeführten Stelle des Zauberpapyrus nicht bloß über dem Wasser „schwebte", wie die Übersetzungen in der griechischen Septuaginta und der Hieronymusvulgata nahe legen[15], sondern, dem stoischen πνεῦμα in gewisser Weise vergleichbar, das Wasser mit seiner Wärme in der Art eines brütenden Vogels durchdrang und belebte, war in der lateinischen Patristik spätestens seit Hieronymus und Ambrosius bekannt – letzterer beruft sich auf einen Syrer, dessen Sprache dem hebräischen Urtext der Genesis ja näher stehe als das Griechische. Dies wurde von Augustinus übernommen und wirkte, wohl über die Vermittlung der hochmittelalterlichen *Glossa ordinaria*, der den Bibeltexten beigegebenen Kurzkommentierung, bis auf John Milton's Bibelepos Paradise Lost[16]. Somit war die Vorstellung eines wärmenden, belebenden Hauches beziehungsweise Geistes dem Mittelalter jederzeit verfügbar. Das Gleiche gilt für die Interpretation der Erschaffung der Dinge durch das Sprechen Gottes. Die diesbezügliche johanneische

---

[15] Die Übersetzungsvarianten der alten lateinischen Bibeln finden sich in: *Vetus Latina. Die Reste der altlateinischen Bibel,* ed. B. Fischer, Freiburg 1951, S. 5-7.

[16] Ambrosius, *Exameron* 1, 8, 29: „Und der Geist Gottes wärmte das Wasser, das heißt er belebte es, so dass er es zu neuen Geschöpfen zwang und durch seine Wärme zum Leben beseelte", „et spiritus dei fovebat aquas, id est vivificabat, ut in novas cogeret creaturas et fotu suo animaret ad vitam"; vgl. Augustinus, *De Genesi ad litteram* 1, 18 (er bezieht seine Kenntnis wohl aus Ambrosius); Hieronymus, *Quaestiones hebraicae in Genesim* 4, 8, bietet, ohne Berufung auf den Syrer, sondern mit Verweis auf das hebräische Original die Übersetzungsvorschläge *incubabat, confovebat,* „bebrütete, wärmte"; J. Milton, *Paradise Lost* 1, 20 f. Eine bemerkenswerte Interpretation des Genesisverses findet sich bei einem lateinischen patristischen Dichter, Ps.-Hilarius, der in seinem *Metrum in Genesin* an zwei Stellen (26 f., 39) so etwas wie ein göttliches stoisches Pneuma, einen von Hieronymus an der zitierten Stelle abgelehnten *spiritus mundi,* andeutet, der wie der Weltgeist der im Haupttext zitierten Vergilstelle, auf die in Vers 39 deutlich angespielt wird, die Materie belebt; vgl. dazu G. E. Kreuz, *Pseudo-Hilarius. Metrum in Genesin. Carmen de Evangelio. Einleitung, Text, Kommentar,* Wien 2006, S. 190-192, 207. *Veröffentlichungen der Kommission zur Herausgabe des Corpus der lateinischen Kirchenväter,* H. 23.

Interpretation, die eingangs zitiert wurde, hat ihren Platz in den patristischen und mittelalterlichen Kommentaren zur Genesis gefunden.[17] In der Ausformung dieses exegetischen Modells spielte auch die populäre Logos-Philosophie beziehungsweise Logos-Theologie der antiken Stoa eine nicht unwesentliche Rolle. Für das westeuropäische Mittelalter war es einmal mehr Ambrosius, der aus Gründen der Verbreitung der katholischen Christologie sich in die Interpretation der alttestamentlichen Genesis auf das stoische Logoskonzept berief, um den göttlichen Logos grundsätzlich von dem menschlichen ‚Wort' zu unterscheiden: Er stelle die auf Grund der komplexen Semantik des griechischen Begriffs λόγοη notwendig gewordene Differenzierung zwischen dem gedachten Wort, also dem Einzelgedanken oder dem Gedankensystem eines ‚Planes', und dem ausgesprochenen Wort oder dem ausgesprochenen ‚Plan' dem Sprechen Gottes am Beginn der Genesis in der Weise gegenüber, dass in der christologisch interpretierten Schöpfungstätigkeit des alttestamentlichen Gottes nicht nur Gedanke und Aussprechen koinzidieren, sondern auch das Wort identisch ist mit der Realisierung des durch dieses ausgedrückten Inhalts[18]. Das Wort Gottes habe anders als das des Menschen, „Substanz"[19]. Dies entspricht der Terminologie der nizänischen Christologie, die die zweite göttliche Person für mit dem Vater „wesensgleich", *consubstantialis*, und „gleich ewig", *coaeternus,* erklärte[20]. Der Schöpfungsakt selbst erfolgt demnach dadurch, dass dieser

---

[17] Vgl. Augustinus, *De Genesi ad litteram* 1, 2; Beda Venerabilis, *In Genesin* 1, 1, 3: „durch das Wort, das heißt durch den eingeborenen Sohn", „per verbum, id est per unigenitum filium".

[18] Ambrosius, *De fide* 4, 7, 72: „Dieses unser Wort tritt heraus und unterscheidet sich dennoch nicht von unserem Empfinden und unserem Denken, und für das, was in unserem inneren Fühlen enthalten ist, geben wir durch das Zeugnis eines gewissermaßen tätigen Wortes ein Zeichen. Aber nicht unser Sprechakt ist tätig. Das ist allein das Wort Gottes, das weder [nur] heraustritt noch [nur] in dem Zustand ist, in dem es die Griechen «endiatheton» [das heißt: innerlich] nennen; sondern es ist tätig, lebt und bringt Heil", „verbum hoc nostrum prolativum est et tamen a sensu nostro et mente non discrepat, et quae interiore tenemus affectu, ea quasi operantis verbi testificatione signamus. Sed non sermo noster operatur. Solum est verbum dei, quod nec prolativum est nec quod Graeci endiatheton dicunt, sed quod operatur et vivit et sanat". In seinem Häresienkatalog wirft Filastrius, *Diversarum hereseon liber 64*, Paulos von Samosata vor, dass er das Wort Gottes nur für ein *verbum prolativum* halte.

[19] Ambrosius spricht vom Wort Gottes als dem *substantiale verbum* (*Expositio evangelii secundum Lucam* 1, 5).

[20] Zur Wesensgleichheit vgl. das nizäno-konstantinopolitanische Credo (*consubstantialem patri*), zur Koäternität z. B. Ambrosius, *Expositio evangelii sedundum Lucam* 2, 12; einen äußerlich markierten Konnex zwischen beiden Qualitäten stellt eine

sein „tätiges, mit Substanz begabtes Wort" in einer Weise ausspricht, die mit dem Denken und dem Werden des Ausgesprochenen zusammenfällt[21]. Die Beteiligung aller Personen der christlichen Trinität an der Schöpfung, als Planer, Ausführer und lebenstragender Erhalter, ist also in der lateinischen patristischen Exegese unter Nutzbarmachung griechischer Philosopheme gegeben.

$$* * *$$

Hier ist die Stelle, die Ausführungen zu unterbrechen, um einige Informationen zu dem Text und dessen Autor zu geben, der im Folgenden ausführlicher behandelt werden soll, nämlich Bernardus Silvestris, Lehrer in Tours, und seine Cosmographia. Die Hauptquelle für die wenigen biographischen Daten, die aus seinem Leben bekannt sind, ist, abgesehen von einer Erwähnung des Papstes Eugen III. (1145-1153) an einer Stelle des Werkes[22] ein Widmungsbrief zu diesem in zwei Bücher – Megacosmus und Microcosmus – eingeteilten Prosimetron, einer Mischung aus Vers- und Prosaabschnitten, an den platonisierenden Philosophen und Genesis-Kommentator Thierry von Chartres. Darin gibt sich der Autor selbst den Beinamen Silvestris (*sic*, nicht in der klassisch korrekten Form Silvester)[23]. Dabei kann es sich um einen Bescheidenheits-

---

Formulierung bei Johannes Scotus Eriugena, *Omelia in prologum Ioannis* 7, dar: „das Wesen des Sohnes ist gleich ewig dem Vater", „substantia filii patri est coaeterna".

[21] Aus den Belegen sei Ambrosius, *Exameron* 1, 9, 33 herausgegriffen.

[22] Bernardus Silvestris, *Cosmographia*, 1, 3, 55: „Die freigebige Gottheit gewährt der Welt Eugenius", „munificens deitas Eugenium commodat orbi"; dazu bemerkt eine Glosse in einer Oxforder Handschrift der *Cosmographia*, Laudianus miscellaneus 515, folio 188ᵛ: „Dieser Eugenius war der Papst, in dessen Anwesenheit dieses Buch in Frankreich vorgetragen wurde", „iste Eugenius fuit papa in cuius presencia liber iste fuit recitatus in Gallia".

[23] Die *Cosmographia* wird im Folgenden zitiert nach der mit informativer Einleitung und Kurzkommentar versehenen Ausgabe von Bernardus Silvestris, *Cosmographia*, edited with introduction and notes by P. Dronke, Leiden 1978 (die erste Ziffer bezeichnet den jeweiligen Großabschnitt, *Megacosmus* bzw. *Microcosmus*, die zweite die jeweilige Einheit, eine oder mehrere eventuelle dritte gibt die Zahl des Verses bzw. der Verse oder des Paragraphen der Prosastückean, eine oder mehrere etwaige vierte die Zeilen bzw. die Zeilen innerhalb der Prosa-Abschnitte in der angeführten Edition). Allgemeine Literatur zu Bernardus Silvestris: F. Bezner, *Vela Veritatis. Hermeneutik, Wissen und Sprache in der Intellectual History des 12. Jahrhunderts*, Leiden–Boston 2005, S. 415-470 (wichtigste Erkenntnis Bezners, die er in prätenziösem, etwas überbordendem Stil ausbreitet, ist die Festellung der ‚Entgrenzung' der allegorischen Entitäten, ihr Oszillieren zwischene Prinzip und konkreter Welt; leider fallen in den abgedrucken

topos handeln, wie er in einem Dedikationsschreiben wohl am Platz ist, da das lateinische Adjektiv, ausgehend von einer Stelle in der allgemein bekannten ersten Ekloge Vergils (Ecloga 1,2), metaphorisch den niedrigen, kunstlosen Stil bezeichnen kann; daneben liegt es aber nahe, in dem Namen eine Anspielung auf den *terminus technicus* für die Materie, *silva*, eine Wiedergabe des griechischen ὕλη zu vermuten, mit deren Behandlung Bernardus sein Werk beginnen lässt. Das Wort *silva*, ein Konkurrenzbegriff zu *materia* oder *materies*, wird von dem spätantiken Übersetzer und neuplatonischen, christliche Elemente integrierenden Kommentator von Platons ‚Schöpfungsdialog' Timaios, dem nicht näher bekannten C(h)alcidius, bevorzugt, dessen Werk die wichtigste Grundlage für den westeuropäischen Platonismus des Früh- und Hochmittelalters darstellte, eine Rezeption, die sich nicht zuletzt durch die Autorität des Augustinus bestätigt sehen konnte, der in der Tradition apologetischer Literatur die Möglichkeit nicht ausschloss, dass Platon über Kenntnis der Genesis verfügte[24]. Es ist hier nicht der Ort, die lange Geschichte des Platonismus im westeuropäischen Mittelalter zu skizzieren[25]. Es soll bloß darauf hingewiesen werden, dass dieser, ausgehend von Platons Kunstmythologie, wie sie gerade im Timaios in der Gestalt des bei der Weltschöpfung tätigen ‚Handwerkers', Demiurgen, und der Weltseele zu Tage trat, auf dem Weg über die viel gelesene prosimetrische *Consolatio Philosophiae* des Boethius mit ihren Allegorien der in der Gestalt der antiken Weisheitsgöttin Minerva erscheinden Philoso-

---

lateinischen Partien sprachliche Fehler auf, z. B. 450: *de individua* statt *de individuis*; 455: *vivunt* [*Nouys*] statt *vivit*; 462: *tardunt* statt *tardant*); Ch. Ratkowitsch, *Die Cosmographia des Bernardus Silvestris, eine Theodizee*, Köln–Weimar–Wien 1995; B. Stock, *Myth and Science in the Twelfth Century. A Study of Bernard Silvester*, Princeton 1972; W. Wetherbee, *Platonism and Poetry in the Twelfth Century. The Literary Influence of the School of Chartres*, Princeton 1972, S. 152-186; ferner sind zu nennen: Bernard Silvestris, *Cosmographie*, éd. M. Lemoine, Paris 1998 (kurze Einleitung, Text, Übersetzung, Anmerkungen); W. Wetherbee, *The „Cosmographia" of Bernardus Silvestris*, New York 1990 (Übersetzung und Anmerkungen). Weiterführende Bibliographien bei Lemoine 38-43; Ratkowitsch 133-136; Literatur zur Biographie des Bernardus bei Bezner 416 (Vgl. Anm. 5).

[24] Augustinus, *De civitate dei* 8, 11.

[25] Darüber s. allgemein S. Gersh-Maarten, J. F. M. Hoenen, *The Platonic Tradition in the Middle Ages. A Doxographic Approach*, Berlin – New York 2002; Ch. Ratkowitsch, *Platonisch-kosomgonische Spekulation im 12. Jahrhundert*, „Wiener Humanistische Blätter" (1999), Sonderheft: „Zur Philosophie der Antike", Wien 1999, S. 140-164.

phie und der Fortuna[26] auch durch die an Allegorien überreiche, ebenfalls prosimetrische Bildungsschrift des Martianus Capella, *De nuptiis Mercurii et Philologiae*, formal anregen ließ. Bernardus Silvestris, so scheint es, fühlte sich von der Möglichkeit einer interpretierenden Präsentation der (biblischen) Weltschöpfung als einer Theodizee[27] mittels eines kunstmythologischen Personals auf der Grundlage der eben angedeuteten Tradition in hohem Maß angesprochen. Dies gilt umso mehr, wenn ihm tatsächlich eine allegorische Erklärung der ersten sechs Bücher von Vergils *Aeneis*[28] und eine Einführung zu dem erwähnten Werk des Martianus Capella, *Accessus ad Marcianum*, zugeschrieben werden darf, in der er sich ausführlich mit der ‚verhüllenden' Darstellungsweise auseinandersetzt, die in differenzierter Form sowohl auf die Bibel als auch auf profane Texte angewendet werden könne[29].

Die bisher genannten geistesgeschichtlichen Voraussetzungen sollen nun anhand von Stellen aus den einleitenden Szenen des ersten Buches der *Cosmographia* exemplifiziert werden, genauer gesagt anhand der Rolle der christlichen Trinität in der Darstellung des Schöpfungsbeginns durch Bernardus Silvestris[30]. Wie in der *Consolatio Philosophiae* des Boethius steht am Anfang des Werkes eine Elegie im ursprünglichen Sinn, ein Klagelied im Versmaß der elegischen Distichen. Während der von dem Ostgotenkönig Theoderich wegen mutmaßlichen Hochverrats eingekerkerte Boethius in eigener Sache klagt, lässt Bernardus die gewissermaßen als Göttin personifizierte Natura, die hier, wie der Kleinkontext zeigt, in streng etymologischem Sinn einfach für „das Werden" steht, eine Klage im Namen einer ebenfalls als Person stilisierten, aber sprachlosen, da noch rohen, ungeordneten, vom Wort (Gottes) eben noch nicht ‚artikulierten' Materie, *Silva*, aussprechen. Die

---

[26] Boethius, *De consolatione Philosophiae* 1, prosa 1, 3-6 bzw. 2, prosa 2, 1-14; vgl. dazu J. Gruber, *Kommentar zu Boethius, „De consolatione Philosophiae"*, Berlin – New York 1978, S. 62-66, bzw. 172-178.

[27] So die Aussage des Werkes auf der Grundlage von dessen Gesamtinterpretation durch Ratkowitsch (o. Anm. 23).

[28] *The Commentary on the First Six Books of the „Aeneid" of Vergil Commonly Attributed to Bernardus Silvestris*, ed. J. W. Jones, E. F. Jones, Lincoln–London 1977; zu der Autorenfrage s. Bezner (o. Anm. 23), S. 418 (Anm. 14).

[29] *The Commentary on Martianus Capella's „De nuptiis Philologiae et Mercurii" Attributed to Bernardus Silvestris*, ed. H. J. Westra, Toronto 1986, S. 45, 70-47, 113.

[30] Eine deutsche Übersetzung der zu besprechenden Abschnitte unter Beigabe des lateinischen Originalwortlautes findet sich im Anhang zu diesem Aufsatz.

Klage enthält den Wunsch des noch ‚gestaltlosen Haufens', *congeries informis*, nach Formung, das heißt nach Trennung der einzelnen in Silva enthaltenen Elemente und deren Zuordnung zu bestimmten, gegeneinander abgegrenzten Bereichen, im Sinne der eingangs erwähnten Diakrisiskosmogonie. Adressat der Rede der Natura sind Gott und die „tiefe Denkkraft" (Vers 3), *mens profunda*. Mit dieser Wortverbindung greift Bernardus Silvestris auf den im Mittelalter sehr berühmten Hymnus zurück, den Boethius die Philosophie an den neuplatonisch konzipierten Gott singen lässt und in dem die Worte in derselben grammatischen Form an derselben Versstelle vorkommen[31]. Bei Boethius wird die „tiefe Denkkraft" von der Weltseele, *anima mundi*, in achterförmiger (wörtlich: chi-förmiger, also in Form des griechischen Buchstabens χ durchgeführter) Bewegung umkreist. Diese Weltseele konnte aber in christlichem Verständnis unschwer dem ‚Hauch' beziehungsweise ‚Geist' Gottes konzeptionell angenähert werden, der die ungeformte, fließende Urmaterie belebte. Das Umkreisen der *mens profunda* durch die Weltseele hat bei Bernardus Silvestris seine Entsprechung in der Anrede eben dieser *mens profunda* durch Natura, die ja, bei Beachtung der Etymologie ihres von *nasci*, „entstehen", abgeleiteten Namens, die gleiche Funktion erfüllt wie der ‚Hauch Gottes' in der Genesis gemäß der durch Ambrosius, wie zuvor dargelegt, in die lateinische exegetische Tradition eingeführten Deutung. Im Text des Bernardus ist zunächst noch nicht kenntlich, in welcher Beziehung die „tiefe Denkkraft" zu dem unmittelbar zuvor genannten Gott steht. Allerdings legt es die Struktur des Satzes mit ihren zwei Verben („klagen", *queri*, „ansprechen", *compellasse*) und zwei Objekten in verschiedenen Fällen (Dativ, *deo*, beziehungsweise Akkusativ, *mentem*) nahe, nicht an eine totale Identität zu denken. Dagegen wird aus der syntaktischen Struktur der Wortgruppe *mentemque profundam compellasse Noym* sofort die Identität der beiden substantivischen Begriffe ersichtlich. Der Eigenname der *mens* lautet also *Noys* (Vers 4)[32]. Hinter diesem zuvor in der lateinischen Literatur in dieser Schreibweise im Timaios-Kommentar des Chalcidius 176 belegten Wort verbirgt sich der maskuline griechische Begriff νοῦη, „Denkkraft", also die lexikalische Entsprechung zu dem

---

[31] Boethius, *De consolatione Philosophiae* 3, metr. 9,16; dazu s. G. O'Daly, *The Poetry of Boethius*, London 1991, 165 f.; H. Scheible, *Die Gedichte in der Consolatio Philosophiae des Boethius*, Heidelberg 1972, S. 107.
[32] Aus unerfindlichen Gründen schreibt Bezner in der in Anm. 22 zitierten Monographie konsequent Nouys.

unmittelbar davor stehenden *mens*, in der Terminologie Plotins die erste Hypostase nach dem Einen, ἕν. Die Verwendung dieses Begriffs als weibliche Allegorie ist das Ergebnis der aus der griechischen Kapitalschrift NOYX in lateinische Lettern umgesetzten Form NOUS, und der Apostrophierung der Göttin Minerva in der allegorischen Bildungsschrift des Martianus Capella 6,567 als „der Menschen und Götter heilige Denkkraft", *hominumque deumque sacer nus*, wo das Wort aber in rein phonetischer Orthographie geschrieben ist. Die offenkundige Unkenntnis der Tatsache, dass der Laut u im Griechischen als Diphthong oy geschrieben wird (wie dies auch Chalcidius tut), und die schon im Spätlatein übliche (und vom Hochmittelalter an auch für das Griechische gültige) Aussprache des y als i erlaubten es auch aus scheinbar evidenten grammatischen Gründen, das zweisilbig als *nois* ausgesprochene Wort als Femininum aufzufassen, analog zu den auf -*is* endenden femininen, im (mittelalterlichen) Latein geläufigen, aus dem Griechischen stammenden substantivischen Fremdwörtern wie etwa *apodix-is* oder, ohne Berücksichtigung des unterschiedlichen Wortstammes, epischen Werktiteln wie *Aene-is* oder *Theba-is*. Daher konnte Noys als Name einer – wie sämtliche Allegorien – weiblichen (göttlichen) Potenz gebraucht werden, die, durch diese Verfremdung für individuelle literarische Gestaltung frei, viel konkreter erscheint als der abstrakte Begriff *mens*. Eine nähere Information über das Wesen der in Anlehnung an boethianisch-neuplatonische Terminologie eingeführten Potenz gibt ihre erste Apostrophierung durch Natura: „Abbild des lebendigen Lebens", *vitae viventis ymago*. Die beiden ersten Wörter sind nicht zuletzt unter dem Eindruck des Begriffs *deo* in dem vorangehenden Vers eine Periphrase für „Gott" auf der Grundlage der biblischen Formel *deus vivus*, „lebendiger Gott"[33]; die postulierte Bedeutung wird unzweifelhaft durch das folgende Wort, *ymago*. Dieses weist auf das christologische Anfangskapitel des Hebräerbriefs (1,3), in dem es etliche Berührungen mit dem eingangs zitierten, auf den biblischen Schöpfungsbericht Bezug nehmenden Johannesprolog gibt[34], hin, und zwar auf die Wortgruppe „Erscheinungsform seines (d. i. Gottes) Wesens", *forma substantiae eius*, eine Aussage zur Definition des Wesens der

---

[33] Z. B. Psalm 83, 3 (Version der Vulgata iuxta Septuaginta); Matthäus 16, 16 f.
[34] Hebräerbrief 1,2: „durch den er auch die Welt erschaffen hat" („per quem fecit et saecula"), bzw. 1, 3: „durch sein machtvolles Wort" („verbo virtutis suae").

zweiten göttlichen Person. *Ymago* ist ein Synonym von *forma*[35]. Dass Bernardus Silvestris an die zitierte Bibelstelle denkt, geht unter anderem daraus hervor, dass gleich im nächsten Vers die Prädikation „Wesen (beziehungsweise Seinsgrundlage) des Wahren (beziehungsweise der Wahrheit)", *substantia veri*, folgt, wobei wohl mit Absicht zunächst unklar bleibt, ob – wie in der Übersetzung angedeutet – es sich bei dem substantivierten Adjektiv *veri* um ein Maskulinum (dann wäre im Sinne der Hebräerbriefstelle der ‚wahre' Gott gemeint) oder ein Neutrum (im Sinne des klassisch-lateinischen Gebrauchs anstelle des abstrakten Substantivs *veritas*) handelt. Eine Lösung von hoher Wahrscheinlichkeit kann vor dem Hintergrund des nizäno-konstantinopolitanischen Glaubensbekenntnisses gefunden werden, in dem der Begriff „wahr" in der Definition der zweiten göttlichen Person eine große Rolle spielt: „wahrer Gott vom wahren Gott", *deum verum de deo vero*, heißt es dort im zehnten Artikel unmittelbar nach der Lichtmetapher „Licht vom Licht", *lumen de lumine*[36]. Gleich in der übernächsten Definition folgt die Aussage über die Wesensgleichheit von Vater und Sohn, *consubstantialem patri*. Hier also hat auch der Begriff *substantia* seinen Platz. Offenkundig ist jedenfalls, dass Bernardus Silvestris die christologisch relevante biblische Wortgruppe *forma substantiae* im Sinn hatte, wenngleich er sie aufgespalten hat, um sie dermaßen an die christologischen Definitionen des gültigen Symbols anzupassen. Mit den Worten „Erstgeborene Gottes, (selbst) Gott", *prima ... – deus – orta deo*, die einmal mehr den christologischen Abschnitt des Credo evozieren – „aus dem Vater geboren", *ex patre natum* – ist schließlich der in das *integumentum* einer weiblichen Allegorie der Denkkraft, *Noys*, gehüllte Logos, die zweite göttliche Person, Christus, bezeichnet. Auch hier steht die angegebene Passage des Hebräerbriefes im Hintergrund, denn dort wird wenige Verse später, 1,6, der Sohn als „Erstgeborener", *primogenitus*, bezeichnet, was inhaltlich genau den Worten *prima orta* entspricht. Andererseits soll, wie der weitere Kontext nahe legt, wohl an die Formulierung „eingeborener Sohn Gottes", *filium Dei unigenitum*, aus dem Credo erinnert werden. Die folgende Apostrophierung der Nous durch Natura macht einmal mehr die christologische Kontingenz dieser Allegorie

---

[35] Belegstellen finden sich in: *Thesaurus linguae Latinae*, Bd. 6, Sp. 1083, 81-1084, 30.

[36] Allein auf diesen Glaubensartikel verweist Dronke (P. Dronke, *op. cit.*, S. 163).

deutlich: „haltende (das heißt: festigende, dauerhafte) Kraft des ewigen Ratschlusses", *consilii tenor aeterni*, greift die Prophetie von Isaias 7,6 auf, die von dem verheißenen Heiland unter anderem als *admirabilis consiliarius* spricht. Seit der patristischen Epoche wurde diese Stelle auf Christus bezogen, und das auch in der Liturgie: Die hocharchaische *missa in die*, die dritte Messe des Weihnachtstages, deren Bekanntheit im Mittelalter allgemein vorausgesetzt werden darf, verwendet die genannte Prophetie als Text des Introitus, und zwar im Wortlaut einer vorhieronymianischen Übersetzung, deren sprachliche Formulierung jener des Bernardus Silvestris noch näher steht: „Bote des großen Ratschlusses", *magni consilii angelus*[37]. Nun konnte schon in der Patristik der Begriff *angelus* wegen seiner terminologischen Fixierung nicht außerhalb des liturgischen Gebrauchs verwendet werden[38]. Daher setzte Bernardus Silvestris das zunächst wenig bestimmte Sustantiv *tenor*. Dies könnte unter der Einwirkung stoischer Tradition geschehen sein, denn *tenor* gibt den Terminus für den ‚Zusammenhalt' der Welt, griechisch: τόνοη, wieder[39]. Noys ist es demnach, die den „außerzeitlichen Plan" Gottes, die Welt zu erschaffen und zu erhalten, durchführt, seine Realisierung bewerkstelligt, und zwar in der Rolle des ‚Handwerkergottes', Demiurgen, aus Platons Timaios, als welcher Christus etwa in dem Mosaikenzyklus aus dem 13. Jahrhundert in der Vorhalle von S. Marco in Venedig detailreich dargestellt ist. Als letzte und rhetorisch stilisierter Ausdrucksweise gemäß wirkungsstärkste Anrede an Noys setzt Natura jene Worte, die den vorliegenden Ausführungen ihren Titel gegeben haben: „für mich (das heißt: meinem Dafürhalten nach) wahre Minerva", *mihi vera Minerva*. Seit den frühesten Zeiten wird das Adjektiv „wahr", ἀληδινόη beziehungsweise *verus*, im Sprachgebrauch

---

[37] Bezner (S. 453 [o. Anm. 22]) spricht zwar im Zusammenhang mit den auch von ihm anerkannten trinitarischen Anspielungen in der *Cosmographia* von einer „allusiv suggestive(n) Sprache", erkennt aber den theologischen Verweischarakter des Begriffs *consilium* nicht, obwohl er auch in der von ihm zitierten Stelle aus 1, 4 neben *sapientia* vorkommt.

[38] Zur Sache s. J. Barbel, *Christos Angelos. Die Anschauung von Christus als Bote und Engel in der gelehrten und volkstümlichen Literatur des christlichen Altertums, zugleich ein Beitrag zur Geschichte des Ursprungs und der Fortdauer des Arianismus*, Bonn 1941.

[39] Den Begriff gebraucht Bernardus Silvestris auch 1, 2, 10, als theologischer Terminus begegnet er bei H. von Lavardin, *Carmina minora* 22, 89 (*mitis tenor*). Griechische Belegstellen bieten H. G. Liddell, R. Scott, *A Greek-English Lexicon*, Oxford 1968, S. 1804, s. v. II 4.

der Christen für allegorische Deutungen eines vor- oder außerchristlichen Objekts herangezogen. Aus der großen Zahl der Belege sei zunächst einmal mehr der Johannesprolog herausgegriffen, in dem der λόγoη als das „wahre Licht", φῶη ἀληδινόν, *lux vera*, bezeichnet wird, „das in die Welt kam" (1,9) – in typologischer Erfüllung des ersten Schöpfungswortes der Genesis: „es werde Licht". Ferner sei auf ein Gedicht vermutlich des späten vierten oder frühen fünften Jahrhunders hingewiesen, das im Anhang zu den Dichtungen des Paulinus von Nola erhalten ist. Dort wird Christus in einer hymnischen Anrufung als der „wahre Apollo", *Apollo vere*, gerühmt, der die Unterweltsschlange, das heißt den Satan, besiegte wie der mythische Gott die Schlange Python[40]. Altes Testament und heidnische Mythologie werden also in gleicher Weise christlichen Konzepten angepasst. In diesem Sinn ergibt Minerva / Athene, die Göttin der Weisheit, nicht nur infolge ihrer Weiblichkeit eine passende ‚mythologische' Benennung der Allegorie Noys[41], sondern auch aufgrund der längst etablierten, auf die Mythenallegorese der Stoiker zurückgehenden Deutung der Geburt der Göttin aus dem Kopf ihres Vaters Zeus – eine Szene, die, das sei in Parenthese gesagt, noch im Giebel über dem Haupteingang der Universität Wien dargestellt ist. Für das Mittelalter war neben der rationalistischen Deutung dieses grotesk anmutenden Mythos durch Fulgentius, *Mitologiae* 2,37,22-38,12, der Minerva als Repräsentantin der (im Gehirn lokalisierten) Weisheit, *Sapientia*, des höchsten Gottes versteht, vor allem ein Abschnitt aus Augustinus, *De civitate dei* 7,28 ausschlaggebend. In der Auseinandersetzung mit der theologischen Schrift *Antiquitates rerum*

---

[40] Paulinus Nolanus, *Carminum appendix* 2, 51. Zu diesem Gedicht s. K. Smolak, *Apollo und der Pythoktonos. Zu Paul. Nol., carm. app. 2*, „Acta antiqua Hungarica" 40 (2000), S. 435-444 (Festschrift für Zsigmond Ritoók).
[41] B. Stock, *op. cit.*, 96 f. übersieht in seiner Interpretation der Anrede als Minerva die christliche Tradition völlig, die für die vorliegende Stelle aber wesentlicher ist als ein Vergleich mit den Applikationen des Namens der Göttin im Gesamtwerk des Bernardus Silvestris, weil nur sie in den Kontext passt. Korrekturbedürftig ist auch die Übersetzung der Worte *mihi vera Minerva* durch Dronke (P. Dronke, *op. cit.*, S. 58): „my true Minerva". Der Dativ ist aber nicht possessiv zu verstehen, sondern als so genannter Dativ der Beurteilung aufzufassen: „Für mich (im Sinn von: nach meinem Urteil) die wahre Minerva". Dagegen ist Dronke zuzustimmen, wenn er 87 die (bereits im Haupttext erwähnte) Stelle Martianus Capella 6, 567 als eine der Quellen für die Anrede der Noys als Minerva anführt. Freilich fehlt in dem spätantiken paganen Text das auf die allegorische Exegese hinweisende Attribut „wahr", das der christlichen Tradition entstammt. Möglicherweise wollte sich der Autor damit konkret auf die ‚heidnische' Minerva der Martianus-Capella-Stelle beziehen.

divinarum des großen römischen Polyhistors Marcus Terentius Varro aus dem 1. Jh. v. Chr. referiert der Kirchenvater dessen auf die Weltschöpfung bezogene Interpretation der kapitolinischen Göttertrias Jupiter, Juno, Minerva als Himmel, Erde und (platonische) Ideen, die die Urbilder für die durch die Kraft des 'Himmels' zu formende Materie (repräsentiert durch Juno) abgäben. Die materielle Welt erscheint somit als Produkt einer Kooperation von Vater und Tochter. Dies musste als 'Hülle', *integumentum* christlicher Konzepte schon deswegen akzeptabel erscheinen, weil ja Christus seit der Patristik mit der (ebenfalls weiblichen) Weisheit Gottes, eben der „wahren Minerva", aus den Sapientialschriften des Alten Testaments identifiziert wurde. Es ist ferner nicht auszuschließen, dass Bernardus Silvestris mit der Anrufung der „wahren Minerva" auch auf den Beginn der Consolatio Philosophiae des Boethius literarischen Bezug nehmen wollte. Denn beide Werke setzen ja mit einer Klage ein – bei Boethius klagt der eingekerkerte Autor über sein trostloses Schicksal, hier Natura über den trostlosen Zustand von Sylva (das Verb „klagen", *queri*, begegnet schon im dritten Vers), in beiden Werken tritt eine rettende Minerva auf den Plan – Boethius gestaltete seine Allegorie der Philosophie nach dem Muster der antiken Göttin. Zusammenfassend ist über das von Natura apostrophierte göttliche Wesen zu sagen, dass Noys der kunstmythologische Name für die göttliche Natur Christi im Sinne der offiziellen Zweinaturenlehre ist, Minerva dagegen eine Übernahme aus der traditionellen Mythenallegorese zur Bezeichnung desselben Wesens. Dass man dabei vordergründig an die antike Göttin denken soll, geht aus dem Schlussvers der Rede der Natura hervor, die bescheiden sagt: „Doch ich schäme mich, Minerva zu belehren", *pudet docuisse Minervam*. Hier liegt die Applikation einer bekannten Redensart griechischen Ursprungs zur Kennzeichnung einer unangebrachten Unterweisung von Seiten eines intellektuell Unterlegenen vor, die dem lateinischen Mittelalter aus diversen antiken Quellen[42] bekannt war: „Ein Schwein belehrt Minerva", *sus Minervam* (sc. *docet*). Beide Namen haben die Funktion eines *integumentum*.

Die Identität des angesprochenen göttlichen Wesens wird in dessen Selbstvorstellung in dem folgenden ersten Prosa-Abschnitt des Werkes (*Cosmographia* 1,2,1) zusätzlich noch schärfer konturiert, zunächst

---

[42] Zu nennen sind das Lexikon des Festus p. 310 Müller oder Hieronymus, *Epistula* 58, 7, 2; Hieronymus, *Adversus Rufinum* 1, 17, 3, 33.

in der Charakterisierung ihres Sprechaktes: „Gleichsam als würde sie aus dem Innersten ihres Geistes die Sprache nach außen tragen", *quasi mentis penetralibus foras evocato colloquio.* Dies nimmt deutlich, wenngleich nicht im trinitätstheologischen Sinn, so doch in formaler Hinsicht, auf die schon eingangs erwähnte Lehre von den zwei Arten des (menschlichen) Logos Bezug, dem *verbum intra dispositum* („innerer Logos, Gedanke, Plan") beziehungsweise dem *verbum prolativum* („äußerer Logos, gesprochenes Wort"). Noch deutlicher weist aber die Selbstbenennung als *dei ratio profundius exquisita,* „Gottes aus der Tiefe hervorgeholte Vernunft" auf das Wesen der Noys als der kunstmythologischen Hülle für die zweite göttliche Person hin. Denn abgesehen davon, dass *ratio* eine schon in der Antike gebrauchte Übersetzung von λόγοη in der Bedeutung „Gedanke" ist, liegt hier eine Anspielung auf einen von der Patristik an als Prophetie der Hervorbringung des Logos aus dem Vater christologisch interpretierten Psalmvers 44,2 vor: „Es rülpste (oder: spie) mein Herz ein gutes Wort aus", *eructavit cor meum verbum bonum* (so die Hieronymusvulgata, und zwar sowohl für die Fassung *iuxta Hebraeos* als *auch iuxta Septuaginta*; ältere lateinische Versionen bieten statt *verbum bonum* die Variante *sermonem optimum*)[43]. Bernardus Silvestris hat, zum Unterschied von den patristischen Stellen, die drastische Metapher des „Rülpsens" (übrigens im Griechischen viel weniger anstößig, wie etliche Parallelen zeigen) durch ein Wort ersetzt, das mit demselben Vokal anfängt, gleich viele Silben zählt und den Akzent auf derselben Stelle trägt – *exquisita* statt *eructata* –, doch ist wie in dem Psalmvers Gott(vater) der Ausgangspunkt der Auswärtsbewegung und vor allem klingt das Adverb *profundius,* „aus der Tiefe", an die in Anmerkung 43 zitierte Stelle aus dem im Mittelalter gern gelesenen christologischen Lehrgedicht ‚Apotheosis' des Prudentius (Ende 4. Jh.) an, wo es über den Logos, der auch hier als „Vernunft Gottvaters", *patris … ratio,* bezeichnet wird, heißt: „ausgerülpst aus der Tiefe des Vaters", *patrio ructata profundo.* Überhaupt zeigt dieser Abschnitt des spätantiken christlichen Lehrgedichts Ähnlichkeiten mit der zu behandelnden Stelle der *Cosmographia*[44], so dass

---

[43] Aus den Schriften lateinischer patristischer Autoren sind zu nennen: Tertullian, *Adversus Praxean* 7; Ambrosius, *De fide* 2, 29; Ambrosius, *De virginibus* 3, 2; Ambrosius, *Epistola* 77, 6; Prudentius, *Apotheosis* 93.

[44] Vgl. Prudentius, *Apotheosis* 88: „cui [sc. Rationi] non principium de tempore, sed super omne tempus" und Bernardus Silvestris, *Cosmographia* 1, 2; 1, 7 f.: „non in tempore, sed ex quo consistit eterno" („nicht in der Zeit, sondern seit der Ewigkeit

eine intendierte Bezugnahme von Seiten des Bernardus Silvestris im Bereich des Möglichen liegt. Schließlich ist in der Selbstbezeichnung als „Wissen und Entscheidungskraft des göttlichen Willens in Hinblick auf die Ordnung der Dinge", *scientia et arbitraria divine voluntatis ad dispositionem rerum*, einerseits *scientia* unschwer als klangähnliches Synonym von *sapientia*, wie bereits erwähnt der in der Christologie mit dem Logos identifizierten „Weisheit Gottes" aus dem Alten Testament, zu erkennen, andererseits erscheint Noys einmal mehr als ausführende, ‚demiurgische' Potenz[45]. Soweit zu der philosophisch-mythologisieren-den ‚Verhüllung' von Gottvater und Gottsohn innerhalb der ‚literari-schen', in der Tradition der Prosimetra von Martianus Capella und Bo-ethius sowie platonisierender Kunstmythologie stehenden Präsentation des christlichen Schöpfungskomplexes. In rein theologischer Hinsicht ist die Position des Johannesprologs und des nizäno-konstantinopolita-nischen Credo beibehalten.

Einen Überschuss über Biblisches und Theologisches im christli-chen Sinn stellt dagegen die klagende Gestalt, Natura, dar. Ihre Integr-ation in die literarische und die philosophische Welt des lateinischen Christentums bis hin zu ihrer Gegenposition gegenüber dem christli-chen Weltbild sind mehrfach dargestellt worden[46]. Es sei hier nur an einige Texte beziehungsweise Textstellen erinnert, welche die Etab-lierung Naturas als Schöpfungspotenz illustrieren, wie das vieldisku-tierte Binom „Gott und die bessere Natur", *deus et melior natura* in

---

seines eigenen Bestehens"). Während Prudentius getreu der theologischen Terminolo-gie in dem besprochenen Abschnitt immer von „Vater" spricht, umschreibt Bernardus Silvestris diesen mit dem philosophisch-kunstmythologischen, einmal mehr (teilweise) aus dem Griechischen stammenden, von Chalcidius übernommenen Begriff *Usia (pri-ma)*, „(erstes) Sein".

[45] Ausführliche Diskussion bei Stock (B. Stock, *op. cit.*, S. 87-97).

[46] Zu Natura als Person s. M. Modersohn, *Natura als Göttin – eine Personifi-kation zwischen Mythos und Aufklärung*, [in:] *Natur im Mittelalter*, hg. P. Dilg, Ber-lin 2003, S. 84-110; K. Smolak, *Mythologie der Befreiung*, „Wiener Humanistische Blätter" 33 (1992), S. 26-46, dort S. 42-46; ders., *Der Hymnus des Mesomedes an die Natur*, „Wiener Humanistische Blätter" 29 (1987), S. 1-13; W. Wetherbee, *Nature's Feminity in Medieval Poetry*, [in:] *Approaches to Nature in the Middle Ages*, ed. L. D. Roberts, Toronto 1982, S. 47-62 (Papers of the Tenth International Conference of the Center for Medieval and Early Renaissance Studies = Medieval and Early Renaissance Studies 16); G. Economou, *The Goddess Natura in Medieval Literature*, Cambridge (Massachusetts) 1972; B. Stock, *op. cit.*, S. 63-87; E. R. Curtius, *Europäische Lite-ratur und lateinisches Mittelalter*, Bern–München 1969, S. 116-137, besonders S. 118 f. (zu Bernardus Silvestris).

der ovidischen Darstellung der Weltschöpfung durch Ordnungsmächte (Metamorphosen 1,21)[47]; ferner der griechische Physis-Hymnus des Mesomedes aus hadrianischer Zeit, in dem die Göttin als „Anfang und Geburt von allem", ἀρχὰ καὶ πάντων γέννα ähnlich der Apostrophierung durch Noys als „selige Fruchtbarkeit", *beata fecunditas*[48], angeredet wird; außerdem Claudians kunstmythologisches Natura-Konzept[49], demzufolge Natura als würdige Greisin – man vergleiche den zitierten Vers des Mesomedes – sich vor dem Sonnengott verneigt, sich also der Schöpferpotenz unterlegen weiß wie bei Bernardus Silvestris. Besonders hervorzuheben ist die Rolle, welche die personifizierte Natura bei einem nordafrikanischen lateinischen Dichter des späten fünften Jahrhunderts, Dracontius, spielt. In seiner umfangreichen Dichtung *De laudibus Dei* erscheint die Allegorie als aktive Helferin Gottes, und damit auch des Logos, bei der Erhaltung der Dinge. Sie trägt deutliche Züge einer gehorsamen bis furchtsamen Dienerin des Wortes (!) Gottes[50], eine Funktion, die ihr etwa ein Jahrhundert zuvor andeutungsweise bereits ein anderer christlicher Dichter, Prudentius, zugewiesen hatte[51]. Bernardus Silvestris baute auf Grundlagen dieser Art die Allegorie der Natura in ein umfangreicheres genealogisch-hierarchisches und soziales System ein: Ihre Mutter ist die personifizierte „Vorsehung", *Providentia*, eine hypostasierte Qualität des Allgottes der Stoiker, πρόνοια, die von den Christen übernommen wurde[52], allerdings nicht als Hypostase: Deswegen konnte sie neben Noys ohne nähere Spezifikation existieren. Diese zunächst nicht näher ausgeführte Verwandtschaft mit Noys wird bereits in ihrer ersten Anrede an Natura mit dem unbestimmten Ausdruck „selige Fruchtbarkeit meines Schoßes", *uteri mei beata fecunditas*, angedeutet. Das besagt: Providentia ist ein anderer Name

---

[47] Dazu s. F. Bömer, *Publius Ovidius Naso, Metamorphosen*, Bücher I-III, Heidelberg 1969, S. 24.

[48] Bernardus Silvestris, *Cosmographia* 1, 2, 1. Bezeichnend für die Unterordnung Naturas im christlichen Kontext ist die Hinzufügung von „meines Leibes", *uteri mei*, bei Bernardus: Somit ist Natura in der Hierarchie der Schöpfungspotenzen unmittelbar hinter Noys gereiht.

[49] Claudianus, *De raptu Proserpinae* 1, 246-251, 3, 33-40; Claudianus, *De consulatu Stilichonis* 3, 424-445.

[50] Dracontius, *De laudibus Dei* 3, 549-556.

[51] Prudentius, *Contra Symmachum* 2, 798.

[52] Als Beispiel diene ein christliches lateinisches Lehrgedicht des frühen 5. Jh., Prosper, *Carmen de providentia dei*, ed. M. Markovich, Leiden – New York – København – Köln 1989, in dem versucht wird, die politischen Katastrophen der Völkerwanderung theologisch zu rechtfertigen.

für Noys, der einen anderen Aspekt der *Usia prima* beziehungsweise, wie es in dem eben zitierten Abschnitt heißt, des „höchsten, alles übertreffenden Gottes", *summi et exsuperantissimi dei*, repräsentiert. Dies sagt ausdrücklich die in der Handschrift Oxford, Laudianus 515, folio 182ʳ überlieferte kurze Inhaltangabe des Gesamtwerkes (*Summa operis*): *Noym, id est dei providentiam*. Quelle für die Identifizierung von Noys und Providentia ist der schon zuvor erwähnte Abschnitt aus dem Timaios-Kommentar des Chalcidius (176), worin es heißt: „... von der Vorsehung, die nach jenem Höchsten von zweiter Erhabenheit ist, die die Griechen noys nennen", *a providentia, quae est post illum summum secundae eminentiae, quem noyn Graeci vocant*[53]. Somit wird eine Art neuplatonischer Emanation der Noys aus Gott(vater) durch kunstmythologische Mittel nahe gelegt. Es wird aber die Metapher des ‚Herausfließens', eben der Emanation, nicht angewendet, sondern entsprechend christologischer Terminologie stets von ‚geboren werden' gesprochen[54]. Dies wird im Laufe der vorliegenden Überlegungen noch wichtig sein. Die Vorstellung einer Geburt wird auch, wie gesagt, auf das Verhältnis zwischen Noys / Providentia und Natura übertragen. Letztere übt daher nicht mehr die Funktion einer Dienerin aus wie bei den zuvor genannten patristischen Dichtern – damals musste ihr noch jeglicher Schein von Göttlichkeit genommen werden –, sondern sie wird, nicht zuletzt auf Grund der ‚Verwandtschaft' von Noys als ‚Gefährtin und Begleiterin beim Schöpfungswerk', *sociam comitemque operis*, angenommen (*Cosmographia* 1, 2, 2, 19), ist also wieder auf eine höhere soziale Stufe aufgerückt[55]. Natura steht Sylva, der noch ungeformten Materie, als

---

[53] Chalcidius verwendet das Fremdwort noch als Maskulinum, wie es dem Griechischen entspricht. Im Übrigen sei darauf hingewiesen, dass Chalcidius mit der zitierten Stelle eine Brücke für die Übernahme der Funktion des johanneischen Logos durch Noys bei Bernardus baut, wenn er von dem „unermüdlichen Umgang (des Nous) mit dem höchsten Gott" spricht. Diese Aussage ist nämlich im Grunde identisch mit jener von Johannes 1, 1: „der Logos war bei Gott". Auch in anderen Elementen der Beschreibung des noys durch Chalcidius in dem genannten Kapitel konnte Bernardus eine Basis für seine, wesentlich stärker Christlichem angenäherte Definition der Noys finden: so fällt auch der Begriff des göttlichen Willens, und die mit dem noys identifizierte *providentia* erhält das Attribut „weise", *sapiens*: Dies brauchte nur auf der Grundlage der zuvor zitierten Martianus-Capella-Stelle 6, 567 zu Minerva allegorisiert zu werden.

[54] E. R. Curtius, *op. cit.*, S. 119 bezeichnet Noys inkorrekt als „Emanation der Gottheit".

[55] Dadurch dass Dronke in dem Satz *Cosmographia* 1, 2, 13, 2-5: „Ea igitur Noys summi et exsuperantissimi est dei intellectus, et ex eius divinitate nata est Natura, in qua vite viventis ymaginis, notiones eterne, mundus intelligibilis, rerum cognitio prefinita"

Anwalt gegenüber und ist ihr näher als Noys (und Providentia) oder gar die *Usia prima*. Das ist kunstmythologisch präsentierter Neuplatonismus. Infolge der durch die innerchristliche Natura-Tradition hervorgerufenen Duplizität der zweiten neuplatonischen (plotinischen) Hypostase, νοῦη, bei Bernardus Silvestris ist diese durch zwei Entitäten belegt, die in engster Beziehung zueinander stehen und gewissermaßen zwei Aspekte der Realisierung des Schöpfungsplanes durch den Logos darstellen.

Nach der Ordnung der Elemente (*Cosmographia* 1,2,12: „Sobald der Bau der Elemente dastand", *ubi elementorum structura stetit*) muss die Materie in (geordneter) Bewegung gehalten werden, eine Tätigkeit, welche der dem Timaios entnommenen Weltseele, ψυχή, *anima mundi*, zufällt. Diese erhält den hier im Sinne der literarischen Verhüllung usurpierten Namen Endelichia. Der aus der aristotelischen Schrift „Über die Seele" stammende Begriff der Entelechie ἐντελέχεια, der die Kraft bezeichnet, welche die schon von Anfang an in etwas angelegte endgültige Seinsform zur Enfaltung bringt[56] – dies leistet die Individualseele für den Leib, weshalb sie Entelechie genannt werden kann –, hatte schon im Hellenismus eine Bedeutungsverschiebung durchgemacht, die nicht zuletzt auf der phonetischen Entwicklung des Griechischen beruht, der zufolge der harte Dentallaut t nach dem Nasallaut n erweicht wird (in der Sprachwissenschaft als Sandhi-Effekt bezeichnetes Phänomen) und das Wort daher als endelech(e)ia gesprochen wurde. Das hatte zur Folge, dass man es mit dem Adjektiv für ‚andauernd, fortwäh-

---

das Wort Natura mit großem Anfangsbuchstaben druckt, legt er nahe, dass hier Natura, die Tochter der Noys/Providentia beschrieben werde (ebenso Lemoine [o. Anm. 23]: „la Nature est née de sa divinité"): „Diese Noys ist also des höchsten, überragenden Gottes Denkkraft, und aus ihrer Göttlichkeit entstand eine NATURA, in der Abbilder des lebendigen Lebens enthalten sind, ewige Kennzeichnungen, die geistig erfassbare Welt, die vorvollendete Erkenntnis der Dinge". Dronkes Auffassung folgt Bezner (S. 445 [o. Anm. 23]). Doch zeigt nicht zuletzt der Ausdruck *vite viventis ymagines*, eine Widerholung der Apostrophierung der Noys durch Natura als *vite viventis ymago* in der Einleitungselegie, dass hier Noys beschrieben wird als Summe der Ideen. Daher sollte *natura* mit kleinem Anfangsbuchstaben geschrieben werden. Der Begriff bezeichnet hier in Anlehnung an Terminologie der christologischen Zwei-Naturen-Lehre die, (göttliche) Natur' Christi als Logos, des „Sohnes" Gottes (*nata est natura*). Zutreffend ist die Übersetzung von Wetherbee (W. Wetherbee, *The „Cosmographia"...*, S. 73 [o. Anm. 23]): „a nature born of his divinity", womit Noys gemeint ist; die deutsche Übersetzung sollte lauten: „ein Wesen".

[56] Aristoteles, *De anima* 402 a 26; 412 a 10; 413 a 7; dazu s. Aristotle, *De anima*, edited with Introduction and Commentary of D. Ross, Oxford 1961, 166 f.

rend', ἐνδελεχήη, zusammenbrachte und mit dem von diesem abgeleiteten Substantiv ἐνδελέχεια verwechselte. Der Schritt zur Übernahme der Semantik der sich in ständiger Eigenbewegung – Eigenbewegung galt als Zeichen des Lebens – befindlichen platonischen Weltseele war nicht mehr groß. Kronzeuge für eine Stufe dieser Entwicklung ist Cicero, *Tusculanae disputationes* 1,10,22, der diese Deutung der ihm vorliegenden doxographischen Tradition entnimmt. Cicero bezieht sich wie Aristoteles auf die von den vier empedokleischen Elementen grundsätzlich verschiedene *quinta natura*, den Stoff der Individualseele, für die er, wie häufig, das lateinische Maskulinum *animus*, nicht das dem Griechischen näher stehende und in der Folge terminologisch gewordene Femininum *anima* wählt[57]. *Animus* kann aber in allen Epochen der lateinischen Literatur als dem semantischen Feld von *spiritus* verwandt verstanden werden[58]. Dadurch ließ sich der Heilige Geist – und so lautete die gültige Interpretation des *spiritus dei* von Genesis 1,2 spätestens seit Ambrosius[59] – später als der Weltseele zumindest nahe stehend auffassen, besonders weil mit Entelechie / Endelechie – den Begriff entnahm man in den nachantiken Jahrhunderten auch und vor allem Martianus Capella[60] – seit dem frühen Mittelalter nicht mehr die Individualseele bezeichnet wurde, sondern eben die Weltseele[61]. Dies zusam-

---

[57] „Aristoteles [...] meint, [...] es gebe noch eine Art fünfte Urkraft, aus der der Geist komme [...] er führt eine fünfte Kraft ein , die keinen Namen hat, und so benennt er die Seele selbst mit einem neuen Namen ἐνδελέχεια, was etwa eine Art von andauernder und ewiger Bewegung meint" („Aristoteles [...] quintam quandam naturam censet esse, e qua sit mens [...] quintum genus adhibet vacans nomine et sic ipsum animum ἐνδελέχειαν appellat novo nomine quasi quandam continuatam motionem et perennem"). Zu weiterer Information s. *M. Tulli Ciceronis Tusculanarum disputationum libri quinque*, Vol. 1, ed. Th. W. Dougan, Cambridge 1905, S. 30 (Nachdruck: New York 1979).

[58] Vgl. schon Cicero, *De natura deorum* 2,6,18: „animum [...] spirabilem"; mittelalterliche Belegstellen in: *Mittellateinisches Wörterbuch*, Bd. 1, München 1967, S. 667, 21-47.

[59] Ambrosius, *Exameron* 1,8, Polemik gegen die Deutung des *spiritus* als „Luft" oder „Atem".

[60] Martianus Capella 1,7 erscheint Entelechia (in der korrekten, ursprünglichen Schreibweise) als mögliche Braut Merkurs, des Vermittlers zwischen der Götter- und der Menschenwelt, 2, 213 in einem Katalog von Charakterisierungen bestimmter Philosophen als Gegenstand der den Himmel (!) betreffenden Forschungen des Aristoteles.

[61] Remigius von Auxerre, *Commentum in Martianum Capellam* 1,76. In diesem Zusammenhang sei darauf hingewiesen, dass schon Hieronymus mit dem Ausdruck „Weltgeist", *spiritus* [!] *mundi*, allem Anschein nach die Weltseele meint, wenn er ihn an der bereits erwähnten Stelle, *Quaestiones hebraicae in Genesim* 4, 12, im Zuge der Interpretation von Genesis 1, 2 dem belebenden *spiritus dei* gegenüberstellt. Es habe

men mit der biblischen Aussage über das ‚Tohuwabohu' der Erde und die Finsternis unmittelbar nach deren Erschaffung konnte eine geeignete Grundlage für die Exegese dieses Zustandes im Sinn antiker Konzepte des Chaos[62] abgeben, das in der allegorisierenden Darstellungsweise des Bernardus Silvestris als personifizierte Sylva aus der Timaiosübersetzung und -kommentierung des Chalcidius erscheint. Eine gewisse Schwierigkeit ergab sich dabei allerdings aus der Überlagerung der dritten göttlichen Person durch die Weltseele Endelichia und dem neuplatonischen Konzept der Emanation. Diese Schwierigkeit vermeidet der Autor, indem er über den Ursprung Endelichias, den er 1,2,12 als *genitura* (*Anime*) bezeichnet, ohne sich damit terminologisch festzulegen, zwei (scheinbar) unterschiedliche Angaben macht. Zunächst tritt sie als neuplatonische Emanation der Noys auf, an deren Logoswesen durch die Ausdrücke *sive vite sive lucis origine* – vgl. Johannes 1,4 beziehungsweise 8,12; 14,6 – noch einmal erinnert wird: *Endelichia quadam velud emanatione defluxit*[63]. Andererseits wird von der Herkunft der Endelichia gesagt, sie sei von einem „Noys ganz nahe stehenden Ursprung", *propinquis et contiguis ad Noym natalibus oriunda* (1,2,15,1f.). Diese zweifache Angabe lässt sich am besten als Verhüllung der den Heiligen

---

Exegeten gegeben, die eben jenen ‚Geist' über den Wassern als „Weltgeist" verstanden hätten.

[62] Für das Mittelalter maßgeblich war die Darstellung bei Ovid, *Metamorphosen* 1,6-11. Es ist bemerkenswert, dass J. Milton, *op. cit.*, 19-22 den aus der patristischen Tradition entnommenen, taubengleich ‚brütenden' heiligen Geist nicht über den Wassern, sondern über dem Abgrund (d. h. dem Chaos im ursprünglichen Sinn dieses Wortes) lokalisiert: 21: „Dove-like sat'st brooding on the vast abyss". Grundlage muss eine exegetische Tradition sein, die sich vielleicht schon bei Beda Venerabilis im 8. Jahrhundert fassen lässt, der über den heiligen Geist aussagt, er habe „den Abgrund der Wasser erhellt" („spiritus [...] quando aquarum inlustraret abyssum" (*In Genesin* 1, 1, 2]); in diesem Sinn übersetzt ja auch die eingangs angeführte deutsche Einheitsübersetzung.

[63] Bemerkenswerterweise wird sie an keiner Stelle als Tochter der Noys bezeichnet wie Natura. Über Endelichia bei Bernardus Silvestris s. F. Bezner, *op. cit.*, S. 454, 461-467 (Literatur 461, [Anm. 171]): Er übergeht in den Ausführungen zum Ursprung Endelichias 463 die für die trinitarische Allusion wichtige Aussage über deren ähnliche Herkunft wie Noys (1, 2, 14 f.) und bezeichnet 465 zu Unrecht die Angabe von 1, 2, 13 „aus dem Ursprung des Lebens beziehungsweise des Lichtes" („sive vite sive lucis origine"), womit Noys gemeint ist, als „vage". Doch gerade die enge Verbindung, ja Gleichsetzung von „Leben" und „Licht" entspricht nicht allein bereits antiken Formeln, sondern auch den Aussagen über den Logos, der ja hinter Noys steht, im Johannesprolog (1,4): „in ihm war Leben und das Leben war das Licht der Menschen" („in ipso vita erat et vita erat lux hominum"). Zu dem Zusammenhang zwischen beiden Begriffen s. Anm. 7.

Geist betreffenden, in das Credo der lateinischen Kirche aufgenomme-
nen Glaubensformel des chalzedonensischen Konzils verstehen, dass
dieser „vom Vater und vom Sohn ausgeht", *qui ex Patre Filioque pro-
cedit*, das so genannte *Filioque*, das die orientalischen Kirchen bekannt-
lich nie anerkannten. Deshalb wird von Endelichia nicht gesagt, sie sei
irgendjemandes ‚Tochter', was zu dem kunstmythologischen Stil gut
passen würde: Sie kommt vielmehr aus Noys und dem *summus et exsu-
perantissimus deus* wie diese selbst. Im Übrigen ließ sich die Metapher
des im Credo verwendeten Verbums *procedere* mühelos in jene von
defluere, die Bernardus gebrauchte, überführen[64]. Im Folgenden wird,
wohl in Anlehnung an die Hochzeitsmetaphorik des Martianus Capella,
auf dessen Sonnenhymnus Bernardus mit einem leicht, aber signifikant
modifizierten Zitat bereits angespielt hat, und zwar mit dem Ausdruck
„lebendig machender Glut", *fomes vivificus*[65], die von Noys gestiftete

---

[64] Diese Metapher der Emanation, die auf die Veranschaulichung der Noys als *fons
luminis* von 1, 2, 13 zurückgreift, wird in 1, 2, 14 bei der Beschreibung der *clara substantia* Endelichias aufgenommen, die „das Bild einer klar fließenden Quelle" bietet,
„liquentis fluidique fontis imaginem praeferebat". Dass diese Substanz bald der Luft,
bald dem Himmel (d. h.: dem feurigen Äther) näherstehend erscheint, hat zweifachen
Bezug: erstens auf den „Hauch (Gottes)" von *Genesis* 1, 2, als dessen (abzulehnende)
Deutung Ambrosius eben auch *aer* erwähnt, zweitens auf die von Martianus Capella
2, 213 angedeutete Lokalisierung der Entelechia im Bereich des höchsten Himmels.
Beides koinzidiert aber in der dritten göttlichen Person, die eben einerseits als (oder
wie ein) Lufthauch „über den Wassern schwebte beziehungsweise sie belebte" und
andererseits als „heftiger Sturm vom Himmel her" anlässlich des Pfingstereignisses
erschien (*Apostelgeschichte* 2, 2). Schließlich kann und soll auch die Metapher der
Quelle mit dem Heiligen Geist assoziiert werden: Johannes 3, 5 wird die Wiedergeburt
(des Menschen, sc. in der Taufquelle) durch „Wasser und Heiligen Geist", *in aqua et
spiritu sancto*, bewirkt. Die Vielzahl der Erscheinungsformen des *spiritus* in der Bibel,
angereichert um platonische und pythagoreische Elemente („Kugel", *globus*, beziehungsweise „Harmonien und Zahlen" [*consonantiis, numeris*] machen eine eindeutige
Definition selbstverständlich unmöglich [daher die rhetorische Frage des Bernardus.
„Wer hat schon eindeutig eine Wesenheit definiert, die in Harmonien und Zahlen sich
bewegt?"]). Doch entspricht gerade auch die „Unberechenbarkeit" und „Unfassbarkeit"
des Heiligen Geistes einer biblischen Aussage über ihn, die in demselben Zusammenhang gemacht wird wie jene über seine Verbindung mit dem Wasser (der Taufquelle):
Bei Johannes 3, 8 sagt Jesus zu Nikodemus: „Der Geist [in der Einheitsübersetzung:
„Wind"] weht, wo er will [...]. so ist es mit jedem, der aus dem Geist geboren ist" („spiritus ubi vult spirat [...] sic est omnis qui natus est ex spiritu"). All diese Implikationen
verkennt (oder übergeht) F. Bezner, *op. cit.*, S. 465 f.

[65] Bei Martianus Capella 2, 185 redet die zu der himmlischen Hochzeit mit Merkur
aufsteigende Philologia die Sonne als die „erhabene Kraft des nicht erkennbaren Vaters
und sein(en) erste(n) Spross", „ignoti vis celsa patris vel prima propago", und als die
„durch Sinneswahrnehmung Erkenntnis bewirkende Glut", *fomes sensificus*, an, wobei

Vermählung Endilichias mit Mundus – das ist die männliche Personifikation der aus dem Chaos der alten Sylva / Yle (d. i. Hyle) durch Natura hervorgebrachten geordneten materiellen Welt[66] – berichtet. Diese Hochzeit bedeutet die Belebung der materiellen Welt. Das entspricht aber der ebenfalls eingangs angeführten, durch die Kirchenväter dem Mittelalter weitergegebenen Auffassung des wie ein brütender Vogel das Urmeer beziehungsweise die Urmaterie belebenden Geistes beziehungsweise Hauches Gottes. Die Weltseele Platons übernahm mittels einer Allegorisierung einer aristotelischen, durch Cicero in veränderter Deutung dem lateinischen Kulturraum überlieferten und im Frühmittelalter vom Individuum auf das Weltganze übertragenen Wortschöpfung die Funktion des den Kosmos belebenden Geistes, nach christlicher Exegese der dritten Person der Trinität, die hier aber durch die Integration der traditionellen Allegorie der Natura, mag diese als Potenz des Werdens auch Züge des Logos in seiner demiurgischen Tätigkeit tragen, de facto zu einer Quaternität wurde und daher nicht mehr im strengen Sinn christlich ist. Das kunstmythologische *integumentum* hat Eigenleben angenommen. Dies zeigt sich bereits in der einleitenden Klage Naturas, in welcher der gegenüber dem biblischen Schöpfungsbericht unterschiedliche Ansatz sofort auffällt: Während nämlich die Genesis mit der Feststellung einer Erschaffung aus dem Nichts, *creatio ex nihilo*, einsetzt, geht Natura vom nicht hinterfragten Vorhandensein der Materie aus, was antiken Schöpfungslehren, besonders dem platonischen Ti-

---

ihm die semantische Unschärfe des Begriffs *sensus* zugute kommt (dass Sinneswahrnehmung einschließlich der daraus gewonnen Erkenntnis gemeint ist, geht aus den zwei folgenden Epiklesen, „Quelle des Geistes", *mentis fons*, und „Ursprung des Lichtes", *lucis origo*, hervor); die Änderung des Attributs von *sensificus* zu *vivificus*, „lebendig machend", durch Bernardus Silvestris unter Beibehaltung des Substantivs *fomes*, hebt klar auf den Heiligen Geist ab, der ja ebenfalls als „Feuer" erscheinen kann (so bei dem Pfingswunder, Apostelgeschichte 2, 3) und lebensspendende Funktion hat, so Johannes 6, 64: „der Geist ist es, der lebendig macht" („spiritus est qui vivificat"), und 2. Korintherbrief 3, 6: „der Geist aber macht lebendig" („spiritus autem vivificat"). Es scheint nach dem Gesagten nicht erforderlich, mit Dronke (P. Dronke, *op.cit.*, S. 79), auf Cicero, *De natura deorum* 2, 27 f. als Bezugstext für die „lebensspendende Wärme" hinzuweisen, da sich dort keine lexikalische Entsprechung findet. Zu der Stelle aus Martianus Capella s. *Martiani Capellae de Nuptiis Philologiae et Mercurii liber secundus*, introduzione, traduzione e comento di L. Lenaz, Padova 1975, S. 52.

[66] *Mundus* (das Wort kann als Adjektiv „rein, schmuck, sauber" bedeuten) entspicht dem griechischen Begriff Kosmos (eigentlich „Ordnung, Schmuck"). Der Kosmos wird im Timaios Platons als „zweiter Gott" und „sichtbarer Gott" bezeichnet (30 d, 92 c).

maios, entspricht[67]. Sylva steht denn auch weitgehend in antiker Tradition: Wenn nämlich in Vers 25 über sie ausgesagt wird, sie „fließe noch unstet hin und her", *fluit refluitque*, so liegt darin ein Reflex einer antiken Tradition der Allegorisierung der griechischen Göttermutter Rhea. Ihr Name wurde nämlich in Anwendung der hocharchaischen Praxis der Etymologisierung der Götternamen zu theologisch-philosophischen Zwecken von dem Verbum für fließen, (ῥέω, abgeleitet[68]. Vermittler dieser allegorischen Deutung an das Mittelalter war Boethius, der in dem bereits erwähnten, auf der Grundlage des Timaios gestalteten Hymnus der Philosophia vom „(Schöpfungs)-Werk aus flutender Materie", *materiae fluitantis opus*, spricht (*De consolatione Philosophiae* 3, metr. 9,5). Weniger auffällig ist an anderen Stellen des Gedichtes angedeutet, dass Gott auch Schöpfer der Sylva ist: zunächst in der Aussage in Vers 14, dass Gott in seiner Güte und Neidlosigkeit – übrigens ein Gedanke aus dem Timaios (29e1f.), den auch Boethius in den erwähnten Hymnus im Zusammenhang mit der Formung der Materie einarbeitet (5f.) – „sein Werk nicht verkommen lasse", *operique suo non derogat auctor*; dann der Feststellung in den Versen 28f. beziehungsweise 31 und 35, die „Mutter Sylva" sei „früher entstanden als alles andere", *cuncta suo precesserit ortu*, sie „erschrecke ihren Urheber durch ihr ungepflegtes Aussehen", *auctorem terrere suo male condita vultu*, und sie sei „das Älteste", *antiquissima res*.

Zum Schluss soll eine Frage aufgeworfen und eine Reihe möglicher Antworten vorgeschlagen werden: Welches Ziel konnte Bernardus Silvestris mit der Art der Präsentation der Weltschöpfung in Form eines Prosimetrums mit kunstmythologischer Verhüllung verfolgt haben, eine Präsentation, die sich markant von der Genesiskommentierung des Widmungsträgers der *Cosmographia*, Thierry von Chartres, unterscheidet? Zunächst formale Gründe: Es kann an die Anwendung der in den Schulen geübten rhetorischen Praxis gedacht werden, einen Stoff in unterschiedlichen literarischen Formen oder Gattungen zu behandeln. Ferner, und das ist das Ergebnis des zuvor genannten Vorgehens, erfolgt eine literarische Ästhetisierung der Gattung des exegetischen Bibelkommentars und des philosophischen Traktats. Darüber hinaus sind

---

[67] Diesen Gegensatz zu der jüdisch-christlichen Vorstellung einer *creatio ex nihilo* thematisiert bereits Chalcidius 268-286; Näheres bei: Ch. Ratkowitsch, *Die Cosmographia...*, S. 30 f.

[68] In einem Scholion zu Hesiod, *Theogonia* 135 wird diese Etymologie des Namens der Göttermutter auf den Stoiker Chrysippos zurückgeführt.

folgende inhaltliche Motive denkbar: die christliche, allerdings nicht, wie in der Spätantike, polemische ‚Nutzung'[69] eines paganen Textes von hohem Prestige, des platonischen Timaios, die bereits in dem Kommentar des Chalcidius vorbereitet war und sich im weiteren Sinn auf die Autorität des Augustinus berufen konnte, der, wie bereits erwähnt, die Möglichkeit nicht ausgeschlossen hatte, dass Platon über Kenntnis der Genesis verfügte. Außerdem konnte sich Bernardus Silvestris durch die Wahl der literarischen Form und des ‚erhabenen' Inhalts als Fortführer und Vollender der Reihe der im Mittelalter als Bildungsschriften so hoch geschätzten Prosimetren des Martianus Capella und des Boethius, der seinerseits, wie ich meine, Martianus Capella überhöht[70], verstehen: Denn während Martianus die *artes liberales* behandelt und Boethius eben die auf den *artes* aufbauende Philosophie zum Gegenstand seines Prosimetrums machte, geht es bei Bernardus Silvestris letzten Endes um Theologie. Dass, wie gesagt, die Verhüllung ihr Eigenleben erhält, konnte dabei nur von Vorteil sein. Wilhelm von Conches hätte seine Lehre, die platonische Weltseele sei nichts anderes als der Heilige Geist, nicht widerrufen müssen[71], hätte er sich eines verfremdenden *integumentum* bedient.

Anhang: Texte und Übersetzungen
(*Cosmographia* 1,1,1-17; 64-66):
Als Silva, noch ein ungeformter Haufen, unter der Urkugel der Dinge nicht geordnete Ursprungskörper umschloss, sah Gott, wie Natura klagte und zu der tiefen Denkkraft, Noys, sprach: „Abbild des lebendigen Lebens, Erstgeborene von Gott, Noys, selbst Gott, Seinsgrundlage des Wahren, des ewigen Ratschlusses Wirkkraft, für mich die wahre Minerva: Wenn ich etwas erfasse, das vielleicht meinen Geist übersteigt, dass nämlich Silva feiner ausgestaltet werden und, von Verwahrlosung

---

[69] Darüber s. Ch. Gnilka, *op. cit.*, *passim*.
[70] Boethius zitiert in dem schon mehrfach genannten Hymnus in *De consolatione Philosophiae* 3, metr. 9, 22 mit den Worten „gewähre, Vater, meinem Geist, zu dem erhabenen Wohnsitz [oder: Thron] aufzusteigen" („da, pater, augustam menti conscendere sedem"), Worte aus dem in Anm. 65 erwähnten hymnischen Gebet der Philologia an die Sonne, der die Vermittlung zwischen der materiellen und der geistigen Welt zukommt (Martianus Capella 2, 193): „Gewähre mir, Vater, zu den Kreisen des Geistes im Äther aufzusteigen" („da, pater, aetherios mentis conscendere coetus"); dadurch deutet er nach üblicher antiker Art an, dass sein Werk in Hinblick auf das des Martianus gelesen werden soll.
[71] Darüber s. Ch. Ratkowitsch, *Die Cosmographia...*, S. 24.

befreit, ein besseres, gefälligeres Aussehen erhalten könne – falls du zu diesem Werk nicht dein Einverständnis gibst, dann lasse ich von meinem Beginnen ab. Gott, dessen Wesen, in höchstem Maß wohlwollend und freigebig, nicht die Wirrnis des Neides fühlen wird, bringt ja alles zum Besseren und er, der Urheber, lässt sein Werk nicht verkommen. Du kannst also nicht missgünstig sein, sondern du wirst der lästigen Masse zu vollkommener, endgültiger Zier verhelfen, wenn ich mich deines heimlichen Planes richtig entsinne. – Für eine geordnete Welt trete ich, Natura, bittend ein. Das ist alles; ich habe keinen weiteren Wunsch, wenn ich der Dinge und des Weltalls Geburtstag sehe. Aber wozu soll ich Dir mehr sagen? Es beschämt, Minerva zu belehren."

> *Congeries informis adhuc, cum Silva teneret*
> *Sub veteri confusa globo primordia rerum,*
> *Visa deo Natura queri, mentemque profundam*
> *Compellasse Noym: „Vite viventis ymago,*
> 5 *Prima, Noys – deus – orta deo, substantia veri,*
> *Consilii tenor eterni, michi vera Minerva:*
> *Si sensu fortasse meo maiora capesso –*
> *Mollius excudi Silvam, positoque veterno,*
> *Posse superduci melioris imagine forme –*
> 10 *Huic operi nisi consentis, concepta relinquo.*
> *Nempe deus, cuius summe natura benigna est,*
> *Larga, nec invidie miseros sensura tumultus,*
> *In melius, quantum patitur substantia rerum,*
> *Cuncta refert, operique suo non derogat auctor.*
> 15 *Non igitur livere potes, sed pondus ineptum*
> *Perfecto reddes consummatoque decori,*
> *Consilii si rite tui secreta recordor."*

> *"Pro Mundo Natura rogo. Satis est: nichil opto,*
> 65 *Si rerum Mundique suum natale videbo.*
> *Sed quid ego tibi plura? pudet docuisse Minervam."*

(*Cosmographia* 1, 2, 1, 1-10):
Soweit sie (Natura). Noys erhob ihre Augen mit sanftem Blick zu der Sprechenden und sagte, indem sie gewissermaßen die Rede aus dem Innersten ihres Geistes nach außen strömen ließ: „Wahrlich, auch

du, Natura, meines Leibes glückselige Frucht, gerätst nicht aus der Art
und bleibst deinem Ursprung treu, die du, Tochter der Vorsehung, dich
unablässig um die Welt und die Dinge kümmerst. So denn: Ich, Noys,
Gottes aus der Tiefe emporgebrachte Vernunft, die also das erste Sein
aus sich als sein zweites Ich zeugte – nicht in der Zeit, sondern von der
Ewigkeit an, in der es selbst besteht – ich, Noys, Wissensträgerin und
Entscheidungskraft des göttlichen Willens in Hinblick auf die Ordnung
der Dinge, führe meine Dienste pflichtgemäß so aus, wie ich es seinem
Einverständnis entnehme."

Hactenus hec. Cum ad loquentem oculos vultu Noys sustulit blandiore,
et quasi mentis penetralibus foras evocato colloquio: „Vere", inquit,
„et tu, Natura, uteri mei beata fecunditas, nec degeneras, nec disciscis
origine que, filia Providentie, Mundo et rebus non desinis providere.
Porro Nois ego, dei ratio profundius exquisita, quam utique de se, alte-
ram se, Usia prima genuit – non in tempore sed ex eo quo consistit eter-
no – Noys ego, scientia et arbitraria divine voluntatis ad dispositionem
rerum, quemadmodum de consensu eius accipio, sic mee administratio-
nis officia circumduco."

(*Cosmographia* 1,2,13,1-5; 15-18):
Es war da die Quelle des Lichtes, das Saatgut des Lebens, das Gut
der Güte, die Fülle göttlichen Wissens, genannt Denkmacht des Höchsten. Diese Noys also ist des obersten, erhabensten Gottes Erkenntniskraft, und aus seiner Göttlichkeit wurde ein Wesen geboren, in dem des
lebendigen Lebens Bilder enthalten sind, ewige Prägungen, die geistig
erkennbare Welt, die vorab vollendete Kenntnis der Dinge. – Was von
solcher Art ist, das steht in enger Verbindung mit der Ewigkeit, das ist
seiner Natur nach bei Gott und seinem Wesen nach nicht von ihm ge-
trennt. Von dem so gestalteten Ursprung des Lebens oder des Lichtes
ergoss sich das Leben und der Glanz der Dinge, Endelichia, wie in einer
Art Ausströmung.

Erat fons luminis, seminarium vite, bonum bonitatis, divine plenitudo
scientie que mens altissimi nominatur. Ea igitur Noys summi et exsupe-
rantissimi est dei intellectus, et ex eius divinitate nata est natura[72]*, in*

---

[72] Dronke druckt irreführend *Natura*.

qua vite viventis ymagines, notiones eterne, mundus intellegibilis, re-
rum cognitio prefinita. – Quod igitur tale est, illud eternitati contiguum,
idem natura cum deo nec substantia est disparatum. Huiuscemodi igi-
tur sive vite sive lucis origine, vita iubarque rerum, Endelichia, quadam
velud emanatione defluxit.

(*Cosmographia*1,2,14,1-11):
Es erschien also eine Kugel von ausgedehnter Größe, zwar mit be-
grenztem Umfang, die man aber nicht mit den Augen, sondern nur mit
der Erkenntniskraft sieht. Ihre sehr helle Substanz bot das Bild einer
klaren, fließenden Quelle und verwirrte den Betrachtenden durch ihre
nicht eindeutige Beschaffenheit, da sie oft eher der Luft, oft eher dem
Himmel verwandt schien. Wer hat denn schon eine Seinsform sicher
bestimmen können, die sich in Harmonien, die sich in Zahlenverhält-
nissen bewegte? Da sie also wie in einer Art Trug ihr wahres Aussehen
verbarg, war es nicht möglich, beim Hinsehen zu erkennen, woher jene
lebensspendende Glut so von Dauer ist, dass sie nicht vergehen kann,
obwohl sie sich zur Gänze und ungeteilt in die einzelnen Dinge je nach
deren Art ergießt.

Comparuit igitur exporrecte magnitudinis globus, terminate quidem
continentie, sed quam non oculis, verum solo pervideas intellectu. Eius
admodum clara substantia liquentis fluidique fontis imaginem prefere-
bat, inspectorem suum qualitatis ambiguo preconfundens, cum plerum-
que aeri, plerumque celo cognatior videretur. Quis enim tuto diffinivit
essentiam que consonantiis, que se numeris emoveret? Cum igitur quo-
dam quasi prestigio veram ymaginem fraudaret, non erat in manibus
inspectantis unde fomes ille vivificus sic maneat ut perire non possit,
cum speciatim singulis totus et integer refundatur.

(*Cosmographia* 1,2,15,1-5):
Damit also ganz nahe stehenden Abkunft entstammte, als vornehme-
re Braut den Kosmos, den seine Mutter Silva hervorgebracht hatte, als
ihren nicht ebenbürtigen Bräutigam nicht verschmähen würde, sorgte
die Vorsehung für eine Art verbindliches Abkommen, demgemäß materielle und himmlische Wesenheit in harmonischem Wohlklang durch
harmonische Zahlenverhältnisse zueinander finden sollten.

Hec igitur Endelichia, propinquis et contiguis ad Noym natalibus oriunda, Mundum silva matre progenitum ne maritum sponsa gloriosior imparem recusaret, cuiusdam federis pactiones Providentia procuravit, quibus silvestris celestisque natura congruo per congruos numeros modulamine convenirent.

Classica Cracoviensia
XI, 2007

STANISŁAW ŚNIEŻEWSKI
KRAKÓW

FROM RESEARCH ON "THEOLOGY OF VICTORY"
IN REPUBLICAN ROME (LITERARY TESTIMONIES)

The problematics of war (*bellum*) and peace (*pax*) constitutes one of the most important aspects of the civilization of ancient Rome. Annalistic historiography bears the best witness to this truth. Tacitus, undoubtedly one of the greatest Roman historians, ponders on matters concerning war and peace in a pathetic tone of voice, juxtaposing the contemporary reality with heroic past, which adhered to *virtus militaris*.

Thus in the *Annales*, IV 32-34 the historian reflects on ample opportunities enjoyed by authors from the times of the Republic. They could recount tales of gigantic wars, conquered cities, downfalls and captures of kings, while, when addressing internal matters, topics of their narration could include the feuds of consuls and tribunes, legislative acts on agriculture and cereals, or battles waged by people against optimates (Ingentia illi bella, expugnationes urbium, fusos captosque reges, aut si quando ad interna praeverterent, discordias consulum adversum tribunos, agrarias frumentariasque leges, plebis et optimatium certamina libero egressu memorabant). Meanwhile the scope of Tacitus' work proves to be limited and earns him no fame, as his time is a period marked by imperturbable, or just slightly perturbed, peace, the capital resting a sombre state, and Caesar's abandonment of any attempts to extend state borders. Tacitus for himself presents a series of savage mandates, of perpetual accusations, of traitorous friendships, of ruined innocents, of various causes and identical results (nos saeva iussa, continuas accusationes, fallaces amicitias, perniciem innocentium et easdem exitu causas coniungimus). Furthermore, ancient historians rarely meet with any affronts, as it is of no consequence to anyone whether Punic or Roman battle formation are lauded with more predilection;

while descendants of those who suffered punishment or infamy under the rule of Tiberius are still very much alive; and even if entire families have perished, there are always those who, due to kinship of character, will consider delinquencies of others as a reproach to themselves. Even fame and virtue create their enemies, as they arraign their opposites by too close a contrast (Etiam gloria ac virtus infensos habet, ut nimis ex propinquo diversa arguens).

Countless testimonies bear witness to the fact that Romans revered their wartime accomplishments and outstanding valour on the battle-field as the foundation of grandeur of their empire. Livy (I 16, 6-7) ventures a direct statement that cultivation of military art (*res militaris*) is an indispensable prerequisite for the future greatness of Imperium Romanum. In a renowned passage of the *Aeneid* (VI 851-853), Vergil reminded Romans that the gist of their civilization mission is to spread peace understood according to purely Roman principles (*mos*). On one hand the defeated should be spared (*parcere subiectis*), on the other the insolent and defiant should meet with fierce resistance (*debellare superbos*)[1]. It should be added that military success derives from *pietas erga deos*, to quote yet another passage of the *Aeneid*, XII 838-840:

> *hinc genus Ausonio mixtum quod sanguine surget,*
> *supra homines, supra ire deos pietate videbis,*
> *nec gens ulla tuos aeque celebrabit honores*[2].

As it is well-known, annihilation was the fate of those who once defeated would engage again in battle and stubborn resistance against Romans. The fate of the Etruscan city of Veii, resembling the doom of Carthage, may serve as a classic example here. In the account of the capture and destruction of Veii, Livy even alludes to the Scipions (V 19, 2; 21, 14 ff.)[3].

---

[1] Cf. f. e. R. Glei, *Krieg und Frieden in der Sicht des Dichters Vergil*, [in:] *Krieg und Frieden im Altertum*, hg. G. Binder, B. Effe, Trier 1989, p. 171-190, *Bochumer Altertumswissenschaftliches Colloquium*, Bd. 1.

[2] Cf. Cicero, *Nat. deor.* II 8: 'Et si conferre volumus nostra cum externis, ceteris rebus aut pares aut etiam inferiores reperiemur, religione, id est cultu deorum, multo superiores'; Cicero, *Har. Resp.* 19; Sall., *Cat.* 12; Livius, XLIV 1, 11, XLV 22, 15, XLV 39, 10; Plin., *N. H.* XXVIII 24.

[3] R. M. Ogilvie, *A Commentary on Livy. Books 1-5*, Oxford 1965, p. 669-670.

This context calls for consideration of the problem of "theology of victory", which is closely related to the term *victoria*. As presumed by well-known opinion of J. Gagé[4], the term *Victoria Augusta*[5] determined the character of Imperium Romanum. The researcher concluded that the Roman imperialism had very complex foundations resting not only on military but also mystical aspects. The Caesar was considered as a living embodiment of goddess Victoria[6]. A similar stance was adopted by J. Rufus Fears[7], who states emphatically:

„In victory was the empire founded and through victory was it perpetuated. From the commencement of the principate, Victoria Augusta assumed a central position in the political mythology invoked to sanction the immense and cumbersome fabric of the far-flung, disparate, and supernatural empire of Rome. As such Victoria Augusta formed an es-

---

[4] J. Gagé, *La théologie de la victoire impériale*, "Revue Historique" 1933, No. 171, p. 1-43; idem, *La victoria Augusti et les auspices de Tibère*, "Revue Archéologique" 1930, No. 32, p. 1-35; idem, *Romulus-Augustus*, "Mélanges de l'école française de Rome" 1930, No. 47, p. 138-181; idem, *Les sacerdoces d'Auguste et ses réformes religieuses*, "Mélanges de l'école française de Rome" 1931, No. 48, p. 75-108; idem, *Un thème de l'art impérial romain: La victoire d'Auguste*, "Mélanges de l'école française de Rome" 1932, No. 49, p. 61-92; cf. A. D. Nock, *The Emperor's Divine Comes*, "The Journal of Roman Studies" 1947, No. 37, p. 102-116; G. Ch. Picard, *Les trophées romains. Contribution à l'histoire de la religion et de l'art triomphal de Rome*, BEFAR (Paris) 1957, No. 187; S. Weinstock, *Victoria*, RE VIII A, 2 (1958), p. 2501-2542; T. Hölscher, *Victoria Romana: Archäologische Untersuchungen zur Geschichte und Wesenart der römischen Siegesgöttin von den Anfängen bis zum Ende des 3. Jhs. n. Chr.*, Mainz 1967; R. Combès, *Imperator. Recherches sur l'emploi et la signification du titre d'imperator dans la Rome républicaine*, Paris 1966; P. Kneissl, *Die Siegestitulatur der römischen Kaiser*, Göttingen 1969.
[5] Other epithets of Victoria should be remembered here: *aeterna, bona, comes, divina, domina, felix, iusta, laeta, libera, navalis, perpetua, redux, regina, sancta, victrix, virgo*.
[6] It is worth mentioning that, as ordered by the Senate, goddess Victoria was to take part in the funeral procession of Caesar Augustus, see Suet., *Aug.*, 100, 2: '[...] ut inter alia complura censuerint quidam funus triumphali porta ducendum, praecedente Victoria quae est in curia [...]'.
[7] *The Theology of Victory at Rome: Approaches and Problems*, "Aufstieg und Niedergang der römischen Welt" 1981, Bd. II, 17, 2, p. 737, 739 (n. 3): 'The term *la théologie de la victoire* was originally suggested to GAGÉ by PAUL PERDRIZET'; cf. J. Gagé, Journal des Savants (1958) 119. '[...] "Theology of victory", with its implications, is not a modern scholarly conception forced upon the ancient sources; rather it is a notion which, properly understood within the context of the religious mentality of antiquity, corresponds to and correctly describes the role of Victoria as a religio-political phenomenon at Rome'.

sential feature of Roman imperial statecraft. Victoria Augusta was neither mere allegorical figure nor mere metaphor for the brutal realities of political life. It rather evoked a complex series of relationships, an entire repertoire of essential themes which together created that political myth of supernatural legitimization which is as essential to the stability and continuity of a government as are the military, political, and socioeconomic bases of power"[8].

Cicero himself seems to uphold the stance adopted by J. Rufus Fears and other modern researchers. Similarly to Spes, Salus, and Ops – and unlike Mens, Virtus, and Fides – Victory is a lavish gift offered by gods, *De natura deorum*, III 88:

Ad rem autem ut redeam, iudicium hoc omnium mortalium est, fortunam a deo petendam, a se ipso sumendam esse sapientiam. Quamvis licet Menti delubra et Virtuti et Fidei consecremus, tamen haec in nobis sita videmus; Spei, Salutis, Opis, Victoriae facultas a dis expetenda est[9].

St. Augustine's testimony (*Civ. Dei*, IV 24) leads to a similar conclusion (ita Virtus, quae dat virtutem, Honor, qui honorem, Concordia, quae concordiam, Victoria, quae dat victoriam).

According to poets, Victory is an independent deity who bestows her favours upon whomever she pleases. Vergil points this out clearly in the *Aeneid*, XII 187-194:

---

[8] Cf. S. Weinstock, *op. cit.*, p. 2520: 'V. Augusta wurde somit ein religiöses und rechtliches Symbol des römischen Reiches. Wenn die früheren V. ein politisches Programm bedeuteten, stellte die V. Augusta dessen Verwirklichung durch Augustus dar: sie repräsentierte das siegreiche römische Reich und alles, was es innerhalb seiner Grenzen bieten konnte: Sicherheit, Frieden, Milde, Wohlfahrt'.

[9] Cf. Cicero, *Nat. deor.* II 61: 'vides Virtutis templum vides Honoris a M. Marcello renovatum, quod multis ante annis erat bello Ligustico a Q. Maxumo dedicatum. Quid Opis quid Salutis quid Concordiae Libertatis Victoriae; quarum omnium rerum quia vis erat tanta ut sine deo regi non posset, ipsa res deorum nomen optinuit'. In *Script. Hist. Aug. Prob.* 12, 7, Victoria appears in company of Iuppiter and Concordia: 'Iuppiter Optime Maxime [...] tu orbis Concordia et tu Romana Victoria [...]'. Victoria along with Iuppiter and Mars are deities of Roman legions – *dei militares*. See also Tertull., *Apolog.* 16, 7-8: 'Sed et Victorias adoratis in tropaeis, cum cruces intestina sunt tropaeorum. Religio Romanorum tota castrensis signa veneratur, signa iurat, signa omnibus deis praeponit'; Tertull., *Ad nat.* I 12, 14-15: 'itaque in Victoriis et cruces colit castrensis religio. Signa adorat, signa deierat, signa ipsi Iovi praefert'.

sin nostrum adnuerit nobis victoria Martem
(ut potius reor et potius di numine firment),
non ego nec Teucris Italos parere iubebo
nec mihi regna peto: paribus se legibus ambae
invictae gentes aeterna in foedera mittant.
sacra deosque dabo; socer arma Latinus habeto,
imperium sollemne socer; mihi moenia Teucri
constituent urbique dabit Lavinia nomen[10].

Such context calls for evocation of words of Tibullus, II 5, 45-46 and Ovidius, *Tristia*, II 168-172. The abovequoted Augustan poets depict a twofold nature of goddess Victoria: she may act out of her own initiative or upon a request of another deity. A similar logic was followed also by Statius in the *Thebaid*, X 632-638, in the passage devoted to goddess *Virtus*. Roman historiography, in particular Livy, who relied on annalists, provides numerous examples of seriousness of Roman approach towards "theology of victory" who incorporated it in their cult of gods *(cultus deorum)*[11]. Patavian advances the hypothesis that of groundbreaking importance throughout the legendary history of Rome under the rule of Romulus was the military might of the city upon the Tiber that enabled it to wage war against any of its neighbours (I 9, 1). Cities, just as everything else, emerge from humble beginnings. Then, those endowed with valour and blessed by gods increase their powers and win a grand name. And, as it is commonly known, gods were actively involved in the birth of the city of Rome, while Romans would never lack in valour.

Let's now recall some of the momentous testimonies to "theology of victory" contributed by Patavian and their interpretation. In the year 295 BC, in return for a victory in the battle of Sentinum, Quintus Fabius Maximus vowed to erect a temple and hand over the spoils of war to Jupiter with the appellation of *Victor* (X 29, 14). In the following year, Marcus Atilius Regulus vowed to erect a temple to Jupiter with the appellation of *Stator* (X 36, 11), i.e. the one who halts the army during retreat. During the battle, as recounted in author's commentary, gods

---

[10] Cf. Claudian., *De VI Cons. Honor.* 597-598: 'adfuit ipsa suis ales Victoria templis / Romanae tutela togae [...]'.

[11] Cf. S. Śnieżewski, *Koncepcja historii rzymskiej w Ab Urbe Condita Liwiusza*, Kraków 2000, p. 84 f.

decided to grant their favour to Romans (ibid., 12). In the year 294 BC Lucius Postumius Megellus dedicated a temple to goddess Victoria in Rome at a critical stage of the war with Samnites (X 33, 9). In the year 296 BC Appius Claudius Caecus made a pledge to erect a temple for the goddess of war, especially of blood-soaked war, known by the name *Bellona* (X 19, 17). The temple of Bellona was erected a few years later in the southern section of the Field of Mars in Rome. Unfortunately, there is not much knowledge about the earlier Italic and Roman deities called *Vacuna* and *Vica Pota*, who in later scholastic hypothesis were identified with goddess Victoria[12]. Livy provides an interesting account of an extraordinary gift offered to Rome in the year 216 BC by Hiero, the tyrant of Syracuse (XXII 37). Hiero's envoys emphasized that the greatness of Roman people in the face of adversity inspires even a greater awe than in fortune. First and foremost, the envoys brought with themselves a golden statue of goddess Victoria. Romans welcomed the statue of the goddess of victory as a good omen and designated and consecrated a special site for the goddess on the Capitoline Hill, i.e. the temple of Jupiter Best and Greatest (*Iuppiter Optimus Maximus*). In this stronghold of Rome, the goddess was to be holy, kind, favourable, constant, and adamant for the people of Rome (... sacratam, volentem propitiamque, firmam ac stabilem fore populo Romano). During the declining years of the empire, the victory of Octavian in the battle of Mutina in the year 43 BC offered a good opportunity for honouring yet another epiphany of the goddess Victoria - *Victoria Augusta*. Goddess Victoria was then something more than just one of many personifications. J. Rufus Fears[13] points out that from the initial stages of Punic Wars until the battle of Pydna Roman coins were constantly engraved with a motif of victory. During the critical times of early Roman history, in the battle with Latins at the Lake Regillus, dictator Aulus Postumius, not without heeding divine and human assistance, reportedly vowed to erect a temple for Castor and to reward soldiers for conquering the camp of the enemy (II 20). Continuity of this tradition is also confirmed by the following words of Cicero in *De natura deorum*, II 6:

---

[12] S. Weinstock, *op. cit.*, p. 2502.
[13] *Ibidem*, p. 775-776.

[...] apud Regillum bello Latinorum, cum A. Postumius dictator cum Octavio Mamilio Tusculano proelio dimicaret, in nostra acie Castor et Pollux ex equis pugnare visi sunt.

Also Livy reiterates with a great dose of emphasis that gods promised victory, triumph, and extension of borders to Romans, demanding at the same time that wars continue to be waged, f. e. XXXI 4, 5; 7; XXXVI 1; XXXVIII 48, 14-16. It appears interesting that such crucial problems as the world view of Livy, comprehension by the historian of nature of gods and their influence on human actions in a historical perspective focus predominantly on relations between gods and people waging wars. Triumphs of victorious military leaders from the times of the Republic are of religious nature where reverence was given to gods. Marcus Servilius offers a magnificent account of the triumph of Lucius Aemilius Paulus following the victory over Perseus, XLV 39, 10-13:

Dis quoque enim, non solum hominibus, debetur triumphus. Maiores vestri omnium magnarum rerum et principia exorsi a dis sunt et finem statuerunt. Consul proficiscens praetorve paludatis lictoribus in provinciam et ad bellum vota in Capitolio nuncupat; victor perpetrato bello eodem in Capitolium triumphans ad eosdem deos, quibus vota nuncupavit, merita dona portans redit. Pars non minima triumphi est victimae praecedentes, ut appareat dis grates agentem imperatorem ob rem publicam bene gestam redire. [...] Quid enim? Illae epulae senatus, quae nec privato loco nec publico profano, sed in Capitolio eduntur, utrum hominum voluptatis causa an deorum honoris fiunt?

The religious ritual of declaring war (*bellum*) and establishing peace (*pax*), as well as supervision over international law (*ius gentium*) in Rome laid in the domain of *fetiales* order. Dionysius of Halicarnassus (II 72) and Plutarch (*Numa*, 12; *Camillus*, 18) tied the beginnings of *fetiales* activity with the second king, Numa Pompilius, Cicero (*De re pub.*, II 31) with the third king, Tullus Hostilius, while the commentator of Vergil, Servius (*ad Aen.*, X 14), as well as Livy (I 32, 5), with the fourth king, Ancus Marcius. An interesting comment on the functions fulfilled by *fetiales* was offered, among others, by Marcus Terentius Varro (*De lingua Latina*, V 86):

Fetiales, quod fidei publicae inter populos praeerant: nam per hos fiebat ut iustum conciperetur bellum, et inde desitum, ut f<o>edere fides pacis constitueretur. Ex his mittebantur, ante quam conciperetur, qui res repeterent, et per hos etiam nunc fit foedus, quod fidus Ennius scribit dictum.

J. Bayet[14] refers directly to "le rythme sacral de la guerre". Evidently, *ius fetiale* was considered by Romans as *ius divinum* and *sacrum* – and therefore it is subject to special protection of gods. Perhaps most interesting, although undoubtedly rather anachronistic deliberations on this matter are offered by Livy (I 24; 32, 5-14)[15]. Interpretation of the Livy's description allows for establishment of the following sequence of events: *res repetuntur, bellum denuntiatur, senatus censet, populus iubet*, and *bellum indicitur*[16]. As for etymology of the noun *bellum*, it posed a difficult dilemma for contemporary researches during the times of antiquity. Seemingly the most important definition was proposed by Marcus Terentius Varro, *De lingua Latina*, VII 49:

Perduelles dicuntur hostes; ut perfecit, sic perduellis, <a per> et duellum: id postea bellum. Ab eadem causa facta Duellona Bellona[17].

J. Carcopino[18], J. Gagé[19], and G. Ch. Picard[20] unanimously ascribe the true authorship of "theology of victory" in Rome to Publius Cor-

---

[14] J. A. Bayet, *Histoire politique et psychologique de la religion romaine*, Paris 1976, p. 86.

[15] Esp. 13: 'Quod populi Priscorum Latinorum hominesque Prisci Latini adversus populum Romanum Quiritium fecerunt, deliquerunt, quod populus Romanus Quiritium bellum cum Priscis Latinis iussit esse senatusque populi Romani Quiritium censuit, consensit, conscivit, ut bellum cum Priscis Latinis fieret, ob eam rem ego populusque Romanus populis Priscorum Latinorum hominibusque Priscis Latinis bellum indico facioque'.

[16] Cf. S. Albert, *Bellum Iustum. Die Theorie des "gerechten Krieges" und ihre praktische Bedeutung für die auswärtigen Auseinandersetzungen Roms in republikanischer Zeit*, Frankfurt 1980, p. 16; Cf. R. Bloch, *Tite-Live et les premiers siècles de Rome*, Paris 1965, p. 120-121: 'L'action, et surtout l'action au délà des frontières, est impossible sans l'accord préalable des Dieux, sans le respect des regles sacrées et de la justice. La piété romaine débouche ainsi directement sur le droit et sur la morale. A une date très haute, Rome établit donc la structure d'un droit international'.

[17] Cf. Servius, *ad Aen.* I 22; Servius, *ad Aen.* VIII 547; Isidor., *Diff.* I 563.

[18] J. E. J. Carcopino, *Sylla ou la monarchie manquée*, Paris 1947, p. 94 f., 114 f.

[19] *Ibidem*, p. 2-6, 35-43.

[20] *Ibidem*, p. 167-181.

342

nelius Sulla[21]. Sallust, a rationalist and objective historian, is strongly emphatic about the exceptional military skills of Sulla, and in particular about his ingenious actions (*sollertia*), venturing the following statement in *Bellum Iugurthinum*, 96, 1-4:

[...] Sulla, [...], postquam in Africam atque in castra Mari cum equitatu venit, rudis antea et ignarus belli, sollertissimus omnium in paucis tempestatibus factus est. Ad hoc milites benigne appellare, multis rogantibus, aliis per se ipse dare beneficia, invitus accipere, sed ea properantius quam aes mutuom reddere, ipse ab nullo repetere, magis id laborare ut illi quam plurumi deberent; ioca atque seria cum humillimis agere; in operibus, in agmine atque ad vigilias multus adesse, neque interim, quod prava ambitio solet, consulis aut quoiusquam boni famam laedere, tantummodo neque consilio neque manu priorem alium pati, plerosque antevenire. Quibus rebus et artibus brevi Mario militibusque carissimus factus.

From the year 87 BC, Sulla would foster the belief among his entourage that he was under a special care of Jupiter, Apollo, and Venus. J. P. V. D. Balsdon[22] proposes the following assessment of Sulla's religiosity: Cult of goddess Venus, who guarantees victory, played a prominent role in the ideology adopted by Roman military leaders during the declining years of the Republic. Appellation *felix* had a political and religious meaning similar to epithet *augustus* adopted later on by Octavian. Apart from the supernatural factor in the form of *felicitas* and *fortuna*, Sallust highlights also the soldierly fortitude (*fortitudo*) and energy of Sulla expended into his undertakings (*industria*), *Iugurth.*, 95, 4:

Atque illi felicissumo omnium ante civilem victoriam numquam super industriam fortuna fuit, multique dubitavere fortior an felicior esset[23].

---

[21] Cf. S. Śnieżewski, *Salustiusz i historia Rzymu. Studia porównawcze na tle historiografii greckiej i rzymskiej*, Kraków 2003, p. 66 f.

[22] J. P. V. D. Balsdon, *Sulla felix*, "The Journal of Roman Studies" Vol. 41, 1951, p. 7-8.

[23] Cf. S. Weinstock, *op. cit.*, p. 2535: 'Es gab eine natürliche Verbindung zwischen Fortuna und V. Fortuna konnte den Sieg bringen und V. den siegreichen Feldherrn heimführen'.

Hence, *Victoria Sullana* was a result of the *virtus* and *felicitas* of the dictator[24]. The victory won by Sulla in Praeneste was commemorated by *ludi Victoriae* games [25]. As L. Morawiecki[26] recounts, during the rule of Sulla for the first time in history religious symbols on coins communicated political slogans. Sulla undertook consistent efforts to take over full power over the auspices. J. Carcopino[27] even considered assumption of absolute power over the auspices as preparation for introduction of monarchy (*regnum*) in Rome. As the dictator and a proconsul, Sulla seized the absolute power over the auspices both in Rome and in Roman provinces. *Lex Valeria de imperio* of the year 82 BC permitted Sulla as an augur to alter the boundaries of the pomoerium, and hence to extend the Roman border, while yet another statute on provincial administration deprived all governors of auspice rights to the advantage of Sulla[28].

As pointed out by J.-Cl. Richard[29], also Gaius Marius as *homo novus* searched for efficient propaganda tools in "theology of victory", which he looked for to no avail in the rigid ancestral tradition. Again, let's give the voice to Sallust, who ventures the following assessment of Marius by means of his favourite antithesis, *Iugurth., 63, 2*:

> At illum iam antea consulatus ingens cupido exagitabat, ad quem capiundum praeter vetustatem familiae alia omnia abunde erant: industria, probitas, militiae magna scientia, animus belli ingens domi modicus, lubidinis et divitiarum victor, tantummodo gloriae avidus.

After acquiring the consul's office, Marius in a grand speech opposed his *virtus militaris* with shameful conduct of nobility. He argued that he did not come into his valour by way of inheritance, as it was the case of *nobilitas*, but rather won it with utmost efforts and by exposing himself to danger. He learnt what was most important for the Republic:

---

[24] Cf. Plut., *Sulla*, p. 19.

[25] Cf. Degrassi, II, XIII, 2, p. 525-526; Velleius Paterculus, II 27, 6 writes even about *ludi Victoriae Sullanae*.

[26] L. Morawiecki, *Symbole urzędów religijnych na monetach republiki rzymskiej*, [in:] *Religie w świecie starożytnym*, red. D. Musiał, M. Ziółkowski, Toruń 1993, p. 75.

[27] *Ibidem*, p. 74-80.

[28] M. Jaczynowska, *Religie świata rzymskiego*, Warszawa 1987, p. 102.

[29] J.-Cl. Richard, *La victoire de Marius*, "Mélanges de l'école française de Rome" Vol. 77, 1965, No. 1, p. 68-86.

fight the enemy, stand guard, and fear nothing but bad fame, be equally resistant to cold and heat, sleep on the bare ground, and endure concomitant scarcity and hardships. Ancestors handed down to nobles everything they only could: property, effigies of their forebears, and venerated remembrance. Nevertheless they did not, and could not, leave any valour to their descendants by way of inheritance, as these are the only valuables that may not be presented or received as a gift, *Iugurth.*, 85, 29-38.

After conquering Capsa, Marius was seen both by Numidians and by Roman soldiers as almost a superhuman being, *Iugurth.*, 92, 1-2. As a military leader he enjoyed even undeserved favour of fortune. In *Iugurth.*, 94, 7 Sallust states that an irresolute act by Marius was remedied by a fortunate coincidence that transformed the military leader's recklessness into a road to fame (Sic forte correcta Mari temeritas gloriam ex culpa invenit). Following his triumph over Cimbri and Teutones in the year 101 BC, Marius deposited his war trophies on the Capitoline Hill and won a general acclaim as the third – following Romulus and Camillus – founder of Rome. The thesis that, through spreading the cult of goddess Victoria and promoting the concept of triumph, Marius laid the foundations for a new stage of development of the cult of great Republican military leaders would undoubtedly be entirely valid[30]. Julius Caesar was in possession of a considerable mass of data in order to develop the cult of goddess Victoria and strive for his own divinization still during his lifetime[31]. In the battle of Pharsalos Caesar mobilized the army with *Venus Victrix* slogan and vowed to erect a temple for the goddess, if his army prevails upon the army of Pompey the Great[32]. Caesar honoured his promise two years later by erecting a sanctuary for the mother of the descendants of Aeneas and the Roman nation. It should be added here that myths about the Trojan genealogy of Rome – the New Troy and about the *pietas* of Aeneas laid the foundations for the

---

[30] *Ibidem*, p. 85 : 'préfigure les *imperatores* qui lui succéderent, de même que la *Victoria Mariana* annonce la *Victoria Sullana* ou la *Victoria Caesaris'*. Cf. M. Jaczynowska, *Kult wodzów rzymskich w okresie republiki (III-II w. p.n.e.)*, "Balcanica Posnaniensia" III, Poznań 1984, p. 157-165; idem, *La genesi repubblicana del culto imperiale. Da Scipione l'Africano a Giulio Cesare*, "Athenaeum" Vol. 73, 1985, No. 3-4, p. 285-295.

[31] S. Śnieżewski, *Problem boskości Oktawiana-Augusta w poezji augustowskiej*, Kraków 1993, p. 15 f.

[32] App., *B. C.* II 68; Dio Cass., XLIII 43, 2-3.

Roman imperialism[33]. In April 45 BC, following the victorious battle of Munda, Caesar's aspirations for divinization achieved a new escalated stage. After the news about his glory reached Rome in the evening hour, the decision was promptly made that the feast organized to celebrate founding of the city (*Parilia*) scheduled to begin for the following morning would be held in honour of Caesar, as if he was the founder of Rome[34]. In the beginning of the year 44 BC obsequious members of the Senate and people's assembly, inspired by consul Marcus Antonius, bestowed upon Caesar the title of Father of the Fatherland (*pater patriae*) along with the right to engrave his own image on coins. As a result, Caesar was in a way acclaimed as father of all Romans following Romulus' model. The title of *pater patriae* was related to the title of *conditor*, semantically derived from the Greek title κτίστης – a new founder of the city and creator of the foundations of a new political and legal system. A resolution to erect *Concordia Nova* temple was adopted, as it was a common belief that Caesar restored the peace and harmony that humanity longed for.

Julius Caesar was the first to offer special consideration to the goddess of Peace (*Pax*) within the context of Roman political and religious system. It should be remembered that this concept occurs in the history and civilization of Rome – along with many other – within the context of Greek civilization[35]. The origins of Greek peace should be linked to the Greek goddess of peace – Εἰρήνη – known at least since the times of

---

[33] M. Pani, *Troia resurgens: mito troiano e ideologia del principato*, "Annali della Facoltà di Lettere e Filosofia" Vol. 18, 1975, p. 65-85.

[34] Dio Cass., XLIII 42, 3.

[35] Cf. I. Lana, *Studi sull'idea della pace nel mondo antico*, Torino 1989, p. 17 (n. 27). Memorie dell'Accademia delle scienze di Torino. Classe di scienze morali, storiche e filologiche, s. V, v. 13, fasc. 1-2: 'Il MARTIN sviluppa una tesi nuova e degna di attenzione. Egli ritiene che Roma a principio del III sec. A. C. abbia mutuato dalle monarchie ellenistiche l'ideologia della Vittoria e dell'evergetismo protettore e che su tale base abbia elaborato la teoria della pax Romana come protettrice del mondo civile contro i barbari; Augusto, poi, introdusse una modificazione essenziale, in quest'ideologia, riconciliando Roma con se stessa (fine delle guerre civili) e con il suo destino di immortalità (l'affermata identità Urbs-orbis). L'ingegnosa e dotta costruzione del Martin e indebolita dal fatto che egli non fa neppure parola del valore originario, ed efficace nei secoli, dell'idea romana di pax: si tratta, prima di tutto, di vedere come l'eventuale influenza dell'ideologia ellenistica si sia combinata con la concezione prettamente romana di pax: questa, a mio avviso, conserva netta prevalenza sugli apporti esteriori. Chi trascuri o neghi il punto di partenza non può risultare convincente nelle sue costruzioni'.

Hesiod[36] and frequently remembered during the Peloponnesian War[37]. In all probability the first altar of the goddess was erected approximately in the year 375/74 BC to honour the peace treaty entered into by Athens and Sparta[38]. Mounted on the altar was the famous statue of Eirene with Plutus in her arms sculptured by Cephisodotus. Another image of the goddess is also engraved on a silver stater from Locri dating back to 350 BC. Pausanias mentions yet another statue in Athens[39] as well as of a priest of the goddess in Thespiae during the 3rd century BC. This is the most important and in fact the only piece of information available about the Greek goddess Eirene. She is virtually nonexistent within the context of Greek political philosophy and appears to be only a rather blank and inconsequential political concept and deity.

Roman *pax*, even though initially depicted – as Eirene – with caduceus, it was primarily associated not with peace but with Roman imperialism[40]. *Pax* is derived from the verb *paciscor, pacisci, pactus sum* and initially did not refer to peace but rather to a pact ending a war and leading to submission or sometimes a peaceful alliance[41]. Ancient authors recount that in the year 233 BC Quintus Fabius Maximus took with himself to Carthage two signs with images of a spear (*hasta*) and caduceus – symbols of war and truce – and demanded from Carthaginians to choose what they desire for themselves. Caduceus may be found on Roman coins – it is frequently used as an attribute of Hermes-Mercury. A coin from the time of rule of Sulla bears an image of caduceus next to a female figure (with goddess Victoria in a quadriga on the reverse), while it is presented on yet another coin with other attributes[42], and still on another coin along with an image of *Honos* and *Virtus* with the reverse bearing an engraving of *Roma* leaning her foot on the earth globe and extending her arm towards Italy, which holds

---

[36] *Theog.*, p. 901 f.; *Erga*, p. 228.

[37] Eurip., *Cresphontes* frg. 453 N.; *Bacchae*, 419 f.; *Or.*, 1682 f.; Aristoph., *Pax*, 974 f.

[38] Filoch., *FGrHist*. 328 F 151 (Jacoby).

[39] *Ibidem*, I 18, 3.

[40] C. Koch, *Pax*, RE, 18, 4, 1949, coll. 2430-2436.

[41] I. Lana, *op. cit.*, p. 20-21.

[42] E. Sydenham, *The Coinage of the Roman Republic*, London 1952, p. 121, 118; J. Rufus Fears highly estmates numismatic sources; J. R. Fears, *The Cult of Virtues and Roman Imperial Ideology*, "Aufstieg und Niedergang der römischen Welt" Vol. 2, 1981, No. 17, part II, s. 945: 'The coinage was a medium of propaganda. Its purpose was the creation and propagation of a belief'.

the horn of plenty (*cornucopiae*), as well as a winged caduceus in the background[43]. The third coin may refer to pacification of Italy following a war with allies, while other coins probably suggest that at the time *pax* was already recognized as a popular political theme[44]. Submission to Romans guaranteed peaceful life. Some Greek intellectuals, e.g. Panaitios or Poseidonios accepted such a status quo. A typical approach towards this issue was adopted by Cicero as expressed in a letter to his brother Quintus (I 1, 34). Man of Arpinum claimed that Imperium Romanum ensures protection of its subjects against external and domestic warfare: as long as they pay taxes, they may enjoy *pax sempiterna* and *otium* (Id autem imperium cum retineri sine vectigalibus nullo modo possit, aequo animo parte aliqua suorum fructuum pacem sibi sempiternam redimat atque otium).

The primary evidence of the bond between Julius Caesar and personified goddess *Pax* is a quinarius of Lucius Aemilius Buca dating back to circa 44 BC. With the obverse engraved with an image of a female head and legend *Paxs*, the reverse of the coin bears an image of two clasped hands. A denarius from the same mint displays Caesar's head on the obverse and a winged caduceus on the reverse, along with fasces, the earth globe, and joined hands. In Pax Iulia, Caesar's colony in Lusitania, at least an altar was erected for the new goddess, as the obverse of an as excavated there was engraved with the head of Augustus and seated *Pax* with caduceus on the reverse. Colonia Pacensis or Forum Iulii Pacatum was yet other colony in Gallia Narbonensis. What is more, the dictator strove to introduce the cult of *Pax* all over the widespread territory of Imperium Romanum, starting from Spain, Gallia, and perhaps the African continent. In his funeral speech Marcus Antonius glorified Caesar as the creator of peace – εἰρηνοποιός[45]. This epithet, as many other, would form a bond between Julius Caesar and Alexander the Great. In no time did Roman authors express hope for forthcoming positive political and social changes, as well as praise the blessings of *pax Augusta*. The programme adhered to by Caesar

---

[43] This is the coin emitted by Quintus Fufius Calenus and Mucius (?) Cordus in 82, 72 or circa 69 BC.

[44] We should remember words of a consul of 78 BC Marcus Aemilius Lepidus, Sall., *Hist.* frg. 55 (26 M.): 'specie concordiae et pacis, quae sceleri et parricidio suo nomina indidit' (about Sulla); cf. Lucan., II 171: 'omnia Sullanae lustrasse cadavera pacis'.

[45] Dio Cass., XLIV 49, 2.

was an inspiration even for his political adversaries. It is peculiar that Cicero would use the noun *pax* much more frequently in his *Philippics* than in all other speeches taken together. *Pax* makes an appearance on the obverse of a denarius dating back to circa 42 BC holding caduceus and leaning against a sceptre, while the reverse of the coin is engraved with the head of Julius Caesar. Following the defeat of Sextus Pompeius in 36 BC, people of Rome adorned in garlands went to meet Octavian half way and then escorted him back to Rome to a temple of gods. In a published speeches, Octavian presented his political agenda, which was founded on peace and propitiousness[46]. The Senate erected a golden statue for Octavian in recognition for restoration of peace on land and sea.

Caesar was determined to convince people of Rome of the necessity to bestow a royal title upon him. He would spread among Romans prophecies of Sibyl that only a king will be in position to conquer the kingdom of Parthia. It was for this reason that during the time of preparations to a military expedition a member of collegium *quindecemviri sacris faciundis*, Lucius Cotta, reportedly appealed to the Senate for bestowing a royal title upon Caesar. No doubt it was due to the prophecy of Sibyl inspired by Apollo. Submitted by a servant of Apollo, the legislative draft was to be executed by a representative of a family that was especially devoted to worship of Apollo. F. Cumont[47] describes efforts of this kind undertaken by eminent individuals in order to obtain divine honours during the period of the Republic as "the Republican transformation of the doctrine of divinity of kings". Throughout his entire political career, Caesar consciously referred to tactics of Alexander the Great[48]. As Alexander derived his divine descent from Zeus-Ammon, Caesar invoked divine connections of his own lineage[49]. Identification of Caesar with Jupiter, as suggested even by the title of *Iuppiter Iulius*, may be compared, for example, with recognition of Alexander as the New Dionysos (*Neos Dionysos*). Caesar believed also to be Alexander's heir to conquest and civilization of inhabited world. Allegedly the dictator was seriously contemplating the possibility to move

---

[46] Appian., *B. C.* V 130, 540.

[47] F. V. M. Cumont, *After Life in Roman Paganism*, New Haven 1922, p. 114.

[48] App., *B. C.* II 149-150 (confrontation of Alexander the Great and Julius Caesar).

[49] Cf. f. e. L. Cerfaux, J. Tondriau, *Un concurrent du christianisme. Le culte des souverains dans la civilisation gréco-romaine*, Tournai 1957, p. 287.

the capital of his empire to the East, taking into consideration not only Ilion, the seat of his ancestors, but also Egyptian Alexandria, the city of Cleopatra, founded by the great Macedonian conqueror. Today it is rather hard to provide an unanimous response to the question of how spontaneous was the cult of the divinity both of Alexander and Caesar. According to a hypothesis adopted by G. Dobesch[50] and V. Ehrenberg[51], Caesar persistently strove to be divinized already during his lifetime. L. Morawiecki[52] makes a categorical statement that "it was in Caesar (...) that the Roman consciousness fully combined the rule over the universe – in a human being that became a god". We believe that Caesar's sudden death was a warning for all who wished to follow into his footsteps. Legions stationed in Rome were prepared to set on a great military expedition against Parthia. Upon the death of their great military leader, soldiers and veterans suddenly lost everything and – were ready for everything. Young Octavian knew well how to take advantage of the resulting change in circumstances. His adversaries immediately noticed that he owed everything to the name of assassinated Caesar[53]. In July 44 BC Octavian festively celebrated *ludi Victoriae Caesaris*. The splendour and magnificence of the games brought fame not only to deceased Caesar, but equally to his adopted son. An extraordinary astronomical phenomenon proved very useful in Octavian's pursuit of official recognition of Caesar's divinity. As the games were unfolding, a comet appeared in the northern section of the skies to remain there to be seen during the following seven days. Romans believed it to be the soul of Caesar admitted among the celestials[54]. It should be mentioned

---

[50] G. Dobesch, *Caesars Apotheose zu Lebzeiten und sein Ringen um den Königstitel*, Wien 1966.

[51] *Caesar's Final Aims*, [in:] V. Ehrenberg, *Man, State and Deity. Essays in Ancient History*, London 1974, p. 127-148.

[52] L. Morawiecki, *Władza charyzmatyczna w Rzymie u schyłku republiki (lata 44-27 p.n.e.)*, Rzeszów 1989, p. 44.

[53] Cicero, *Phil.* XIII 24-25: 'et te, o puer, [...] qui omnia nomini debes' (Antonius' opinion about Octavian); Vell. Pater. II 80, 3: 'praeter nomen nihil trahens'; cf. R. Syme, *The Roman Revolution*, Oxford 1939, p. 113, 232.

[54] Plin., *N. H.* II 93-94: 'Cometes in uno totius orbis loco colitur in templo Romae, admodum faustus divo Augusto iudicatus ab ipso, qui incipiente eo apparuit ludis quos faciebat Veneri Genetrici non multo post obitum patris Caesaris in collegio ab eo instituto. Namque his verbis id gaudium prodit: ,Iis ipsis ludorum meorum diebus sidus crinitum per septem dies in regione caeli quae sub septentrionibus est conspectum est. Id oriebatur circa undecimam horam diei clarumque et omnibus e terris conspicuum fuit. Eo sidere significari volgus credidit Caesaris animam inter deorum immortalium

here that the appearance of the comet was also interpreted as an omen of a new era for humanity. Aurei dating back to 43 BC are engraved with an image of the head of the Sun's god (*Sol*) adorned in a crown of gleaming sun rays and the moon encircled by five stars. This is a symbol of a new era, the Vergilian *magnus annus*, and the time of the universal restoration. As concluded by A. Alföldi[55], following the year 44 BC, and especially a year after the second triumvirate was established, reverses of coins started to be engraved with *cornucopiae* encircled by a diadem or figures symbolizing *pium saeculum* (*Pietas* or the figure of Aeneas fleeing burning Troy and carrying his father, Anchises, in his arms). Furthermore, one coin's reverse – according to A. Alföldi – bears an image of *genius*, whom the scholar identifies as *Aion* himself. *Genius-Aion* leans one foot against the earth globe, holding the horn of plenty in one hand and caduceus in the other, which symbolized in the eyes of the contemporaries a return of the golden century (*aureum saeculum*). With his head surrounded by sun rays, winged *Aion* is additionally equipped with a bow – as Apollo, and with a quiver – as Diana.

Over the head of each statue of Caesar Octavian engraved an image of a star that from then on has been recognized as a symbol of the *gens Iulia*, and in particular of the divinity of Caesar himself[56]. Even though officially emphasizing the connection between the comet with glorification of Caesar, Octavian – as pointed out by ancient commentators of the phenomenon – undertook attempts to link the appearance of the comet with his own birth. According to a widespread belief, Octavian's birth was to be salutary to the fate of the contemporary world. It is quite an extraordinary development, as an appearance of a comet would usually be perceived by people of the antiquity as a presage of cataclysms – especially of political nature[57]. Nevertheless, in IV *eclogue*, Vergil-

---

numina receptam, quo numine id insigne simulacro capitis eius, quod mox in foro consecravimus, adiectum est'. Haec ille in publicum: interiore gaudio sibi illum natum seque in eo nasci interpretatus est; et, si verum fatemur, salutare id terris fuit'; cf. Dio Cass., XLV 7; Prop., IV 6, 59: 'At pater Idalio miratur Caesar ab astro'.

[55] A. Alföldi, *Der neue Weltherrscher der vierten Ekloge Vergils*, "Hermes" Vol. 65, 1930, p. 369-384.

[56] Cf. Verg., *Ecl.* IX 47; see also *Vergil. Eclogues*, ed. R. Coleman, Cambridge 1977, p. 173: 'In 9. 46-9 Daphnis contemplates *Caesaris astrum* as a portent of rural prosperity, and there can be little doubt that Vergil, whose *patria*, Transpadane Gaul, had been enfranchised by the dictator (Dio 48. 12. 5), shared the hopes that the comet portended a return to the peace and prosperity which his rule had abortively promised'.

[57] Verg., *Georg.* I 488; Tibull., II 5, 71; Lucan., I 529; cf. Cicero, *Nat. deor.* II 14; Verg., *Aen.* X 272; Seneca, *Nat. Quaest.* VII 17, XXI 29.

ius offers what beyond a shadow of a doubt is an optimistic interpretation of the phenomenon. The apocalyptic vision presented in verses 5 through 10 heralds a return of an age of happiness. Moreover, Romans adhered firmly to the belief – certainly inherited from Etruscan people[58] – that the life cycle of any society lasts ten ages (*saecula*). Romans regarded this tradition very seriously. This may be corroborated by the fact that *ludi saeculares* celebrated festively within the period from 249 and 149 BC were organized following prior consultation with the Sibylline Books[59]. Thus, if the official duration of a *saeculum* was then 110 years[60], then the turn of the year 40/39 BC marked the beginning of a new era. As a matter of fact Servius, in his commentary to IX *eclogue*, v. 46, ventures a statement that at a popular assembly Etruscan prophet Vulcanius interpreted *sidus Iulium* as a sign that the tenth *saeculum* of Rome, the era of Apollo-Helios, is just about to commence. Let's recall in the end the words of J. Rufus Fears as regards numismatic sources. Based on an iconographic analysis of coins, the researcher concluded that during domestic wars the problem of "theology of victory" acquired a new significance. J. Rufus Fears says accurately[61]:

"During the struggles of the 80's each side identified its own cause with victory, celebrating the gods of Rome as the guarantors of the political order. The theology of victory had thus been totally absorbed into the domestic political strife at Rome; the phenomenon was the ideological herald of the collapse of republican government and the establishment of monarchy at Rome, for it was the theology of victory that provided the essential political myth for the monarchies of Caesar and Augustus".

---

[58] Censorinus, *D. N.* 17, 5: '[...] in unaquaque civitate quae sint naturalia saecula, rituales Etruscorum libri videntur docere [...]'; 7: 'Romanorum autem saecula quidam ludis saecularibus putant distingui; cui rei fides si certa est, modus Romani saeculi est incertus: temporum enim intervalla, quibus ludi isti debeant referri, non modo quanta fuerint retro ignoratur, sed ne quanta quidem esse debeant scitur'; cf. S. Weinstock, *Divus Iulius*, Oxford 1971, p. 191-197.

[59] Hor., *carm. saec.* 5.

[60] *Ibidem*, p. 21: 'certus undenos deciens per annos / orbis [...]'.

[61] *Ibidem*, p. 790.

ANNA MARIA WASYL
KRAKÓW

MAXIMIANUS AND THE LATE ANTIQUE READING OF CLASSICAL LITERARY GENRES

Students of late antique Latin poetry often, and justly, emphasize that the canons of form and content established by the Augustan *classici* cannot be applied to texts written four, five or six centuries later, in a completely changed socio-political, cultural and ideological context, and for a public having its own, very well defined, literary tastes. It is undoubted that the poetological and aesthetic differences between the literature of late antiquity and the heritage of the period labeled as the 'golden age' of Latin writing must not be explained in mere terms of quality[1]. Yet, it is also equally true that the very essence of late antique poetry is the constant exploitation, interpretation and reinterpretation of the 'classical' tradition. The writers for whom the only Empire that will last is the Empire of a Sign – Latin willingly adopt 'ancient' means of expression, genres, themes, *topoi*, apparently not considering themselves "prisoners of the past". On the contrary, they do not shrink from revising the masters of old, reading them over with their non-classical eyes and reusing, if not recycling, their works.

It is remarkable that among the genres rediscovered by the late antique poets one can find the Augustan elegy, a form which, as it might seem, had fallen into disuse in the imperial literature. What is not less significant is the fact that the elegiac corpus of Maximianus, composed presumably, although not indisputably – as it is only the author to give us his own story – in the 6th century A.D.[2], enjoyed a considerable popu-

---

[1] As emphasized also by Schneider (2001: 459) in a paper on Maximianus which I will quote here several times.
[2] On the dating of Maximianus's corpus see in particular: Merone 1948: 337-352; Shanzer 1983: 183-195. The proposal of Ratkowitsch (1986) to postdate Maximianus's

larity in subsequent centuries being paraphrased[3], quoted and even recommended as a schoolbook[4]. Maximianus was, indeed, one of the *auctores* respected by the Middle Ages, yet it might be implied that his medieval copyists and, consequently, readers paid relatively less attention to the very 'elegiac' form of the oeuvre than to its ethical content[5].

The modern history of the definition – or rather the redefinition – of Maximianus's work in its formal context starts, as W. Ch. Schneider rightly observes[6], at the beginning of the 16th century. In 1501 a young Venetian humanist by the name of Pomponius Gauricus prepared the edition of the corpus, which was, actually, only the third edition altogether[7]. It is apparent that Gauricus intended to focus on the formal, i.e. generic, aspect of the oeuvre, since he proposed to read Maximianus's couplets not just as 'elegiac poetry', but precisely as 'erotic elegies'. The young editor divided the 686 verses into six separate poems. His division did not follow those made in the two earlier editions[8], nor did it reflect the textual appearance of Maximianus's verses in the medieval manuscripts[9]. Pomponius Gauricus singled out four pieces treating four various women episodes (Lycoris, Aquilina, Candida, *Graia puella*) and two more 'poems' constituting, respectively, the introduction and the conclusion of the oeuvre. The division of the text into six

---

poetry to the Carolingian period has found, in effect, little support; a short summary of the arguments against the thesis of Ratkowitsch is given by Consolino (1997: 363-365).

[3] Cf. Leotta (1985: 91-106), who also publishes the text of the 9th century paraphrase of Maximianus's *elegy 1*.

[4] On which below. On the medieval reading of Maximianus: Coffman 1934: 252-253 (n. 2).

[5] Maximianus was copied with other late antique writings of mainly ethical character, the *Disticha Catonis* and the fables of Avienus. It is worth noting, however, that in one of the best manuscripts (*Etonensis*, Bl. 6, 5) the Maximianus's work is included with Ovid's *Remedia Amoris*, which, as Coffmann (1934: 251) rightly observes, at least suggests their affinity to the Roman love poetry. Before Gauricus, several 14th century manuscripts attribute Maximianus's work to Cornelius Gallus, Consolino (1997: 366) quoting Mariotti (1994: 215).

[6] Cf. Schneider 2001: *passim*.

[7] The two previous ones were the Utrecht edition of 1473 and the Paris edition (I follow the information provided by Ellis [1884: 9]).

[8] Cf. Schneider 2001: 446-447.

[9] The manuscripts present the text either continuously, or, in more cases, display within the continuous written text various initial and paragraph graphic signs which can be understood as segmentation indicators; yet, since there are enormous differences in the segmentation of the text from manuscript to manuscript, these signs can hardly serve as a basis for the determination of inner structure of the work.

separate 'elegies'[10], the center of which are those devoted to female protagonists, was undoubtedly inspired by the reading of the love poetry of Tibullus, Propertius and Ovid. Gauricus, as it seems, aimed to format Maximianus's text as 'classical' collection of elegies, comparable with the books of the Augustan masters. What is more, the eager youngster announced that the edition he had prepared contained not just a work modeled on the Augustan elegists, but actually a work by an Augustan elegist, namely by Cornelius Gallus, the ill-starred singer of Lycoris.

It is not improbable at all that Pomponius Gauricus was a clever forger rather than merely a naïve lover of the ancient literature. Nevertheless, what does strike in his approach to Maximianus's verses is not only a certain reluctance to accept the mysterious name mentioned in l. 486 (or 'elegy 4', l. 26) as the very name of the author, but also a strong determination to make the edited text really look like 'classic' Roman elegy. The young Venetian does his best to adapt the late antique 'material', which seemed elegy-like to him, to what he knows about the genre created by Gallus not simply because he is a forger, but much more because he is a 'humanist' (even though a forger, he still merits the title) and recognizes the exemplary status of the Latin literature of the 'golden age'[11]. Symptomatic is the fact that for Gauricus the fundamental marker of 'elegy' (=Augustan elegy), apart from the meter, is the erotic content and the book format: it must comprise (several) separate poems. Apparently, the young manuscript-hunter does not even take into consideration the elegiac *carmina continua*, sometimes also dedicated to love: *Ars Amatoria, Remedia Amoris*[12], both by the matchless experimentalist, Ovid, not to speak of the late antique *De reditu suo* by Rutilius Namatianus, in fact not so far from erotic tones, at least if love for the *Urbs* is concerned[13].

---

[10] Throughout my paper I put the term elegy / elegies, if referred to Maximianus's oeuvre, in inverted commas to emphasize its dependence upon Gauricus's division of the text.

[11] Schneider (2001: 457) sounds very right saying that Gauricus connected Maximianus's poem with the name of Gallus 'not simply to make money, but mainly because of the renaissance of classical antiquity, to which the classical poetry of the Augustan age should serve as the decisive guide'.

[12] One might also think of *Fasti.* and, to some extent, of *Tristia* II.

[13] Fo (1986: 14 [n. 15]), mentioning these works as examples of 'elegiac *carmina continua*', emphasizes the particular nature of each of them for which none of these texts seems to constitute any kind of 'model' elegiac *carmen continuum*.

Interestingly, even though the ascription to Gallus was eventually refuted, the arrangement of Maximianus's corpus made by Gauricus, and, which is actually the core of the problem, his very 'conclusion' that Maximianus is interpretable as elegist precisely because his work consists of – or at least is divisible into – separate poems treating love or, more exactly, love memories of an old man, now not at all a lover, gained acceptance (or at least prevailed). Contemporary editors cannot simply do without Gauricus's text division even if they propose to read the poem as *carmen continuum*[14]. Critics, who would often label Maximianus as "the last Roman elegist", emphasize the poet's dependence on the great Augustan models for whom the 'standard' form was a collection of various 'units'[15].

Now, the point is that the ecdotic tradition of the work, patronized, so to speak, by Gauricus, has helped us notice many important aspects of Maximianus's poetry. It is hardly questionable that: **1)** the poetic

---

[14] In the two most recent editions Schneider (2003) as well as Sandquist Öberg (1999) number the verses both continuously and according to the division by Gauricus. Guardalben (1993) maintains the Gauricus's division.

[15] Fo (1986: 14 [n. 15]), who also notes: 'Che la forma standard proposta dai più autorevoli modelli latini per questo aspetto del genere elegiaco sia quella della raccolta di vari brani indipendenti mi sembra difficilmente impugnabile'. Interestingly, Fo (1987: 349-350) himself in his next paper on the problem presents the question as follows: 'Ora, noi siamo di fronte ad un'opera che 1) è una raccolta di elegie (o – meno probabilmente – una sola grande elegia)'; 'Massimiano scrive elegie (o una grande elegia a episodi)'. Fo seems to suggest, at least implicitly (or at least that is how I understand his admission that both possibilities could, actually, be taken into consideration), that certain conclusions about Maximianus's poetics can be drawn no matter how one interprets the form of the work: as one 'elegia' or as a collection of 'elegies'. This is precisely to what Schneider (2001: 451-452) opposes. In his opinion Maximianus's pieces must not be read as "self-contained units", and this is not possible unless we look at the work as a coherent opus, an elegiac *carmen continuum*. I would consider it hardly questionable that Maximianus requires both inter- and intratextual approach as individual 'episodes' or 'sections' are strongly interrelated and inter-dependent, one might wonder, however, if such intratextual reading would not be possible also if one thought of the oeuvre in terms of a 'book of elegies'. In the tradition of the Roman elegy we could find certain examples of books of elegies in which separate poems are, in fact, interrelated and should be seen in the wider context of the whole work. I think here of Ovid's exilic elegies, particularly of the *Tristia*, and even more particularly of *Tristia* I, sometimes defined as 'elegiac epic in miniature' (Claassen 1999: 191) or 'Ovid's Odyssey' (Rahn 1958: 116). After the opening poem, a kind of introduction to the whole exilic oeuvre, interconnected are elegies 2 and 4 (storm on the sea), framing the 'epic' elegia 3 (last night in Rome). It is true though that the dependence of Maximianus's *elegies* 2-5 (to use Gauricus's pattern) on the long introductory section ("elegy 1") is much stronger than the dependence of individual elegies of the *Tristia* I on the *Tr.* I 1.

persona of the corpus is an old man, unfit for love and ready to die, as he presents himself in ll. 1-292 and 675-686 or – if we prefer the Gauricus's pattern – the 'elegies' 1 and 6, telling us his love stories in episodes, which might be entitled Lycoris, Aquilina, Candida, *Graia puella*, respectively, 'elegies' 2, 3, and 4; **2)** Maximianus (the author) does intend his opus to be viewed against the Augustan elegy, and in particular – not exclusively though, as we shall see – against this sub-type of the Augustan elegy that might be labeled as 'erotic'; **3)** this elegiac flavor is so strong throughout the work that the reader, if provided with any interpretive competence whatsoever, cannot simply ignore it. Nevertheless – and here is where we touch the very difference between the late antique and the classicizing view of the grand (=Augustan) poetry, concerning, above all, the question of the imitation of the 'classical' literary models – **4)** Maximianus's reader (who I mean now is the late antique reader, contemporary with our mysterious poet), not less than Maximianus himself a connoisseur of the literary tradition of *Roma aeterna*, was certainly delighted by the fact that he or she had been given a work which immediately activated his / her poetic memory, and in particular the memory of so charming a genre as the Augustan elegy, but at the same time did not expect this work to be of exactly the same 'format' as the model. Besides, the late antique reader would have probably looked with a more favorable eye at the idea of an elegiac *carmen continuum*, or even of an elegiac narrative (as I noted earlier, a possibility already explored by Ovid and Rutilius), a construct hardly acceptable for some contemporary critics[16]. Actually, Maximianus's readership would have appreciated the very fact that the 'Tuscan'[17] poet had proposed an elegy (what I mean now is a genre, hence the singular, although I am personally quite close to many of Schneider's conclusions) of a form 'deviating' from the Augustan canon. The late antique literary public did not fear a form not easily interpretable in 'old' generic categories, which does not mean that they failed to recognize

---

[16] Spaltenstein (1983: 195, C. 1997) in his commentary concludes – giving in fact an overtly negative evaluation of the Maximianus's work – that the oeuvre can hardly be considered an "elegy", as it is mainly narrative in form, therefore he classifies it as 'genre narratif', closer to epic, novel or history, which objects to the nature of elegiac poetry.

[17] Again, it is only Maximianus himself, often called "Etruscus", to give some information about his origin, see the following statements: 'hic me suscipiens Etruscae gentis alumnum' (*elegy* 5, 5 / l. 225); 'succubui Tusca simplicitate senex' (*elegy* 5, 40 / l. 560).

or were already completely disinterested in or indifferent to those categories. On the contrary, genre remained one of the most important and valid interpretive criteria throughout antiquity, and in particular in late antiquity. Yet the question that the late antique readers most probably would have asked in this regard would be not just "what genre does this or that work belong to", but rather "how does this or that work use a certain genre (genres)", even "how does it play with a certain genre (genres)?" In fact, the late antiquity and the late antique literary public preferred works that allowed more than one interpretive option also in terms of 'genre'; once again, the point is that the interpretation of a text in genre perspective helped the readers not only 'classify' it, but also, if not above all, situate it in a certain, sometimes more than one, literary context, which, consequently, opened up the possibility of the intertextual reading.

Maximianus's poetry was to the liking of his age. Students of his literary techniques have already noticed that the 6th century elegist often draws on elements of other – meaning: 'extra-elegiac' – literary genres[18], the best, and the most studied, example being probably the lament inclusion in ll. 607-624 ('elegy 5', ll. 87-104); the addressee of this ritual mourning is *mentula* (for those not yet completely at home with Maximianus's poetic world)[19]. The problem deserves though a more systematic approach and a closer analysis. It should be emphasized that the polyphony of tones, generic overtones in the first place, is not *a* characteristic, but *the* characteristic of Maximianus's poetics. It is made clear in the part of the work that must be interpreted as programmatic even if we hesitated to interpret it as separate 'elegy 1', the long opening piece (ll. 1-292). 'Elegy 1' is a bravura of the poet's skills in playing with various generic devices (themes, vocabulary, narrative strategies). These elements are later on reused, often amplified, in the following segments of the work. Therefore, it is worthwhile to focus on the lengthy introductory part (otherwise known as 'elegy 1'), providing a more thorough insight into the richness of its generic overtones. 'Elegy 1' merits a closer re-examination giving not so much a – one more – overview of its 'subject', in a 'linear' order, so to speak[20], but

---

[18] Consolino (1997: 397) in passing: 'Infine arricchisce la sua poesia con spunti tratti da altri generi letterari (dalla satira all'epigramma, dall'epitafio all'inno religioso)'.

[19] On which Ramirez De Verger (1984: 149-156); J. L. Arcaz Pozo (1995: 79-88).

[20] On *elegy* 1 in particular: Gagliardi (1988: 27-37).

rather an analysis of singular passages, particularly relevant to the question raised in the present paper, namely "in what generic perspective(s) Maximianus should be / could be read?"

Erotic language and themes, constantly present in 'elegies' 2-5 – treating protagonist's love affairs with Lycoris, a life partner who has left him some time ago; two young girls once loved and courted, Aquilina and Candida, both loves, though, not consummated; finally, the mature and experienced *Graia puella*, the witness of his humiliating collapse into impotence – in 'elegy 1' are only 'guest starring', precisely in ll. 59-100. It is in this passage that the poetic persona, now a *tremulus senex*, confesses that he was once a young gentleman (the antithesis *olim-hodie* is also often exploited in erotic elegy), handsome and pleasing everyone: 'cunctis *formosus* ego *gratusque* videbar' (l. 71), a *sponsus generalis* (l. 72), on seeing whom every girl blushed and sought to hide herself, but in such way that she could give him at least a glimpse of some part of her:

> erubuit vultus visa puella meos
> et modo subridens latebras fugitiva petebat,
> non tamen effugiens tota latere volens,
> sed magis ex aliqua cupiebat parte videri,
> laetior hoc potius quod male tecta fuit. (66-70)

The two adjectives used in l. 71, *gratus* and *formosus*, are easily recognizable as technical terms of erotic elegy[21]. Yet what is particular here is that both are used to describe a man. Especially *formosus* sounds unusual in this context as the commonplace was to praise the elegiac *puella* for being '*formosa*'; in fact, also our author will later on speak of 'formosa Lycoris' ('elegy 2', 1 / l. 293). It appears then that Maximianus will portray his protagonist as a dandy, a narcissist elegiac (self) lover. To be exact, the picture is not so one-dimensional: some verses earlier the young man was shown as a brave hunter and sportsman, not at all effeminate (we shall return to this aspect later), and in the following distich he will also turn out *castus*, which, considering the age, may not be completely free from Christian associations, but, as should not be forgotten, is not a notion alien to elegiac tradition either, from Catul-

---

[21] Webster (1900: 69).

lus's 16, 5-6 to, particularly relevant here, Ovid's 'Musa lasciva, vita casta', *Tr.* II 354[22]:

> sed tantum sponsus, nam me natura *pudicum*
> fecerat, et *casto* pectore durus eram. (73-74)

Nonetheless, the dominant tone of the old man's confession, in this passage, is the one of egotist self-appreciation. He preferred not to suffer "the bondage of wedlock, however pleasant"[23] ('nullaque coniugii vincula grata pati', l. 62), remaining "cold bachelor upon a wifeless bed" ('viduo frigidus usque toro', l. 76)[24], rather than to marry a girl that would not have been the very one. A well-trained reader will immediately notice Maximianus's Muse striking an Ovidian chord as the long list of 'ingredients' to make an ideally beautiful woman given in ll. 77-100[25] evokes, but at the same time counters, the catalogs known from Ovid's *Amores* II 4[26] and *Ars Amatoria* III 263-288; one might also point to *Ars* II 658-662 and, quite opposite in toning and thus closer to our author, *Remedia Amoris* 325-330[27]. Whereas the poet born in Sulmo declared: 'centum sunt causae, cur ego semper amem' (*A.* II 4,10)

---

[22] Also *Amores*:
   et nulli cessura fides, sine crimine mores
   nudaque simplicitas purpureusque pudor.
   non mihi mille placent, non sum desultor amoris:
   tu mihi, siqua fides, cura perennis eris. (*Am.* I 3,13-16)
   We see Ovid speaking of his *pudor* and Maximianus emphasizing that he was *pudicus*. Like Ovid, Maximianus points out his *simplicitas* in *elegy* 5,40 / l. 560: 'succubui Tusca *simplicitate* senex'.
   [23] For the English translation of Maximianus I quote (unless I find the translation incorrect) Lind (1988).
   [24] 'Vincula grata pati' (l. 62), as Webster (1900: 68) notes, an erotic paradox; the expressions "frigidus" and "viduo toro" also belong to the elegiac language, as Consolino (1997: 373) points out.
   [25] 'quaerebam gracilem, sed quae non macra fuisset', l. 85; 'candida contempsi, nisi quae suffusa rubore / vernarent propriis ora serena rosis', ll. 89-90; 'aurea caesaries demissaque lactea cervix', l. 93; 'nigra supercilia, frons libera, lumina nigra', l. 95; 'flammea dilexi modicumque tumentia labra', l. 97.
   As regards l. 90, Webster (1900: 71) notes: '*aurea*: the fashionable color in Augustan times, especially with filles de joie'. It is tempting to conclude that Maximianus's ideal is but a sum of literary (= fictitious) women of the Roman poetry, a kind of his "Corinna".
   [26] Cf. Consolino (1997: 373).
   [27] Webster (1900: 69) points to: Ovid, *Remedia* 327 f.: 'Qua potes, in peius dotes deflecte puellae'; Ovid, *Ars Amatoria* II 657 f.: 'Nigrior Illyrica cui pice sanguis erit'.

and assured that every woman could please a man (*AA*. III 263-288; II 658-662), the late antique elegist summarizes 'omnis foeda mihi' (l. 77). Were the reading of Maximianus to be confined only to ll. 59-100, one might easily presume that the tenor of the work is rather even, nostalgic maybe, but not mournful, and not without some lighter shades.

However, as I mentioned above, the passage 59-100, marked with expressions and motifs known from erotic poetry, stands in sharp contrast to the general tone of 'elegy 1' (or, if we prefer, the introductory part of Maximianus's oeuvre). What seems worth noting is that to emphasize this contrast is the poet himself; he, somewhat abruptly, breaks up the description of his would-be wife, adding a bitter comment, as if to discipline his very self:

> singula turpe seni quondam quaesita referre,
> et quod tunc decuit, iam modo crimen habet. (101-102)

"What was once proper for a youngster, is not so for an old man" – a topos, deep-rooted in the ancient poetry, brings back the theme with which the whole oeuvre opens, of the grim old age, *miseranda senectus* (l. 55), as contrasted with youth, love (Webster is probably right juxtaposing Maximianus's *turpe seni* with Ovidian 'turpe senex miles, turpe senilis amor', *Am*. I 9, 4[28]), even life. It is symptomatic that a medieval author of *Accessus ad Auctores* writing about Maximianus notes:

> In hoc autem libro senectutem cum suis viciis vituperat iuventutemque cum suis deliciis exaltat. Est enim sua materia tardae senectutis querimonia[29].

For the 12th century commentator the book can be epitomized as '*querimonia* tardae senectutis', a lament of (over) the old age; interestingly, he does not even mention the love topic. The observation points quite well to the fact that Maximianus is interpretable not only in the context of erotic elegy, but also, if not mainly, in that perspective of the Roman elegy, or even elegy in general, to which the well-known term '*flebilis elegia*'[30] seems more appropriate, the elegy of sorrow and

---

[28] Webster (1900: 73).

[29] Text edited by Huygens (1954); also Huygens (1970).

[30] Ovid, *Amores* III 9, 3. Interestingly, the term *querimonia* as referred to elegy is used by Horace in *Ars Poetica* 75-76: 'versibus impariter iunctis *querimonia* primum / post etiam inclusa est voti sententia compos'.

complaint, the *tristis elegia* of the exiled Ovid, as if programmatically opposed to the writings of the Love's teacher ('non sum praeceptor amoris', *Tr.* I 1, 67). Ovid is, in fact, a model particularly close to the late antique poet, which we have, actually, already noticed also in the 'erotic' part of 'elegy 1'. It is precisely Ovid's *Tristia* that we can read in the subtext of the phrase 'non sum qui fueram' (l. 5)[31], one of the most famous, if not the most famous Maximianus's line, willingly reused by his admirers from the anonymous imitator of the 9th century until the Italian proto-Romantic poet, Ugo Foscolo[32]: The relevant Ovid's passage is *Tristia* III 11, 25 ff[33]. *Poeta-exul*, addressing an enemy who mocks at his misfortunes, begs:

> Non sum ego quod fueram. Quid inanem proteris umbram?
> quid cinerem saxis bustaque nostra petis?
> Hector erat tunc cum bello certabat; at idem
> vinctus ad Haemonios non erat Hector equos.
> Me quoque, quem noras olim, non esse memento:
> ex illo superant haec simulacra viro.
> Quid simulacra, ferox, dictis incessis amaris?
> Parce, precor, Manes sollicitare meos. (25-32)

We can speak here not only of verbal echoes. What is parallel is the very imagery employed in the two texts. Both poets compare their present situation to the one of a "living death". Ovid calls himself but an empty shadow (*umbra inanis*, l. 25; *simulacra*, l. 30), the ashes and tomb (*cinis, busta*, l. 26) that the mysterious *improbus* should not profane. Maximianus announces that the best of him has perished ('periit

---

[31] Webster (1900: 61) also points to Hor., *Carm.* IV 3: 'non sum qualis eram'; the *carmen* exploiting the theme of old age and love, in which however, having first declared: 'me nec femina nec puer / iam nec spes animi credula mutui' (29-30), the poet eventually confesses his feelings for the young Ligurinus. Maximianus, at least in this *elegy* 1, keeps on saying that an old man is unfit for love. Leotta (1989: 81) mentions Prop. I 12, 11: 'non sum ego qui fueram'. Consolino (1997: 367-368) though rightly observes that in this case (as in the case of Horace's *Carm.* IV 3) we may speak of some verbal echoes, but the contexts are also completely different. Therefore, she emphasizes associations with *Tr.* III 11, arguing however that the situations of the two poets are similar, but not completely the same, whereas Ovid, in fact, asks for forgiveness, Maximianus does invoke death as such. Yet what Ovid says in *Tr.* III 11 is very much in tune with Maximianus, as I point out above.

[32] Leotta (1989: 81-84).

[33] The allusion is noticed also by Spaltenstein (1983: 81, C. 1016).

pars maxima nostri', l. 5) and expresses a moving wish to die as soon as possible[34]:

> solve precor miseram tali de carcere vitam:
> mors est iam requies, vivere poena mihi (3-4)

> vivere cum nequeam, sit mihi posse mori.
> o quam dura premit misero condicio vitae,
> nec mors humano subiacet arbitrio.
> dulce mori miseris, sed mors optata recedit;
> at cum tristis erit praecipitata venit.
> me vero heu tantis defunctum partibus olim
> Tartareas vivum constat inire vias (112-118)

Occasionally, similar confessions can be also found in Ovid, who in *Tristia* III 7, 7, paraphrasing a typical epistolary formula, admits: 'vivere me dices, sed sic, ut vivere nolim'. The most striking example is maybe a passage from *Tristia* III 2. *Poeta-exul* directs to gods a fervent prayer asking that the door of his tomb will open:

> Ei mihi, quo totiens nostri pulsata sepulcri
> ianua, sed nullo tempore aperta fuit?
> Cur ego tot gladios fugi totiensque minata
> obruit infelix nulla procella caput?
> Di, quos experior nimium constanter iniquos,
> participes irae quos deus unus habet,

> exstimulate, precor, cessantia fata meique
> interitus clausas esse vetate fores! (23-30)

In Maximianus we hear the pitiable *senex* pray Mother Earth to mercy her suffering child and take him back to restore dead limbs to their native soil:

---

[34] Consolino (1997: 368-9) points out similarities between Maximianus and Boethius, who in the elegy opening *De consolatione philosophiae* expresses the wish that the death terminate the suffering of the old; what is common between the two authors is the motif of *deprecatio senectutis*, the observation that the death delays to put an end to the life of the wretched ones and a kind of *makarismos*, wishes to die at the right time.

'suscipe me, genetrix, nati miserere laborum:
membra peto gremio fessa fovere tuo.
horrent me pueri, nequeo velut ante videri,
horrendos partus cur sinis esse tuos?
nil mihi cum superis: explevi munera vitae,
redde, precor, patrio mortua membra solo.
quid miseros variis prodest suspendere poenis?
non est materni pectoris ista pati' (227-234)

This time we cannot speak of verbal repetitions but, instead, of an analogy of literary strategies adopted by the two poets. Ovid several times makes use of the prayer and the prayer-like elements, exploiting the emotional potential of this form. Prayers, in fact, mark his *elegia tristis* with a special flavor of 'sadness'[35]. Maximianus's prayer to Mother Earth is supposed to produce a similar effect on the reader, provoking a kind of tender sympathy. Important is the rhetoric he employs, the expressions like *membra fovere gremio* (l. 228), *maternum pectus* (l. 234) bring back to the mind the sweetness associated with the notion of motherhood (as Webster observes[36], there is also the tombstone reminiscence in *gremio tuo* if referred to the earth, an aspect to which I will soon return), which, willy-nilly, makes the reader think of the old man in terms of a helpless child. We should admit that the late antique elegist is a true master at playing with various, sometimes opposite, emotional undertones: his description of the *senex* is, for the most part, overtly ironic – in fact, the praying old man is shown "leaning on his cane" ('baculo incumbens', l. 223), "propping with *truncus* his tottering legs" ('trunco titubantes sustinet artus', l. 235; the word used here, *truncus*, a log, is a humorous exaggeration if used instead of *baculus*, a cane, as earlier in l. 223[37]) – yet at times, like in ll. 227-234, not wholly unsympathetic.

Ovid in his exilic elegies, advertised as a kind of palinode of "the playful singer of tender love" ('tenerorum lusor amorum', *Tr.* IV 10, 1), often re-exploits motifs typical of erotic poetry. One of such reinterpretations can be found in *Epistulae ex Ponto* I 10. The letter is built upon

---

[35] We should think in the first place of the two interrelated elegies of the first book, I 2 and I 4 or of *Tr.* III 8.

[36] Webster (1900: 85).

[37] *Ibidem* (1900: 86).

the theme of *erotika pathemata*[38], symptoms of love as comparable to signs of other diseases: lassitude (*languor*, technical term in erotic elegy), aversion to food, insomnia, pallor, weak, emaciated limbs. These troubles – the *poeta-relegatus* adds – do not result from immoderate drinking or passion, their cause is the exile; he is ill with homesickness (ll. 30 ff.):

> longus enim curis vitiatum corpus amaris
> non patitur vires *languor* habere suas. (3-4)

> os hebes est positaeque movent *fastidia* mensae,
> et queror, invisi cum venit hora cibi. (7-8)

> is quoque, qui gracili cibus est in corpore, somnus,
> non alit officio corpus inane suo. (21-22)

> vix igitur possis visos agnoscere vultus,
> quoque ierit quaeras qui fuit ante *color*.
> parvus in exiles sucus mihi pervenit artus,
> membraque sunt cera *pallidiora* nova. (25-28)

Maximianus once again follows in the footsteps of Ovid. His *senex* suffers from the very *senectus*. The late antique poet uses the technical term *languor*: ('hoc quoque quod superest langor et horror habent', l. 6, and in the verbal form: '[mens mea] corpore *languet* / atque intenta suis obstupet illa malis', ll. 125-126[39]) and, like his model, among the symptoms of the illness, mentions the unnatural, deathlike paleness[40], loss of appetite connected with indigestion (a pitiful paradox: 'praestat ut abstineam: abstinuisse nocet', l. 160), changed walk, growing smaller and weaker, like a baby:

> ipsaque me species quondam dilecta reliquit,
> et videor formae mortuus esse meae.
> pro niveo rutiloque prius nunc inficit ora
> *pallor* et *exsanguis* funereusque *color*. (131-134)

---

[38] Nagle (1980: 61-62).

[39] Webster (1900: 75) quotes Ovid's *Tr.* IV 1, 4: 'mens intenta suis ne foret usque malis'.

[40] Webster (1900: 76) juxtaposes Maximianus's l. 134 with Ovid's *Tristia* III 1, 55: 'exsangui [...] colore'.

quae modo profuerat, contraria redditur esca:
fastidita iacet, quae modo dulcis erat (161-162)

non habitus, *non ipse color*, non gressus euntis,
non species eadem quae fuit ante manet. (211-212)

contrahimus miroque modo decrescimus, ipsa
diminui nostri corporis ossa putes. (215-216)

fitque tripes, prorsus quadrupes, ut parvulus infans (219)

Thus, both poets propose a very particular use of the motif of *erotika pathemata*, as both declare to compose something that might be called "elegy without love"[41]: Ovid because he has been punished precisely for his two crimes (duo *crimina*, *Tr.* II 207), *carmen et error*, Maximianus – because what once was proper, now is a *crimen* (l. 102). For both celebrating the *teneri amores* has the flavor of the forbidden fruit: Ovid tries to avoid the very theme[42] (though the more he does, the more present it is in the hypotext), Maximianus tells stories none of which ends well[43]. Both, instead of love, focus on what remains if the *teneri amores* are taken away: the sadness; Ovid – the sadness of exile as public and spiritual death, Maximianus – the sadness of the old age, 'primitiae mortis' (l. 209). For both in their mournful state (Maximianus: 'in luctu', l. 7; Ovid: 'luctibus', *Tr.* I 1, 6), and in their mournful elegy, there is no room for *lusus* and joy as there is no room for poetic embellishment and charm: Ovid sends his book to Rome unadorned, with rough

---

[41] I paraphrase Conte's (1991) inspiring title: 'L'amore senza elegia: i *Remedia Amoris* e la logica di un genere'.

[42] As stated in the programmatic *ex P.* I 1:
accipe quodcumque est, dummodo non sit amor.
invenies, quamvis non est miserabilis index,
non minus hoc illo triste quod ante dedi.
rebus idem titulo differt (14-17)

[43] Lycoris's episode is summed up as follows: 'his *lacrimis* longos, quantum fas, *flevimus* annos, / est *grave*, quod *doleat*, commemorare diu' (*elegy* 2, 73-74 / l. 365-366); Aquilina's case opens with words: 'Nunc operae pretium est quaedam memorare iuventae / atque senectutis pauca referre meae, / quis lector mentem rerum vertigine fractam / erigat et *maestum* noscere curet opus' (*elegy* 3, 1-4 / l. 367-370); Candida's story is commented in this manner: 'et nunc *infelix* [tota] est sine crimine vita / et peccare senem non potuisse pudet' (*elegy* 4, 51-52 / l. 511-512), finally, the affair with *Graia puella* ends up with the shameful disability to perform the sex act.

and disordered hair ('incultus', *Tr.* I 1, 3; 'hirsutus sparsis ut videare comis', ibid. 12), he admits not to find any pleasure in joining words to meter ('parvaque, ne dicam scribendi nulla voluptas / est mihi nec numeris nectere verba iuvat', *ex P.* IV 2, 29-30[44]); Maximianus writes "no alluring poems" since "the greatest joy of song has fled" ('carmina nulla cano: cantandi summa voluptas / effugit et vocis gratia vera perit. / ...non blanda poemata fingo', ll. 127-129); it is worth noting that both poets advertise their works as ostensibly autobiographic, as if opposed to *blanda poemata*.

In light of all these analogies we may conclude that the Ovidian *elegia tristis*, understood precisely as the one in which love is absent by definition, constitutes a kind of 'first inspiration' (the 'root cause', so to speak) for Maximianus's text: what the late antique poet adopts is the general tone of sadness as the mood of someone who cannot be what he was once (*non sum qui fueram*) and certain literary strategies (among which also the ostensible autobiographism, mentioned above). The end-product though can hardly be interpreted as an Ovidian imitation, even though the allusions to the poet born in Sulmo are ubiquitous throughout the oeuvre. Besides, in the Maximianus's work, and especially in the long opening section, there are strains traceable back not only to Ovid's elegy, and even not just to elegy as such, but also to other literary forms and motifs.

Richard Webster in his commentary rightly points out the presence of sepulchral commonplaces in Maximianus's text[45]. The observation is all the more important because, as should be emphasized, it refers not only to linguistic, but also to structural aspect of the work, in particular of 'elegy 1'. The late antique poet makes quite an extensive use of words and phrases belonging to the tombstone vocabulary, which is very much in tune with the general idea of the poem, namely that the present state of the protagonist, the *tarda senectus*, can be compared only to the one of the living death ('mortua membra', l. 232; 'vivamque iacendo', l. 239; 'quo postquam iacuit, misero quid funere differt?', l. 237). Indeed, what Maximianus seems to imply is that as the old age is

---

[44] Cf. Webster (1900: 75).

[45] Webster (1900: 8) and later on throughout his commentary, especially to *elegy* 1, p. 58-89.

similar to death[46], so the very body of an old man is similar to grave in which he buries his own senses:

morte mori melius, quam vitam ducere mortis
et sensus membris sic sepelire suis. (265-266)

Particularly relevant, however, is one passage evoking not just epitaphic phraseology, but the very composition of tombstone inscriptions, or epitaphs in general, understood also as a literary form[47]. The description made in ll. 9-78, a kind of self-portrait of the *senex* as a young man, is modeled on typical epitaphic presentations[48], often written in the 1st person, as if the deceased spoke for his / her very self. As a matter of fact, epitaphic inclusion can be also found in Ovid's exilic elegy (*Tristia* III 3)[49], where it underlines the deeply emotional character of the letter addressed to the poet's wife. Maximianus's passage though is too long to be called just an 'inclusion'. Besides, it is closely interrelated both with the preceding and the following part of the text and so cannot be interpreted as self-contained unit; in fact, it 'naturally develops', so to speak, into the catalog of women given in ll. 79-100.

The section takes the usual eulogistic tone of epitaphs: the 'dead person' is presented as a renowned orator: ('orator toto clarus in orbe fui', l. 10)[50], full of physical and moral qualities ('his ornatum meritis', l. 59). Expressions like: *toto in orbe* (l. 10), *provincia tota* (l. 59), *cunctis* (l. 64), *omnibus* (l. 72) are typical hyperboles of the graveyard

---

[46] Webster (1900: 68) notes that the paradox describing death (and love) is used by Maximianus to describe the old age: 'tu me sola tibi subdis, miseranda senectus, / cui cedit quicquid vincere cuncta potest', ll. 55-56.

[47] Luxorius and especially Ennodius use the form in their epigrams; Venantius Fortunatus develops the form into a longer composition, like for example *Epitaphium Vilithutae*.

[48] Webster (1900: 62).

[49] *quosque legat versus oculo properante viator,*
grandibus in tituli marmore caede notis:
hic ego qui iaceo tenerorum lusor amorum
ingenio perii Naso poeta meo;
at tibi qui transis ne sit grave quisquis amasti
dicere Nasonis molliter ossa cubent (71-76)
We might also think here of Ovid's poetic autobiography in *Tristia* IV 10.

[50] Webster (1900: 62) observes that the verse close is borrowed from the tombstones.

style[51]. Yet the whole picture is, again, a combination of tinges, serious and less serious. Among the merits of the young man, apart from physical strength, stamina, patience, contentment with little[52], the eagerness in carousing is also mentioned ('cessit et ipse pater Bacchus stupuitque bibentem / et, qui cuncta solet vincere, victus abit', ll. 43-44)[53], whereas his natural bashfulness is complemented by a distaste for *puella foeda et rustica*. Thus, the section does not even pretend to be a 'conventional' epitaph. Rather, it is an ostensible play with the form. In fact, what the 'epitaph' seems to commemorate is not a person as such, once young and beautiful, (the reader cannot ignore the detail that the 'deceased' is still alive, or at least *vivit iacendo*[54]) but, more accurately, the very youth, the joy and 'true' life now buried in the decrepit body. Besides, if we take into consideration that the poem opens with words which cannot be understood otherwise if not as a pathetic complaint, indeed a kind of *invocatio mortis* ('Aemula quid cessas finem properare senectus? / cur et in hoc fesso corpore tarda venis?', ll. 1-2), the 'epitaphic' section assumes quite a particular connotation: it seems as if the 'epitaph' were written not to defeat death, but precisely to invoke her, to beseech her to come[55]:

solve precor miseram tali de carcere vitam,
mors est iam requies, vivere poena mihi (3-4)

A sensitive reader will certainly not remain totally indifferent to what Maximianus says about the *senectutis vitia* (or *vicia*, to spell in accordance with the 12th century *Accessus*); his image of the wretched old man, tired with his own life and his very self, however ironic at times, is neither inexpressive nor banal. Nevertheless, what he or

---

[51] Webster (1900: 69).

[52] 'pauperiem [...] amavi', l. 53, as Webster (1900: 67) observes, one of the commonplaces that became tombstone cant.

[53] Szövérffy (1967/68: 355-356), who proposes to interpret Maximianus's poetry as satiric (especially of anti-feminist tendency) notes this passage.

[54] Editors differ in interpreting l. 239: Webster (1900) and Schneider (2003) edit the verse: '*vivamque* iacendo'; Guardalben (1993) and Sandquist Öberg (1999), on the contrary, emphasize the impersonal tone of the expression: '*vivatque* iacendo'.

[55] Webster (1900: 60) notes that the verb *properare* used in l. 1 is typical of tombstone vocabulary. Yet, it is technical of premature death, whereas here the sense is quite the opposite: senectus cessat properare finem. *Mors – requies*, death as peace, a typical sepulchral motif.

she must notice in the first place – provided that he / she is conversant with the Latin literary tradition – is the overt self-consciousness of this poetry: the late antique elegist enjoys playing with forms and themes, sometimes altering their original meaning or function (an 'epitaph' inserted into a kind of *invocatio mortis* is an example of such alteration), and expects that his readership will discover this intertextual dimension of his work. Therefore, it seems to have been quite a hard task to read Maximianus's poetry wholly 'seriously', paying attention only to the 'sad' and 'realistic' content and not to the artful form.

We must not forget, however, that one of the reasons of the medieval popularity of our poet was precisely the fact that his text does also offer a possibility of such 'serious' reading. The author of *Accessus ad Auctores*, quoted earlier, gives the following summary of the oeuvre:

> Maximianus civis esse romanus unus ex nobilioribus ex libri auctoritate narratur, forma quoque electus ac rethoricae artis ceterarumque artium diversarum pericia instructus veraciter probatur. In hoc autem libro senectutem cum suis viciis vituperat iuventutemque cum suis deliciis exaltat. Est enim sua materia tardae senectutis querimonia. Intentio sua est quemlibet dehortari ne stulte optando senectutis vicia desideret, utilitas libri est cognitio stulti desiderii, senectutis evitatio. Ethicae subponitur quia de moribus tractat.

The medieval commentator tries to classify Maximianus's poetry on the basis of its content and aim. In his opinion the general tendency of the text is protreptic: to persuade the readers out of longing for the old age (bearing in mind the *senectutis vicia*)[56]. As regards the subject, the book treats 'morals' and thus can be labeled as 'ethical'. In fact, in many medieval manuscripts Maximianus is categorized as '*ethicus*'[57]. The stamp does not seem particularly informative at first sight, we should remember though that the late antiquity and (especially) the Middle Ages often described with the term 'ethica' the hexametric poet-

---

[56] Similarly Eberhard of Bethun (ca 1212): 'Quae senium pulsant incommoda maxime scribit / Et se materiam Maximianus habet'. Coffman (1934: 253), who quotes this distich, notes that 'though the following passage [...] is vague and general, certainly the love poetry by implication is not the important element'.

[57] See Coffman (1934: 253 [n. 5]) on the transmission of Maximianus's text, which also shows that in the Middle Ages he was, indeed, read in the context of ethical literature. It is worth pointing to a note made in the manuscript: London. Reg. 15 A VIII (13th cent.): 'Explicite IIII Liber ethicorum *sanctus* Maximianus'.

ry of Horace (*Sermones, Epistulae*) and Juvenal (satires). Both satirists (it is *Orazio satiro* whom we meet in Dante's *bella scola*[58]) were read above all for the instructive *exempla* they gave.

A closer analysis of Maximianus's text reveals several Horatian and Juvenalian inspirations. Of particular importance, however, is the fact that what we find in the late Latin elegiac opus (again, mainly in the introductory part or 'elegy 1') are not only allusions to specific passages, but also similar themes and motifs. Their presence is too conspicuous not to encourage the comparative reading along with analogous statements of Horace and Juvenal.

The description of the young man given in ll. 9-78 is undoubtedly (over)idealized[59], which is related to its 'epitaphic' dimension, analyzed above. He was characterized by very 'Roman' qualities: *eloquentia* ('orator toto clarus in orbe fui', l. 10; 'saepe perorata percepi lite coronam; 'et merui linguae praemia grata meae', ll. 13-14), *virtutis opes, tollerantia rerum* (l. 33). *Tollerantia rerum* revealed itself in endurance, despite hunger, little rest, cold, heat, wind, rain (ll. 35-42). The resources of virtue would show in hunting, wrestling and running:

> si libuit celeres arcu temptare sagittas,
> occubuit telis praeda petita meis;
> si placuit canibus densos circumdare saltus,
> prostravi multas non sine laude feras;
> dulce fuit madidam si fors versare palaestram,
> inplicui validis lubrica membra toris.
> nunc agili cursu cunctos anteire solebam (21-27)

Pointing out hunting as preferable leisure activity for a young man, a synonym of manliness almost, is not casual. A careful reader of Horace will probably remember that the poet born in Venusa, addressing his young friend Lollius, determined to cultivate a *potens amicus*, recommended hunting precisely as 'Romanis sollemne viris opus' (*Epist.* I 18, 49), bringing good health and fame. Interestingly, Horace opposes hunting and fighting to staying home writing poetry; a young man, striving to move high up the social ladder (achieving the friendship of the powerful, *petere nobiles amicos*, is a condition sine qua non in this

---

[58] *Divina Commedia, Inf.*, IV 89.
[59] Szövérffy (1967/68: 356).

respect), is supposed to turn out *vir Romanus* not a versifier devoted to *inhumanae senium Camenae* ('surge et inhumanae senium depone Camenae', *Epist.* I 18, 46; 'adde, virilia quod speciosius arma / non est qui tractet; scis quo clamore coronae / proelia sustineas campestria', *Epist.* I 18, 52-54; 'quamvis nil extra numerum fecisse modumque / curas', *Epist.* I 18, 59-60). Maximianus's youngster was more *kalokagathos* as he would intertwine hunting, wrestling and running with composing "alluring poems" and "competing at tragic song". Nor would he hesitate to defeat others in drinking capacity, however difficult it is "to make one mind bear two ways of living that clash"[60]:

> saepe poetarum mendacia dulcia finxi
> et veros titulos res mihi ficta dabat (11-12)

> nunc tragico cantus exsuperare melo. (28)

> at si me subito vinosus repperit hospes
> aut fecit laetus sumere multa dies,
> cessit et ipse pater Bacchus stupuitque bibentem
> et, qui cuncta solet vincere, victus abit.
> haut facile est animum tantis inflectere rebus,
> ut res oppositas mens ferat una duas. (41-46)[61]

The juxtaposition of being satisfied with little food and spending night and day carousing with some drunken friend does produce a com-

---

[60] What is interesting, in the following lines Maximianus alludes to Horace's *Carm.* III 21, 9-12. Webster (1900: 66) observes that: 'the juxtaposition of *Socratem* and *Catonem* here almost proves that Hor. *Carm.* III 21, 9-12, in *Socraticis madet / sermonibus* brings the same charge against Socrates as against Cato – hence the use of *madet*'. I would say that what Maximianus proposes is a very literal, and therefore ironic, reading of Horace's expression.

Maximianus:	Horace:
hoc quoque virtutum quondam certamine magnum	Non ille, quamquam Socraticis madet
Socratem palmam promeruisse ferunt,	sermonibus, te negleget horridus:
hinc etiam rigidum memorant valuisse	narratur et prisci Catonis
Catonem:	saepe mero caluisse virtus.
non res in vitium, sed male facta cadunt.	(*Carm.*, III 21, 9-12)
(47-50)	

[61] Schneider (2003) reads in l. 46: *feret*.

ical effect, which aims to counterbalance the tone of complaints about the old age made again in ll. 55-58. Nevertheless, one could hardly miss that even in this passage Maximianus focuses on ethical aspects or, to be exact, on ethos of an ideal young man – who, as he will emphasize some verses later, is supposed to be *laetus*[62] – an ethos based upon cultural and literary tradition. Maximianus's *iuvenis* looks very much like a young Roman aristocrat of Horace's times, what is more, his philosophy of life is also very 'Horatian'. The contentment with little he is so proud of cannot be not associated with the Venusinus. Putting together the relevant passages should suffice:

Horace: 'pauperiem pati amice' (*Carm.* III 2, 1); 'modico contentus' (*Serm.* II 2, 110); *Carm.* 'rerum dominus' (III 16, 25); 'nil cupiendo' (*Carm.* III 16, 22-23).

Maximianus: 'pauperiem modico contentus semper amavi / et rerum dominus nil cupiendo fui'(ll. 53-54).

If Maximianus's picture of a model young man could be viewed against a parallel description by Horace, the analogy in portraying the old age is even closer, which does not mean however that the late antique elegist only repeats certain expressions or remarks. In fact, Horatian motifs in Maximianus's text are given a much more 'pessimistic' interpretation. Let us take into consideration ll. 181-190. The poet asks paraphrasing Horace's *Epistle* I 5, 12: 'Quo mihi fortunam, si non conceditur uti?':

quid mihi divitiae, quarum si dempseris usum,
quamvis largus opum, semper egenus ero?
immo etiam poena est partis incumbere rebus,
quas cum possideas est violare nefas.
non aliter sitiens vicinas Tantalus undas
captat et appositis abstinet ora cibis.
efficior custos rerum magis ipse mearum
conservans aliis, quae periere mihi;

---

[62] *exultat levitate puer, gravitate senectus:*
inter utrumque manens stat iuvenile decus.
hunc tacitum tristemque decet, fit clarior ille
laetitia et linguae garrulitate suae. (103-108)

sicut in auricomis dependens plurimus hortis
pervigil observat non sua poma draco. (181-190)

For Horace accumulating wealth was 'simply' pointless if one
should not be allowed to use it. Such is the sense of the simile he gives
in *Sat*. I 1, 62-72: a man who would say: 'nil satis est' (l. 62), obsessed
with the desire to have more and more, is ridiculous in his greed, comparable only to Tantalus, thirsty and hungry in the middle of foods and
water which elude his grasp. Maximianus's picture is less black and
white. For him an old man, poor in his richness, must not dissipate what
he possesses because he is supposed to keep it: he has become guard-
ian of his own wealth[63], even though he guards it for others, not for his
very self. Thus, he is not only similar to Tantalus or to the dragon in the
garden of Hesperides[64], in fact: he must be like Tantalus: it is a crime
(*nefas*) to squander one's wealth as it is a punishment (a misery (?) *poena*) to depend upon it, to care for it. Once again irony is intertwined
with pathos. An old man is ridiculous because he cannot, even, he must
not avoid being so. Old age is pathetic by nature.

Similarly 'more pessimistic' is Maximianus's version of the well-
known passage from *Ars Poetica*, devoted to *aetatis cuiusque mores*[65].
Juxtaposing the two descriptions one can notice that details pointed out
by Horace are exaggerated in the late antique text. If Horace's *senex* would manage all his affairs *timide gelideque*, delaying ('dilator',
l. 172), Maximianus's is doubtful and trembling, maybe also of fear
('dubius tremulusque', l. 195), dreading foolishly his every act ('stultus quae facit ipse timet', l. 196). If Horace's *senex* is afraid of the
future ('<p>avidusque[66] futuri', l. 172), Maximianus's is expectant of
ill ('semperque malorum / credulus', ll. 195-196). Finally, if Horace's
senex glorifies the times when he was young ('laudator temporis acti /
se puero', ll. 173-174), Maximianus's not only praises the past, but also

[63] The very expression *custos rerum* is Horatian (*Carm*. IV 15, 17), cf. Webster
(1900: 80).

[64] The golden apples were symbolic of youth and love, which means everything
that the old age is deprived of. An old man is 'sentenced' to guard goods of which only
young will be allowed to make use.

[65] A motif, as we know, originating from Aristotle, *Rhet*. II 12, 1388 b 31. Aristotle's description of an old man (Aristotle, *Rhet*. II 13). Consolino (1997: 371) points to
some similarities between Maximianus and Horace *Epist*. II 2, 55 f.

[66] I follow Brink's (1971: 239-240) edition and his commentary on the passage,
therefore I read *pavidus futuri*, afraid of the future, not *avidus futuri*. The whole line 172
is, in fact, far from easy to understand: on †spe longus† Brink's (1971: 239).

despises the present years ('laudat praeteritos, praesentes despicit annos', l. 197). Horace's *senex* is *censor minorum* ('castigator censorque minorum', l. 174), probably too harsh a critic to be taken seriously, Maximianus's though lays himself open to ridicule believing to be the only wise and learned[67]: in fact, he laughs with those who mock him, not fully aware, as it seems, that he applauds his very self[68]:

Horace, *A.P.* 169-174:

Multa senem circumveniunt
   incommoda, vel quod
quaerit et inventis miser
   abstinet ac timet uti,
vel quod res omnis timide
   gelideque ministrat,
dilator, †spe longus†, iners
   <p>avidusque futuri,
difficilis, querulus, laudator
   temporis acti
se puero, castigator censorque
   minorum.

Maximianus, 195-200:

stat dubius tremulusque senex
   semperque malorum
credulus, et stultus quae facit ipse
   timet.
laudat praeteritos, praesentes
   despicit annos,
hoc tantum rectum, quod sapit ipse,
   putat.
se solum doctum, se iudicat esse
   peritum
et quod sit sapiens desipit inde
   magis.

arridet de se ridentibus, ac sibi
   plaudens
incipit opprobrio laetior esse suo.
   (207-208)

The author of *Accessus ad Auctores* is right arguing that Maximianus's poetry constitutes a kind of *vituperatio senectutis*. Indeed, the picture of the old age given in 'elegy 1' is overtly 'satiric' both because of the very tone of particular comments and because of its intertextual dimension. The late antique elegist portrays the *senex* through obser-

---

[67] For l. 198 Webster (1900: 81) notes also Horace's *Epist.* II 1, 83: 'vel quia nil rectum, nisi quod placuit sibi ducunt'; for l. 200 *Carm.* I 34, 2-3: 'insanientis dum sapientiae / consultus erro'.

[68] In l. 207 Maximianus may, in fact, allude to Horace's *A. P.* 101: 'ut ridentibus adrident'. If so, the sense of the allusion may be very sarcastic. Horace speaks of the reaction of the public watching comedy and applauding the play that suits their tastes. In this context, the old man might be considered, at one time, a spectator and an actor playing unconsciously his own comedy.

vations made by two greatest Roman satirists, Horace and Juvenal. If Horace's *Ars Poetica* 169-174 inspired Maximianus's sketch of the old man's *mores*, Juvenal's *Satura* 10, 188-288[69] turned out an excellent source of information on physical symptoms of aging. In this case the 'Tuscan' poet does not quote or paraphrase specific phrases, nor does he follow Juvenal's technique as such: instead of catalog of similes[70], he gives a 'precise' list of the afflictions of old age, enumerating them one by one. Problems with hearing, sight, changed looks, dry, parched skin, bad health, weak digestion, being unfit for love are all treated more or less in detail by Juvenal[71]. What is interesting, we might presume that Juvenal's description is more minute and vivid (in many aspects it is), yet at one point it is Maximianus whose remark seems, in effect, more pungent. Juvenal depicts old man's dementia, which features are forgetting the name of one's slaves and not recognizing faces of old friends or even children[72], Maximianus however summarizes bitterly: 'nec credere possis / hunc hominem humana qui ratione caret' (ll. 143-144). Such generalization can hardly be found even in Juvenal.

So far I have shown that Maximianus is readable in the context of Latin 'ethical' poetry because of the subject he treats (*aetatis cuiusque mores*) and because of the authors he alludes to, in particular Horace and (additionally) Juvenal. It is not less interesting, however, that the very style of Maximianus's expressions is in certain aspects similar to that of 'ethical' (or satiric) poets. Hugo of Trimberg in his *Registrum* praises Maximianus for 'multi notabiles versus'[73]. In other words, Maximianus is *sententiosus*; his poetry, again, particularly in the introductory part, abounds in units (aphorisms: *sententiae, proverbia*) easily detachable from their original context and reusable for new purposes, in *florilegia* offering moral precepts for schoolboys. It is worth quoting some most telling examples:

---

[69] Cf. Webster (1900: 73).

[70] Cf. Juvenal's l. 219-226 treating the number of all possible diseases an old man may suffer from.

[71] Juvenal: dry skin and changed looks (l. 191-195), deafness (l. 213-216), problems with sight (l. 227-228); gastric problems (l. 203-204); impotence (l. 204-206); bad health in general, as mentioned above (l. 219-226). Maximianus: 'tremulus senex' (l. 195); Juvenal: 'cum voce trementia membra' (l. 198).

[72] l. 232-239.

[73] Quoted by Curtius (1997: 64).

virtus fulvo pretiosior auro (19)

maior enim mediis gratia rebus inest (82)

haut facile est animum tantis inflectere rebus,
ut res oppositas mens ferat una duas (45-46)

diversos diversa iuvant: non omnibus annis
omnia conveniunt: res prius apta nocet. (103-104)

cuncta trahit secum vertitque volubile tempus[74]
nec patitur certa currere quaeque via (109-110)

ortus cuncta suos repetunt matremque requirunt,
et redit ad nihilum, quod fuit ante nihil (221-222)

quaecumque solent per se perpensa placere,
alterno potius iuncta decore placent. (31-32)

felix qui meruit tranquillam ducere vitam
et laeto stabiles claudere fine dies:
dura satis miseris memoratio prisca bonorum,
et gravius summo culmine mersa ruit (289-292)

In fact, Maximianus's diction is aphoristic. His statements about old age, moral and physical condition of the *senex*, often compressed into one or two distichs, are almost 'naturally' convertible into separate proverbs or exclamations. One must admit that these remarks are for the most part not at all facile. Below I list some of such maxims recomposed into a kind of short *deprecatio senectutis*, starting with an apostrophe to the personified Old Age and ending with a grim conclusion: "it is better to die rather than to live so wretched a life". This draft 'florilegium' intended as a sort of 'Maximianus minor' is aimed to show that the reading of the work as a dissuasion from longing for the old age ('quemlibet dehortari ne stulte optando senectutis vicia desideret') is, indeed, one of the interpretive possibilities suggested in the very text:

---

[74] Schneider (2003) reads *trahi* in l. 109.

tu me sola tibi subdis, miseranda senectus,
cui cedit quicquid vincere cuncta potest;
in te corruimus, tua sunt quaecumque fatiscunt,
ultima teque tuo conficis ipsa malo (55-58)

singula turpe seni quondam quaesita referre,
et quod tunc decuit, iam modo crimen habet (101-102)

cogimur a gratis animum suspendere rebus,
atque ut vivamus vivere destitimus (155-156)

lux gravis in luctu, rebus gratissima laetis,
quodque omni peius funere, velle mori (7-8)

o quam dura premit misero condicio vitae,
nec mors humano subiacet arbitrio.
dulce mori miseris, sed mors optata recedit;
at cum tristis erit praecipitata venit. (113-116)

iam pavor est vidisse senem, nec credere possis
hunc hominem humana qui ratione caret. (143-144)

talia quis demens homini persuaserit auctor
ut cupiat, voto turpior esse suo? (151-152)

morte mori melius, quam vitam ducere mortis
et sensus membris sic sepelire suis. (265-266)

It would be an oversimplification, however, to argue that the ethical dimension of Maximianus's poetry, emphasized by his medieval enthusiasts, objectively prevails over other aspects of the text[75]. As I have

---

[75] As was suggested by Agozzino (1970), who, as it seems, follows the medieval interpretation of Maximianus quite strictly. He concludes (p. 47&27) that Maximianus is 'narratore moralista di episodi ad alto valore educativo' and reads Maximianus's poetry as 'raccolta sapienziale, di lettura facile, agevole anche ai pueri delle scuole. [...] Il "Massimiano" è ethicus [...] nella descrizione dei mala senectutis [...] e quindi nell'insegnamento che ne deriva per chi non voglia adeguarsi al ciclo della vita: ciò comporta anche la vituperosa impotenza del vecchio osceno: al lettore (come quello tardoantico e quello medievale, abituato ad una lettura transletterale) la saggia deduzione e il salutare ribrezzo'.

tried to show in my analysis, one can hardly point to one overall tendency of the oeuvre, whether 'serious' or 'ironic', autobiographic or just the opposite. The lengthy introductory part ('elegy 1') programmatically plays with several generic traditions, encouraging the reader to focus not less on the 'content' as such than on the very 'form' of the work. In fact, it is through the form – and even through particular forms (like 'epitaph' or 'prayer'), recalled, reused, often reinterpreted – that the meaning of the oeuvre in all the variety of tones is generated. Undoubtedly, 'elegy 1', constituting a kind of "motivating context" for the whole opus, announces and determines its 'elegiac' dimension. As I have shown, what Maximianus proposes is a very peculiar, even inverted version of Latin elegy: the elegy without love. In the 'erotic' passage of 'elegy 1' (ll. 59-100) the ideal elegiac lover could not enjoy the *teneri amores* because he did not find a girl worth to be his partner. For his miserable alter ego, the *senex decrepitus*, what was once proper now is a *crimen* (l. 102). It is tempting to translate this *crimen* as "a sin"; indeed, what our poet seems to offer is the "Augustan" elegy – and the "Augustan" *eros* – as rethought and rewritten in the Christian era. What is important, however, is the fact that Maximianus's *eros*, so different from the love cherished by the Augustan elegists, is not yet *eros Christianus* either, spiritual and not carnal. Nor does Maximianus intend to compose an elegy moralisée, even though the ethical discourse is tangible throughout the text. The message of the work is neither simple nor univocal, as neither simple nor homogeneous (*simplex et unum*, as Horace would say) is its very structure. The opening piece ('elegy 1') persuades the reader into activating all his / her poetic memory and reading Maximianus not as a 'new' Augustan or quasi-Augustan elegist but as a bold, and so unfaithful, translator of the 'classical tradition' into the language spoken by quite a different culture.

Bibliographical Appendix

Editions, translations, commentaries and concordances

Schneider W. Ch., *Die elegischen verse von Maximian: eine letze widerrede gegen die neue christliche zeit*, Wiesbaden 2003.

Versus Maximiani. Der Elegienzyklus textkritisch herausgegeben übersetz und neu interpretiert, von Ch. Sandquist Öberg, Stockholm 1999. *Studia Latina Stockholmiensia* 43.

Massimiano, *Elegie della vecchiaia*, introd. e trad. di D. M. Guardalben, Firenze 1993.

Massimiano, *Elegie*, a cura di T. M. Agozzino, Bologna 1970. Serie Testi.

The Elegies of Maximianus, ed. R. Webster, Princeton 1900.

G. Zerbi, *Gerontocomia. On the Care of the Aged*, Maximianus, *Elegies on Old Age and Love*, translated by L. R. Lind, Philadelphia 1988.

Spaltenstein F., *Commentaire des élégies de Maximien*, Roma 1983. *Bibliotheca Helvetica Romana* XX.

Concordantia in Maximianum. Concordanza ad "Elegiae" e "Appendix Maximiani", ed. P. Mastandrea, assistenza al computer di L. Tessarolo, appendice bibliografica a cura di Ch. Sequi, Hildesheim 1995.

Secondary studies

Arcaz Pozo J. L., *"Passer mortuus est": Catulo (carm. 3) Ovidio (am. 3.7); Maximiano (el. 5. 87-104)*, "Cuadernos de Filología Clásica" VIII, 1995, p. 79-88.

Brink C. O., *Horace on poetry*, Vol. II: *The Ars Poetica*, Cambridge 1971.

Claassen J.-M., *Displaced Persons. The literature of exile from Cicero to Boethius*, Madison 1999.

Coffman G. R., *Old age from Horace to Chaucer. Some literary affinities and adventures of an idea*, "Speculum" Vol. XI, 1934, p. 249-277.

Consolino F. E., *Massimiano e le sorti dell'elegia latina*, [in:] *Mutatio rerum: letteratura, filosofia, scienza tra tardo antico e altomedioevo*: atti del convegno di studi (Napoli, 25-26 novembre 1996), a cura di M. L. Silvestre, M. Squillante, p. 363-400. Napoli 1997.

Conte G. B., *L'amore senza elegia: i "Remedia Amoris" e la logica di un genere*, [in:] idem, *Generi e Lettori. Lucrezio, l'elegia d'amore, l'enciclopedia di Plinio*, Milano 1991.

Curtius E. R., *Literatura europejska i łacińskie średniowiecze*, Kraków 1997.

Fo A., *Una lettura del corpus massimianeo*, AMArc Vol. VIII, 1986-1987, No. 40, p. 91-128.

Fo A., *Significato, tecniche e valore della raccolta elegiaca di Massimiano*, "Hermes" CXV 1987, No. 3, p. 348-371.

Fo A., *Il problema della struttura della raccolta elegiaca di Massimiano*, "Bollettino di Studi Latini" XVI, 1986, p. 9-21.

Huygens R. B. C., *Accessus ad auctores. Bernard d'Utrecht. Conrad d'Hirsau. Dialogus super auctores*, edition critique entièrement revue et augmentée, Leiden 1970.

Huygens R. B. C., *Accessus ad Auctores*, "Latomus" 12, 1954.

Leotta R., *Uno stilema massimianeo*, GIF XLI 1989, p. 81-84.

Leotta R., *Un anonimo imitatore di Massimiano*, GIF Vol. XVI, 1985, p. 91-106.

Mariotti S., *Scritti medievali e umanistici*, Roma 1994.

Nagle B. R., *The Poetics of Exile. Program and Polemic in the Tristia and Epistulae ex Ponto of Ovid*, Bruxelles 1980. *Collection Latomus* 170.

Rahn H., Ovids elegische Epistel, "Antike und Abendland" Vol. VII, 1958, p. 105-120.

Ramirez De Verger A., *Parodia de un lamento ritual en Maximiano (el. V 87-104)*, "Habis" Vol. XV, 1984, p. 149-156.

Roberts M., *The Jeweled Style. Poetry and Poetics in Late Antiquity*, Ithaca 1989.

Schetter W., *Studien zur Überlieferung und Kritik des Elegikers Maximian*, "Klassisch-Philologische Studien" Vol. XXXVI, 1970.

Shanzer D., *Ennodius, Boethius and the date and interpretation of Maximianus's "Elegia" III*, "Rivista di Filologia e di Istruzione Classica" Vol. CXI, 1983, p. 183-195.

Szövérffy J., *Maximianus a satirist?*, "Harvard Studies in Classical Philology" Vol. LXXII, 1967/68, p. 351-367.

Classica Cracoviensia
XI, 2007

ELŻBIETA WESOŁOWSKA
POZNAŃ

THREE VOICES ON THE OLD AGE

The old age, as mentioned in the title, is a troublesome and imprecise term, as everything concerning the mystery of time. If we take a look at the ancient literature, we can observe that for instance St. Augustine claimed the old age began at 60. He differentiated six stages in human life – the last stage, the old age, counted as much as all the previous stages, that is 60 years. According to Isidor from Sevilla, one was allowed to talk about the old age after reaching the age of 70.

The old age can be perceived as having three levels – biographical (i.e. according to others), subjective (one's own sense of age in the psychological aspect) and the most objective one: the old age regarded as a full maturity and harmony between intention and realisation. There is a rich tradition of reflections on the old age, although the question is vast and not easy to discuss. On one side, we have comments testifing on the respect enjoyed by people in the decline of life, just to mention Nestor in "Iliad", who tried to ease the conflict between Achilles and Agamemno. We know that it was Nestor, who one of few Greek fighters taking part in the battle of Troy succeeded in coming back home, where he later enjoyed huge prestige and respect. The historical-literary tradition does not mention anything about his death. We know, however, that Nestor was given by Apollo the gift of longer life in return for the death of his mother, uncles and aunt, Niobids.

The advanced age could be an element of topical image of wise man. That is why W. Steffen has asked if there is an image of young and beautiful Socrates existing in the ancient consciousness. On the other hand, we are also acknowledged with descriptions of the negative aspects of this period of human life, for instance in Horace's work, when the poet makes fun of women's senile ugliness and compares it with their gone youth beauty (C. I 25, 17-20):

Laeta quod pubes hedera virenti
gaudeat pulla magis atque myrto,
aridas frondes hiemis sodali
dedicet Euro[1].

Already the ancient reserchers realised that when the flowing time is depicted, the verb "fugere" is used, qualifying some kind of nostalgia for the irreversible flow of time and the consiousness that nothing can be done to stop this process[2].

Although it is relatively easy to find scattered reflections on the topic of old age, it is worthy to notice that there are only few treatises discussing this stage of human life. We know only about a lost work of Ariston from Keos (he was most probably the headmaster of the peripatetic school), but we know about it only little, mostly from Cicero's work "Cato Maior (sive) de senectute".

Before I start to present the ideas of the writers mentioned in the title of this article, I would like to comment on the Roman habits regarding the final stage of human life. In Rome soldier were released from the army at the age of 45, and from the post of senator at the age of 65. It is worth noticing that all three writers, i.e. Seneca, Ovid and Cicero, lived till the age of about 60. Moreover, all of them finished their lives in the atmosphere of fear and insecurity, awaiting the death coming not naturally, but from another man's hand. Each of the eminent Roman authors perceived his terminal situation differently.

Since the decline of the Republic, during the beginnings of the Empire, it became widely popular to try to hunt somebody else's inheritance. Rich and childless old men were therefore surrounded by the crowd of obliging flatterers who wished them quick death. This habit became also a subject to a sharp satirical criticism, as shown in Horace's satire II 5 or by Petronius. We know from Seneca, that many people wasted their lives to such extent that senile old men are begging about

---

[1] Cf. also C. III 15, IV 13.
[2] Cf. *Eclogues* III.

one more day of life. They delude themselves that they are younger, as if they could deceive their destiny in this way[3].

The age of sixty in the years of the Roman Empire was considered as the advanced age. That is why Seneca in his 78th letter writes that he was tempted to commit suicide already in his youth. He was only stopped by the thought of "an old father who was very attached to him" (patris me indulgentissimi senectus retinuit). The philospher claims that he himself would be able to die bravely, but his old father would probably not be able to survive this loss. Seneca the Older was then about 65 years old. Also he enjoyed a very long life as for the times – he lived up till the age of 85.

Cato the Elder is according to Cicero "admodum senex", but the old censor was then already 84! In Cicero's treatise, in which he is a protagonist, he was portrayed during a discussion with his younger friends one year before his death. By a surprising coincidence, also Cicero wrote his treatise defending the old age one year before his own passing away, which he of course could not have predicted although some signs of catastrophy that was supposed to happen to powerful Marcus Tullius Cicero had already been visible. It was the beginning of year 44, before the death of Julius Caesar, because after his death the situation accelerated dramatically to the disadvantage of the defenders of the old order, among them Cicero.

I believe that it is possible to order the reflections on old age according to following criteria, based on reproaches towards the old age. In the "Cato the Elder" the four reproaches towards the old age pointed out by Arpinata decide about work's construction. The old age is accused of taking away the vital forces, depriving us of our pleasures, lowering our authority and standing close to the death.

A lot of accusations of this type can be found in Ovid's elegies written during his banishment. Ovid's old age started in the place of his exile, i.e. in Tomis. The poet was then only 50 years old. From that time on, he claimed in his poems from the Black Sea's shores a repeating number of times that the youth and the maturity have irreversibly finished for him. His old age was the time of diminishing physical and mental strength and the lack of pleasures. We can observe here two of the accucations formulated by Cicero 50 years earlier. Of course, Ovid's perception of own old age is very different. A strongly subjec-

---

[3] *Epistulae morales* 78.

tive perception of his own hopeless situation does not allow for a more optimistic view at the last stage of life, while optimism softens talkative old man Cato in Cicero's treatise. In the "Cato Maior" the accusations are formulated only in order to be refuted or recoin them into a praise.

These are two characteristic quotes.

Nam mea per longos siquis mala digerat annos,
crede mihi, Pylio Nestore maior ero.

Omnes ad senectutem venire cupimus,
sed postea eam vituperamus.

The former from Ovid's elegy I 4, 10-11 (*Epistulae ex Ponto*), the latter from "Cato the Elder". The Augustan poet paints his further life and the approaching old age definitely in dark colors. Cicero, on the other hand, at the very beginnning of the treatise lets Cato state a sententious utterence that the old age is something everyone wants to reach, but having reached it all we do is to complain of it. Cato backs later up this initial phrase multiplying the accusations till the amount of four. But it is no more than a game with the reader, because the alledged accusation turns into an encomium of the old age, even more convincing as being expressed by its living "sign" - the robust 80-year-old, strong both physically and intelectually, which surely aroused respect at those times, so skillfully shown by Marcus Tullius through utterances of Cato's two younger interlocutors. In this place (a little bit out of the main track) a contrary conjecture appears that Cato talks with two Roman aristocrats so that they could testify with their presence such a a thing as a happy old man, because, as we know, "unus testis, nullus testis". Continuing this thought, we can even say that Cicero's treatise in some way places itself among other works with a paradoxical character, when the object of praise in principle contradicts such an eulogy. In the lost account of Ariston from Keos on the topic of the old age, a mythical Eos'old man, Titonios, alledgedly expressed himself. The Roman writer gives the floor to hale and hearty, talkative Cato. In this way, on one hand he created a work close to a Roman reader, and on the other hand, by portaying Cato as a defender of his mature age, gave him arguments difficult to refute, as known from autopsy.

386

Seneca lived in different times, when one could not count on a calm death. The death came often much earlier than expected and the death from one's own hand was perceived as a glorious way to freedom. Seneca's view on the senile stage of life is very characteristic. About his advanced age he wrote in "Epistulae morales" without hiding a hint of autoirony. Similarity to Ovid's description is visible - both writers notice the physical aspects of the old age, as body's weakness and limpness, sleeplessness, problems with digestion etc. Naso, however, laments on his body's physical ruin, whether Lucius Annaeus approaches the problem with some kind of melancholy, maybe because he never went on exile. Moreover, as a husband to a young wife he states that as he does not want to make her suffer after his death, he looks after himself and tries to love himself as much as she loves him. As we could await, there are a couple of reflections on the old age exisiting in the work most predestined to this kind of thoughts – in *De brevitate vitae*. The most interesting conotations appear however in the treatise "De beneficiis", in the long reflections on paying back the debt of gratitude incured by the children from the parents. He finishes his constatations in a beatiful way, declaring that who may be happier than an old parent overwhelmed by the gratitude of their children.

In his descriptions of the old age, Seneca does not go beyond the traditionally used vocabulary. Both in his works and in the works of other authors there are expressions like *senex, senecta, senescere, vetustas, vetus, aetas, aetatem ferre, aetate provectus*. It is worthy to mention here that in Ovid, a special use of verb "vetustas" can be spotted (*Tristia*, IV 6):

tacito pede lapsa vetustas

This verb is ambiguous here, as it means both the future tense and the old age, which of course makes his pessimism concernig Ovid's own future even bigger. Such semantical ambiguity is surely not accidental. In this way the poet underlines his fear about the future which is for him equal with nothing else but the old age and the death. That is why the poet mentions so many times his grey hair and the face covered with wrinkles. In the fourth elegy in the I book of *Epistulae ex Ponto* the poet presents once more the picture of his wife in a close analogy to mythical Penelope, the faithfully waiting wife of wanderer Odyseus. In this elegy, however, he breaks the romance convention to which Penelope, a still young wife, belongs. Here we can see the poet's surprising words that probably also his beloved wife aged.

Let me try to sum up these few comments on the topic of the old age in the works of the three Roman writers. Without any doubts, Cicero and his "Cato Maior", carefully planned eulogy of the old age put in the mouth of Cato the Elder, *porte parole* of the author himself, becomes uppermost. Ovid, on the other hand, treats his exile as some kind of special gap, separating not only the youth from the old age[4], but even the life from the death. Moreover, the exile becomes symbolically the death, after which the second death, this time the real one, comes. Seneca, in turn, presents his view on the old age differently. He tells about his own senility and the death ironically and full of distance and in his philosophical treatises sees the old age as a background to his reflections on gratitude or decent life.

---

[4] *Epistulae ex ponto* I 4; 'ante meum tempus cogit esse senem'.

Classica Cracoviensia
XI, 2007

HUBERT WOLANIN
KRAKÓW

LINGUISTIC BASES OF A. GELLIUS' LITERARY CRITICISM. REMARKS ON THE ESSAY 2, 6.

Aulus Gellius, an antiquarian and amateur philologist, is the author of the *Noctes Atticae*, a collection of almost 400 essays arranged in 20 volumes and published in 169 A.D. In this work Gellius discusses many questions related to philosophy, rhetorics, law and history, but as a representative of the so called "frontonianism", an influential literary movement in the second century A.D., he was particularly attuned to questions of the old literature and language. While not a professional *grammaticus*, Gellius was, however, neither a dilettante nor a pure compiler who wrote on both literature and language. Even though the *auctoritas veterum* was for him of the utmost importance when passing judgements on literary texts or assessing the linguistic (in)correctness of specific expressions, there is no dearth of instances in his work where he formulates his views and appraisals on the grounds of strictly defined criteria and theoretical principles and proves more than just a competent sparring partner with some shallow-versed grammarians. And there is also no lack of instances where he combines literary topics with those of linguistics so as to form a coherent and convincing exposition, in which literary phenomena serve him as arguments in a linguistically orientated discussion, and *vice versa*. In this paper, I intend to show how the linguistic knowledge of the author of *Noctes Atticae* is applied by him to literary criticism, and in particular I am going to examine the essay 2, 6, where Gellius resorts just to strictly linguistic arguments while confronting criticisms raised by certain grammarians against some expressions or words used by Virgil in his poems. As we will see, those arguments serve Gellius to defend the challenged wording of the poet's texts and to reveal the ignorance and incompetence of the challengers[1].

So, in the essay 2, 6, Gellius responds to criticism of some grammarians, and among them A. Cornutus, who blamed Virgil for having used some words carelessly and negligently. The first of the words under consideration is the verb *vexare*, used in Eclogue 6, 76 with reference to Scylla tossing Ulysses' ship. Gellius reports that the said grammarians "think that *vexare* is a weak word, indicating a slight and trivial annoyance, and not adapted to such a horror as the sudden seizing and rending of human beings by a ruthless monster"[2] ('*vexasse*' *enim putant verbum esse leve et tenuis ac parvi incommodi, nec tantae atrocitati congruere, cum homines repente a belua immanissima rapti laniatique sint* – 2, 6, 2). In Gellius' opinion, quite the opposite, *vexare* is an intensive verb (*grave verbum*) and in order to prove it and defend Virgil against the above accusation he stresses in the first place the word's etymological derivation from the verb *vehere*, "in which there is already some notion of compulsion by another, for a man who is carried is not his own master" (*in quo inest vis iam quaedam alieni arbitrii, non enim sui potens est, qui vehitur* – 2, 6, 5). Subsequently, he states that the verb "*vexare*, which is derived from *vehere*, unquestionably implies greater force and impulse" ('*vexare*' *autem, quod ex eo [scil.* '*vehere*'] *inclinatum est, vi atque motu procul dubio vastior est* – *ibid.*) and therefore "is properly used of one who is seized and carried away, and dragged about hither and yon" (*qui fertur et rapsatur atque huc atque illuc distrahitur, is* '*vaxari*' *proprie dicitur* – *ibid.*). As to a proof, he refers to word-pairs which are analogous to the pair *vexare* – *vehere*, i.e. to the pairs *taxare* – *tangere*, *iactare* – *iacere* and *quassare* – *quatere*, and argues that *vexare* implies greater force and impulse than *vehere*, "just as *taxare* denotes more forcible and repeated action than *tangere*, from which it is undoubtedly derived, and *iactare* a much fuller and more vigorous action than *iacere*, from which it comes, and *quassare* something severer and more violent than *quatere*" (*sicuti* '*taxare*' *pressius crebriusque est quam* '*tangere*', *unde id procul dubio inclinatum est, et* '*iactare*' *multo*

---

[1] Also in some other essays one can find examples of Gellius' defense of an author's use of a particular word that has been censured by some grammarian; cf. e.g. 2, 16; 4, 15; 5, 8; 7, 6; 7, 16; 10, 26.

[2] All quotations and translations after *The Attic Nights of Aulus Gellius* with an English translation by J. C. Rolfe, Cambridge 1946-1952.

fusius largiusque est quam 'iacere', unde id verbum traductum est, et quassare' quam quatere' gravius violentiusque est – ibid.).

We can see, then, that the defense of Virgil's usage of the verb *vexare* in Eclogue 6, 76 is based on strictly linguistic arguments, i.e. on the arguments of etymology[3] and analogy, which, in turn, contitute the main Gellius' criterion for linguistic correctness, i.e. the criterion of *ratio*[4]. Thus, it is just the linguistic *argumentum rationis* that underlies Gellius' literary criticism here, and in the same time the very linguistic *argumentum rationis* turns out to underlie the *auctoritas veterum* itself and to justify its significance as a normative point of reference in the framework of Gellius' *ars recte scribendi et loquendi*.

In giving his explanation of the word *vaxare* Gellius, however, does not settle just for presenting arguments in favour of its correct usage in Virgil's Eclogue. Apart from referring to Marcus Cato[5] and Marcus Tullius Cicero[6], who used *vexare* in the context parallel to Virgil's one, he formulates also a general opinion, which connotes an important methodological demand. Concluding his response to the critics of A. Cornutus and some other grammarians he states: "Therefore, merely because *vexare* is commonly used of the annoyance of smoke or wind or dust is no reason why the original force and meaning of the word should be lost; and that meaning was preserved by the earlier writers who, as became them, spoke correctly and clearly" (*Non igitur, quia vulgo dici solet 'vexatum esse' quem fumo aut vento aut pulvere, propterea debet vis vera atque natura verbi deperire, quae a veteribus, qui proprie atque signate locuti sunt, ita ut decuit, conservata est* – 2, 6, 6). The importance of this statement lies primarily in stressing that the meaning or context of a given word as perpetuated in a colloquial idiom cannot be treated as a sufficient criterion for the assessment of the correctness of the literary usage of this word. The critics, therefore, have to take into consideration not the way a given word is used in colloquial speech at the moment, but the *vis vera atque natura verbi*, which, in turn, is to be discovered by the means of etymology and analogy[7]. Thereby, the lin-

---

[3] More on etymology in Gellius' work in F. Cavazza (2004: *passim*).

[4] On Gellius' linguistics and the analogy-anomaly controversy see R. Marache (1957) and the polemics by G. Maselli (1979: 11-28).

[5] *De Achaeis*, XXV (Jordan).

[6] *In Verrem* IV, 122.

[7] For other Gellius' remarks on linguistic changes, and especially on the differences between the old literary meanings of words and the meaning they have in con-

guistic knowledge appears to be a tool indispensable for reliable evaluation of the literary texts.

The significance of the linguistic skills has also been proven by Gellius later on in this essay, when dealing with objections raised by some grammarians against another word used by Virgil, i.e. the adjective *inlaudatus* applied in *Georgics* (3, 4) with reference to the cruel tyrant Busiris. Gellius reports that in the opinion of those grammarians *inlaudatus* in this context "is not at all a suitable word, but is quite inadequate to express abhorrence of a wretch who, because he used to sacrifice guests from all over the world, was not merely 'undeserving of prise', but rather deserving of the abhorrence and execration of the whole human race" (*parum idoneum verbum esse dicunt, neque id satis esse ad faciendam scelerati hominis detestationem, qui, quod hospites omnium gentium immolare solitus fuit, non laude indignus, sed detestatione exercationeque totius generis humani dignus esset* – 2, 6, 3). In response to that criticism Gellius undertakes a semantic analysis of this lexical item and shows two possible ways of interpreting its meaning. Both of them, also this time, are based on the principle of etymology and analogy.

The first one allows for the analogy between the analysed word and another one, i.e. *inculpatus*. In this respect Gellius notes (2, 6, 10) that as the word *inculpatus* is related to the "freedom from all reproach" (*omnis culpae privatio*) and thus "is the synonym for perfect goodness" (*instar est absolutae virtutis*), so, analogously, the word *inlaudatus* means someone who "in his every act and at all times deserves no praise at all" (*qui omni in re atque omni tempore laude omni vacat*) and thereby "represents the limit of extreme wickedness" (*finis est extremae malitiae*). The second one takes into consideration the analogy between the word *inlaudatus* and its derivational base, i.e. the verb *laudare*. Here, Gellius points out to the fact that the verb *laudare* in early Latin meant "to name" and "cite" and so, by analogy, "the *inlaudatus* is the same as the *inlaudabilis*, namely, one who is worthy neither of mention nor remembrance, and is never to be named; as for example, in days gone by the common council of Asia decreed that no one should ever mention the name of the man who had burned the temple of Diana

---

temporary colloquial language, see e.g. 1, 22; 2, 20; 6, 11; 9, 12; 10, 11; 10, 21; 12, 9; 12; 13; 13, 17; 13, 30; 15, 5; 18, 4. Cf. also Uhlfelder 1963: 28-29; Wolanin 1999: 501-502.

at Ephesus" (*'inlaudatus' autem est, quasi inlaudabilis, qui neque mentione aut memoria ulla dignus neque umquam nominandus est, sicuti quondam a communi consilio Asiae decretum est uti nomen eius qui templum Dianae Ephesi incenderat ne quis ullo in tempore nominaret* – 2, 6, 17-18)

As can be seen, in the two analyses Gellius concentrated on the meanings of the two etymological elements of the word *inlaudatus*, i.e. the prefix and the derivational base. The drawn analogies made it possible for him, on the one hand, to interpret the function of the prefix *in-* as meaning not "not deserving a (praise)", but rather "never deserving any (praise) at all", and, on the other hand, to ascribe an additional sense to the derivational base and thus to disclose the real force and the wide range of the derivative's meaning. In effect, both analyses allowed him to show the word *inlaudatus* as perfectly suitable for describing Busiris[8].

The third and the last criticism challenged in this essay by Gellius concerns the verb *squalere*, used by Virgil (*Aen.* 10, 314) in the expression: *tunicam squalentem auro* ("a tunic rough with gold"). In Gellius' account, the grammarians criticized the word "on ground that it is out of place to say *auro squalentem*, since the filth of squalor is quite opposed to the brilliance and splendour of gold" (*tamquam si non convenerit dicere "auro squalentem", quoniam nitoribus splendoribusque auri squaloris inluvies sit contraria* – 2, 6, 4). Gellius reacts referring first to the etymological meaning of the verb as originating from the noun *squamae*, which means "thick, rough scales which are to be seen on the skins of fish or snakes" (*'squalere' enim dictum a a squamarum crebritate asperitateque, quae in serpentium pisciumve coriis visuntur* – 2, 6, 20). Then he quotes some examples from Virgil and Accius, where the noun *squamae* was used to denote brazen scales of an armor, or the serpent's scales presented as *praetextae squalido auro et purpura*. This, in turn, allows him to note that in the criticized passage of the "Aeneid" the word *squalere* legitimately "signifies a quantity or thick layer of gold, laid on so as to resamble scales" (*significat copiam densitatemque auri in squamarum speciem intexti - ibid.*) since "*squalere* was applied to whatever was overloaded and excessively crowded with anything, in order that its strange appearance might strike terror into those who looked upon it" (*quidquid igitur nimis inculcatum obsitumque aliqua*

---

[8] Cf. Springer 1958: 126-127.

re erat, ut incuteret visentibus facie nova horrorem, id 'squalere' dice-batur – 2, 6, 24). And, finally, Gellius identifies the cause which under-lies the criticism levelled at the passage under consideration by some grammarians; his closing statement reads, namely, as follows: "So too on neglected and scaly bodies the deep layer of dirt was called *squalor*, and by long and continued use in that sense the entire word has become so corrupted, that finally *squalor* has become to be used of nothing but filth" (*Sic in corporibus incultis squamosisque alta congeries sordium 'squalor' appellabatur. Cuius significationis multo assiduoque usu to-tum id verbum ita contaminatum est, ut iam 'squalor' de re alia mulla quam de solis inquinamentis dici coeperit* – 2, 6, 25).

Once again we can see, then, that it is the contemporary colloquial language and the incompetence of the grammarians that are pointed out by Gellius as the main causes of the wrong and unfair criticism raised against the way of using the specific word in Virgil's poem. Gellius sug-gests, namely, that the mistake made by the grammarians consists in the fact that they allow for the current colloquial meaning of the word, and not for the genuine one which the word had in the past and which was respected by Virgil.

It is worth stressing, by the way, that the colloquial meanings them-selves were generally seen by Gellius as the results of the corruption of language caused by ignorant and uneducated people, and the opinion of that kind was expressed by him very clearly in some other essays. For instance, in 13, 30, 1 one can read that "we may observe that many Lat-in words have departed from their original signification and passed into one that is either far different or near akin, and that such a departure is due to the usage of those ignorant people who carelessly use words of which they have not learned the meaning" (*animadvertere est pleraque verborum Latinorum ex ea significatione de qua nata sunt decessisse vel in aliam longe vel in proximam, eamque decessionem factam esse consuetudine et inscitia temere dicentium quae cuimodi sint non didic-erint*). Similarly, in 15, 5, 1 Gellius notes that "many [...] words, through the ignorance and stupidity of those who speak badly what they do not understand, are diverted and turned aside from their proper and usual meaning" (*verba pleraque ignoratione et inscitia improbe dicentium quae non intellegant deflexa ac depravata sunt a ratione recta et con-suetudine*). In the examined essay 2, 6 Gellius presents in a critical light the influence of that corrupted colloquial language on the way in which interpretations are made of particular words or expressions as they occur in literary texts, especially those from the past. Thus, contemporary everyday speech is shown by him as a dangerous factor which gives rise to inappropriate approaches to questions of literary values, and which interferes with the correctness and soundness of literary assessment[9]. Gellius blames the challenged grammarians for having overlooked that danger and for practising a very superficial and groundless criticism[10]. To avoid such an error he advises to deepen linguistic studies in order to gain some knowledge about the history of words and their meanings. And it seems to be a quite sound piece of advice.

References

Cavazza F., 1987, *Gellio grammatico e i suoi rapporti con l'ars grammatica romana*, [in:] *The History of Linguistics in the Classical Period*, ed. D. J. Taylor, Amsterdam, pp. 85-105.

Cavazza F., 2004, *Gellius the Etymologist: Gellius' Etymologies and Modern Etymology*, [in:] *The Worlds of Aulus Gellius*, ed. L. Holford-Strevens, A. Verdi, Oxford, pp. 65-104.

Collart J., 1965, *Quelques observations sur Aulu-Gelle, grammairien*, "Revue des Études Latines" Vol. 43, pp. 384-395.

Marache R., 1957, *Mots nouveaux et mots archaiques chez Fronton et Aulu-Gelle*, Paris.

Maselli G., 1979, *Lingua e scuola in Gellio grammatico*, Lecce.

Springer L., 1958, *Aulus Gellius: On Historical and Descriptive Linguistics*, "The Classical Journal" Vol. 54, No. 3, pp. 121-128.

Uhlfelder M. L., 1963, *The Romans on Linguistic Change*, "The Classical Journal" Vol. 59, No. 1, pp. 23-30.

Wolanin H., 1999, *Aulus Gellius and Vulgar Latin*, [in:] *Latin vulgaire – latin tardif. Actes du Ve Colloque international sur le latin vulgaire et tardif*, éd. H. Petersmann, R. Kettemann, Heidelberg, pp. 497-503.

---

[9] Cf. Wolanin 1999: 498-499.

[10] For more general information about Gellius' attitude to the *grammatici* see Maselli 1979: 31-36; Cavazza 1987: 98-100.

Classica Cracoviensia
XI, 2007

ROMAN MARIA ZAWADZKI
KRAKÓW

ZUR REZEPTION DER RÖMISCHEN LITERATUR IN SCHRIFTEN DES STANISLUS DE SCARBIMIRIA

...Amico certo –
in honorem et gratam memoriam!

Die Gründung der Stiftung der Krakauer Universität (Studium Generale) im Jahre 1364 vom König Kasimir der Grosse (Kazimierz Wielki) war keine abstrakte historische Tatsache, die aus einer Einzelentscheidung des polnischen Herrschers resultierte. In einem größeren Grad scheint sie die Krönung eines kulturellen Prozesses zu sein, der seine Anfänge weit über die Grenzen des polnischen Königtums fand. Damit meine ich die Ideen des Renaissance-Humanismus, der südlich von Alpen begann und von hier aus beeinflusste in den zwei nächsten Jahrhunderten das ganze Europa und veränderte diametral seine Kultur[1].

Im Institutionsbereich entwickelte sich die königliche Initiative zwar nicht sofort dynamisch, wie es meistens bei ähnlichen Kultureinrichtungen am Anfang ihrer Tätigkeit der Fall ist. Man muss aber betonen, dass die Universitätsidee auf einen fruchtbaren Grund fiel und am Ende des 14. Jahrhunderts entfaltete sie sich intensiv, um bald, schon in nächsten Jahren fruchtbare Ernte zu bringen – da traten solche eminente Wissenschaftler und Denker wie Paulus Vladimiri (Paweł Włodkowic), Johannes Długosz, Jacobus de Paradiso (von Jüterborg) und Nicolaus Kopernikus, um hier nur die Persönlichkeiten zu nennen, die in der Wissenschaft meist erwähnt werden.

---

[1] Vgl. R. Zawadzki, *Die Anfänge des Renaissance-Humanismus in Polen in den Gründungsjahren der Universität Krakau*, „Zeitschrift für Ostforschung" Vol. 36, 1987, H. 2, S. 175-190.

Die Reihe der größten polnischen Denker dieser Epoche eröffnet Stanislaus de Scarbimiria (*vel* von Skalbmierz), die Person mit einem solchen umfangreichen theologischen und juristischen Wissen, der die intellektuellen Standarten seiner Epoche übertraf. Stanislaus de Scarbimiria (geb. um 1365) studierte an der Prager Universität *artes liberales* (1381-1386) und Jura (1390-1396)[2]. Im Jahre 1400 war er der erste Rektor des erneuerten Krakauer Studium Generale. Eine große Rolle spielte er früher bei der Verwirklichung der königlichen Idee der Erneuerung der Hochschule Kasimirs. Ebenso leistete er einen bedeutenden Beitrag zur Entwicklung der Rechtswissenschaften und des theologischen Denkens seiner Epoche.

Das gesamte Schaffen von Stanislaus de Scarbimiria umfasst 14 Predigtensammlungen zu den vom Autor gewählten Themen und vier Sammlungen von den genologisch unterschiedlichen Texten, die keine Predigten sind. Die erwähnten Predigtensammlungen sind folgende (in Klammern die Zahl der Texte in einer Sammlung): *Liber conclusionum evangelicae veritatis* (78), *Sermones super Gloria in excelsis* (20), *Homiliae de vulneribus Redemptoris* (13), *Sermones de incarnatione Christi* (19), *Sermones de materia indulgentiarum* (3), *Sermones de octo beatitudinibus* (9), *Sermones de poenitentia* (6), *Sermones sapientiales vel de sapientia Dei* (114), *Sermones super Symbolum Nicenum* (51), *Sermones de tempore et de sanctis* (94) und drei Sammlungen von Marienpredigten (insgesamt 42 Texte). Nur einige dieser Werken wurden bis jetzt in der Druckform herausgegeben[3]. Die meisten sind zugänglich als Manuskripte vom 14. und 15. Jh., in den Bibliotheken von Krakau, Prag, Budapest, Uppsala und in einigen anderen Städten. Notwendigerweise musste ich also meine Analyse der wissenschaftlichen Werkstatt von diesem Theologen nur auf die Drucktexte begrenzen. Jedoch auch die allgemeinen Bemerkungen dazu sind sehr interes-

---

[2] Zur Biographie und Werke des Stanislaus de Scarbimiria vgl.: R. M. Zawadzki, *Spuścizna pisarska Stanisława ze Skarbimierza*, Kraków 1979; außerdem sehe: *Polski Słownik Biograficzny*, Bd. 42/1, H. 172, Warszawa–Kraków 2003, S. 76-80.

[3] Von den genannten Sammlungen in der Druckform wurden veröffentlicht: Stanislaus de Scarbimiria *Sermones super „Gloria in excelsis"*, primum edidit R. M. Zawadzki, [in:] *Textus et studia historiam theologiae in Polonia excultae spectantia*, Vol. VII, Warszawa 1978; Stanisław ze Skarbimierza, *Sermones sapientiales*, ed. B. Chmielowska, [in:] *Texstus et studia historiam theologiae in Polonia excultae spectantia*, Vol. IV/1-3, Warszawa 1979. Außerdem gibt es Ausgaben von einigen Einzeltexten mit polnischer Übersetzung; dazu vgl. Anm. 2.

sant und können als der Ausgangspunkt für eine weitere Forschung in diese Richtung betrachtet werden.

Die Lektüre der Schriften von Stanislaus de Scarbimiria veranlasst zur Behauptung, dass er über die wissenschaftliche Werkstatt eines wahren Renaissancewissenschaftlers verfügte. Sprachliche Grundlage war für ihn die Bibel, genauer – die Vulgata. Der Kathedralekanzlist aus dem Jahr 1431, der den Tod des Kanonikers Stanislaus de Scarbimiria im Krakauer Kalender verzeichnete, bestätigt, dass dieser bedeutende Jurist und Theologe die Heilige Schrift auswendig kannte. Das hervorragende Kennen des biblischen Textes verursachte jedoch keine Einschränkung oder Erstarrung seines literarischen Stils. Im Gegenteil. Die Feder von Stanislaus war sehr flexibel bei der Verwendung der Bibelsprache, um eigene Gedanken, die neue Ideen beinhalteten, auszudrücken. Darüber hinaus finden wir in seiner Prosa verschiedene rhetorische Tropen und Figuren, die genetisch aus der altertümlichen (römischen) und mittelalterlichen Rhetorik stammen. Meistens hatte der Autor sie lexikalisch auf eigene Art und Weise modifiziert. Stanislaus erreichte höchst interessante stilistische Effekten, wobei er einfache sprachliche Mitteln verwendete. Seine Sätze sind klar und übersichtlich konstruiert, so dass man manchmal sagen möchte – es erinnert architektonisch an die Eigenschaften einer gotischen Kathedrale. Lassen wir aber stilistische Merkmale der Prosa von Stanislaus de Scarbimiria an Seite, da die habe ich genau in einer anderen Bearbeitung besprochen[4].

Neben der Bibel beruhte Stanisłaus Lektüre vor allem auf den Werken der patristischen Autoren. Ohne statistische Analysen durchzuführen ist es auffallend, dass er sich am häufigsten in seinen Schriften auf den hl. Augustin berief. Damit war ja zu rechnen. Der theologische Gedanke des Bischofs von Hippo war ein Fundament der kirchlichen Doktrinen. Auf der zweiten Stelle könnte man *Moralia* von Gregor dem Grossen nennen. Das Werk war eine Pflichtlektüre der Geistlichen bis in die Neuzeit. Zweifellos kannte und las Stanislaus auch die Schriften der anderen christlichen Autoren solcher wie Hieronymus, Ambrosius, Tertulianus, Cassianus, Cyprianus, Isidorus von Sevilla, Johannes Chrysostomus oder Aelius Donatus. Hier lasse ich andere mittelalterlichen und dem Stanislaus gegenwärtigen Autoren nicht mehr heißen. Seine Gelehrsamkeit im Bereich der Werken war echt imposant. Da-

---

[4] Vgl. R. M. Zawadzki, *Spuścizna pisarska...*, S. 141-148.

bei möchte ich hinzufügen, dass er sich eigentlich nur sporadisch auf *Summa theologiae* oder andere Schriften des hl. Thomas von Aquino berief.

Was die Kenntnisse der Werke der klassischen Autoren betrifft – der griechischen und römischen – höchstwahrscheinlich wurden sie von ihm regelmäßig studiert. Das Studium wurde im Laufe seiner Schaffensarbeit stets ergänzt. Hier hatte er sich meistens auf die Art und Weise der Textrezeption angepasst, die sich in den letzten zwei drei Jahrhunderten herausgebildet hat.

Von den griechischen Autoren der klassischen Epoche nennt er eigentlich nur zwei Namen: Plato und Aristoteles. Natürlich in Bezug auf die zwei Philosophen benutzte er die ihm zugänglichen Latein-Übersetzungen. Von den Platowerken zitiert er nur den Dialog *Timaios,* selbstverständlich in der Übersetzung von Chalcidius[5]. Von Aristoteles, synonymisch bezeichnet als Philosophus, sind es die Werke, die hundert Jahre früher ins Latein Wilhelm von Moerbeke übersetzte. Eigene Zitaten entnahm Stanislaus hauptsächlich der *Ethica Nicomachea,* wobei am häufigsten berief er sich nur auf die Autorität von Aristoteles in konkreter Frage, ohne den Titel des Traktates zu nennen, in dem er seine Zitaten fand. Wenn es die Auszüge aus den Werken der anderen griechischen Autoren gab (z. B. des Johannes Chrysostomos), stammten sie immer aus der Latein-Übersetzung.

Es gibt keinen Zweifel, dass unter den klassischen römischen Autoren ein besonderes Interesse schenkte Stanislaus de Scarbimiria dem Marcus Tulius Cicero, meistens einfach Tulius genannt. Das Interesse konzentrierte sich hauptsächlich – wenn sich hier seine Lektüre einschränken lässt – auf solche Werke von Arpinata wie *De officiis, De amicitia* oder *Paradoxa stoicorum.* Jedoch, ähnlich wie bei Aristoteles, war Cicero für Stanislaus vor allem eine Autorität im Bereich der breit verstandenen Moral des Individuums und der Gesellschaft und der Philosophie. Deswegen verwendet er oft eine gewöhnliche rhetorische Formel: *ut Cicero dicit,* ohne dabei das Quellenwerk zu nennen, in dem er die im bestimmten Kontext erwünschte Argumentation fand. Alle diese Stellen zeigen eindeutig, dass Stanisław de Scarbimiria teilte die in den letzten Jahrhunderten begründete Meinung mit, Cicero kön-

---

[5] Stanislaus verfügte über einen Text mindestens in zwei Bücher, da der sowohl die Übersetzung als auch den Kommentar von Chalcidius hatte, denn er bezeichnet die Zitatstelle nach der Nummer des Buches.

ne man beinahe für einen Christen halten. Die Meinung resultierte vor allem aus Ciceros Tugendlehre, obwohl – oder desto mehr – wegen der Konfrontation mit der Lehre des hl. Augustinus[6]. In seinen Schriften beschäftigt sich Stanislaus nicht mit der Person des Cicero selbst, er bewertet weder seine Taten noch den Charakter, sondern nach dem Vorbild der gegenwärtigen bezieht er sich ausschließlich auf seine Werke, aus denen er diese Gedanken nimmt, die der Lehre von Christus nicht widersprechen.

Stanislaus als Autor der philosophisch-theologischen Texte, die im Predigtengeist geschrieben wurden, konnte nicht ohne die Bearbeitungen der „Merkwürdigen Wahrheiten" auskommen. So war es mit den von ihm zitierten Werken von Valerius Maximus oder Gaius Julius Solinus. Man kann auch feststellen, dass er für eine vergleichbare Quelle die Werke von Seneca (er unterschied nicht den Vater-Rhetoren vom Sohn-Dichter und Philosophen) hielt, obwohl diese lieferten ihm eine andere Art von rhetorischen Ornamenten. Das waren in erster Linie philosophische Schriften und die Briefe an Lucilius. Mit einer eindeutigen Vorliebe zitierte er aus ihnen „goldene Gedanken", die schlechthin Lebenswahrheiten vermittelten. Aber auch aus dem Grunde, dass sie Gedanken von Seneca (dem Jüngeren) waren, die damals in verschiedenen lexikalisch-enzyklopädischen Werken oder Anthologien reichlich popularisiert wurden[7]. Beigetragen dazu hat auch die Legende über seine Bekenntniskonversion und die Korrespondenz mit dem hl. Paulus (Apokryph aus dem 2. Jahrhundert).

Man muss jedoch sofort an dieser Stelle sagen, dass die sachlichen Inhalte der Zitate und ihre Menge, vor allem der aus der patristischen Zeit, die Stanislaus de Scarbimiria zitiert, die Überzeugung begründet, dass er die Werke von den philosophischen und theologischen Autoritäten in ihrer Ganzheit las. Die lexikalische Bearbeitungen wie zum Beispiel der bekannte *Catholicon* des Johannes Balbi von Genua aus dem 13. Jahrhundert (*nota bene* eine der ersten gedruckten Bücher; Meinz 1460), gehörten nur zu seiner bibliographischen Werkstatt.

Unter zig Fragen, die er in seinen Predigten besprach, gab es auch „militärische" Themen. Beispielhaft ist die 23. Predigt in der Samm-

---

[6] Dazu sehe besonders: T. Zieliński, *Cicero im Wandel der Jahrhunderten*, Leipzig–Berlin 1912, S. 124-130.

[7] Vgl. J. Werner, *Lateinische Sprichwörter und Sinnsprüche des Mittelalters*, Heidelberg 1912; *Myśli – Lucii Anneae Senecae Sententiae selectae*, in linguam Polonicam vertit, praefatione notisque instruxit Stanislaus Stabryła, Warszawa 1999.

lung *De sapientia Dei,* die der Ritterethik gewidmet ist. Ganz gewiss bevor sie geschrieben wurde, studierte Stanislaus *Epitome rei militaris* von Vegetius Renatus, auf den er sich übrigens berief. An anderer Stelle griff er nach einem anderen römischen Schlachtenspezialisten – Julius Frontinus. Was aber kennzeichnend ist, in der berühmten Predigt *De bellis iustis* unterstützte er seine ganze Argumentierung ausschließlich mit den Zitaten von hl. Thomas und mittelalterlichen Juristen. Man findet auch da die Spuren der aristotelischen *Politik*[8]. Dagegen die Historiker – Sallustius, Tazit oder Joseph Flavius, – lieferten ihm allgemeine Überlegungen zum Thema und nicht die Beschreibung der historischen Ereignissen.

Ohne Zweifel war die Lektüre der theologischen und der historischen Texte aus der patristischen Zeit und den späteren Jahrhunderten am reichsten, bei einer sichtbaren Überzahl der Werke von hl. Augustin und Gregor dem Grossen. Zu seinen Lieblingsautoren gehörten auch Caecilius Cyprianus, Hieronymus, Johannes Cassianus, Isidorus von Sevilla oder Boethius (*Consolatio philosophiae*), um nur die am häufigsten vom Stanislaus zitierten Personen zu nennen.

Aus verschiedenen Gründen kann man hier nicht die juristische Literatur zu verschweigen, die indirekt mit dem spätrömischen Latein-Schrifttum verbunden war. Als Jurist zitierte Stanislaus oft *Decretum Gratiani, Dekretalia* Gregors IX. und *Constitutiones* des Clemens V. Er führte es immer mit einer großen bibliographischen Genauigkeit aus, dank dessen kann man sie heute ohne Schwierigkeiten identifizieren. Das waren natürlich nicht die einzigen juristischen Texte, die er während seines sechsjährigen Jurastudiums in Prag durchforschte. Dann, mit der Zeit kamen dazu auch die Werken der mittelalterlichen Autoren solcher wie Raimund von Peñafort, Wilhelm von Rennes und Martin von Troppau (auch genannt Polonus). Hier soll man auch eine Sammlung der Gesetze aus dem 11. Jahrhundert nennen, die von Ivo von Chartres erarbeitet wurde. Es handelt sich um *Collectio tripartita*. Stanislaus hatte ein Exemplar des Werkes zur eigenen Verfügung in der Bibliothek des Krakauer Kapitels gehabt. Dort studierte er übrigens auch Werke der Antikeautoren und Texte aus der patristischen Zeit.

---

[8] Vgl. L. Ehrlich, *Polski wykład prawa wojny XV wieku*, Warszawa 1955; P. Czartoryski, *Wczesna recepcja „Polityki" Arystotelesa na Uniwersytecie Krakowskim*, Wrocław–Warszawa–Kraków 1963, S. 38, 40, 131, 132.

* * *

Abschließend die Skizzenanalyse der Titelfrage kann man das Schaffen von Stanislaus de Scarbimiria folgenderweise beschreiben. Vor allem muss man betonen, dass Unabhängig von der betrachteten Thematik, die immer durch eine Predigtintention geprägt wurde, ist sein juristisches Wissen überall in seinen Schriften anwesend. Trotzdem soll man ihn eher für einen Vertreter der Apologetik, also der Fundamentaltheologie (so wird der Teil der katholischen Theologie seit dem 2. Vatikanischen Konzil bezeichnet) halten. Sein Schaffen, obwohl in der Form noch mittelalterlich wurde in seiner sachlichen Ebene durch die reformistische Richtung von Ende des 14. Jahrhundert geprägt. Man erkennt es unter anderem an der begrenzten Auswahl der Zitate im Text, vor allem in den Predigten, auch an dem Verzicht auf naive Beispiele, pseudo-religiöse Märchen und Sagen zum Gunsten einer theologisch vertieften Reflexion, die vor allem auf biblische Inhalte und auf Errungenschaften der kirchlichen Tradition beruhte. Stanislaus de Scarbimiria ging noch weiter und verzichtete auf die historische Faktographie, besonders in Bezug auf aktuelle Ereignisse, was gleichzeitig ein leicht erkennbares Merkmal seines Schaffens ist. Er setzte nämlich voraus, dass die Predigt die Wahrheiten Gottes vermitteln und das Geheimnis der Offenbarung erklären sollte. Dabei muss sie kompetent wirken und auch als eine zugänglich dargestellte Bibelerläuterung dienen. Mit einem Wort gesagt der doktrinäre Wert der Texte sollte universell und zeitlos sein. Aus seinem reichen schriftstellerischen Schaffen blieben über 500 Ansprachen-Traktate erhalten, in einem Latein, dessen sich der hl. Augustinus nicht geschämt hätte. Der Autor befasste sich mit den grundlegenden Fragen der katholischen Wissenschaft, gefasst in den Rahmen der praktischen Katechese. Dazu kam der Reichtum und die Originalität der Thematik sowie der kunstvolle Charakter der sprachlichen Ausstattung. All dies – um es kurz zusammenzufassen – bestätigt die meiner Annahme nach treffende Hypothese Paul Kristellers zum Thema der damaligen Predigten als Träger neuer Ideen[9]. Das ganze Predigtschaffen des Stanislaus de Scarbimiria ist ein Ausdruck des Zusammenflusses des klassischen Stils mit dem traditionell scholastischen Inhalt unter dem Einfluß humanistischer Strömungen. Ohne

---

[9] Vgl. P. O. Kristeller, *The Classics and Renaissance Thought*, Cambridge (Massachusetts) 1955, *passim*.

das Endziel des menschlichen Lebens aus dem Auge zu lassen, bafaßt er sich in seinen Schriften von Mal zu Mal mit Problemen des Wertes der würdigen Art und Wese sie zu befriedigen

Man kann also sagen, dass der von der Wende des 14. und des 15. Jahrhunderts stammende *doctor decretorum* vor allem ein Denker-Theologe war. Und gerade aus dieser Perspektive besprach und analisierte er aktuelle Probleme der Kirche, die Probleme der profaner und der sakralen Macht, ferner individuelle und gesellschaftliche Sitten. Seine schriftliche Leistung, obwohl bis heute nur in einem kleinen Ausmaß veröffentlicht und erarbeitet, erlaubt in Stanislaus de Scarbimiria einen wichtigen Vertreter der damaligen Fundamentaltheologie anzuerkennen.

CONTENTS OF PREVIOUS ISSUES

Classica Cracoviensia III
Studies of Greek and Roman Antiquity, Kraków 1997
M. von Albrecht, Thaddaeus Zielinski – Philologie und Europäer;
B. Effe, Philipp Melanchthon (1497-1560) als Homer-Interpret;
S. Stabryła, Ovids 'Ars amatoria' als Lehrgedicht;
J. Styka, Decorum in Poetry: Horace's 'Ars poetica';
D. den Hengst, Die Poesie in der 'Historia Augusta'. Bemerkungen zur Opiliusvita;
J. Dalfen, Lohnt es sich für die Menschen zu leiden? Der Mythos von Prometheus und einige seiner Deutungen;
A. Bobrowski, La realtà e il mito nella struttura del carme 68 di Catullo;
S. Śnieżewski, Livy's Views upon the Nature and Philosophy of Roman Religion;
D. Brodka, Die Idee der 'Roma Aeterna' in den Kaiserpanegyriken des Sidonius Apollinaris;
W. Speyer, Der Dichter in der Einsamkeit. Zu einer abendländischen Denkvorstellung;
J. J. Smolenaars, Lake Avernus, the 'Birdless Place': poetics licence or carbon dioxide?;
M. Hermann, Bewegung und Expression der Tierkreissternbilder in römischer Literatur der frühen Kaiserzeit;
R. Hoffmann, Kongruenz und Dependenz im Lateinischen. Zum Verhältnis von morphologischer Markierung und syntaktischer Hierarchie.

Classica Cracoviensia IV
Studies of Greek and Roman Civilization, Kraków 1998
G. Binder, Die 'Germania'-Ausgabe des Philipp Melanchthon: Zeugnis eines heimatverbundenen Humanismus;
S. Stabryła, Intertextual Literary Communication in Cicero's 'Cato Maior';
A. Wasyl, The Addressees of Horace's 'First Book Of Episteles';
J. Styka, Zur Entwicklung der römischen Lyrik in der Zeit der Republik;
R. Turasiewicz, The Role of Dionisos and the Problem of θεομαχία in Euripides' 'Bacchae';
J. Korpanty, Quelques remarques sur la terminologie politique employée par les optimates et les populares;
D. den Hengst, Ammianus, The Historia Augusta And Julian;
H. Montgomery, Conversion as Literature – Eusebius On Constantine's Vision in The 'Vita Constantini';

D. Brodka, Das Bild des Perserkönigs Chosroes I. in den 'Bella' des Prokopios von Kaisereia;

W. Speyer, Die Stadt als Inbegriff der menschlichen Kultur in Realität und Symbolik;

T. Polański, The Images of Oriental Divinities in Ominous Dreams and Visions;

J. Komorowska, The Empire and the Astrologer: a Study into Firmicus Maternus' 'Mathesis';

E. Polaszek, The Motif of Potiphar's Wife in the Ancient Greek Romances: Xenophon of Ephesus, Achilles Tatius, and Heliodorus.

Classica Cracoviensia V
Studies in Ancient Literary Theory and Criticism, Kraków 1999

A. Michel, Les théories littéraires et la beauté;

R. Zaborowski, Sur la méthode descriptive des sentiments d'Homère;

S. Stabryła, The Notion of the Lyric as a Literary Genre in the Greek Theory;

M. Kaimio, Tragic Titles in Comic Disguises;

T. Paulsen, Tragödienkritik in den „Fröschen" des Aristophanes;

R. Turasiewicz, Style in the Speeches of Lysias;

J. Z. Lichański, Viertes (γένος. der Rhetorik. Rufus von Perinth und γένος ἱστορικον;

S. Dworacki, The Aethiopica of Heliodorus Against the Background of Literary Tradition;

K. Korus, Alle origini del mimo letterario greco;

K. Bartol, Measure of Pleasure. Conception of Artistic Delight in Philodemus' and Pseudo-Plutarch's Treatises on Music;

J. Boulogne, La poétique: Une esthétique du fondu;

E. Skwara, Plautus' Puns and Their Translation;

J. Korpanty, Anagrams and Two Other Related Sound Repetitions;

J. Styka, Formen des Gattungswandels in der römischen Satire: Lucilius, Horaz;

H. Heckel, A Genius on Genius. Ovid, Orpheus, Arachne;

A. Weische, Ausdrucksfülle in stilistischer Theorie und Praxis bei Seneca Rhetor;

P. Mantovanelli, Perchè Ovidio non si poteva fermare (Sen. Rhet. Contr. 9,5,17);

U. Hamm, Illitteratum plausum nec desidero. Phaedrus über sich als Dichter;

S. Grebe, Quintilian, Institutio oratoria 10,1. Beobachtungen zur Literaturkritik;

B. Heßen, Narrate, puellae Pierides! Zur Poetologie Juvenals;

E. Wesołowska, Fronto's Rhetorical Jokes or Much Ado About Nothing;

A. Gorzkowski, The Difficulties with Polish Rhetoric Terminology in Connection with Translating of H. Lausberg's „Handbuch der literarischen Rhetorik";

L. Sudyka, Concepts of Style in Indian Poetics.

Classica Cracoviensia VI
Freedom and Democracy in Greek Literature, Kraków 2001
Romuald Turasiewicz: Bibliography of Works 1958-2000;

K. Korus, Uczeń Tadeusza Sinki. W czterdziestopięciolecie pracy naukowej prof. dr. Romualda Turasiewicza;

R. Turasiewicz, Proces ateńskich strategów z r. 406 przed Chr. – jego aspekt prawny i obyczajowy;

A. Szastyńska-Siemion, ΔΑΜΟΣ i ΕΛΕΥΘΕΡΙΑ u Pindara;

J. Danielewicz, Temat wolności w liryce greckiej;

J. Lawińska-Tyszkowska, Demokracja marzeń;

S. Dworacki, Grecja – Egipt – Etiopia. Trzy kraje, trzy ustroje w „Opowieści etiopskiej" Heliorora;

R. Popowski, Trzy ideały wolności – Nowy Testament – Pseudo-Longinos – Epiktet'

J. Dalfen, Kann man Menschen wirklich gut machen?;

J. Korpanty, Die Lautwiederholungen in den Arseis des lateinischen Hexameters;

W. Speyer, Zum magisch-religiösen Inzest im Altenim;

K. Tuszyńska-Maciejewska, „Cyprian orationis" of Isocrates as exhortation literature;

L. Rossetti, La nascita di un nouvo genere letterario al Finizio de IV secolo a.C.: il „logos Sokraticos";

J. Styka, Horaz und die Ennianische Dichtung;

B. Duncan MacQueen, Tragedy and Democracy in Euripides's „Bacchae";

T. Bielawski, Teoria i metodologia słowników technicznych oraz ich zastosowanie w badaniach nad tragedią grecką.

Classica Cracoviensia VII
The Myth in the Ancient Literature, Kraków 2002
B. Effe, Instrumentalisierung des Mythos: Achilleus und Patroklos als Liebespaar;
J. Boulogne, Le système de la mythologie dans la pièce de Sophocle Philoctète';
J. Styka, Die Poetik des Mythos bei Sidonius Apollinaris,
J. J. Smolenaars, A Tale of 'Sweet Terror': Salmacis in Ov. Met. 4.285-388;
E. Lidauer, Das Labyrinth als Symbol in Platons Philosophie;
A. Bobrowski, Mythology as a Means of Artistic Expression in Augustan Elegy and Lyrics;
T. Sapota, Mythological Imagery in Juvenal's 'Satires';
J. Janik, Few Remarks on the Ideal Mythical King in Greek Epic and Tragedy.

Classica Cracoviensia VIII
The Roman Epic Poetry, Kraków 2004
C. Klodt, The Ancient and the Modern Hero. Turnus and Aeneas Donning Their Armour;
I. Korpanty, De sonorum iterandorum arte ab epicis Romanis exculta questiones duae;
J. Styka, Epische Ästhetik von Sidonius Apollinaris: Kaiserliche Panegyrika;
S. Stabryła, The Function of Monologue and Dialogue in Prudentius' „Peristephanon";
A. M. Wasyl, „Ovidius Heros". Epic Elements on Ovid's „Tristia"
D. Brodka, Zwischen Rom und Byzanz. Politische Ideologie in der Dichtung des Corippus;
S. Śnieżewski, Valerius Flaccus, „Argonautica", liber tertius, 1-474.

Classica Cracoviensia IX
Studies of Roman Literature, Kraków 2005
I. Korpanty, Petroniana;
S. Stabryła, Fides in Prudentius' „Psychomachia";
J. Styka, Die intertextuelle Poetik von Statius;
R. Suski, Why Eusebius of Nantes was not the Author of Kaisergeschichte;
A. M. Wasyl, Re(f)using the Muses. Some Remarks on Paulinus' Use of Classical Tradition in Poem 10;

R. Dammer, Dealing with Other Peoples' Intellectual Property: The Grammarian Diomedes;

P. Hibst, Per intervalla insaniae? Zum Verhältnis von Komposition und Inhalt im Werk des Lukrez mit Bemerkungen zum Zusammenhang von Ciceros Dialog „De re publica" und Lukrez' Lehrgedicht „De rerum natura".

CLASSICA CRACOVIENSIA X
Violence and Aggression in the Ancient World, Kraków 2006
Jerzy Styka, Introduction;
Jarmila Bednaříková, Die Gewalt bei der Steuererhebung in der Spätantike;
Krzysztof Bielawski, Theology of Violence in the Greek Tragedy;
Jerzy Danielewicz, Verbal Abuse and Satire in the Early Greek Iambus;
Peter Hibst, Furor – ira – pietas: Untersuchungen zur Funktion des Gewaltmotivs in der Thebais des Statius unter Berücksichtigung von Vergils Aeneis;
Richard Klein, Die Märtyrer im Val di Non (bei Trient) – ein später Ausbruch von Gewalt im Westen des Römischen Reiches (397);
Joanna Komorowska, The Tide of Violence: Euripides' Phoenician Women;
Gottfried Eugen Kreuz, Gab es in der Antike Terrorismus?;
Adam Łukaszewicz, Violence in Alexandria;
Artur Pacewicz, The violence and its causes in Plato's Philosophy;
Tomasz Polański, The Boukoloi Uprising, Or How the Greek Intellectuals Falsified Oriental History;
Sonja M. Schreiner, Präsentationstechniken von Gewalt, Aggression und Grausamkeit im Supplementum Lucani des Thomas May. Mit vergleichenden Betrachtungen zur Continuation of the Subiect of Lucan's Historicall Poem;
Wolfgang Speyer, Gewalt und Weltbild. Zum Verständnis grausamen Tötens im Altertum;
Stanisław Stabryła, P. Clodius Pulcher: a Politician or a Terrorist?;
Robert Zaborowski, Le meilleur des Achéens (ἄριστος Ἀχαιῶν) contre l'homme aux mille tours (ἀνήρ πολύτροπος) – deux niveaux de la violence chez Homère.